国家出版基金项目
NATIONAL PUBLICATION FOUNDATION

"十三五"国家重点图书出版规划项目
教育部人文社会科学重点研究基地重大项目

U0889516

瞿林东◎主编

中国古代史学批评史

第七卷

中国古代史学批评的集大成
（清时期）

刘开军◎著

CNS | 湖南人民出版社

主编简介

瞿林东，1937 年 12 月生，安徽肥东人。1964 年本科毕业于北京师范大学历史系；1967 年研究生毕业于该系中国史学史专业，师从著名历史学家白寿彝教授。现为北京师范大学资深教授、历史学院博士生导师。全国古籍整理出版规划领导小组成员、教育部社会科学委员会委员兼历史学部召集人、中国历史研究院学术咨询委员会委员。教育部人文社会科学重点研究基地北京师范大学史学理论与史学史研究中心原主任。主要从事历史学的理论与中国史学史研究，出版《唐代史学论稿》《中国古代史学批评纵横》《中国史学史纲》《中国史学的理论遗产》《史学在社会中的位置》等专著、论集；主编《历史文化认同与中国统一多民族国家》（五卷本）、《中国古代历史理论》（三卷本）、“马工程”教材《中国史学史》、《中华大典·历史典·史学理论与史学史分典》（三卷本）等书；发表《中国史学的遗产、传统和当前发展趋势》《论中国马克思主义史学的史学观》《历史学的理论成就与中国史学史研究的发展》《关于当代中国史学话语体系建构的几个问题》等论文、评论四百余篇。2017 年 9 月，北京师范大学出版社出版《瞿林东文集》（十卷本）。

总　目

总　序

◎瞿林东

一、中国古代史学批评史研究的对象

中国古代史学批评史是一个新兴的学科，我们只有在明确了它的研究对象与研究范围之后，才可能对其学术定位作出某种设想或建议。这就要求我们从什么是中国古代史学批评史谈起。

什么是中国古代史学批评史？顾名思义，它是指在中国古代史学上，那些具有批评意识的史学家、思想家、政治家或其他学人，针对史学发展中出现的各种问题而提出自己的看法。这些看法中既包含相同或相近的意见，也存在分歧和异趣，甚至完全相反的观点。对这些意见、分歧、观点进行互相讨论、辩难的史学活动、史学现象，我们称之为史学批评。史学批评既不是“挑眼”，也不是“吹捧”，不论是相同的意见还是不同的意见，均重在“发现”并提出问题；对问题的阐说，则启发时人与后人，或加以发扬，或引以为戒，这就是史学批评的产生及其意义。如此一个个史学批评个案之间的联系，构成了某一时期或某一时代的史学批评史；一个个时代的史学批评史，构成连续不断的中国古代史学批评史。对中国古代史学批评史进行研究，可以揭示批评者与被批评者的异同，可以概括某一时期或某一时代史学批评的特点，并以此探索、揭示中国古代史学批评史发展的全貌及其规律，进而为提炼出理论问题提供依据。

中国古代史学批评史研究的范围，从纵向上看，大致说来，上起春秋时期，下迄清代；从横向上看，它包括史学家、思想家、政治家及各方面学人对史学的批评，其涉及的文献亦不限于史部，经部、子部、集部也在考察范围之内。我们希望在研究中能够发掘一些有关史学批评的新资料和以往较少涉及的知识领域，尤其希望在研究中提出一些新的问题，并对其作出合理的阐述，从而通过集体的努力，使中国古代史学批评史成为一门外延清晰、内涵丰富、特色鲜明的学科。

那么，怎样为中国古代史学批评史作学科定位呢？第一，从宏观领域来看，中国古代史学批评史属于“中国历史”一级学科范围。第二，从研究内容与特点来看，中国古代史学批评史与中国古代史学史关系密切，离开中国古代史学史，中国古代史学批评史就成了无源之水、无本之木，也就无从谈起；同时，史学批评中提出的问题及相关的论述，都可能涉及理论上的分析，而脱离了史学理论的史学批评，就会成为没有思想、没有内涵的材料堆砌。有鉴于此，可以认为，中国古代史学批评史是“史学理论与史学史”这个二级学科之下的一个三级学科。

为了明确中国史学史的研究与撰述同中国史学批评史的研究与撰述之联系及区别，以凸显中国史学批评史的性质和特点，我们有必要对此作进一步的阐述。概括说来，中国史学史研究，是研究中国史学发展的面貌及其规律；中国史学批评史研究，是研究中国史学史上存在于其间的一个最活跃的内部动因即批评与反思，包含批评的意识、批评的思想、批评的理论与方法及各方面成果（思想成果和著述成果）。尽管史学批评史同史学史存在密切的关联，但毕竟是两个不同的研究对象，因而提出问题的方式和视角不同，撰述的主要内容也有所不同。这一联系与区别，是不应模糊的。

具体说来，史学批评史研究不同于史学史研究之处，主要有以下几点：

第一，具有更为广泛的史料来源。这是因为，史学批评不仅十分关注史家群体的史学观点，而且对于非史家群体之史学观点也十分关注，展示出比一般史学史研究更为丰富的内容和史料来源。

第二，是考察认识史学社会影响力的重要根据。史学成果在受众中的种种反映，一方面成为史学批评研究的对象，另一方面也是史学工作者借以进一步认识史学之社会影响力的根据。

第三，促进史学概念内涵的深化和理论的生成、发展。这是因为，史学批评所展开的范围必然涉及一定程度上的“主题重复”，如春秋时期的“良史”与汉唐时期的“良史”以及宋以后的“良史”，自有内在的联系，但其内涵却大大丰富了，史学批评对此作进一步研究，无疑会促进这一领域的理论研究。又如从司马迁论“古今之变”到郑樵论“会通之义”，再到章学诚论“通史家风”，也是如此，等等。

本书题为《中国古代史学批评史》而未以“评论史”命名，也是意在突出研究者提出问题的方式和视角。记得十几年前，有位记者问我：您的《中国古代史学批评纵横》一书，为什么不用“评论”而用“批评”？我一时语塞，觉得很难回答这个问题，说明自己并不很清楚它们之间有何异同，再说我另有一本论集，书名就是《史学与史学评论》。由于《中国古代史学批评纵横》这本小书受到一些同行尤其是中青年朋友的关注，这些年来，研究史学批评的学人逐渐多了起来，似乎用“批评”一词也就习以为常了，因而很少有人再提出这样的问题。但对于我来讲，却没有放下这个问题，总想对此作一点探究。其间，也翻阅了几本从理论上讨论学术批评的书，有中国学者写的，也有外国学者著作的中译本，但它们都是立足于文学批评而展开的，有的还是从解释学的视角对文学批评作阐说的。更重要的是，它们的讨论多是建立在西方学术文化中所谓“原生质”的、“科学”的“批评”与“评论”概念基础上展开的。这对我提高理论上的认识都有不同程度的帮助，但由于学科的不同，特别是由于文化渊源上的差异，难以获得所需要的借鉴。这就促使我从“传统”中去寻求认识问题的路径。

中国古代学人使用“评论”一词说事，当不晚于魏晋之际。

三国魏人王肃所注《孔子家语》中记述叔孙武叔这个人有个缺点，“多称人之过，而己评论之”[1]，因而受到颜回劝告。又《三国志》裴注引王隐《晋书》记：“然天下之至慎，其惟阮嗣宗乎！每与之言，言及玄远，而未曾评论时事，臧否人物，真可谓至慎矣。”[2] 这里说的专就别人之“过”发表评论或一味回避评论，均不可取。与此不同的是，王隐《晋书》还有另外的记载：“刘毅字仲雄，东莱掖人，汉城阳景王后也。亮直清方，见有不善，必评论之，王公大人望风惮之。”[3] 这里说的敢于“评论”是赞扬之意。上举数例所谓“评论”，都是指评论时事，评论人之秉性。此外也有说到评论史书的。如葛洪《抱朴子内篇》记：

> ……而班固以史迁先黄老而后六经，谓迁为谬。夫迁之洽闻，旁综幽隐，沙汰事物之臧否，核实古人之邪正。其评论也，实原本于自然，其褒贬也，皆准的乎至理。不虚美，不隐恶，不雷同以偶俗。刘向命世通人，谓为实录；而班固之所论，未可据也。[4]

这里说的“评论”，即是关于司马迁及其所著《史记》的评

---

① 王肃注：《孔子家语》，王国轩、王秀梅译注本，中华书局2011年版，第240页。

② 陈寿：《三国志》卷一八《魏书·李通传》裴注引王隐《晋书》，中华书局1959年版，第536页。又见刘义庆：《世说新语·德行》，刘孝标注引，杨勇《世说新语校笺》本，中华书局2006年版，第16页。

③ 刘义庆：《世说新语·德行》，刘孝标注引，杨勇《世说新语校笺》本，中华书局2006年版，第18页。

④ 葛洪：《抱朴子内篇》卷一〇《明本》，王明《抱朴子内篇校释》本，中华书局1985年版，第184页。

论。又如，五代时，刘昫等修《旧唐书》说到唐太宗时重修的《晋书》，这样写道："参考诸家，甚为详洽。然史官多是文咏之士，好采诡谬碎事，以广异闻；又所评论，竞为绮艳，不求笃实，由是颇为学者所讥。"[①]

上述这两则关于史书的评论，前者是肯定的评论，后者是借用时人之语发表了包含负面评价的评论。又有明人郭孔延撰《史通评释》，其序称，"向以己意为之评论，虽未必合作者之意"云云[②]。显然，这是对评论者的评论。

至于中国古代学人使用"批评"一词，至晚见于葛洪所著、邵雍辑佚的《梦林玄解·占梦》："占曰：梦殊砂，为官爵，为文章，为批评，为银财之本，为血气，为良药。"[③] 此处所讲"批评"，没有明确指向，不便妄测。而元代学人是较早从学术的意义上使用"批评"一词的。据钱大昕《补元史艺文志·总集类》著录，有仇远《批评唐百家诗选》一书，其"别集类"著录仇远《金渊集》六卷。[④] 仇远精于诗，时人称为"仇远先生"，《元史·张翥传》记：

> 翥少时，负其才隽，豪放不羁，好蹴鞠，喜音乐，不以家业屑其意，其父以为忧。翥一旦翻然改曰："大人勿忧，

① 刘昫等：《旧唐书》卷六六《房玄龄传》，中华书局1975年版，第2463页。

② 郭孔延：《史通评释序》，上海古籍出版社2006年版，第1页。

③ 葛洪：《梦林玄解》卷一二《文墨·五色颜料》，宋邵雍纂辑，明陈士元增删，明何栋如重辑，见《续修四库全书》第一〇六四册，上海古籍出版社2002年版，第24页。

④ 参见《二十五史补编》第六册，中华书局1955年版，第8425、8435页。

今请易业矣。”乃谢客，闭门读书，昼夜不暂辍，因受业于李存先生。存家安仁，江东大儒也，其学传于陆九渊氏，翥从之游，道德性命之说，多所研究。未几，留杭，又从仇远先生学。远于诗最高，翥学之，尽得其音律之奥，于是翥遂以诗文知名一时。已而薄游维扬，居久之，学者及门甚众。[1]

从这一简略的记载，大致可以得知仇远在唐诗研究上的造诣，乃有《批评唐百家诗选》之作，在中国古代学术批评史上留下了自己的印记。

值得注意的是，明代学人在奏疏与书信中亦往往使用“批评”一词。如魏允贞《条陈救弊四事乞赐采纳以弘治道疏》中有这样的话：“分别式样，以授主司，圈点批评，列置卷首，后先及第，海内士人，无不愤叹。”[2] 这反映了明朝科举考试的弊端。李贽的《寄答留都》写道：“前与杨太史书亦有批评，倘一一寄去，乃足见兄与彼相处之厚也。”[3] 陈衎对“批评”的功能有深刻的认识，认为：“所谓批评者，一则能抉古人胸中欲吐之妙，以剖千古不决之疑；一则援引商略，判然详尽，以自见其赅博。”[4] 徐芳的《与高自山》一文中更是有这样轻松的话语：“诗文传阅，取笑批评，烂如圈点，互相诒炫。”[5] 由此可知，在明

---

① 宋濂等：《元史》卷一八六《张翥传》，中华书局1976年版，第4284页。

② 参见陈子龙等辑：《明经世文编》卷三八七，中华书局1962年版，第4195页。

③ 参见张建业主编：《李贽文集》第一卷《焚书一·增补一》，社会科学文献出版社2000年版，第258页。

④ 陈衎：《与邓彰甫》，周亮工纂：《尺牍新钞》卷一，上海杂志公司1935年版，第5页。

⑤ 参见黄宗羲编：《明文海》卷一六二，中华书局1987年版，第1630页。

代的公私文件中，多有“批评”一词的使用。

综观上述所举事例，可以认为，大约在1700年前，中国学人已将“评论”和“批评”的概念置于不同学术领域之中，以此表述和阐说各自的学术见解，并在日常生活中也有所表现。这种现象在元明以后显得更加广泛。由于前人在使用“评论”和“批评”一词时，并未对其作出明确的解释，故难以从实质上划清二者的界限。但中国学人有重视字义和慎于遣词造句的传统①，由此仍可略知“评论”和“批评”的一点区别：“评论”是评量和议论，意在对事物作出适当的评价；“批评”则兼有批点和评论之意，即既包含正面评价也包含负面评价的双重目标，因而具有鲜明的反思意识。从学术的观点来看，“评论”多用于泛指，“批评”则与学术讨论的关系更为密切。

在获知古代学人对“评论”和“批评”有更明确的定义或阐述前，姑作此说。

二、发展大势与主要问题

中国古代史学批评发展大势是怎样的？其间有哪些主要问题是需要展开讨论的？这是本书需要明确的问题。

这里讲的“发展大势”，上起春秋时期，下迄清代，两千五

① 如杜佑自谓：“凡义有经典文字其理深奥者，则于其后说之以发明，皆云‘说曰’。凡义有先儒各执其理，并有通据而未明者，则议之，皆云‘议曰’。凡先儒各执其义，所引据理有优劣者，则评之，皆云‘评曰’。”（《通典》卷四二，中华书局1988年版，第1167页）《说文解字》：“论，议也。”段注：“凡言语循其理得其宜者谓之论。”凡此，均可参考。

六百年的历史。根据我们的理解和撰述工作的需要，可以将中国古代史学批评划分为七个阶段看待。由于中国历史和中国史学发展的连续性特点，这七个阶段是前后衔接、上下贯通的，同时又各具特点。

第一阶段：中国古代史学批评的开端（先秦秦汉时期）。孔子评晋国史官董狐以及孟子和《左传》作者评《春秋》，揭开了中国古代史学批评的序幕。此后，史家修养和史学与社会的关系成为中国史学上人们关注的两个重大问题。司马谈、司马迁父子对《春秋》的评论与继承、发展，班彪、班固父子对司马迁及其《史记》的批评，先后产生了《史记》《汉书》两部宏伟著作。这是中国古代史学批评开端最重要的标志。同时，刘向、刘歆父子校书并对各类历史文献作出评论，分别写出了《别录》和《七略》，为班固《汉书·艺文志》的撰述提供了资料上的准备。东汉末年，汉献帝认为纪传体《汉书》繁冗难读，由是荀悦乃有编年体《汉纪》之作，显示出史学批评对史书撰述的引导作用，从而为这一时期史学批评画上句号。

这时期在史学批评方面提出的主要概念和观念有：良史，书法不隐和史书三要素论（事、文、义），“其文直，其事核，不虚美，不隐恶”的“实录”论，以及立典五志论（达道义，彰法式，通古今，著功勋，表贤能），等等。

第二阶段：中国古代史学批评的初步发展（魏晋南北朝时期）。在史学多途发展的学术背景下，学术思想的活跃推动了史学批评的广泛展开。关于《史记》《汉书》的批评，开这一时期史学批评之先河，同时反映了与前一时期史学批评的衔接；关于《三国志》的批评，则表明时人对它的关注。有关上述三部“正史”的批评，对后世均有一定的影响。同时，史学家们关于“史例”及国史“条例”的讨论，推动了有关史书编撰形式的评论。其中，关于史书起源问题的讨论，可谓时代特点使然，对后世多有启发。值得注意的是，关于史书内容和史家修养的各种批评意见，构成这时期史学批评的主要部分。而刘勰《文心雕龙·史传》篇，在总结此前史学发展历史的基础上，提出了史学发展中的一些重要问题，可视为一篇史学批评史论纲，堪为中国史学批评初步发展阶段的标志性成果。

这时期在史学批评方面提出的主要概念和观念是：素心，信史，烦省，评论，以意为主、以文传意，以及由立典五志论演变而来的书契五善论（达道义，彰法式，通古今，表功勋，旌贤能）和注史四旨论（以补其阙，以备异闻，以惩其妄，有所论辩），等等。

第三阶段：中国古代史学批评的深入发展（隋唐时期）。唐初关注对以往众家晋史与南北朝时期所撰正史的批评，反映了在政治统一局面下历史撰述的新的要求，由此奠定了这一时期史学批评的宏大气势。《隋书·经籍志·史部》对十三类历代史书的评论，是中国史学批评史上最早的和最全面的总结；其史部大序对史官职责的表述，反映了史家对历史撰述的高度重视。关于“史才三长”学说的提出与“良史”观念的发展，增进了人们对史学主体的认识；关于治学宗旨的讨论，凸显了经世致用的史学思想；关于史注家的史学批评意识，在这个时期的《史记》注、《汉书》注和《后汉书》注中，均有所发挥。以上这几个方面，均可视为史学批评深入发展的表现。而作为最有代表性的标志性著作，则是刘知幾的《史通》一书。这部“其为义也，有与夺焉，有褒贬焉，有鉴诫焉，有讽刺焉”① 的书，是一部成系统的史学批评著作，也可以看作是一部提出了许多重要问题的史学理论著作。它的重要性可用一句话概括，这就是刘知幾同时代人徐坚说的：“居史职者，宜置此书于座右。”②

这一时期在史学批评方面提出的主要概念和观念有：直书，曲笔，鉴识，探赜，疑古，惑经，以及史学功用论，史才三长论（才、学、识），史之有例犹国之有法论，史之称美者以叙事为先论，史官辨职论，编年纪传论，师古与随时（稽古与随时）论，行状不实论，等等。

第四阶段：中国古代史学批评的兴盛（五代两宋时期）。从五代后晋开运二年（945）《旧唐书》面世，至宋仁宗嘉祐五年（1060）《新唐书》撰成刊行后，围绕两《唐书》、两《五代史》的修撰与比较而展开的史学批评，受到学人的关注。而《资治通鉴》的撰成则直接促进了史学批评的发展，不论是司马光的自述，还是宋神宗的评论，都产生了很大影响。由此“通鉴学”勃然兴起，朱熹、杨万里的相关评论又昭示了新的史书体裁，即纲目体、纪事本末体的出现。郑樵、李焘的史学批评，前者上承

① 刘知幾：《史通·自叙》，浦起龙《史通通释》本，上海古籍出版社2009年版，第271页。
② 刘昫等：《旧唐书》卷一〇二《刘子玄传》，中华书局1975年版，第3171页。

司马迁，后者接续司马光，进一步丰富了史学之“通”的观念。《册府元龟》国史部总序及各门小序，对史学的由来、社会功用、史官职责、作史原则、撰述流程中的种种情况等作了概括和评论，显示了类书中蕴含的史学批评思想，凸显出“史学事业”的新观念。晁公武称：“日夕躬以朱黄，雠校舛误。终篇，辄撮其大旨论之。”[①] 这是目录学家、文献学家之学术批评思想积累以至形成的艰辛历程。高似孙的《史略》一书，以重视评史书、论史学而显示出自身特色，表明了鲜明的史学批评意识。欧阳修不理会他人对其爱好金石学的嘲讽，坚持《集古录》的研究和撰述；而赵明诚《金石录序》进而申言，“盖史牒出于后人之手，不能无失，而刻词当时所立，可信不疑”，具有“考其异同”的作用；赵明诚夫人李清照在此书后序中写道，此书“是正讹谬，去取褒贬，上足以合圣人之道，下足以订史氏之失者，皆载之，可谓多矣”[②]。综上，类书、目录书和金石之学中包含的史学批评，是这时期史学批评的特点。宋代学人撰写了大量的史料笔记，其中多有自觉的补史意识和史学批评思想，是这时期史学批评走向兴盛的一个重要方面。宋代文学之士关注史学，通观其所批评，往往得失两存，但有胜于无，重在分析和判断。

这时期在史学批评方面提出的主要概念和观念有：公正，议论，记注，疏谬，不实，非才，法世，会通，以及信史论，史学

① 晁公武：《郡斋读书志》衢本序，孙猛《郡斋读书志校证》本，上海古籍出版社 2011 年版，第 15 页。

② 赵明诚：《金石录》，金文明《金石录校证》本，广西师范大学出版社 2005 年版，第 1、531 页。

源起论，良史“四足”论（明、道、智、文），纪事本末论，史法论，作史三原则论（事实、褒贬、文采），等等。

第五阶段：中国古代多民族史学发展与史学批评（辽夏金元时期）。中国是一个多民族国家，自秦汉起成为不断发展的统一的多民族国家。因地理条件、历史环境、文明进程的差别，各民族史学的发展迟速不一。由于文字的困难和文献的不足，我们对民族史学尚缺乏较深入的研究。本书第五卷凭借汉文的有关记载，试图在民族史学与史学批评领域作初步的研究，俾使这时期的史学批评占有其特定的位置。应当强调的是，这时期的史学批评既受中原文化的影响，也有各民族的文化基础。民族史学在史学思想、史学批评意识方面，或许在针对性和具体表述上存在一定的差异，但在本质上却是一致的。中国史学上的经典文献、著名史家以及史学观念和史学研究方法等，都是民族史学发展中的评论对象。《辽史·文学传上·萧韩家奴传》记：辽兴宗“又诏译诸书，韩家奴欲帝知古今成败，译《通历》《贞观政要》《五代史》”[①]。这里自然包含萧韩家奴对这些历史著作的评论。同书《列女传》记：“耶律氏，太师适鲁之妹，小字常哥。幼爽秀，有成人风。及长，操行修洁，自誓不嫁。能诗文，不苟作。读《通历》，见前人得失，历能品藻。”[②]《通历》是中唐晚期史家马总所撰的一部简明的编年体通史，耶律常哥读而又能“品藻”，说明对其有深刻的认识。《金史·世宗本纪中》记：“上谓

① 脱脱等：《辽史》卷一〇三《文学传上》，中华书局1974年版，第1450页。
② 脱脱等：《辽史》卷一〇七《列女传》，中华书局1974年版，第1472页。

宰臣曰：‘近览《资治通鉴》，编次累代废兴，甚有鉴戒，司马光用心如此，古之良史无以加也。’”[①] 同书《世宗本纪下》记：“上谓宰臣曰：‘朕近读《汉书》，见光武所为，人有所难能者。……此其度量盖将大有为者也，其他庸主岂可及哉。’”[②] 这里所记当指范晔《后汉书》所叙史事。金世宗对《资治通鉴》《后汉书》的评论当不止于此。《元史·仁宗本纪一》记：仁宗为皇太子时“有进《大学衍义》者”，仁宗认为“‘治天下，此一书足矣。’因命……刊行，赐臣下”。[③] 这个评论虽有些夸张，但表明了元仁宗对此书的重视。又，《元史·察罕传》记元仁宗同史官察罕有这样一段对话：

> 帝尝问张良何如人。对曰：“佐高帝，兴汉，功成身退，贤者也。”又问狄仁杰。对曰：“当唐室中衰，能卒保社稷，亦贤相也。”因诵范仲淹所撰碑词甚熟。帝叹息良久曰：“察罕博学如此邪！”尝译《贞观政要》以献。帝大悦，诏缮写遍赐左右。且诏译《帝范》。[④]

上文举出的几个实例，生动地反映出中国历史上的历史文化认同之思想传统的真实存在，同时也反映了与民族史学相关联的记述中史学批评思想的真实存在。

---

① 脱脱等：《金史》卷七《世宗本纪中》，中华书局1975年版，第175页。
② 脱脱等：《金史》卷八《世宗本纪下》，中华书局1975年版，第202页。
③ 宋濂等：《元史》卷二四《仁宗本纪一》，中华书局1976年版，第536页。
④ 宋濂等：《元史》卷一三七《察罕传》，中华书局1976年版，第3311页。

元初，马端临著《文献通考》，其《经籍考》多引“晁氏曰”“陈氏曰”，反映了对前人史学批评的重视。马端临对前人著述抱有宽厚、平实的态度，认为“编简浩如烟埃，著述自有体要，其势不能以两得也”，“时有古今，述有详略”。[①] 这是表明史书体裁不同和时代不同，著述亦自不同，不应苛求前人，显示出实事求是的史学批评方法论。

这时期在史学批评方面提出的主要概念和观念是：“史笔天下之大信”论，“宁可亡人之国，不可亡人之史”论，“自古帝王得失兴废，班班可考者，以有史”论，“事”与“道”关系论，文献论，“理”（义理、事理、文理）“情”（人情）评判标准论，“心术”为修史之本论，等等。

第六阶段：中国古代史学批评的拓展（明时期）。这时期的史学批评，从洪武元年（1368）明太祖朱元璋诏修《元史》，至明末朱明镐《史纠》面世，贯穿了整个明朝的历史。关于前朝正史的修撰与评论，由《元史》上溯元修三史、两《五代史》、两《唐书》，直至《史记》，显示出中国古代史学批评史之连续性的特点。关于修撰本朝史过程中的评论，既表明时人对史学认识的深入，也表明存在各种歧见。随着思想史研究的发展，辩证思维在史学批评领域也有突出的表现。王世贞论国史、野史、家史的得失可谓经典之论，凸显了中国古代史学批评在方法论上的成就。关于刘知幾《史通》的研究和评论在这时期形成第一个

---

① 马端临：《文献通考序》，中华书局2011年版，书首第1页。

高潮，而相关专书的问世，凸显了批评之批评的活力。与此相关的是多种有关史学批评、史学理论的文献整理汇编的成果涌现出来，以及对有关概念的讨论等。以上这几个方面，不仅可以使人们看到明代史学批评的开拓、进展，同时也可以使人们看到以往被长期忽略的一个积极的史学倾向：明代学人对理论的兴趣。正是这几个方面，使人们看到中国古代史学批评发展的前景。

在明代学人所编的目录书中，用“批评”一词冠以书名者，并不是偶然现象，如《批评后汉书》《批评自警编》[①]，前者是批评史书，后者应是就自我修养而作。

尤其值得关注的是，明朝末年，学人在书名上冠以“批评”一词的现象更为普遍。据明崇祯刻本张溥所著《历代史论》中，二编目录附《正雅堂古今书目》所载，冠以“批评”一词的书名有：

批评二十一史全部（嗣出）

批评仪礼经传集解

批评礼书乐书

批评文献通考

批评通志略

批评杜氏通典

---

① 参见祁承㸁：《澹生堂读书记》《澹生堂藏书目》，郑诚整理本，上海古籍出版社2015年版，第355、373页。

批评函史[1]

此外，还有与“批评”相类，但以“批论”或“评选”等为名的书目。

这些批评类书籍的出现在一定意义上并非偶然。在明代科举考试中，考试官须在试卷上写下批语以示去取。这些批语有时即称为“批评”。例如，史书记载，张居正诸子参加科考时，非但请人代考，而且“临场监试官又加意誊朱、分别式样，以授主司圈点批评，列置首卷”[2]。批评试卷成为当时普遍存在的现象。山西人孔天胤因“善批评试卷”[3] 而有所闻名。

或许正是这个原因，这些在书名上常有“批评”字样的书，在《明史·艺文志》中少有著录。尽管如此，前述书目表明，至迟在晚明至明末，学人在治学与撰述中，在书名上冠以“批评”一词，已经不是个别现象了。

这时期在史学批评方面提出的主要概念和观念有：“人恣”与“蔽真”、“人臆”与“失真”、“人谀”与“溢真”，史权，平心，公议，公实，笔正，历史评价无是非论，“经史一物”论，“六经皆史”论，评史著四旨论（据、实、慎、忠），史家修养五要素论（才、学、识、公心、直笔），“务成曩美，毋薄前修”论，等等。

---

① 张溥：《历代史论》二编目录附《正雅堂古今书目》，杭州大学图书馆藏明崇祯刻本。

② 魏允贞：《条陈救弊四事乞赐采纳以弘治道疏》，陈子龙等辑：《明经世文编》卷三八七，明崇祯平露堂刻本。

③ 李乐：《见闻杂记》卷一一，明万历刻、清修补本。

第七阶段：中国古代史学批评的集大成（清时期）。不论从成果上看，还是从思想上和理论上看，这都是中国古代史学批评的集大成时期。开一代学术风气的顾炎武，为有清一代的史学批评确定了新的起点；章学诚继续阐述“六经皆史”的观念，进一步打开了人们从史学的视角评论经书的思路；浦起龙的《史通通释》把《史通》研究推至新的高峰，在史学批评领域产生重大影响。四库馆臣所撰《四库全书总目》史部书“提要”包含了丰富的史学批评思想，值得认真发掘，合理继承。其“史评类”兼收历史评论与史学批评之书，这是需要厘清并分别进行研究的。这时期的考史名家各具风采：有的高擎“商榷”的旗帜，显露出批评的锋芒；有的则于平静和严谨的考史中，轻轻拂去前人著作中的讹误的“灰尘”，为的是显示出这些著作的“真”与“美”；有的则由疑古而批评，意在廓清古史书中的“迷雾”；有的则在考史和批评中，显露出历史理性精神，给治史者诸多启发。中国古代史学理论的集大成者章学诚提出了许多重要见解：以“史德”论补充刘知幾“史才三长”说；以“心术”论提醒治史者对历史的解释要保持在合理的范围之内；以“史意”同“史法”相对待，强调思想的重要；以“撰述”“记注”分史学两大“宗门”，表明“圆神”“方智”各有所长；以“通史家风”阐发中国史学“通古今之变”的传统；以“别识心裁”推重创新精神，显示出中国古代史学理论的多方面成就；等等。这时期，政论家、史论家、文章家和诗人龚自珍，站在通向近代历史之路的门槛，他的“欲知大道，必先为史”[①] 的庄严启示，可视为对中国古代史学成就及其功能最中肯的评论。

从整体的和发展的眼光来看，如果说刘知幾《史通》创造了史学批评的理论体系的话，那么清代的史学批评成就，则全面地、深入地把这一理论体系推进到一个新的阶段。

这时期在史学批评方面提出的主要概念和观念有：史德，史释，释通，通史家风，别识心裁，记注与撰述，史法与史意，尊史，以及“于序事中寓论断”论、“欲知大道，必先为史”论、“史者，垂于来今以作则”论、“史非一家之书，实千载之书，祛其疑，乃能坚其信”“指其瑕，益以见其美”论，等等。

中国古代史学的连续性发展为中国史学批评史提供了丰富的资料，中国古代史学批评史的存在又推动了中国史学的发展，也为中国古代史学理论的积累提供了思想遗产。中国史学就是在这种互动中不断开辟新的发展前景。

中国古代史学批评在其发展过程中，在不同阶段都会提出一些问题，而有些问题也可能是具有普遍性或规律性的，对于这些问题的研究与阐说，我们视之为横向上的会通。在许多问题中，下面这几个问题是比较重要的。

第一，史学批评作为一种史学现象，它产生的原因何在？刘知幾《史通·鉴识》篇认为“物有恒准，而鉴无定识”[②]，这着眼于批评的主体而言，说明不同的批评者对同一事物会有不同的

① 龚自珍：《龚自珍全集》第一辑《尊史》，上海古籍出版社1975年版，第81页。
② 刘知幾：《史通·鉴识》，浦起龙《史通通释》本，上海古籍出版社2009年版，第189页。

认识和评论；《史通·探赜》篇又说，“古之述者，岂徒然哉！或以取舍难明，或以是非相乱”①，这着眼于批评的客体而言，说明事物本身是复杂的，批评者面对复杂的事物难以确定取舍而作出是非判断。其《曲笔》篇着眼于主体，讲的是另外一些原因，主要指为史者的史风不正以致心术不正；其《采撰》篇着眼于客体，讲的也是另外一些原因，即“异辞疑事”本是客观存在。当然。不论着眼于主体的分析，还是着眼于客体的分析，或许还有更复杂的原因，这是史学批评研究者必须关注的；同样，对史学批评者的批评，也不能不顾及这些复杂的因素。

第二，怎样看待和分析史学批评主体提出问题的主要根源。如班彪、班固父子批评司马迁及其《史记》，是否根源于政治？唐太宗批评众家晋史，是否根源于社会？李大师、李延寿父子批评南北朝所修三部正史，是否根源于历史？刘知幾撰《史通》，把以往史学作为批评对象，是否根源于学术？柳宗元的《非国语》，是否根源于思想？这些原因之间存在怎样的联系？这是史学批评研究者不能不考虑并予以深究的。

第三，怎样看待史学批评的成果及其思想的社会意义、学术意义和理论意义。这是认识史学批评的本质所在，是史学批评史研究者需要运用自身的研究所得加以说明的。举例说来，自东汉以后，人们对司马迁《史记》的评论，如何影响中国人对自身历史的认识？《史记》对中国统一多民族国家的巩固、发展产生

---

① 刘知幾：《史通·探赜》，浦起龙《史通通释》本，上海古籍出版社2009年版，第194页。

了何等重要作用？司马迁提出的“究天人之际，通古今之变，成一家之言”的著史宗旨，对中国学术的发展具有怎样的学术意义和理论意义？等等。毋庸置疑，对于这些问题的深入阐释，史学批评的意义由此可以看得更加清楚。历史上的“汉书学”“通鉴学”及许多史学名著的批评史，都在不同程度上具有广泛的意义。中国古代史学批评史的研究，要努力发掘和阐说这方面的成果及其意义。

第四，怎样看待史学批评中出现的偏颇。如班彪、班固批评司马迁《史记》“是非颇缪于圣人”[①]。刘知幾《史通·古今正史》篇接受《北齐书·魏收传》的说法，认为魏收的《魏书》“世薄其书，号为‘秽史’”[②]，直至章学诚亦承此说。郑樵在力倡“会通之义”时，极力贬低断代为史，以至斥责班固是“浮华之士也，全无学术，专事剽窃”[③]。叶适《习学记言序目》批评司马迁破坏了古之“史法”，“古史学止于此矣”[④]。吴缜《新唐书纠谬》是为名作，其序文具有理论上的建树，但序文中批评《新唐书》“抵牾穿穴，亦已太甚”“修书之初，其失有八”[⑤]等，似有言过其实之嫌。张岱批评明代史学说：“有明一代，国史失诬，家史失谀，野史失臆，故以二百八十年，总成一诬妄之世界。”[⑥]王鸣盛《十七史商榷》批评李延寿“学浅识陋”，所撰

① 班固：《汉书》卷六二《司马迁传》，中华书局1962年版，第2737—2738页。
② 刘知幾：《史通·古今正史》，浦起龙《史通通释》本，上海古籍出版社2009年版，第339页。
③ 郑樵：《通志总序》，见《通志二十略》，中华书局1995年版，第2页。
④ 叶适：《习学记言序目》卷一九《史记一》，中华书局1977年版，第264页。
⑤ 吴缜：《新唐书纠谬序》，《丛书集成初编》本，中华书局1985年版，第1页。
⑥ 张岱：《石匮书自序》，《琅嬛文集》，岳麓书社1985年版，第18页。

《南史》《北史》“疵病百出，不可胜言”，又说李延寿是“自谓于旧锦机中织出新花样”。[①] 王鸣盛还写了一篇很长的文章批评杜佑所撰《通典》，认为《通典》“既以刘秩书为蓝本，乃自序中只字不及，复袭取官书攘为己有，以佑之笔力，撰集非难，而又取之他人者若是之多，则此书之成亦可云易也”。又说：杜佑“所云‘辄肆荒虚，诚为亿度’者，佑每自蹈之”[②]，等等。类似这样的一些批评，从今天的学术观点看来，是否有偏颇以至错误之处？如有，则不仅需要指出错在哪里，还要指出何以会出现偏颇以致错误的。这就是说，不仅知其然，还要知其所以然，把主观的、客观的原因都考察明白，这样的史学批评史才近于史学发展的真实，才具有学术价值，才能给人以深刻的启示。

中国古代史学批评史上存在的问题不止于此，上面提到的几个问题是我们要多加关注，并力图给以清晰的阐说和中肯的评论的。我们在研究和撰述中，还会遇到其他的问题，均须根据本课题的宗旨和本书撰写的原则，具体问题具体分析，才可作出合理的论述。

三、研究的方法和研究的意义

任何一种科学研究，都应当重视研究的方法和研究的意义，

① 王鸣盛：《十七史商榷》卷五三“《新唐书》过誉南北史”条、卷六八“并合各代每一家聚为一传”条，上海古籍出版社2013年版，第630、914页。

② 王鸣盛：《十七史商榷》卷九〇“杜佑作《通典》”条，上海书店出版社2005年版，第817页。

方法是通向研究的目标并取得相应成果的途径。从一定意义上讲，方法的正确选择与始终坚持，是科学研究成功的关键。史学史研究如此，史学批评史研究也是如此。

说到研究方法的重要，这使我们想起1948年毛泽东致历史学家吴晗的一封信，信中针对吴晗所著《朱元璋传》写道：

> 大著阅毕，兹奉还。此书用力甚勤，掘发甚广，给我启发不少，深为感谢。有些不成熟的意见，仅供参考，业已面告。此外尚有一点，即在方法问题上，先生似尚未完全接受历史唯物主义作为观察历史的方法论。倘若先生于这方面加力用一番功夫，将来成就不可限量。①

信中用语很严谨，很讲究分寸，说“先生似尚未完全接受历史唯物主义作为观察历史的方法论”，说明《朱元璋传》的作者吴晗先生主观上开始关注历史唯物主义了，所以这里用了“尚未完全”，并在“完全”二字下方加了着重号。这封信给我们的启发是，如果能够自觉地运用“历史唯物主义作为观察历史的方法论”，在这方面多下功夫，那么在研究历史和研究史学方面，定能取得更大的进步和更好的发展。

历史唯物主义方法论对于历史研究具有重要的和广泛的指导意义。这里，我要强调两点，一是对历史的基本认识，二是把所

---

① 毛泽东：《致吴晗》（一九四八年十一月二十四日），中共中央文献研究室编：《毛泽东书信选集》，中央文献出版社2003年版，第284页。

研究的问题置于一定的历史范围内予以考察。

关于对历史的基本认识，恩格斯有这样一段论述：

> 正像达尔文发现有机界的发展规律一样，马克思发现了人类历史的发展规律，即历来为繁芜丛杂的意识形态所掩盖着的一个简单事实：人们首先必须吃、喝、住、穿，然后才能从事政治、科学、艺术、宗教等等；所以，直接的物质的生活资料的生产，从而一个民族或一个时代的一定的经济发展阶段，便构成基础，人们的国家设施、法的观点、艺术以至宗教观念，就是从这个基础上发展起来的，因而，也必须由这个基础来解释，而不是像过去那样做得相反。[①]

这就说明，人类的历史活动中第一位的是经济活动，上层建筑和意识形态都是在这个基础上得以建立和发展，因而也必须从经济活动的角度去加以解释。史学工作者不仅首先应当懂得这个道理，而且应当在这个理论指导下从事历史研究和史学活动。在这方面，侯外庐先生是我们学习的榜样，他在总结自己的治史道路和治史方法时，首先写道："从历史唯物主义观点来看，思想是存在的反映。历史从哪里开始，思想进程也应从哪里开始。因此，社会历史的演进与社会思潮的发展是相一致的。例如，西周的官学、春秋时代的搢绅之学、战国时代的诸子并鸣之学、两汉

---

① 恩格斯：《在马克思墓前的讲话》（1883年3月17日），《马克思恩格斯文集》第三卷，人民出版社2009年版，第1002页。

的经学、魏晋的玄学、隋唐的佛学、宋明的理学、明清之际的早期启蒙思潮以及近代的各种社会思潮，都是和中国历史自身的演进相联系的。因此，我的具体方法是，在研究社会史的基础上，注重对社会思潮作比较全面的考察，力图把握社会思潮与社会历史的联系及其所反映的时代特点，进而研究不同学派及其代表人物的思想特色和历史地位。”① 概括说来，这段话的核心思想是指出思想史的研究应当以社会史研究为基础，这一方面是使思想史的研究有了社会基础，另一方面也能更好地说明不同历史时期的思想的特点。这是非常明确的和具体的以历史唯物主义方法论为指导，提出了中国思想史研究的方法和步骤。中国史学史、中国史学批评史研究，同样应当以对中国社会史的认识为基础；对于史学史、史学批评史的解释，也应当以对社会史的认识为主要依据。必须承认，史学史研究者和史学批评史研究者在这方面还应当下大功夫、用大气力，把研究工作不断向前推进，而本书的撰述就是一个很好的机会。

把所要研究的对象置于相应的历史范围之内进行考察，这是历史研究与史学研究实事求是的表现，是历史唯物主义方法论的原则之一，即“在分析任何一个社会问题时，马克思主义理论的绝对要求，就是要把问题提到一定的历史范围之内”②。简而言之，这个“绝对要求”，就是强调历史地看待历史的方法。就以中国史学批评史的研究来说，历史上的批评者们所批评的对

① 侯外庐：《侯外庐史学论文选集自序》（上），人民出版社1987年版，第12页。
② 列宁：《论民族自觉权》，《列宁全集》第二十五卷，人民出版社1988年版，第229页。

象，大多是历史上的存在；而史学批评史的研究者所研究的批评者，自亦都是历史上的存在。对于前一种“历史上的存在”，我们不能对当时的研究者提出“绝对要求”，此当毋庸置疑；而对于后一种“历史上的存在”，我们作为研究者就应当自觉地遵循这一“绝对要求”。这种区别，正是反映了“要把问题提到一定的历史范围之内”的原则。在这个问题上，马克思主义理论之所以提出“绝对要求”，是因为只有这样才能获得对历史真相至少是近于历史真相的认识；如果离开了这一“绝对要求”，其结果必然是脱离了认识历史真相的路径。史学批评史的研究只有把历史上的批评者置于其所在历史范围之内进行考察，才能获得真知。因此，对于“绝对要求”的“绝对”遵循，就是十分自然的事情了。

在历史唯物主义方法论的指导和运用前提下，我们还要借鉴前人提出来的有益的方法。如刘知幾重视体例而且善言体例，他强调说：“史之有例，犹国之有法。国无法，则上下靡定；史无例，则是非莫准。”[①]《史通》全书尤其是内篇，大多在论述史书的体例和修史的体例，在讲体例的过程中广泛地涉及史学的其他问题。史学批评史的研究也要重视体例：一是判断研究对象的体例和体例思想；二是要求我们自身在撰述中遵循既定的体例，既要关注局部的体例，也要关注局部之体例与全局之体例的协调及其一致性。总之，刘知幾的体例思想是应当借鉴的。此外，刘知

① 刘知幾：《史通·序例》，浦起龙《史通通释》本，上海古籍出版社2009年版，第81页。

幾提倡全面看问题的方法，也是值得借鉴的。刘知幾认为，历史撰述应坚持“爱而知其丑，憎而知其善，善恶必书，斯为实录”[①] 的原则。这种具有一定的辩证思维的方法，在史学批评领域的运用具有特殊的重要性，它是帮助史学批评史研究者避免走向武断和片面的忠诚“卫士”。

再如章学诚关于知人论世的思想和方法，同样是值得借鉴的。他举出人们所熟知的正统问题为例，说明处在不同时期的人，一般都会有当时的认识和处置的方法，这是研究者与批评者所必须注意的。他这样写道：

> 昔者陈寿《三国志》，纪魏而传吴、蜀，习凿齿为《汉晋春秋》，正其统矣。司马《通鉴》仍陈氏之说，朱子《纲目》又起而正之。“是非之心，人皆有之。”不应陈氏误于先，而司马再误于其后，而习氏与朱子之识力，偏居于优也。而古今之讥《国志》与《通鉴》者，殆于肆口而骂詈，则不知起古人于九原，肯吾心服否邪？陈氏生于西晋，司马生于北宋，苟黜曹魏之禅让，将置君父于何地？而习与朱子，则固江东南渡之人也，惟恐中原之争天统也。诸贤易地则皆然，未必识逊今之学究也。是则不知古人之世，不可妄论古人文辞也。知其世矣，不知古人之身处，亦不可以遽论其文也。身之所处，固有荣辱隐显、屈伸忧乐之不齐，而言

① 刘知幾：《史通·惑经》，浦起龙《史通通释》本，上海古籍出版社2009年版，第374页。

之有所为而言者，虽有子不知夫子之所谓，况生千古以后乎？圣门之论恕也，“己所不欲，勿施于人”，其道大矣。今则第为文人，论古必先设身，以是为文德之恕而已尔。[①]

章学诚的这一段论述，有事实、有分析，不仅指出了陈寿、司马光同习凿齿、朱熹在正统问题的认识上和处置上的不同，而且从历史环境的差异指出二者不同的原因。这样，就做到了不仅知其然而又知其所以然。章学诚把这种思想和方法概括为“论古必恕”。这就是我们前面已经说到的“要把问题提到一定的历史范围之内”。以马克思主义理论的“绝对要求”同中国史学批评史上名家的认识相结合，这个问题的重要性及其方法论意义显得越发清晰和易于理解。

历史是复杂的，史学批评的现象也是复杂的。这就要求我们在研究和撰述过程中，针对具体问题作具体的分析。比如：

——对同一批评对象有所肯定，有所否定。这种情况，在中国史学批评史上所见甚多，如班彪、班固父子评论司马迁《史记》，范晔评论班固《汉书》，都属于这种情况。从他们的批评中，对其肯定与否定之方方面面，都会激起人们的思考，不论赞成或不赞成这些肯定与否定，人们都会凭借自己的认识提出一些根据，这些认识和根据一旦写成文字，流传开来，又会引起更多的人的思考，从而促进了人们对历史、对史学的深入认识。在这

① 章学诚：《文史通义·文德》，叶瑛《文史通义校注》本，中华书局2014年版，第324-325页。

方面，刘知幾的《史通》和王鸣盛的《十七史商榷》，给人们提供了足够的思考空间。从整体面貌来说，这两部书在有所肯定也有所否定方面，显得很突出。如《史通·二体》篇论编年、纪传的长处和短处时，讲得很辩证；其《直书》《曲笔》则是对两种不同的作史态度进行分析；而《杂述》篇又对各种短书小说的文献价值作了全面的评论；等等。这些都给人以深刻的启示。刘知幾说他的《史通》是“商榷古今”，这种“商榷”的理念和态度是极可取的。王鸣盛的《十七史商榷》和赵翼的《廿二史札记》，都是在“正史”范围内进行商榷，是其所是，非其所非，给后人留下了许多启发和许多可以进一步研究、探索的问题。

——对同一批评对象中的缺点，作有根据的否定。这在史学批评现象中也是常见的，从史学史来看，吴缜的《新唐书纠谬》和《五代史纂误》可视为代表作。当然，这决不是说，吴缜的这两部书没有任何缺点，但总的来说，吴缜所“纠”之“谬”、所“纂”之“误”，大多可以成立，有一定的参考价值。

——对比较研究的对象作全面的、辩证的分析。如果说上一种史学批评方法给我们以某种警示，那么这里说的比较研究中的方法，则给我们以深刻的启示。明代史家王世贞比较国史、野史、家史的长短得失时，很客观地考虑到它们各自产生的条件，以及由于这种不同的条件使它们自身各具特点，并对此作了辩证的分析。这不仅在史学批评的方法论上给人们很大启发，而且在理论上也提出了很有价值的结论，至今仍有重要的参考意义。

当然，在史学批评中，也有一些不妥当的，甚至是错误的做法。比如：

有一种情况是，对比较的对象作绝对肯定与绝对否定的评价。比较研究，是开展史学批评的一个必要的和有效的方法。正确的态度，应当是对比较的对象作全面的分析，从而得到较公允的结论。在中国史学上，有的比较研究者，对比较的对象进行评价时陷于绝对肯定与绝对否定的境地，虽然在理论上也有所建树，但毕竟其运用的这种研究方法是一种片面的方法。如郑樵是一位很有成就的史学家，他的《通志二十略》具有重要的开创性意义。但是，我们注意到他那篇影响极大的《通志总序》，对司马迁《史记》作绝对的肯定，对班固《汉书》作绝对的否定，在比较研究的方法上，以及对评论对象的全面认识上，都给人留下了不少遗憾。

还有一种情况是，对同一评论对象从整体上作无根据的全部否定。这在史学批评上也时有所见。北齐魏收《魏书》被斥为“秽史”，唐太宗全部否定当时所见十八家晋史，明代学人不满本朝史学以至于说明朝无史学，等等，都应作具体分析。

这里，还有必要提到章学诚关于“文辞”的见解，尽管这并不是一个直接涉及治史的方法问题，但多少还是和方法有一定的联系。章学诚认为：“文辞非古人所重，草创讨论，修饰润色，固已合众力而为辞矣。期于尽善，不期于矜私也。”[1] 章学

① 章学诚：《文史通义·说林》，叶瑛《文史通义校注》本，中华书局1994年版，第347页。

诚引用春秋时期郑国大夫子产等人重视文辞而共同努力的典故，[①] 所以说这是“期于尽善，不期于矜私”。换言之，孔子说到这件事，正是肯定子产等人的“合众力而为”所带来的成功。这是不是也可视为重视文辞的一种表现？尤其是志同道合的一个群体对同一领域进行研究，其著述真正做到了“合众力而为辞”，同样是值得称道的。而“期于尽善”正是大家共同努力的目标。

进而言之，在中国史学上，“文辞”为古人所重而又期于“矜私”者，并非无人。历来认为，班固是极重文辞的史学家，他认为自己所著《汉书》具有“函雅故，通古今，正文字，惟学林”[②] 的特点，就含有重文辞的因素。《后汉书》作者范晔也是重“文辞”的史学家，他自称“吾杂传论，皆有精意深旨，既有裁味，故约其词句”[③]。范晔的这几句话，当是也包含着讲究“文辞”的意蕴。班、范在这方面的成就，在以下叙述的事实中可以得到证明，即南朝梁人萧统在《文选》序中特意讲道：“至于记事之史，系年之书，所以褒贬是非，纪别异同，方之篇翰，亦已不同。若其赞论之综缉辞采，序述之错比文华，事出于沉思，义归乎瀚藻，故与夫篇什。”[④] 萧统在《文选》的卷四十九和卷五十专设“史论上”和“史论下”，分别收入班固的《汉书·公孙弘传》赞一首，干宝的《晋武帝革命论》一首、《晋

---

① 参见《论语·宪问》，杨伯峻《论语译注》本，中华书局1958年版，第154页。

② 班固：《汉书》卷一〇〇《叙传》，中华书局1962年版，第4271页。

③ 沈约：《宋书》卷六九《范晔传》，中华书局1974年版，第1830页。

④ 萧统编：《文选》，李善注本，中华书局1977年版，第2页。

纪》总论一首，范晔《后汉书·皇后纪》论一首（以上“史论上”），以及范晔《后汉书》“二十八将传论”一首、《宦官传》论一首、《逸民传》论一首，沈约《宋书·谢灵运传》论一首、《恩倖传》论一首，班固《汉书》述《高祖纪》赞一首、述《成纪》赞一首和述“韩、彭、英、卢、吴传”赞一首，范晔《后汉书·光武纪》赞一首。[①] 这不仅表明萧统对“史论”的重视，也包含他对所收入之论、赞的欣赏。近代学人如鲁迅称赞《史记》是“史家之绝唱，无韵之离骚”[②]，梁启超感叹司马光《资治通鉴》把历史写得“飞动”起来[③]，都是大家所熟知的评论。如此看来，章学诚说的“文辞非古人所重”的论断，似非确论。

20 世纪 70 年代末，白寿彝先生主编《中国通史纲要》一书，对文字表述提出一个总的原则：平实。而平实的具体要求是：明白、准确、凝练。明白是基础，准确是关键，凝练是提高。[④] 可以认为：一个学术群体，可以尝试以平实为风格，以明白、准确、凝练为要求，在史学著作的文字表述上，探索一条“合众力而为辞”的新路径。

在中国史学批评史上，还有一种现象也是值得关注的，这就是史学批评者的历史命运及身后影响。如刘知幾撰《史通》，有

① 萧统编：《文选》，李善注本，中华书局 1977 年版，第 686-707 页。

② 鲁迅：《汉文学史纲要》，见《鲁迅全集》第九卷，人民文学出版社 1981 年版，第 420 页。

③ 梁启超：《中国历史研究法补编》，《饮冰室合集》专集之九十九，中华书局 1989 年版，第 27 页。

④ 参见瞿林东：《白寿彝与二十世纪中国史学》，高等教育出版社 2012 年版，第 339 页。

人“深重其书”，认为“居史职者，宜置此书于座右”[①]。而唐末人柳璨则认为“刘子玄所撰《史通》讥驳经史过当”，于是“纪子玄之失，别为十卷，号《柳氏释史》，学者伏其优赡”。时人“以其博奥，目为‘柳箧子’”[②]。《旧唐书》作者如此称赞柳璨，自亦影响对刘知幾的评价，说刘知幾“工诃古人而拙于用己”[③] 就是“顺理成章”的事情了。然而，经过明代学者郭孔延撰《史通评释》、王惟俭撰《史通训故》和清代学者浦起龙撰《史通通释》，《史通》的学术地位经过学术史的检验而逐步得到提高，为学界所认可。

再如柳宗元著《非国语》，目的在于“救世之谬”。他在《非国语序》中写道：“余惧世之学者溺其文采而沦于是非，是不得由中庸以入尧舜之道，本诸理作《非国语》。”[④] 然而，《非国语》问世后，既有人反其道而行之作《是国语》[⑤]，更有人针锋相对地作《非〈非国语〉》。如宋人江惇礼撰《〈非国语〉论》，苏轼表示赞同说：“鄙意素不然之，但未暇为书尔。”[⑥] 元人虞集之弟槃“尝读柳子厚《非国语》，以为《国语》诚非，而柳子之说亦非也，著《非〈非国语〉》”[⑦]。这些，反映了宋元

---

① 刘昫等：《旧唐书》卷一〇二《刘子玄传》，中华书局 1975 年版，第 3171 页。

② 刘昫等：《旧唐书》卷一七九《柳璨传》，中华书局 1975 年版，第 4669-4670 页。

③ 欧阳修、宋祁：《新唐书》卷一三二《刘知幾传》，中华书局 1975 年版，第 4542 页。

④ 柳宗元：《柳河东集》卷四四，上海人民出版社 1974 年版，第 746 页。

⑤ 脱脱等：《宋史》卷二〇二《艺文志一·春秋类》著录：“叶真《是国语》七卷”，中华书局 1977 年版，第 5058 页。

⑥ 苏轼：《与江惇礼秀才》，见张志烈等主编：《苏轼全集校注·文集八》第十七册，河北人民出版社 2010 年版，第 6264 页。

⑦ 脱脱等：《元史》卷一八一《虞集传附虞槃传》，中华书局 1976 年版，第 4182 页。

学人对《非国语》的指摘。

明人黄瑜在其《双槐岁钞》一书中，归纳上述史事，作《非〈非国语〉》小札，写道：

宋刘章尝魁天下，有文名，病王充作《刺孟》、柳子厚作《非国语》，乃作《刺〈刺孟〉》《非〈非国语〉》。江端礼亦作《非〈非国语〉》。东坡见之曰："久有意为此书，不谓君先之也。"元虞槃亦有《非〈非国语〉》，是《非〈非国语〉》有三书也。同邪异邪，岂绍述而剿取之邪？求其书，不可得，盖亦罕传矣。今以子厚之书考之，大率辟庸蔽怪诬之说耳，虽肆情乱道时或有之，然不无可取者焉。①

黄瑜一方面说柳宗元《非国语》"大率辟庸蔽怪诬之说"，另一方面又说《非国语》"肆情乱道时或有之"，但他毕竟承认《非国语》"不无可取者"，比前人已进了一步。

著名历史学家侯外庐先生就《非国语》中的一篇《三川震》的理论价值写道：

柳宗元不仅肯定"天地"为物质的自然存在，而且在自然运动问题上提出了"自"的观点，即自然自己运动的观点。……

① 黄瑜：《双槐岁钞》卷六，中华书局1999年版，第122页。按：江端礼疑为江惇礼之误。

按“自”这一范畴，取之于道家，王充以来的旧唯物主义者对它作了唯物主义改造，以与“天”意的“故”作（有目的有意志的最初推力）对立起来。柳宗元的这种自然自己的运动观，更含有朴素辩证法因素。在自然界运动的根源问题上，他继承并发展了王充的传统，肯定无穷的阴阳二气在宇宙间不断运动，必然呈现出各种形态（如“动”与“休”、“峙”与“流”等等），它们并不受任何意志力的支配，而是“自动自休，自峙自流”，“自斗自竭，自崩自缺”，这八个“自”的四对命题是超越前人的理论。①

这是从思想史上对柳宗元所提出的“自”的范畴之极高的评价，也在一定程度上对柳宗元《非国语》在中国古代思想史和史学批评史上的地位作了明确的肯定。

上述事例表明，史学批评家的“历史命运”往往是曲折多变的。但史学批评史确也表明，凡有价值的史学批评，终究是站得住的，是有生命力的。

四、探索学科话语体系的构建

在本书的撰述过程中，我们要努力探索在唯物史观指导下，为中国史学批评史话语体系的构建作知识上和理论上的积累。

① 侯外庐：《柳宗元哲学选集》序，中华书局香港分局1976年版，书首。

首先，是如何对待中国史学遗产问题，这是首要问题。其中道理很简单，因为是讲的中国史学批评史，其话语体系构建的基本素材、内容、概念体系自亦建立在中国史学遗产的基础之上。早在八十多年前，毛泽东在《中国共产党在民族战争中的地位》一文中强调指出：

> 学习我们的历史遗产，用马克思主义的方法给以批判的总结，是我们学习的另一任务。我们这个民族有数千年的历史，有它的特点，有它的许多珍贵品。对于这些，我们还是小学生。今天的中国是历史的中国的一个发展；我们是马克思主义的历史主义者，我们不应当割断历史。从孔夫子到孙中山，我们应当给以总结，承继这一份珍贵的遗产。这对于指导当前的伟大的运动，是有重要的帮助的。①

毛泽东是在全面抗日战争初期民族危机深重的历史条件下写下的这段话。今天，在中华民族走向伟大复兴的征程中，我们重温这段话，更加深刻地领会到毛泽东的高瞻远瞩和对中华民族前途的坚定信念。从毛泽东的上述论点来看，重视史学遗产的研究，应是中国史学批评史话语体系构建中的第一个层面，没有这个层面的研究，则上述构建云云，说得严重一点，也只能是纸上谈兵。

---

① 毛泽东：《中国共产党在民族战争中的地位》，《毛泽东选集》第二卷，人民出版社 1991 年版，第 533-534 页。

其次，从史学遗产研究中揭示或提炼出与相关学科密切联系的概念和观念，是构建该学科话语体系的重要环节。马克思主义认为：

> ……概念、判断和推理的阶段，在人们对于一个事物的整个认识过程中是更重要的阶段，也就是理性认识的阶段。认识的真正任务在于经过感觉而到达于思维，到达于逐步了解客观事物的内部矛盾，了解它的规律性，了解这一过程和那一过程间的内部联系，即到达于论理的认识。重复地说，论理的认识所以和感性的认识不同，是因为感性的认识是属于事物之片面的、现象的、外部联系的东西，论理的认识则推进了一大步，到达了事物的全体的、本质的、内部联系的东西，到达了暴露周围世界的内在的矛盾，因而能在周围世界的总体上，在周围世界一切方面的内部联系上去把握周围世界的发展。
>
> 这种基于实践的由浅入深的辩证唯物论的关于认识发展过程的理论，在马克思主义以前，是没有一个人这样解决过的。马克思主义的唯物论，第一次正确地解决了这个问题，唯物地而且辩证地指出了认识的深化的运动，指出了社会的人在他们的生产和阶级斗争的复杂的、经常反复的实践中，由感性认识到论理认识的推移的运动。[①]

---

① 毛泽东：《实践论》，《毛泽东选集》第一卷，人民出版社 1991 年版，第 285–286 页。

这是马克思主义关于人的认识发展的科学的、精辟的论说。我们的先人不可能达到这样的认识高度，但从人的认识发展规律来看，他们也会自觉或不自觉地提出一些概念和观念，而后人则可根据这些概念和观念并结合自身所处的时代，考察这些概念和观念是怎样被提出来的，这些概念和观念是在怎样的程度上反映了那个时代的社会状况和人们的思想面貌的。

如《左传·宣公二年》记："赵穿攻灵公于桃园。宣子未出山而复。大史书曰：'赵盾弑其君。'以示于朝。宣子曰：'不然。'对曰：'子为正卿，亡不越竟，反不讨贼，非子而谁？'宣子曰：'呜呼！《诗》曰：我之怀矣，自诒伊戚。其我之谓矣。'孔子曰：'董狐，古之良史也，书法不隐。赵宣子，古之良大夫也，为法受恶。惜也，越竟乃免。'"[①] 从史学批评史的视角来看，这一记载中提出的重要概念，一是"良史"，一是"书法不隐"。这两个概念在中国史学史上有很大影响。但是，人们对这两个概念被提出来的历史背景却讨论得不多，以至于产生了种种歧义：有的观点认为，孔子只是表彰董狐"书法不隐"，并未称赞赵盾；有的观点认为，赵盾本是杀死晋灵公的幕后指挥与同党，不应受到赞扬；还有的观点认为，赵盾的罪名不论其"越境"与否，都是免不了的，《左传》这种记载表明《左传》作者见识的低下。[②] 笔者甚至还曾见过一篇未刊稿，认为董狐是在曲笔记载史事，因为赵盾并未"弑君"。上述诸多歧见的出现，多

---

① 《左传·宣公二年》，杨伯峻《春秋左传注》本，中华书局 1981 年版，第 662-663 页。
② 参见傅隶朴：《春秋三传比义》，中国友谊出版公司 1984 年版，第 151-154 页。

是因为没有对这一事件发生的时代及其特点作出考察，而是就事论事。其实，只要把这一事件放到它所处的春秋时期加以考察，董狐、赵盾、孔子的言行，都可迎刃而解，而这个“刃”就是“礼”。“礼”是当时的社会伦理准则，在“礼”的笼罩之下，董狐反驳赵盾的话是合于“礼”的，孔子赞扬董狐“书法不隐”也是合于“礼”的，孔子惋惜赵盾“为法受恶”则是从另一个角度来维护“礼”的。总之，把《左传》的这一记载置于当时历史条件下来看，自然是合理的。准此，则对于孔子提出的“良史”和“书法不隐”这两个概念就应作历史的看待。这从后人对司马迁的评价中可以看出有关概念内涵的变化。《汉书·司马迁传》记：“然自刘向、扬雄博极群书，皆称迁有良史之材，服其善序事理，辨而不华，质而不俚，其文直，其事核，不虚美，不隐恶，故谓之实录。”① 这里说的“良史”，包含了多种因素，已不同于“礼”笼罩下的“良史”；这里说的“其文直，其事核”等，也不同于“礼”笼罩下“书法不隐”所记载的史事。

然而，问题在于，上述概念在古人那里往往是模糊的，如《周书·柳虬传》记史官柳虬上疏写道：“古者人君立史官，非但记事而已，盖所以为监诫也。动则左史书之，言则右史书之，彰善瘅恶，以树风声。故南史抗节，表崔杼之罪；董狐书法，明赵盾之愆。是知直笔于朝，其来久矣。”② 又如刘知幾《史通·直书》篇写道：“如董狐之书法不隐，赵盾之为法受屈，彼我无

① 班固：《汉书》卷六二《司马迁传》，中华书局1962年版，第2738页。
② 令狐德棻：《周书》卷三八《柳虬传》，中华书局1971年版，第681页。

忤，行之不疑，然后能成其良直，擅名今古。”“若南、董之仗气直书，不避强御；韦、崔之肆情奋笔，无所阿容。”[①] 文中还有“征诸直词”“务在审实”等说法。由此可以看出，不论是柳虬还是刘知幾，对于“董狐书法”或“书法不隐”与“直笔于朝”或“征诸直词”之间的界限是模糊不清的。

上述事例表明，概念和观念是重要的，但只有考察清楚它们产生于或应用于一定时代的史学研究与社会条件时，才能显示出其重要性。正因为如此，学科话语体系的构建是一个艰难的过程，也是一个绕不过去的“关口”。

再次，对史学批评史上有关的概念、观念作创造性的转化和创新性的发展，使之构建成合理的体系。[②] 为此，要努力做好两件事。

第一，研究和阐述有关概念、观念提出的社会条件与历史根源。马克思、恩格斯指出：“不是意识决定生活，而是生活决定意识。”[③] 如上所述，对于相同概念、观念应用于不同的历史条件与社会环境，其内涵往往有所不同，故必须研究、阐述清楚，使之有可能进入相关的概念或观念体系。对于不同历史条件和社会环境下提出的概念或观念，自应作同样的研究和阐述，并关注此概念或观念与彼概念或观念的关系，以丰富概念或观念的体系构成。

第二，根据唯物史观关于人的认识发展规律和基本原理，重

① 刘知幾：《史通·直书》，浦起龙《史通通释》本，上海古籍出版社 2009 年版，第 179、180 页。

② 参见习近平：《在哲学社会科学工作座谈会上的讲话》，《人民日报》2016 年 5 月 19 日。

③ 马克思、恩格斯：《德意志意识形态》，《马克思恩格斯文集》第一卷，人民出版社 2009 年版，第 525 页。

点考察中国史学批评史上那些具有某种合理因素的概念、观念，对其作出合理的解释，使之焕发出新的生命力。如前述刘知幾引用前人的观点用以评论史书，指出："夫史官执简，宜类于斯。苟爱而知其丑，憎而知其善，善恶必书，斯为实录。"[①] 这是包含了朴素辩证思想的观念。又如杜佑在评论前人的有关争论时，强调不可"将后事以酌前旨"，认为那是"强为之说"的做法。[②] 这是包含了历史地看待历史的思想，可以看作朴素的历史主义观念。再如章学诚在讲到历史撰述如何处理"天"与"人"的关系时，这样写道："盖欲为良史者，当慎辨于天人之际，尽其天而不益以人也。尽其天而不益以人，虽未能至，苟允知之，亦足以称著述者之心术矣。而文史之儒，竞言才、学、识，而不知辨心术以议史德，乌乎可哉？"[③] 这可以看作是怎样处理历史撰述中史学家的主观意识与客观历史的关系，而其核心是尽可能反映客观（尽其天）又尽可能不加入人的主观（不益以人）；同时章学诚又指出，尽管达不到这样的境界，只要努力这样去做，也可以说是懂得著述的要求了。只有做到这种程度，才可称为史德。章学诚的这个观念，用今天的话来说，就是如何理解和处理历史撰述中的主、客体关系。

上述这些事例，在不同程度上都具有一定的合理因素，也都可以在唯物史观指导下给予合理的阐述，使其融入当今的史学研

① 刘知幾：《史通·惑经》，浦起龙《史通通释》本，上海古籍出版社2009年版，第374页。
② 参见杜佑：《通典》卷三一《职官十三·王侯总序》，中华书局1988年版，第850页自注。
③ 章学诚：《文史通义·史德》，叶瑛《文史通义校注》本，中华书局2014年版，第258页。

究而获得新的生命力。

准此，如果我们在上述几个层面用大气力、下大功夫，并不断取得成就，即是为创新性发展打下坚实的基础。

应当着重说明的是，概念和观念固然是学科话语体系构建中不可缺少的要素，但我们在认识、解说、运用它们的时候，应当用学科发展的历史以至社会发展的历史加以说明，而不是用它们来说明学科发展的历史以至社会发展的历史。这样，就可避免一种理论上的错误，即恩格斯所批评的那样："不是概念应当和对象相适应，而是对象应当和概念相适应了。"① 在中国史学批评史上，刘知幾认为司马迁《史记》为项羽立本纪、为陈涉立世家不合于体例，即意在历史应当适应于体例，而不是体例应当适应于历史，就是类似这种理论上的错误。同时，我们还应当关注恩格斯提出的如下这一观点，即："从我们接受了进化论的时刻起，我们关于有机体的生命的一切概念都只是近似地与现实相符合。"② 这里，恩格斯说的是自然科学方面的问题，在哲学社会科学领域也可以作为参考。如在中国史学批评史上很早就出现了"信史""实录"这样的概念，它们反映了中国史学求真的优良传统，但若以此为依据，认为"信史"绝无错误，"实录"绝无不实之处，这就过于绝对了；反之，如若发现"信史"也有错误记载、"实录"也有不妥之处，就认为无"信史""实录"可

① 恩格斯：《反杜林论》，《马克思恩格斯选集》第三卷，人民出版社2012年版，第473页。

② 恩格斯：《恩格斯致康拉德·施米特》（1895年3月12日），《马克思恩格斯选集》第四卷，人民出版社2012年版，第668页。

言，这就走向历史虚无主义了。可见，对于类似这样的概念，应持有合理的认识和批判。总之，学科话语体系构建，既要大胆探索，又必须谨慎推进。

*　　　*　　　*

关于中国史学批评史的研究，现在尚处于起步阶段，我们的认识水平，也处于起步阶段，尤其是史学批评史研究的历史意义、社会意义、学术意义和理论意义，我们现在只有一点粗浅的认识，它的深刻的意义和重要价值，都有待于进一步的发掘、梳理和阐述。一方面我们在研究中要注意从宏观上把握史学批评的大势和发展中提出的重大问题，另一方面也要重视对于个案的分析判断。这样可以使全局同局部相联系、宏观与微观相联系，庶几写出一部比较深入的中国史学批评史。

2017 年 8 月初稿

2019 年 6 月改定

目　录

前 言

一、时代特点与史学面貌

作为中国古代历史上最后一个皇朝，清朝在中华文明史上留下了浓墨重彩的一笔。继元朝和明朝之后，它又一次在广阔的疆域上实现了大一统；民族间的关系从交锋到交融，在多民族融合的背景下，历史文化认同达到一个高峰；中外交流与交涉逐渐频繁和深入，域外政治与文明的影响日益凸显；文化繁荣，学术精进，且表现出阶段性的精神。王国维即有“我朝三百年间，学术三变”之说：“国初之学大，乾嘉之学精，道咸以降之学新。”① 史学作为历史与文化的载体，也与清朝的沉浮一路同行，表现出多姿多彩的面貌。这里，将清史（1840 年以前）划分为三个阶段，鸟瞰清朝的历史与史学，也由此拉开清代史学批评史的序幕。

---

① 王国维：《观堂集林》卷二三《沈乙庵先生七十寿序》，河北教育出版社 2003 年版，第 574 页。

第一个阶段，从顺治元年（1644）清兵入关到康熙二十二年（1683）清廷收复台湾，约四十年的时间。

清初的时代主旋律是肃清包括南明政权在内的各种反清力量、平定三藩之乱、收复台湾，巩固和强化皇权。早在多尔衮掌权时期，清军一面对付南明军事力量，一面进攻农民军，逐渐取得了军事上的主动权。顺治皇帝在军事手段之外，又以尊孔推行教化，笼络人心，缓和满汉矛盾，在经济上恢复被战争破坏严重的农业，鼓励开垦土地。这些措施对于一个少数民族建立的新皇朝来说无疑起到了积极的作用。顺治十八年（1661），年仅八岁的玄烨即位，是为康熙皇帝。康熙皇帝曾在鳌拜的阴影笼罩下形同虚设，但他智擒鳌拜，清除了鳌拜集团的掣肘后，便在“平三藩”等重大史事中施展了一代英主的才华。经过顺治朝和康熙初年的苦心经营，清廷完成了新皇朝统治秩序的重建。

至于决定清初学术发展方向的内在动力，梁启超概括为“明学反动”。他认为清初之所以形成“复杂而极绚烂”之学术思想界，“第一，承明学极空疏之后，人心厌倦，相率返于沉实；第二，经大乱后，社会比较的安宁，故人得有余裕以自厉于学；第三，异族入主中夏，有志节者耻立乎其朝，故刊落声华，专集精力以治朴学；第四，旧学派权威既坠，新学派系统未成，无‘定于一尊’之弊，故自由研究之精神特盛”。[①] 梁启超于清代学术有宏通的认识，这里所作的解释颇具说服力，但却似乎给

① 梁启超：《清代学术概论》，载《饮冰室合集》第8册，中华书局1989年版，第13、20页。

人以清初学术只是针对晚明学术的反动，而忽略了它们之间千丝万缕的承继关系。以清初史学而言，固然有相对于晚明空疏学风的对抗，但它也是从晚明私家修史之风和求实博通的暗流中发展而来的。

在明清之际金戈铁马的岁月中，史学家的事业不但未曾受到影响，反而在明亡清兴的历史剧变刺激下，不甘于“国灭而史亦随灭”①，不顾“寒暑晦明，风雨霜雪，舟车寝食，疾痛患难”②，托心于史，以空前强烈的“存史”自觉，撰述了一批以总结和反思明代历史为主题的史书。谷应泰的《明史纪事本末》、查继佐的《罪惟录》、傅维鳞的《明书》、计六奇的《明季北略》与《明季南略》、吴伟业的《绥寇纪略》、黄宗羲的《明儒学案》，以纪传体、编年体、纪事本末体、学案体等体裁，对明代的政治、经济、军事、文化、学术作了丰富的记录与评论。目睹江山易手的史学家们，对空疏的学风深恶痛绝，转而趋向于经世致用。顾炎武、黄宗羲和王夫之虽治史途辙各异③，但在以史经世上又殊途同归。

清廷重视史学，当然不会放弃对史学话语权的控制。顺治二年（1645），“御史赵继鼎奏请纂修《明史》”④。清廷遂启动官

---

① 黄宗羲：《南雷诗文集》碑志类《谈孺木墓表》，载沈善洪主编：《黄宗羲全集》（增订版）第十册，浙江古籍出版社 2005 年版，第 269 页。

② 查继佐：《东山自叙》，载《罪惟录》书首，浙江古籍出版社 1986 年版，第 1-2 页。

③ 杜维运论清初顾、黄、王三家的史学，分别对应为“历史考据学”“浙东史学”“历史解释艺术”。参见《中国史学史》第三册，三民书局 2004 年版，第 209-280 页。

④ 《清世祖实录》卷一五，顺治二年四月癸亥，载《清实录》第三册，中华书局 1985 年版，第 135 页。

修《明史》工程，大学士冯铨、洪承畴、李建泰、范文程、刚林、祁充格等“钦奉圣谕，总裁《明史》”[①]。这一举动当然并不全部出于史学的考量，还有政治上的考虑，但它对清初史学的影响却是直接的。康熙皇帝对修史的重要性有深刻认识，所以当康熙十八年（1679）在对三藩的作战胜券在握之时，即开博学鸿词科，取中彭孙遹、倪灿、李因笃、秦松龄、朱彝尊、汤斌、汪琬、潘耒、毛奇龄、施闰章、尤侗等五十位宿儒硕彦，与修《明史》，使官修《明史》得到了强有力的支持。《明史》修撰具有多重意义。一则，它标志着清朝帝王虽出身满族，但他们自觉地继承了易代修史的传统，表现出强烈的历史文化认同意识；二则，清朝君臣从中也获得了宝贵的经验教训，比如抑制宦官和打压朋党，为皇权的巩固和社会发展提供治国的历史方案；三则，修史有力地推动了清初史学理论与历史编纂的发展。

若论对后世史学影响最大的清初史家，当首推顾炎武。亭林“采铜于山”的精神不仅为清初学术营造了朴实、创新的优良学风，也引来后代史家竞相效法。当分别一载的友人询问《日知录》又成几卷的时候，顾炎武说自己“早夜诵读，反复寻究”，却不过写了十几条札记而已。但他对这十多条札记却是非常自信的，因为它们“庶几采山之铜”。对此，他有精辟的论说：

今人纂辑之书，正如今人之铸钱。古人采铜于山，今人

---

① 《清世祖实录》卷一六，顺治二年五月癸未，载《清实录》第三册，中华书局1985年版，第141页。

则买旧钱，名之曰废铜，以充铸而已。所铸之钱既已粗恶，而又将古人传世之宝，舂剉碎散，不存于后，岂不两失之乎？[①]

“采铜于山”以铸钱为喻，言说了朴实的史学家对历史研究精益求精的追求。凡东拼西凑、因袭旧说，或将旧说改头换面、滥竽充数的论著都在顾炎武鞭笞之列。

顾炎武的治学精神和学术路数对清代史学家具有直接影响。王鸣盛服膺顾氏的金石、音韵之学，赞佩顾氏“精核”[②]。《十七史商榷》援引顾炎武论说多达二十余处。赵翼治史重视“古今风会之递变”，乾嘉时人已将《廿二史札记》比作《日知录》[③]。钱大昕著《廿二史考异》，“间与前人暗合者，削而去之”[④]，这与顾炎武“古人先我而有者，则遂削之”[⑤] 的主张如出一辙。《日知录》的札记方式也对钱大昕、王鸣盛等人的治史有示范作用。总之，由顾炎武倡导的优良学风强化了清代史学的创新精神，为清代史学的稳健发展奠定了坚实的基础。

第二个阶段，从康熙二十三年（1684）到乾隆末年（1795），约一百一十年，史称“康乾盛世”。

康熙、雍正和乾隆三位皇帝都是乾纲独断的一代君主，在内

---

① 顾炎武：《亭林文集》卷四《与人书十》，载《顾亭林诗文集》，中华书局 1983 年版，第 93 页。

② 王鸣盛：《十七史商榷》卷九六“八十陌钱”条，上海书店出版社 2005 年版，第 902 页。

③ 赵翼：《廿二史札记》小引，王树民《廿二史札记校证》本，中华书局 1984 年版，第 1 页。

④ 钱大昕：《廿二史考异》序，上海古籍出版社 2004 年版，第 1 页。

⑤ 顾炎武：《日知录》小引，黄汝成《日知录集释》本，上海古籍出版社 2006 年版，第 1 页。

政和外交上均有所作为。先是，康熙皇帝完成了清朝从大乱走向大治的艰难过渡，并努力实现政通人和，实行“滋生人丁，永不加赋”的赋役改革，初显盛世的雍容气象。尽管储位之争为康熙晚年政治和从康熙到雍正的皇位过渡蒙上了一层阴影，但这并不能遮挡盛世的光彩。较之康熙皇帝，雍正皇帝在位时间虽短，但他设立军机处，摊丁入亩，改土归流，与俄国缔结《恰克图条约》，凡此均对后世产生深远影响。乾隆皇帝循祖、父之足迹，以宽严相济为治国方略，凭借着非凡的政治魄力和能力又将“盛世”延续了数十年。

康乾时期，朝廷经略东北，平定准噶尔之乱，用兵天山南北，征讨大小金川，妥善安置土尔扈特部，在战事、内政、外交和民族关系处置上取得了一系列成功。康乾之世不仅武功卓绝，文治亦盛极一时。康熙皇帝表彰理学，奖励文学，敕撰《古今图书集成》《佩文韵府》《子史精华》等书。乾隆皇帝较之康熙皇帝更胜一筹。武英殿、国史馆、方略馆等宫廷编纂图书的机构，在文献整理和史书编纂方面取得了辉煌的成就。史部典籍在乾隆朝官方纂修的书籍中占60%以上。除正史外，还有方略系列、“三通”系列、“志乘”系列以及“史志表传”系列、“圣训”“御制”等典籍。[①] 乾隆三十七年（1772）开《四库全书》馆，采访遗书，延揽绩学之士，编纂《四库全书》，以经、史、子、集四部分类，收书三千四百六十一种，对历代典籍作了一次

① 参见李治亭主编:《清史》下册，上海人民出版社2002年版，第1242-1246页。

搜辑、清理和总结，又撰《四库全书总目》，点评古今学术。在这样稽古右文的时代氛围中，虽还不时制造出骇人听闻的文字狱事件，但经传史注、文字训诂、钟鼎金石、辑佚校勘、文学艺术得开生面。

这一时期，经济状况、社会矛盾、满汉关系、国家方略与清初已然不同，活跃于明清之际的谈迁、傅维鳞、马骕、彭孙贻、查继佐、张岱、顾炎武、李清等史家相继辞世，史学风气随之悄然流转。一代有一代的史学。全祖望、牛运震、钱大昕、王鸣盛、赵翼、梁玉绳、章学诚、邵晋涵、崔述等人接过前辈的史学衣钵，在考据和义理纠缠、汉学与宋学的相峙中，铸造了乾嘉史学丰碑。考史、评史、注史、补史、作史，交相辉映。考据自是乾嘉史学的主流，出现了《廿二史考异》《十七史商榷》等贯通考订历代正史的名作，也有梁玉绳《史记志疑》、汪辉祖《元史本证》这类专精一史的力作，承担起“改讹文，补脱文，去衍文，又举其中典制事迹，诠解蒙滞，审核踳驳”[①] 的学术使命。强调义理的浙东史学也得到长足的发展，章学诚的《文史通义》将史学的思辨艺术提升到新境界。

第三个阶段，从嘉庆元年（1796）至道光二十年（1840），共四十五年。

嘉道时期是清朝由盛而衰的转折年代，是有清一代的忧患

① 王鸣盛：《十七史商榷》序，上海书店出版社 2005 年版，第 1 页。

期[①]。物极必反，盛极而衰。早在乾隆后期，清朝已如老迈的皇帝一样，出现步履蹒跚的端倪。嘉庆皇帝亲政后，惩治贪官，力图涤荡颓腐之气。但积重难返的吏治、财赋等，最终消磨了他的锐气。道光皇帝即位后，也作了一番整顿吏治、移风易俗的工作，还改革漕运、盐政。然而道光二十年（1840）爆发的鸦片战争无情地将清朝抛入另一个世界体系中，从此清朝陷入重重危机之中。

回望这段清史，给人们留下的印象不再是昔日的辉煌，而是危机丛生、内外交困的景象。清廷为此左支右绌，捉襟见肘。先是，为了镇压声势浩大的川楚陕白莲教起义，嘉庆皇帝“调集了十六个省的兵力，耗费白银二万万两，相当于清政府五年财政收入的总和。清政府在镇压起义军时，被击毙的一、二品高级将领二十多人，副将、参将以下军官四百多人”[②]。随后，又有蔡牵为首的东南沿海起义、震动朝野的天理教起义等。嘉庆十八年（1813），五十四岁的嘉庆皇帝不得不颁布罪己诏，算是对天下后世的一个交代：

> 朕以凉德，仰承皇考付托，兢兢业业，十有八年，不敢暇豫。即位初，白莲教煽乱四省，黎民遭劫，惨不忍言，命将出师，八年始定。方期与吾赤子永乐升平，忽于九月初六日，河南滑县又起天理教匪，由直隶长垣至山东曹县，亟命

① 早在清末，汪荣宝即将嘉庆朝归入忧患时期，参见《中国历史教科书》（原名《本朝史讲义》）第三编，载《京师大学堂历史讲义合刊》，上海古籍出版社2018年版。

② 白寿彝总主编：《中国通史》第十卷下册，上海人民出版社1996年版，第874页。

总督温承惠率兵剿办，然此事究在千里之外。猝于九月十五日，变生肘腋，祸起萧墙，天理教逆匪七十余众，犯禁门，入大内……我大清国一百七十年以来，定鼎燕京，列祖列宗深仁厚泽，爱民如子，圣德仁心奚能缕述？朕虽未能仰绍爱民之实政，亦无害民之虐事，突遭此变，实不可解。总缘德凉愆积，唯自责耳。然变起一时，祸积有日，当今大弊，在"因循怠玩"四字，实中外之所同，朕虽再三告诫，舌敝唇焦，奈诸臣未能领会，悠忽为政，以致酿成汉、唐、宋、明未有之事。较之明季梃击一案，何啻倍蓰？思及此，实不忍再言矣。予唯返躬修省，改过正心，上答天慈，下释民怨。[①]

清朝定鼎中原一百七十年后，天理教教徒在太监的接应下，竟然闯进紫禁城，搅得皇宫大乱，确如诏书中所言，是汉、唐、宋、明都不曾有过的事件。这让嘉庆皇帝感到惶恐和不解。他自责的同时，得出了"变起一时，祸积有日"的认识，可见嘉庆皇帝对时局有清醒的判断。尤其是"祸积有日"四字，切中嘉庆朝社会的病症。这篇罪己诏透露出皇帝的困惑与力不从心，亦是那个时代的一个缩影。它宣告清朝无法逃脱历代皇朝发展的定律，进入了衰落期。

嘉道年间，学者云集的盛况虽不如康乾，但也称得上人文荟萃。由学术变迁而论，尽管考据派余势犹在，但无论是考史阵容

① 清仁宗：《御制文二集》卷二《遇变罪己诏》，《清代诗文集汇编》第四六三册，上海古籍出版社2010年版，第118–119页。

还是代表性成果，都已经呈现不可逆转的衰退趋势，代之而起的是今文经学的复兴、经世思潮的昂扬以及社会批判意识的觉醒。学术需要回应时代，鉴古知今的史学尤其不能例外。史学家开始了应对社会转折的初步准备，政治观念上涌动着变革潜流。嘉道年间学人论政成为一个值得关注的现象。钱穆指出：

清儒自有明遗老外，即鲜谈政治。……精神意气，一注于古经籍，本非得已，而习焉忘之，即亦不悟其所以然。此乾嘉经学之所由一趋于训诂考索也。嘉道以还，清势日陵替，坚冰乍解，根蘖重萌，士大夫乃稍稍发舒为政论焉，而定庵则为开风气之一人。①

钱穆论嘉道风气变化时特别推崇龚自珍，有其道理。龚氏关于盛衰消息有句名言："未雨之鸟，戚于飘摇，痺痨之疾，殆于痈疽，将萎之华，惨于槁木。"② 他论变法的卓见，又见于《乙丙之际箸议第七》：

一祖之法无不敝，千夫之议无不靡，与其赠来者以劲改革，孰若自改革？抑思我祖所以兴，岂非革前代之败耶？前代所以兴，又非革前代之败耶？何莽然其不一姓也？……

---

① 钱穆：《中国近三百年学术史》下册，商务印书馆1997年版，第591-592页。

② 龚自珍：《龚自珍全集》第一辑《乙丙之际箸议第九》，上海人民出版社1975年版，第7页。

《易》曰："穷则变，变则通，通则久。"非为黄帝以来六七姓括言之也，为一姓劝豫也。[1]

龚氏之言可以概括为：与其等待被革命，不如自己先行改革。龚自珍关于革除社会弊病的呐喊，在那个时代可谓先声，但他并非孤掌难鸣。被方东树（1772—1851）称为"议论之豪宕若快马逸而脱衔羁"[2] 的桐城人姚莹（1785—1853），也于所谓太平之世中发现了衰亡的征兆："朝廷晏安，四夷宾服，又且人主聪明，谨守祖法，勤于政事。大臣夙夜恪恭，以求无过，甚安也。……举世以为太平矣，而非常之患即伏于其中。"[3] 还有一位不太为史学界关注的汤鹏，论社会变革，也与龚自珍同调：

事有积之已久则弊，而守之以固则枯；坏之已甚则匮，而处之以暗则愚。振之以大声疾呼则訾其激，而荒之以流心佚志则厚其羞；料之以深识蚤计则嫌其噪，而亟之以颓光倒景则郁其忧。无以，则尚变乎！[4]

由弊、枯而匮、愚，正是衰世的写照。大声疾呼与深谋远虑

---

① 龚自珍：《龚自珍全集》第一辑《乙丙之际箸议第七》，上海人民出版社 1975 年版，第 6 页。

② 方东树：《考槃集文录》卷三《姚石甫文集序》，《清代诗文集汇编》第五〇七册，上海古籍出版社 2010 年版，第 172 页。

③ 姚莹：《东溟文集》卷一《通论上》，《清代诗文集汇编》第五四九册，上海古籍出版社 2010 年版，第 313 页。

④ 汤鹏：《浮邱子》卷五《尚变》，岳麓书社 1987 年版，第 127 页。

却被讥为“激”“噪”。无可奈何，唯有“尚变”。要之，社会需要变革，可谓其时的时代思潮。梁启超关于“时代思潮”有过这样的论述：“国民于一时期中，因环境之变迁，与夫心理之感召，不期而思想之进路同趋于一方向，于是相与呼应汹涌，如潮然，始焉其势甚微，几莫之觉，寖假而涨——涨——涨”①。借此观察道光末年的时代思潮，倒是十分贴切。史学因时而动，也表现出求变、趋新的“思想之进路”。鸦片战争后，时局又变，几年后，魏源撰《海国图志》，徐继畬著《瀛寰志略》。此一思潮“相与呼应汹涌”，渐由思潮而付诸实践，又是另一番天地了。

二、史学批评的集大成

明清鼎革，皇权交接，社会发生激烈的变动。史学因应世变，吐故纳新，开一代之新风。史学批评也以其特有的反思性、批判性和建设性，深度参与到清初学术事业的重建之中。较之前代，除了皇朝更迭、社会兴衰、文化变迁等外部因素外，清代史学批评面临并创设着一个新的学术语境，即经史关系论的明显转向，经史变调为清代史学批评的集大成提供了新的推动力。

经书与史籍是中国古代典籍的主干，承载着古人对于天道的探求、对伦常的形塑，其重要性不言而喻。经与史常并称为

---

① 梁启超：《清代学术概论》，载《饮冰室合集》第8册，中华书局1989年版，第1页。

“经史之学”，但经与史的地位在特定的历史时期内却有所轩轾。明以前的主流观点认为史的地位和功能亚于经，甚至有“经尊史卑”之说。明清时期，史学家关于经史关系有了一些新的认识，表现出引经入史的认识取向。

崇祯十三年（1640），毛氏重刻“十三经”。顺治十三年（1656），毛氏又刻成“十七史”。两套典籍刻成后，均请钱谦益作序。当钱谦益为毛氏“十七史”作序时，有人提出为什么汲古阁的刻书次序是“先经而后史”？两套大部头的书雕刻印行有先后顺序，本属正常之事。但这个问题显然“醉翁之意不在酒”，不只关心刻书时间先后，还另有深意。此处的先后观念，也就意味着经史的高下之别。钱谦益的回答正是针对这层深意而说的：

> 经犹权也，史则衡之有轻重也。经犹度也，史则尺之有长短也。古者六经之学，专门名家，各守师说。圣贤之微言大义，纲举目张，肌劈理解，权衡尺度，凿凿乎指定于胸中，然后出而从事于史，三才之高下，百世之往复，分齐其轻重长短，取裁于吾之权度，累黍杪忽，罄无不宜，而后可以明体达用，为通天地人之大儒。有人曰：我知轻重，我明长短。问之以权度，茫如也，此无目而诤目，不通经而学史之过也。有人曰：我知权，我知度。问之以轻重长短，亦茫如也，此执籥而为日，不通史而执经之过也。经不通史，史不通经，误用其偏诐捜琐之学术，足以杀天下，是以古人慎

之。经经纬史，州次部居，如农有畔，如布有幅，此治世之菽粟，亦救世之药石也。[1]

这段话虽称“经经纬史”，尊经的思想还很鲜明，但重史的认识也表露无遗，治经与治史相须而不可偏废的态度相当明确。“不通经而学史之过”和“不通史而执经之过”表达的都是这个意思。再看钱谦益在《再答苍略书》中所说的“六经，史之宗统也。六经之中皆有史，不独《春秋》三传也。六经降而为二史，班、马其史中之经乎?”[2] 所谓“六经之中皆有史”已近乎“六经皆史”，更重要的是，六经降为《史记》《汉书》，而《史记》《汉书》又是“史中之经”。一言以蔽之，经可降而为史，史中也有经，经史可以互换。是否可以这样认为，这是对中国传统学术滥觞期经史之间天然关联性的一次回归。

大致与钱谦益同时，陈僖论史书功能，称道：“史之书大矣哉！与天与君三也。惟其义与经一也，得圣人以折衷，则经即史；得良史以讨论，则史翼经。”[3] 史义与经义同，圣人折衷之经亦是史，良史所作之史翼护经。康熙九年（1670），李清为马骕《绎史》作序，亦谈及经史关系，“或曰：以经为史可欤?曰：奚不可！夫唐、虞作史而综为经，两汉袭经而别为史，盖经

---

① 钱谦益:《牧斋有学集》卷一四《汲古阁毛氏新刻十七史序》，上海古籍出版社1996年版，第679-680页。

② 钱谦益:《牧斋有学集》卷三八《再答苍略书》，上海古籍出版社1996年版，第1310页。

③ 陈僖:《燕山草堂集》卷二《史论》，《四库未收书辑刊》第八辑第十七册，北京出版社2000年版，第464页。

即史也”[1]。稍晚于钱谦益、陈僖和李清，邵廷采[2]论经史渊源，也与钱谦益诸人有着极为相似的思路：“六经中之《尚书》《春秋》，经而史也。自《春秋》后，宋司马温公采十七史编《资治通鉴》，朱子因之作《纲目》，起周威烈王初命晋大夫魏斯、赵籍、韩虔为诸侯，讫五代周恭帝禅位于宋，史而经矣。”[3]“经而史”与“史而经”这两个短语，意在表达经与史之间并没有一条不可跨越的鸿沟。钱谦益、陈僖、李清和邵廷采皆如是说，可见经史转换的思维在清初史学家中渐次流行。

清人关于经史关系的经典论述，当推章学诚的“六经皆史”说。如从邵廷采直接跨越到章学诚，倒是显得连贯，因为章学诚十分推崇邵廷采，邵氏经史互换的认识不能不对章学诚的“六经皆史”思想产生影响。但若这样勾连，却会留下一大遗憾，因为这样便忽略了在章学诚之前的另一位对经史关系发表过重要见解的史学家，他就是浦起龙。

浦起龙撰《经史异同》，文如其名，专论经史同异。文章以提问开篇：“经与史同乎？异乎？”然后引出北宋苏洵的一段话：“苏洵曰：‘史与经皆忧小人而作，其义一也。其义一，其体二，故曰史焉，曰经焉。大凡文之用四：事以实之，辞以章之，道以通之，法以检之，此经史之所兼而有之者也。虽然，经以道法胜，史以事辞胜。经不得史，无以证其褒贬；史不得经，无以酌

① 李清：《绎史》序，载马骕：《绎史》，中华书局2002年版，第2页。

② 邵廷采（1648—1711），字允斯、念鲁，浙江余姚人，著《东南纪事》《西南纪事》《思复堂文集》等。

③ 邵廷采：《思复堂文集》卷一〇《阅史提要》，浙江古籍出版社1987年版，第507页。

其轻重。经非一代之实录，史非万世之常法。体不相沿，而用实相资焉。’”苏洵之说见于《嘉祐集》卷八《史论》。苏洵强调经与史关联密切，又相得益彰，但并不认为经史平等，因为“经以道法胜，史以事辞胜”，“经非一代之实录，史非万世之常法”。道法显然高于事辞；一代实录和万世常法也不可等量齐观。浦起龙延续苏洵的话题，却没有承袭苏洵的思想：“至谓经但以道法胜，史但以事辞胜，经非实录，史非常法，则犹有可议焉。”“苏氏之言经史也，虽曰其义一，犹岐而二之。”浦起龙解释说：

> 古人之经，即古人之史。盖史之为义，所以备劝戒也。试以经言之。《易》非以吉凶劝戒人者乎？史以纪往，《易》以纪来。来不可名，故示之以象。试求之诸史得失成败，孰能逾之者？故曰：《易》亦史也。《礼》亦然。悬之为规，蹈之为绳，曰：如此则合礼，宜兴；否则，败。劝戒昭焉，史法也。《诗》以道性情，为美为刺，纪盛纪衰，亦史法也。《书》则当时之史体也。然其所举者，皆弘纲而不详其目，于世次尤略。要之，史道备矣。若夫《春秋》之为史，昭昭也。顾孔子当日岂若后人之沾沾纪述旧闻哉？盖将以正彝伦，维王迹，其旨殆与《易》《诗》《书》《礼》一而已矣。

言下之意，古代的经就是古人的史。史义在劝戒，《易》以吉凶行劝戒，所以“《易》亦史也”；《礼》言规矩，论兴败；《诗》含美刺，纪盛衰，均合乎史法；《尚书》虽简略，但正是当时的史体；孔子作《春秋》，无疑也是史，更何况孔子以此扶持彝伦王道，旨趣与《易》《诗》《书》《礼》一样。至此，浦起龙完成了他关于“五经皆史”的阐说。

浦起龙不仅说经即史，还专门分析过史（《史记》《资治通鉴》《资治通鉴纲目》）即经。司马迁上继周公、孔子，《史记》成一家之言，明于治乱，忧于当世，寄予鉴戒诉求，“法戒之旨亦婉而可思”。《资治通鉴》惩恶劝善，《资治通鉴纲目》远绍孔子之意，进善黜恶，显微阐幽，义正旨彰。“此即史即经者也，又岂不足为万世之常法乎？”既然良史足为万世常法，便与经无异。最后，浦起龙总结道：“古之经即古之史，今之史其不足为经者，并不足为史也。学者先穷经而后读史，亦常读史以证经，斯纷纷异同之见，亦可以不设也夫。”[①] 浦起龙借苏洵的话题，把经史关系重新阐释了一番。他旨在消弭人为制造的经史之间社会与学术的双重疆界，强调经史并无轻重之别，在治学上也不宜存先经后史、以史证经的成见。浦氏此论在古代经史关系论上，是一个很大的进步。

从学术史角度来看，从钱谦益到浦起龙，清代的经史关系论确实出现了一种纠偏的倾向，而且理论阐释很出色，但这还不能看作其时知识界的共有认识。稍晚于浦起龙的赵翼，就感受到虽

① 以上引文见浦起龙：《酿蜜集》卷二《经史异同》，《无锡文库》第四辑，凤凰出版社2011年版，第400页。

长于治史却不能穷经的外部压力，这种压力甚至让他在乾隆六十年（1795）年近七旬时，仍然无法自我缓解，自嘲地写下“资性粗钝，不能研究经学，惟历代史书，事显而义浅，便于流览，爰取为日课”①。相比之下，王鸣盛因为在经学研究方面有《尚书后案》，故而比赵翼坦然得多，可以侃侃而谈，说自己“束发好谈史学，将壮，辍史而治经，经既竣，乃重理史业”，并且领悟到“读史之法，与读经小异而大同”②。王鸣盛关于读经与读史之法的见解是否高明，另当别论。单就王鸣盛在《十七史商榷》一书中的这份从容与赵翼在《廿二史札记》开篇的那种局促相较，足见经学家对于史学家的优越感。赵翼心中的这份学术纠结，又不仅属于他的个人情绪，因为它直接催发钱大昕加入对经学与史学关系的大讨论中。

嘉庆五年（1800），钱大昕为《廿二史札记》作序，结合自己治学的心得，提出了一个重要的论断“经与史岂有二学哉!”钱大昕是这样论述的：

> 读其自序，有质钝不能研经，唯诸史事显而义浅，爰取为日课之语，其㧑谦自下如此。虽然，经与史岂有二学哉？昔宣尼赞修六经，而《尚书》《春秋》实为史家之权舆。汉世刘向父子校理秘文为六略，而《世本》《楚汉春秋》《太史公书》《汉著纪》列于《春秋》家。《高祖传》《孝文传》

---

① 赵翼：《廿二史札记》小引，王树民《廿二史札记校证》本，中华书局1984年版，第1页。

② 王鸣盛：《十七史商榷》序，上海书店出版社2005年版，第1页。

> 列于儒家，初无经史之别。厥后兰台、东观，作者益繁，李充、荀勖等创立四部，而经史始分，然不闻陋史而荣经也。[①]

作为同辈学者，钱大昕当然察觉了时代风尚对经学的过分推崇，理解赵翼的尴尬处境。他先是声明赵翼的自嘲乃是自谦，接下来的长篇大论，不仅是为赵翼开脱，也是有的放矢，针砭时弊，“为史学争自主的意态是十分明显的”[②]。从源头上讲，《尚书》和《春秋》乃史家权舆，汉代刘向、刘歆父子的目录学中，也无经史之分。魏晋时期，虽有经史子集四部之分，但也没有“陋史而荣经”之说。直到王安石之后，学风大坏，加之理学末流的泛滥无归，“十七史皆束之高阁”。读史渐渐成了低一等的学问，宋明时期，有谓“读史为玩物丧志者，又有谓读史令人心粗者”。钱大昕虽未明指，但实际上是针对程颢和朱熹的。这两句话被空疏浅薄者引为借口，于是“说经者日多，治史者日少”。这些人甚至宣称“经精而史粗也，经正而史杂也”。钱大昕反驳道：“经以明伦，虚灵玄妙之论，似精实非精也。经以致用，迂阔刻深之谈，似正实非正也。”他还举司马迁、班固及其历史撰述为例，说：“太史公尊孔子为世家，谓：‘载籍极博，犹考信于六艺。’班氏《古今人表》尊孔、孟而降老、庄。皆卓

---

① 钱大昕：《潜研堂文集补编·廿二史札记序》，载陈文和主编：《嘉定钱大昕全集》（增订本）第10册，凤凰出版社2016年版，第411页。

② 余英时：《论戴震与章学诚：清代中期学术思想史研究》，生活·读书·新知三联书店2005年版，第279页。

然有功于圣学，故其文与六经并传而不愧。”这是说《史记》和《汉书》这样的史书可以与经并传。倒是那些“元、明言经者，非剿袭稗贩，则师心妄作，即幸而厕名甲部，亦徒供后人覆瓿而已，奚足尚哉”[1]。钱大昕回顾明清以前的经史关系史，旨在驳斥荣经陋史，他举出马、班，又以“元、明言经者”为反面教材，前者堪与六经并列，后者只待覆瓿而已，所论铿锵有力。钱大昕的学术地位高于赵翼，而且其经学研究在当时已获得高度认可，被称为“不专治一经而无经不通”[2]，所以钱大昕的这番话就极有分量。这即是为什么可以说“乾隆嘉庆年间，把治经看作第一等学问，史学是被看作次要的甚至不重要的，竹汀出而形势一变”[3]。

乾嘉时期，持经史不分主张者，还有不少人。崔述（1740—1816）在比较《春秋》三传的优劣时，指出：“经史者，自汉以后分别而言之耳，三代以上所谓经者，即当日之史也。《尚书》，史也，《春秋》，史也，经与史恐未可分也。”[4] 这个意思在《考信录提要》中也有表述：“三代以上，经史不分，经即其史，史即今所谓经者也。后世学者不知圣人之道体用同原，穷达一致，

---

① 以上引文见钱大昕：《潜研堂文集补编·廿二史札记序》，载陈文和主编：《嘉定钱大昕全集》（增订本）第10册，凤凰出版社2016年版，第411-412页。

② 江藩：《国朝汉学师承记》卷三《钱大昕》，中华书局1983年版，第50页。

③ 柴德赓：《王西庄与钱竹汀》，载《史学丛考》，中华书局1982年版，第263页。按：朱维铮对钱大昕在乾嘉时期经史研究风气转变上的影响，有如下论述：“乾嘉时代的考据学，研究范围由经及史，由两汉传世的儒家经典拓展到司马迁、班固以后的‘正史’，无疑应归功于钱大昕。”（《朱维铮史学史论集》，复旦大学出版社2015年版，第240-241页）此即所谓“竹汀出而形势一变”。

④ 崔述：《洙泗考信余录》卷三《左子》，载顾颉刚编订：《崔东壁遗书》，上海古籍出版社1983年版，第395页。

由是经史始分。”[①] 袁枚也说：“古有史而无经。《尚书》《春秋》，今之经，昔之史也。《诗》《易》者，先王所存之言。《礼》《乐》者，先王所存之法。其策皆史官掌之。”[②] 崔述和袁枚的共同点，是他们都强调经史不可分，也不必分。袁枚不以史学见长，却有深刻的史学见解，“古有史而无经”的论断不仅大胆，而且有识。

经过浦起龙、钱大昕、崔述等人的再三阐说，荣经陋史的偏见至少在理论上已经站不住脚了。诸家所论在某种程度上与章学诚的“六经皆史”说交相辉映，把经史关系问题的讨论引上了新的途径。

不过，在正式讨论章学诚的经史关系论，尤其是他那著名的“六经皆史”说之前，有必要先追溯明代学者的经史关系认识。明人论经史关系者甚多，有三位学者较有代表性，他们是王守仁、王世贞和李贽。王守仁与弟子徐爱有段对话：“以事言谓之史，以道言谓之经。事即道，道即事。《春秋》亦经，《五经》亦史。《易》是包牺氏之史，《书》是尧、舜以下史，《礼》《乐》是三代史。”[③] 王守仁认为经与史的区别只在言道与言事，但道与事又是一回事，所以经史根本没有区别，而“《五经》亦史”，已是“六经皆史”的滥觞。

---

① 崔述：《考信录提要》卷下《总目》，载顾颉刚编订：《崔东壁遗书》，上海古籍出版社1983年版，第20页。

② 袁枚：《小仓山房文集》卷一〇《史学例议序》，《清代诗文集汇编》第三四〇册，上海古籍出版社2010年版，第147页。

③ 王阳明：《传习录》，邓艾民《传习录注释》本，上海古籍出版社2012年版，第22页。

晚于王守仁的王世贞，对经史关系也有精彩论断，说：“天地间无非史而已。三皇之世，若泯若没；五帝之世，若存若亡。噫！史其可以已耶？《六经》，史之言理者也。”① 章学诚的“盈天地间凡涉著作之林，皆是史学”② 与王世贞的“天地间无非史而已”不仅意蕴一致，连遣词和口吻也如出一辙。而王世贞的“《六经》，史之言理者也”距离“六经皆史”也只有一步之遥。还是李贽说得直截了当：“经、史一物也。史而不经，则为秽史矣，何以垂戒鉴乎？经而不史，则为说白话矣，何以彰事实乎？故《春秋》一经，春秋一时之史也。《诗经》《书经》，二帝三王以来之史也。而《易经》则又示人以经之所自出，史之所从来，为道屡迁，变易匪常，不可以一定执也。故谓《六经》皆史可也。”③ 李贽号称“异端”，但他论经史相为表里，以史为鉴，却是相当正大。正如研究者所指出的“‘六经’权威地位的否定，既是史学地位获得提高的重要前提，也是经史关系讨论取得突破性进展的前提。随着相关讨论的展开，人们对于经史关系的认识，也越来越脱开原王阳明提出问题的理学语境，逐渐转换为就史学本身讨论的理论问题”④。王守仁、王世贞和李贽所处时代的学术环境与清代乾嘉时期毕竟不同，他们关于经史关系的种种论断，与章学诚的“六经皆史”在内涵和旨趣上仍有诸多差

① 王世贞：《艺苑卮言》卷一，罗仲鼎《艺苑卮言校注》本，齐鲁书社1992年版，第32页。
② 章学诚：《章学诚遗书》卷九《报孙渊如书》，文物出版社1985年版，第86页。
③ 李贽：《焚书》卷五《经史相为表里》，中华书局1975年版，第214页。
④ 向燕南：《从“荣经陋史”到“六经皆史”——宋明经史关系说的演化及意义之探讨》，《史学理论研究》2001年第4期。

异[1]，但章学诚对经史关系的认识受到了明代学人的影响或启发，当是没有多大疑问的。

真正把清代经史关系论推到高峰的，还是章学诚。《文史通义》开宗明义地写道："六经皆史也。古人不著书，古人未尝离事而言理，六经皆先王之政典也。或曰：《诗》《书》《礼》《乐》《春秋》，则既闻命矣。《易》以道阴阳，愿闻所以为政典，而与史同科之义焉。曰：闻诸夫子之言矣。'夫《易》开物成务，冒天下之道。''知来藏往，吉凶与民同患。'其道盖包政教典章之所不及矣。象天法地，'是兴神物，以前民用'。其教盖出政教典章之先矣。"《易教上》篇结尾又呼应道："若夫六经，皆先王得位行道，经纬世宙之迹，而非托于空言。"[2] 与前人相比，章学诚的高明不是他郑重地说了一句"六经皆史"，而是深入论证了"六经皆史"的依据："古人未尝离事而言理"，也就是说理在事中，事与理是分不开的。按照通常的说法，经言理，史记事。章学诚却说古人不曾离开事空谈理，这就是为什么"六经皆史"。在"六经皆史"的语境中，章学诚给予"六经"以史学的解释："六经特圣人取此六种之史以垂训者耳。"[3] "三代学术，知有史而不知有经，切人事也。后人贵经术，以其即三代之史耳。"[4] "古之所谓经，乃三代盛时，典章法度，见于政教

---

① 汪高鑫：《中国史学思想通论·经史关系论卷》，福建人民出版社 2011 年版，第 46 页。

② 章学诚：《文史通义·易教上》，叶瑛《文史通义校注》本，中华书局 1985 年版，第 1、3 页。

③ 章学诚：《章学诚遗书》卷九《报孙渊如书》，文物出版社 1985 年版，第 86 页。

④ 章学诚：《文史通义·浙东学术》，叶瑛《文史通义校注》本，中华书局 1985 年版，第 523 页。

行事之实，而非圣人有意作为文字以传后世也。”[1] 经书原是三代的典章法度，是以史垂训的产物，属于史的范畴。若从起源说起，则“史之原起，实先于经。《周官》外史掌三皇五帝之书，苍颉尝为黄帝之史，则经名未立，而先有史矣”[2]。

还有一点需要强调，章学诚论经史，接续了“浙东学术”的传统。自黄宗羲“开万氏弟兄经史之学，以至全氏祖望辈尚存其意……近儒谈经，似于人事之外，别有所谓义理矣。浙东之学，言性命者必究于史，此其所以卓也”[3]。章学诚之前的清代浙东史家对经史关系有怎样的认识呢？“学必原本于经术而后不为蹈虚；必证明于史籍而后足以应务。”[4] 章学诚具有浓厚的地域学术观念，对于乡贤的这些思想，是了然于胸的。

章学诚的经史观念得到了同一时期及其身后浙籍学人的积极响应。沈赤然在与章学诚的书信中即写道：“比示《文史通义》一书，内论‘六经皆史’云云，初谓词胜于理，反覆读之，乃叹汉唐以来未有窥此秘者，足使大师结舌，经生失步矣。”[5] 沈赤然先是不解其中深意，再到叹为奇论，这个反应当不是夸张的。嘉道时期，另一位浙江人龚自珍再论经史关系：

---

① 章学诚：《文史通义·经解上》，叶瑛《文史通义校注》本，中华书局1985年版，第94页。

② 章学诚：《章学诚遗书》卷一三《论修史籍考要略》，文物出版社1985年版，第116页。

③ 章学诚：《文史通义·浙东学术》，叶瑛《文史通义校注》本，中华书局1985年版，第523-524页。

④ 全祖望：《鲒埼亭集外编》卷一六《甬上证人书院记》，载朱铸禹：《全祖望集汇校集注》中册，上海古籍出版社2000年版，第1059页。

⑤ 沈赤然：《五砚斋文钞》卷三《与章实斋书》，《续修四库全书》第一四六五册，上海古籍出版社2002年版，第656页。按：沈赤然（1745—1816），字韫山，号梅村，浙江仁和（今杭州）人，著有《公羊穀梁异同合评》《五砚斋诗钞》《五砚斋文钞》《寄傲轩读书随笔》等。

夫六经者，周史之宗子也。《易》也者，卜筮之史也；《书》也者，记言之史也；《春秋》也者，记动之史也；《风》也者，史所采于民，而编之竹帛，付之司乐者也。《雅》《颂》也者，史所采于士大夫也。《礼》也者，一代之律令，史职藏之故府，而时以诏王者也。①

尽管龚自珍解释诸经何以为史的具体论述与前人大致相合，但他提出的六经乃“周史之宗子”的观念，仍是有新意的。他又说：“自周而上，一代之治，即一代之学也；一代之学，皆一代王者开之也。有天下，更正朔，与天下相见，谓之王。佐王者，谓之宰。天下不可以口耳喻也，载之文字，谓之法，即谓之书，谓之礼，其事谓之史。”② 这些话里也有章学诚思想的影子。钱穆说龚自珍“承袭实斋‘六经皆史’之说”③，是得其要领的。

要之，清代的经史关系讨论，前有钱谦益、邵廷采，后有章学诚、龚自珍。他们对于经史渊源、史学价值的重新发掘对史学产生的影响，不可小觑。上引有关经史尊卑、先后、主从的论辩，本身就是一个重要的史学批评命题。而经过经史转换、经史无二、“六经皆史”诸般讨论，关于史、史书、史家、史官、史学的认识具有了更抽象的理论色彩，为史学反思提供了丰富的理论资源，产生的实际效果也引人瞩目。

---

① 龚自珍：《龚自珍全集》第一辑《古史钩沉论二》，上海人民出版社1975年版，第21页。

② 龚自珍：《龚自珍全集》第一辑《乙丙之际箸议第六》，上海人民出版社1975年版，第4页。

③ 钱穆：《中国近三百年学术史》下册，商务印书馆1997年版，第594页。

第一，在经学研究盛行的时代，有力反击了荣经陋史的旧观念，提升了史学的地位。

每逢乱世或朝代鼎革，存史、重史的观念便会勃兴，这是史学上的一个惯例。明亡清兴给予史学家这方面的刺激也不例外，顾炎武的《日知录》《天下郡国利病书》、顾祖禹的《读史方舆纪要》、黄宗羲的《明儒学案》等名作，使清初史学具有了坚实的基础。然而这类史学名作的叠加对于史学地位的提升虽有大功，却没有重新讨论经史关系来得直接。史学要改变低经一等的地位，就需要重估经史价值。钱谦益、浦起龙、钱大昕、章学诚等人都是从史学家的立场出发，而不是从经学家的身份提出经史关系问题的。即便如龚自珍虽向刘逢禄学习过公羊学，“也写了一批研究经学的文章，但并未致力于走诠释经书而成为经学家的道路”[①]。这就决定了清代“六经皆史”论的史家眼光。既然史与经一样，那么研究史学和研究经学的学术意义也就没有区别。钱大昕不仅如前所述，批判宋明理学家的经史观念，而且不满时人惠栋、戴震对史学的偏见，身体力行，作《廿二史考异》以回应：“尝谓自惠、戴之学盛行于世，天下学者但治古经，略涉三史，三史以下茫然不知，得谓之通儒乎！所著《二十二史考异》，盖有为而作也。”[②] 假如浦起龙没有经史无二的观念，就不能对《史通》的《疑古》《惑经》表现出那样的宽容与理解。倘若龚自珍没有经为周史宗子的理念，也很难写出《尊史》这

① 管林、钟贤培、陈新璋：《龚自珍研究》，人民文学出版社1984年版，第115页。

② 江藩：《国朝汉学师承记》卷三《钱大昕》，中华书局1983年版，第49页。

样的大文章。试想，六经都是史之一种，六经须尊，为什么史不能尊呢！

经过反复论证，“经亦史”“史即经”的观念得以确立，这样就实现了古老神圣的经书与史书之间的沟通。虽然，“六经皆史”还不能完全击败重经轻史的固有观念，但毕竟已成气候。既然经史无别，也就减少了经学对于史学的束缚，回击了那种治经高于治史的偏见。既然经史无二，那么治史者也就不再矮治经者三分。史学的价值愈被发现，史学的讨论也就愈被提倡，夹杂着史学批评的史书考辨逐渐成为清代中期史学之大宗。

第二，在经史批评中找寻到史学变革的学术资源。

浦起龙和章学诚等人都自觉地将六经纳入史学批评的轨道。《史通通释》在考据学主导史学的时代里，不仅注释了《史通》，也在为清代史学理论的发展积蓄智慧。《文史通义》以《易教》《书教》《诗教》等篇开启对史学理论的探讨，继之以《经解》三篇和《原道》三篇，把经学的命题归于史学范畴中。《文史通义》前二十三篇，在篇名上都没有出现“史”字，更像是在讨论经学问题，直到第二十四篇以后，才是《史德》《史释》等史学篇章。这样的编次需要深长思之。不妨反过来追问，倘若没有“六经皆史”的判断，何以在一部史学理论与史学批评专书中如此大张旗鼓地讨论诸经之教？章学诚自称，《文史通义》中的《易教》《书教》《诗教》“题似说经，而文实论史”，且“《通义》所争，但求古人大体，初不知有经史门户之见也”。[①] 章学诚不仅是这样说的，也是这样讨论史学问题的。他打通经史畛域，思考史学要义，故能以犀利的眼光衡评古今史学，批判史学流弊，提出史学变革之道。

第三，赋予史学“明道”意义，强化了史学批评的理论品格。

对“道”的探究构成中国古代学人治学的一个终极目标，而对如何明道则各有所取。章学诚说：“道者，万事万物之所以然，而非万事万物之当然也。”他在解释“道”时，还反复强调它是“时会使然”[②]。那么，古人苦苦追寻的道又见于何处呢？是“六经”吗？章学诚否定了这个习以为常的观念。他说：

> 道不离器，犹影不离形。后世服夫子之教者自六经，以谓六经载道之书也，而不知六经皆器也。……夫子述六经以训后世，亦谓先圣先王之道不可见，六经即其器之可见者也。后人不见先王，当据可守之器而思不可见之道。故表章先王政教，与夫官司典守以示人，而不自著为说，以致离器言道也。夫子自述《春秋》之所以作，则云：“我欲托之空言，不如见诸行事之深切著明。”则政教典章，人伦日用之外，更无别出著述之道，亦已明矣。……而儒家者流，守其六籍，以谓是特载道之书耳。夫天下岂有离器言道，离形存

---

① 章学诚：《章学诚遗书》卷二八《上朱中堂世叔》，文物出版社1985年版，第315页。

② 章学诚：《文史通义·原道上》，叶瑛《文史通义校注》本，中华书局1985年版，第120、121页。

影者哉？彼舍天下事物、人伦日用，而守六籍以言道，则固不可与言夫道矣。[1]

这里的关键词是“道不离器”，六经不是载道之书，而是可见先王之道的器，所谓“六经皆器”也。所以，章学诚反对“离器言道”。章学诚口中的“即器而存道”[2]和“道因器而显”[3]，都是“古人未尝离事而言理”的另一种表述。不管“六经皆史”还是“六经皆器”，也无论“未尝离事而言理”抑或是“道不离器”，一言以蔽之，曰以史明道：“史家之书，非徒纪事，亦以明道也。”[4]章氏如此自信地擎起史学明道的大旗，是有所指的：“训诂章句，疏解义理，考求名物，皆不足以言道也。”[5]“世儒言道，不知即事物而求所以然，故诵法圣人之言，以谓圣人别有一道，在我辈日用事为之外耳。”[6]这不仅反击了乾嘉考据学的末流，更是对汉、宋、清儒求道途径的彻底颠覆。

章氏这样逆潮流而动，难免受到抵制与非议，《原道》三篇流传开后，即“不为人所可”[7]。连“素爱章氏文者”也“皆不满意”[8]。但在乾嘉时期，也有史家的做法与章氏所言相合。赵

---

① 章学诚：《文史通义·原道中》，叶瑛《文史通义校注》本，中华书局1985年版，第132页。
② 章学诚：《文史通义·原道下》，叶瑛《文史通义校注》本，中华书局1985年版，第138页。
③ 章学诚：《文史通义·原道中》，叶瑛《文史通义校注》本，中华书局1985年版，第133页。
④ 章学诚：《文史通义·永清县志前志列传序例》，叶瑛《文史通义校注》本，中华书局1985年版，第781页。
⑤ 章学诚：《文史通义·原道下》，叶瑛《文史通义校注》本，中华书局1985年版，第138页。
⑥ 章学诚：《章学诚遗书》卷九《与邵二云论学》，文物出版社1985年版，第80页。
⑦ 章学诚：《章学诚遗书》卷九《与史余村简》，文物出版社1985年版，第82页。
⑧ 章学诚：《文史通义·原道下》末附邵晋涵语，叶瑛《文史通义校注》本，中华书局1985年版，第140页。

翼作《廿二史札记》，探究“政事之屡更，有关于治乱兴衰之故者”[①]，不正是以史明道的典范吗？

清代史家重新审视经史关系，并形成了一套言之成理、持之有故的解释体系。在这个过程中，史学批评也势不可挡地完成了它集大成的使命，这主要表现在以下四个方面。

第一，完备的史学批评样态。

史学批评的样态原本较为单一，先秦较为流行的当是口头评论[②]和散见于文献中的零星论述，如孔子评论董狐“书法不隐”[③]，《孟子·滕文公下》评价《春秋》能使“乱臣贼子惧”。汉魏六朝时期，史学批评的样态日益多样化。史家传记中自然少不了史学批评，如《汉书·司马迁传》对司马迁的褒贬。史学批评专文《文心雕龙·史传》开篇讨论史籍作用，又批评《史记》《汉书》《三国志》和诸家晋史，提出“依经以树则”和“附圣以居宗”的作史原则。[④] 信札类也有范晔的《狱中与诸甥侄书》。至唐代，诏书成为史学批评的一种特殊载体，如唐太宗的《修晋书诏》、唐高宗的《简择史官诏》。尤其是刘知幾撰成《史通》，把史学批评推向了一个高峰。宋元明时期，书目提要式的史学批评渐成气候，陈振孙的《直斋书录解题》和晁公武的《郡斋读书志》是为代表。书序类的史学批评文献中，郑樵

① 赵翼：《廿二史札记》小引，王树民《廿二史札记校证》本，中华书局1984年版，第1页。

② 参见周祥森：《先秦时期口头史学评论形态》，载《史学的批评与批评的史学》，河南大学出版社2007年版，第208–215页。

③ 《左传·宣公二年》，杨柏峻《春秋左传注》本，中华书局1990年版，第663页。

④ 刘勰：《文心雕龙·史传》，周振甫《文心雕龙注释》本，人民文学出版社1981年版，第171页。

的《通志总序》享有盛名。

这里归纳史学批评的主要样态，是因为样态的多样性意味着史学批评在史学活动中的广泛参与性。举凡上述种种样态在清代史学批评史上均能找到例证。信札如钱大昕的《与王西庄书》，序如魏禧的《十国春秋序》，专文如戴名世的《史论》，书目提要有《四库全书总目》。以往谈到史学批评专书时，往往只提《史通》和《文史通义》，但实际情况比我们想象的要丰富得多，这主要是由两个方面的原因造成的。一是研究面窄，限制了人们的认识；二是被“常识”误导，不自觉地遮蔽了视野。清人牛运震的《史记评注》《读史纠谬》，对正史作了大量的评论，是不折不扣的史学批评专书，只因研究不够而被忽视。《十七史商榷》《廿二史札记》等书，习惯上被视为考史著作。其实，二书中的评论并不比考证少，史学批评的理论价值也不见得逊色于它们的考据。多样态史学批评在清代共存，从学术载体上证明了它集历代史学批评之大成的地位。

第二，自觉继承前代史学批评话题与理论遗产。

清代史家面对的是沉淀了三千年的史学遗产，故所论述多有前人已发其端绪者，加之清人不尚空论，论述多有所本，遂成集大成之气象。为了阐明此点，且以戴名世《史论》为例，加以分析。

从史学批评的角度看，戴名世在《史论》中主要讨论三个问题。一是“作史之难其人”，即良史难求。二是关于国史、野史的认识。国史“出于载笔之臣，或铺张之太过，或隐讳而不详，其于群臣之功罪贤否、始终本末，颇多有所不尽，势不得不博征之于野史。而野史者，或多徇其好恶，逞其私见，即或其中无他，而往往有伤于辞之不达，听之不聪，传之不审，一事而纪载不同，一人而褒贬各别”。三是反思修史制度。“吾又怪夫后世之为史者，素不闻有博通诸史之学也，素未知有笔削之法也，分编共纂，人人而可以为之，一人去又一人来，往往一书未成，而已经数十百人之手，旷日逾时，而卒底于无成。”①

戴名世笔下所论，在批评史上都是基本问题。在他之前，“作史之难其人”的感慨不绝于耳，刘知幾称：“史才之难，其难甚矣。”② 宋人吴缜说：“史才之难尚矣”③。从先秦至明代，良史问题的相关讨论从未中断过。戴名世文中就引述了宋人曾巩的“古之所谓良史者，其明必足以周万事之理，其道必足以适天下之用，其智必足以通难知之意，其文必足以发难显之情，然后其任可得而称也”④。关于国史、野史的不足，远且不论，明代的王世贞就有过精彩的论述⑤。至于史馆修史的弊端，刘知幾也早已批评过。但这并不是说戴名世只会陈陈相因。因袭与集大成的一个根本区别在于，集大成者能沿着前人提出的问题，继续前行，有自得之见。比如，对于如何鉴别野史记载的曲直，戴名世

---

① 戴名世：《戴名世集》卷一四《史论》，王树民编校本，中华书局 1986 年版，第 403、403-404、405 页。

② 刘知幾：《史通·核才》，浦起龙《史通通释》本，上海古籍出版社 1978 年版，第 249 页。

③ 吴缜：《新唐书纠谬》序，商务印书馆 1936 年版，第 1 页。

④ 曾巩：《曾巩集》卷一一《南齐书目录序》，中华书局 1984 年版，第 187 页。

⑤ 瞿林东：《中国古代史学批评纵横》，载《瞿林东文集》第 2 卷，北京师范大学出版社 2017 年版，第 118-127 页。

提出的应对之策就能言王世贞所未言。他引《论语·卫灵公》中孔子的话并加以引申："子曰：'众好之，必察焉；众恶之，必察焉。'察之而有可好，亦未必遂无可恶者；察之而有可恶，亦未必遂无可好者。……设其身以处其地，揣其情以度其变，此论世之说也。吾既论其人之世，又谙作野史者之世，彼其人何人乎？贤乎，否乎？其论是乎，非乎？其为局中者乎，其为局外者乎？其为得之亲见者乎，其为得之逖听者乎？其为有所为而为之者乎，其为无所为而为之者乎？观其所论列之意，察其所予夺之故，证之他书，参之国史，虚其心以求之，平其情而论之，而其中有可从有不可从，又已得其十八九矣。"① 戴名世告诫人们，要细心考察作史者的品德，辨析作史者与所论史事、人物有无利害关联，还要考虑史料来源、作史者的目的，然后思考史家的褒贬予夺，虚心平情，参互比对。这些论述已触及历史认识论的深层，在今天看来对于分辨野史之可信度仍然有效。前贤的论述成为戴名世的思想资源，戴名世又进而参与到两三千年来连续不断的史学讨论中，成一家之言，堪称集大成。

第三，融通百家，提出新概念、新范畴，丰富了中国古代史学话语。

一个时代的史学若要称得上集大成，不仅要"集"既有之学术遗产，更需要在理论上和实践上有所"成"。

概念与范畴是学术话语的核心，表述虽极简略，但产生和提

① 戴名世：《戴名世集》卷一四《史论》，王树民编校本，中华书局1986年版，第404页。

炼的过程普遍较为漫长。清代史家融通往代百家之说，在概念和范畴的提出上颇多贡献。其中最突出者，是章学诚。章氏提出“史意”，与刘知幾的“史法”相对待。又经由刘勰的“素心”说到刘知幾“史识”、元人揭傒斯的“心术”，至章学诚系统探讨“史德”。章学诚从司马迁和郑樵那里获得灵感，针对史家作史风格提出了“通史家风”；此外，他还以“撰述”“记注”划分史学门类，以“别识心裁”论史家宗旨与意趣。章学诚之外，还有不少史学家也在范畴和概念上有所作为。举其要者，王鸣盛以“史权”论史学，又厘清“商榷”的含义；赵翼论“风会”与“有用之文”；龚自珍继《孟子·告子下》“生于忧患而死于安乐”和宋人苏洵“史何为而作乎，其有忧也”[①] 之后，针砭时弊，提出“良史之忧”。这些都体现出集大成的气魄与胆识。

第四，史学批评的理论与方法呈后来居上之势。

在长期的批评实践中，清人形成了有关史学批评应当遵循的原则、标准和方法等方面的理论，对为什么要开展史学批评，怎样进行史学批评以及史学批评的意义诸问题，都有深刻的思考。比如批评家如何最大限度地走近被评论者及其时代，《孟子·万章下》提出的“颂其诗，读其书，不知其人，可乎？是以论其世也”之说，被章学诚运用到了炉火纯青的地步，《文史通义·文德》对知人论世原则作出了精彩的阐述。关于史学批评家的心术，钱谦益驳斥“榷史则晔、寿、庐陵折抑为皂隶”[②] 的作

① 苏洵：《嘉祐集》卷八《史论上》，商务印书馆1937年版，第73页。

② 钱谦益：《牧斋有学集》卷三八《答徐巨源书》，上海古籍出版社1996年版，第1313页。

风。随后，钱大昕提出史学批评家要有一颗护惜古人的苦心。

再来看史学批评的方法。以比较方法为例，它虽不始于清代，但清代史评家处于古代史学的终结阶段，有其学术上的优势——只有到了这个时候，才有可能回顾整个传统史学，既有具体而微的精致比较，也能作纵横捭阖的学术较量。马、班比较方面，除了沈德潜的《史汉异同得失辨》外，还有浦起龙的《班马异同》、朱仕琇的《班马异同辨》、邱逢年的《班马优劣》、熊士鹏的《班马异同论》等专文。运用比较方法进行史学批评的专书，首推《廿二史札记》。赵翼评论《史记》和《汉书》时，便"以二书比对"①。《廿二史札记》卷一"史汉不同处""史汉互有得失"、卷二"《汉书》移置《史记》文""《汉书》多载有用之文"等条无不如此。《廿二史札记》卷十至卷十二则为宋、齐、梁、陈"四书"与《南史》的比较，其中"《南史》删《宋书》最多""《南史》增《齐书》处""《南史》与《齐书》互异处"等条目都是从比较的角度立论的。类似的情况还见于王鸣盛、四库馆臣的史书评论中。《十七史商榷》卷五三至卷九八将"二史"与"八书"、《新唐书》与《旧唐书》、《新五代史》与《旧五代史》作比较，占全书近一半的篇幅。四库馆臣为诸史撰写提要时，常以比较见其高下，只要读一读他们关于《新五代史》和《旧五代史》的评价就再明白不过了："修所作皆刊削旧史之文，意主断制，不肯以纪载丛碎，自贬其体，故其

---

① 赵翼：《廿二史札记》卷一"史汉不同处"条，王树民《廿二史札记校证》本，中华书局1984年版，第14页。

词极工，而于情事或不能详备。至居正等奉诏撰述，本在宋初。其时秉笔之臣，尚多逮事五代，见闻较近，纪传皆首尾完具，可以征信。故异同所在，较核事迹，往往以此书为证。虽其文体平弱，不免叙次烦冗之病。而遗闻琐事，反借以获传，实足为考古者参稽之助。”① 比较方法看似平常无奇，但它为史评家提供了大量的参照物，开阔了批评者的视野。通过比较，史家的良莠、史书的高下都一目了然，而通过比较得出的评论也更有说服力。

综上，清代史学批评家承继丰富的史学批评遗产，重新讨论经史关系，以完备的史学批评样态，反思和评价历代史家、史书与史学，提出了一系列新范畴和概念，形成了一套成熟的史学批评理论与方法，是古代史学批评当之无愧的集大成者。若要对有清一代的史学批评作全面考察，则不妨从皇家史学活动讲起。

① 永瑢等：《四库全书总目》卷四六《旧五代史》提要，中华书局1965年版，第411页。

第一章　皇家史学活动与史学批评的启动

古代史学深受政治的影响，政治家也着意于从史学中汲取经验和教训，以获得治国安邦的方略。历代皇家对史学与政治之间这种紧密的关联，大多有深刻的认识，故而重视修史，以牢牢地掌握保存历史、记录历史和解释历史的权力。有清一代，皇家设立修史机构，编纂各种体裁的史书，或由帝王批阅史书，褒贬人物，传示天下，“将封建王朝的官方史学发展到最为兴旺发达的程度”[①]。而在繁多的皇家史学活动中，持续百年的《明史》编纂工程和几乎贯串清朝始终的科举策问，对史学批评的影响至为深远。此二事虽非清朝皇家作用于史学批评的全部，却也可见皇家引导和管控史学批评之大体。

① 乔治忠：《清朝官方史学研究》，文津出版社 1994 年版，第 61 页。

第一节 《明史》修撰与史学反思

一、声势浩大的史学批评

顺治二年（1645），清廷启动《明史》纂修。这次盛大的皇家史学活动，自顺治朝发端，中经康熙、雍正，至乾隆四年（1739）《明史》刊刻，前后历时九十五年。一部史书竟然经历如此漫长的修撰岁月，这在中国古代史学史上是少见的。在《明史》修撰的近百年间，四代皇帝屡发谕旨，强调修史的原则与意义，黄宗羲、朱彝尊、万斯同、王鸿绪等史学家参与其中，围绕史料搜集、修史凡例、明史议论等方面发表了大量的评论。这些评论从修史层面展示了清代中前期史学理论的发展轨迹，也体现了史学批评与史书编纂之间的互动关系。

清初至乾隆初年，不管是在朝还是在野的学者，大多关心《明史》的编纂。戴名世不满于“终明之世，三百年无史”，说：“世无子长、孟坚，不可聊且命笔。鄙人无状，窃有志焉”，欲修纂《明史》。[①] 时人甚至有“今日之所宜为只有一端，则前史耳”[②] 之说。即便是不愿与清廷合作的明遗民，也出于故国之情，不能对《明史》漠不关心。顾炎武就对如何编纂《明史》提出过建议：“今之修史者，大段当以邸报为主，两造异同之

① 戴名世：《戴名世集》卷一《与余生书》，王树民编校本，中华书局1986年版，第2页。

② 陈僖：《燕山草堂集》卷一《上陈溧阳书》，《四库未收书辑刊》第八辑第十七册，北京出版社2000年版，第379页。

论，一切存之，无轻删抹，而微其论断之辞，以待后人之自定，斯得之矣。”[①] 这虽是私人间的书信交流，但关心《明史》纂修之意是清晰可见的。

有话题才有评论，《明史》编纂便是一个绝佳的、有吸引力的话题。绵延百年的各方议论，汇聚成一场声势浩大的史学批评运动。

早在顺治十二年（1655），身为国史院检讨的汤斌就上奏顺治皇帝，称“史者，所以昭是非，定赏罚也。赏罚之权行于一时，是非之衡定于万世。我皇上御极初年，命史臣纂修《明史》，诚有见于国可废，史不可灭”，接着就指责顺治初年修纂的《明史》，“止据实录，未暇广采。臣愚窃以为立法宜严，取材贵备”[②]。汤斌之意，当是通过这样的批评，调整修史的方向与重心。

康熙十八年（1679），五十位博学鸿儒与修《明史》，在朱彝尊的推动下，多方参与讨论、商榷《明史》体例。关于本纪，王鸿绪主张“本纪体贵简严，无取繁冗”，“纪者，以编年为主，惟叙天子一人，有大事可书者见之于年月，其书事委曲付之列传”。[③] 徐乾学也持同样的观点。“本纪之体，贵乎简要。”[④] 关于

---

① 顾炎武：《亭林文集》卷四《与次耕书》，载《顾亭林诗文集》，中华书局 1983 年版，第 80 页。

② 汤斌：《汤文正陈史法以襄大典疏》，载刘承干辑：《明史例案》卷九，《四库未收书辑刊》第五辑第四册，北京出版社 2000 年版，第 640 页。

③ 王鸿绪：《王横云史例议上》，载刘承干辑：《明史例案》卷二，《四库未收书辑刊》第五辑第四册，北京出版社 2000 年版，第 557、569 页。

④ 徐乾学：《憺园文集》卷一四《修史条议》，《清代诗文集汇编》第一二四册，上海古籍出版社 2010 年版，第 429 页。

书志，“所以纪一代之大制度也。如郡县之沿革，官职之废置，刑罚之轻重，户籍之登耗，以及于兵卫修废，河漕通塞，日食星变之类”[①]。关于史表，全祖望称：“史之有表，历代不必相沿，要随其时之所有而作，如东汉之《宦者侯表》，唐之《方镇年表》，辽之《外戚世表》，此皆历代所无，而本史必不可少者也。”全祖望十分推崇《辽史》的《属国表》，认为《明史》也应效法之。“《属国表》则世多以为契丹起幽、云之地，统领诸藩，故特详其撰述，似为历代所无庸，而不知古今皆应有之。盖属国之为中国重甚矣，其兴废传袭琐屑之迹，虽有列传可考，而眉目非表不著。”[②] 这是基于中国古代政治模式的特点而言的。至于纪、传、志、表诸体例间的关系，王鸿绪也有较为通达的见解，“纪、传、志、表本属一贯。纪编年以载其纲；传列事以详其目；礼乐兵农制度，纪传难以具录，则胪沿革于志以成文；用人贤否，不能备书，则疏除罢于表以资考。义取相需，无庸矛盾”[③]。上述认识是康熙年间关于纪传体史书编纂理论的一次集结，虽说较之前贤并无太多新奇之处，但对于编纂《明史》仍具指导意义。

在《明史》馆内部，也存在着明显的分歧。“在清代所有的

---

① 徐乾学：《憺园文集》卷一四《修史条议》，《清代诗文集汇编》第一二四册，上海古籍出版社 2010 年版，第 429 页。

② 全祖望：《鲒埼亭集外编》卷四二《移明史馆帖子三》，载朱铸禹：《全祖望集汇校集注》中册，上海古籍出版社 2000 年版，第 1647-1648 页。

③ 王鸿绪：《王横云史例议上》，载刘承干辑：《明史例案》卷二，《四库未收书辑刊》第五辑第四册，北京出版社 2000 年版，第 567 页。

史馆中，《明史》馆内史官的学术争论最为引人注目。”[①] 《明史》编纂中遇到的一个困难是崇祯一朝无实录可据，于是史馆决定先作长编，这本是可行的做法。但长编的质量并不理想，朱彝尊称长编应“宁失于繁，毋失于略。故国史、官文书而外，家录野纪靡不钩索，质验旁互而参审焉，无妨众说并陈，草创讨论而会于一。今则止据十七年邸报，缀其月日，是非何以明，同异何以别。挂一而漏万，失焘之体例矣。家录野纪虽未足尽凭，然亦当错综诠次，而后是非不可掩，本末具见”。朱彝尊认为史馆所作长编不能广采史料，审慎考辨，只是根据邸报，是非难明，异同莫辨，与李焘作长编的宗旨相去甚远。朱彝尊还毫不留情地写道：“以宜书者不书，是编出，览者将谓识大识小，无一具焉。可不深虑也哉！”[②] 这是提醒总裁注意修史质量，免得贻笑后世。

在雍正朝的《明史》修撰中，杨椿是一位活跃的批评家。他既上书总裁，斥责“定贤愚于俄顷，任好恶于一心”[③]，也与史馆同僚相互切磋，这从他与史馆纂修吴子瑞的书札中可见一斑。信札开篇即称：“蒙示明初后妃诸王传，点窜增损甚善，知足下用心专而致力勤也。第仍前谬误，尚宜讨论。”由此可知，吴子瑞曾将所撰史稿给杨椿览阅。杨椿细读后发现不少问题，于

---

① 王记录：《清代史馆与清代政治》，人民出版社2009年版，第134页。

② 朱彝尊：《曝书亭集》卷三二《史馆上总裁第七书》，《清代诗文集汇编》第一一六册，上海古籍出版社2010年版，第277-278页。

③ 杨椿：《孟邻堂文钞》卷二《上明史馆总裁书》，《清代诗文集汇编》第二三八册，上海古籍出版社2010年版，第23页。

是写信给吴子瑞，纠史稿之谬。其一为“《诚孝张皇后传》：正统七年十月，后大渐，召士奇、荣、溥。士奇言建庶人虽亡，当修实录。按：正统五年二月，杨荣请归省墓，七月还朝，卒于杭州道中。张后崩，荣之卒已三年矣，何得与士奇、溥并召也？”[①]这样的批评掷地有声，而且从杨椿与吴子瑞的信札可见，在《明史》馆内部存在比较畅通的交流渠道。这对提高《明史》的编纂质量，具有不可小觑的作用。

雍正元年（1723），王鸿绪进呈三百一十卷本《明史》稿，此稿荟萃诸家，是《明史》纂修的一个重要阶段性成果。汪由敦采取先扬后抑的策略，先是称赞“王本列传聚数十辈之精华，费数十年之心力，后来何能追蹑万一”，并特意说：“若存轻诋之见，非愚则妄。”“轻诋”固属愚妄，若是有理有据的批评则另当别论。汪由敦紧接着话锋一转，“但就其中如韩林儿四人为一传，张士诚四人为一传，似专以卷帙多寡而分，非别有义例也”。如果说这一批评尚属义例问题，无关史事本身，那么接下来的批评就切中要害了：“外间推崇王本太过，遂谓不可增损。今即以行文而论江陵传，自是神宗朝第一大传。而王稿竟就史料《首辅传》删节成文，其中描写热闹处皆弇州笔。弇州逞才使气，抑扬轩轾之间，往往过情，平心观之自见。且私书不妨装点，而乃据为信史，即今弇州知之，恐亦未免失笑。神光以后，

① 杨椿：《孟邻堂文钞》卷二《与明史馆纂修吴子瑞书》，《清代诗文集汇编》第二三八册，上海古籍出版社2010年版，第28页。

此类甚多，非敢攻击前辈，因群推王本，耳食者多。”[①] 汪由敦批评王鸿绪史稿在史源上采择不慎，以致叙张居正事多不实，也连带批评了一味推崇王稿的耳食之辈。目睹过万斯同修史的杨椿关于王鸿绪史稿的批评也相当严厉，说：“其书纪、表不如志，志不如传，弘正前之传不如嘉靖以后，此其大较也。最可议者，王公重编时，馆客某刻薄无知，于有明党案及公卿被劾者不考其人之始终，不问其事之真伪，深文巧诋，罗织为工，而名臣事迹则妄加删抹，往往有并其姓名不著者。盖是非毁誉尚不足凭，不特纪、志、表、传自为异同已也。”[②] 这就从可信性上质疑了王鸿绪史稿的价值。

乾隆四年（1739），《明史》刊刻后，关于它的评论还在继续。但因其系本朝官修正史，且迭经帝王指示，故评论以褒奖为主调。钱大昕称《明史》“议论平允，考稽详核，前代诸史莫能及也”[③]。与钱大昕基调一致的，还有赵翼。《廿二史札记》关于《明史》的第一条札记便说：

> 近代诸史，自欧阳公《五代史》外，《辽史》简略，《宋史》繁芜，《元史》草率，惟《金史》行文雅洁，叙事简括，稍为可观，然未有如《明史》之完善者。……古来

---

① 汪由敦：《松泉文集》卷七《答明史馆某论史事书》，《清代诗文集汇编》第二七二册，上海古籍出版社2010年版，第294、295页。

② 杨椿：《孟邻堂文钞》卷二《再上明鉴纲目馆总裁书》，《清代诗文集汇编》第二三八册，上海古籍出版社2010年版，第26页。

③ 钱大昕：《十驾斋养新录》卷九“《明史》”条，载陈文和主编：《嘉定钱大昕全集》（增订本）第7册，凤凰出版社2016年版，第269页。

修史未有如此之日久而功深者也。……且是非久而后定，执笔者无所徇隐于其间，益可征信，非如元末之修宋、辽、金三史，明初之修《元史》，时日迫促，不暇致详，而潦草完事也。①

《廿二史札记》于史书评论往往褒贬兼有，唯独对《明史》有褒无贬。赵翼品评诸史，总要从事实层面找出其叙述失真甚至曲笔、回护之处，然至《明史》转而强调“执笔者无所徇隐于其间”。这样反常的评论，不能不考虑皇家修史这一特定语境。即便是卓越的史学批评家也很难超越时代，钱大昕、赵翼之评《明史》即是如此。

当时也有人可以对《明史》指手画脚。乾隆四十二年(1777)，乾隆皇帝批阅《明史·英宗本纪》，发现篇中对宦官王振弄权事竟然“不及一语”，颇为不满，趁势批评道：

虽本纪为全史纲领，体尚谨严，而于帝王刑政征伐之大端，关系国家隆替者，岂可拘泥书法，阙而不备，致读者无以考镜其得失。盖缘当时纪事每多讳饰，又往往偏徇不公。而《明史》修自本朝，屡淹岁月，直至朕御极以后，始克勒成一书。其时秉笔诸臣，因时代既远，传闻异辞，惟恐涉冗滥之嫌，遂尔意存简括，于事迹要领不能胪纪精细，于史

---

① 赵翼：《廿二史札记》卷三一“《明史》”条，王树民《廿二史札记校证》本，中华书局1984年版，第721页。

法尚未允协。①

皇权让乾隆皇帝可以纠弹古今史籍，包括皇家修纂的正史。他指责《明史》本纪遗漏重要史事，又进而分析其原因，史料制造者本已“讳饰”和“偏徇不公”，《明史》编纂者又“意存简括”，不合史法。最后，乾隆皇帝命和珅、刘墉等人对《明史》逐一考核，待他鉴定后再重新刊刻，颁行天下。乾隆皇帝对《明史》的贬斥与钱大昕、赵翼关于《明史》的褒奖形成如此强烈的反差，人们不禁要问，为什么史学家的见识反不及一位帝王？其实这背后是权力和身份的差异，而不完全是学识问题。

回顾这场绵延百余年的史学批评，它不是松散凌乱的言论汇编，而有一以贯之的理念，这就是公心与信史精神。

康熙皇帝于康熙二十二年（1683）、二十六年（1687）、二十九年（1690）、三十一年（1692）、三十六年（1697）、四十三年（1704）、五十二年（1713）的多次谕旨中，反复强调的修史原则便是实录和公论，所谓“《明史》不可不成，公论不可不采，是非不可不明，人心不可不服……朕不畏当时，而畏后人，不重文章，而重良心”②。雍正皇帝也要求“史书务纪其真”③。在这个问题上，《明史》馆与皇帝旨意保持着高度一致。徐乾学

① 《清高宗实录》卷一〇三二，乾隆四十二年五月丁丑，载《清实录》第二一册，中华书局1986年版，第841页。

② 《圣祖仁皇帝敕谕》，载刘承干辑：《明史例案》卷一，《四库未收书辑刊》第五辑第四册，北京出版社2000年版，第548页。

③ 《世宗宪皇帝谕》，载刘承干辑：《明史例案》卷一，《四库未收书辑刊》第五辑第四册，北京出版社2000年版，第548页。

与徐元文在《修史条议》[1] 中提出："不可虚美失实，又不可偏听乱真，愿以虚心核其实迹，庶免佞史、谤史之讥。"[2] 朱彝尊不怕被人"唾其面"，也要发声斥责作史者的轻率，因为"国史者，公天下之书也，使有一毫私意梗避其间，非信史矣"[3]。与朱彝尊一起讨论修史的毛奇龄持同样的主张："千秋信史，所贵核实。故曰不遗善，不讳恶，又曰劝善惩恶比之赏罚。"[4]

信史固然是史官的共同追求，但怎样才能撰成一部信史呢？编纂者普遍的认识是实录与野史参互，由于明代无国史，而野史尤为兴盛，故而对野史多有检讨。王鸿绪结合建文殉国诸事，考辨野史记载不可尽信处，并得出了一些看法，如谓"当时吴下文人多不满靖难事，故借笔墨以诋佐命之臣，或铺张用刑之惨，以彰成祖之虐，至谓割舌于殿陛，挂皮于朝门，读书者当以理度之，未可尽信也"。总之，"野史之增饰，家传之附会，亦往往有之，若著之正史，则不得不核其实，以示百世无惑，不敢刻，亦何敢滥也"[5]。这些评论已经多少带有了一些理论色彩。

---

① 《修史条议》载于徐乾学《憺园文集》，但此文实为徐乾学与徐元文共同商定，且"徐元文乃是六十一条《修史条议》的主要拟定者，亦在其专领纂修《明史》之时提交史馆。"（乔治忠、朱洪斌编著：《增订中国史学史资料编年·清代卷》，商务印书馆 2013 年版，第 123 页）

② 徐乾学：《憺园文集》卷一四《修史条议》，《清代诗文集汇编》第一二四册，上海古籍出版社 2010 年版，第 428–429 页。

③ 朱彝尊：《曝书亭集》卷三二《史馆上总裁第六书》，《清代诗文集汇编》第一一六册，上海古籍出版社 2010 年版，第 277 页。

④ 毛奇龄：《西河合集》札子一《奉史馆总裁札子》，《清代诗文集汇编》第八七册，上海古籍出版社 2010 年版，第 95 页。

⑤ 王鸿绪：《王横云史例议下》，载刘承干辑：《明史例案》卷三，《四库未收书辑刊》第五辑第四册，北京出版社 2000 年版，第 581–582、584 页。

二、史学批评中的修史理论

优秀的史学批评家能够从批评中总结出关于史学的理性认识，在大量零散的批评言论之后，逐渐形成较为系统的史学理论，这是被中国古代史学批评史反复证明了的。清以前的刘知幾、吴缜即是由批评而提炼出理论的史学家。有清一代史家，章学诚之外，《明史》纂修官中也不乏这样的理论家。李因笃、潘耒、施闰章、王鸿绪等人的修史理论便是此类典型。

李因笃（1631—1692），字天生，号中南山人，与顾炎武交游甚笃，因得内阁学士项景襄、李天馥，大理寺少卿张云翼举荐，参加康熙十八年（1679）的博学鸿词科，名列一等第七名，诏授翰林院检讨，纂修《明史》。尽管李因笃旋以母老且病上疏辞官，但《明史》修撰一直萦绕于心。“因笃精熟明一代事迹，乞归后，尚书王鸿绪撰《横云山人史稿》成，欲正于因笃，时老病，令二人捧书于床前，诵之，因笃呼曰‘改’，即下签记之，加窜易涂抹，半载而功毕。”① 《史法》一文集中表达了李因笃对《明史》编纂的思考。

李因笃认为造成“明无成史”的原因，一是明朝缺乏良史，二是明朝实录藏于内府，无从抄撮。此外，明代历史上若干难以论定的史事，如“开国之于龙凤，太祖未尝讳，而载笔者讳之，今其事若存若亡矣”，还有“建文、景泰之庙号，靖难、大礼之

① 钱林：《文献征存录》卷四《李因笃》，《续修四库全书》第五四〇册，上海古籍出版社2002年版，第154页。

诸臣，新建、白沙之从祀，东林、三案之摘发，好恶纷然，迄无成议。一旦起而正之，以归至当，故难也”，这些都增加了《明史》修纂的难度。他不由得感慨：“自汉迄明，为目二十有二，成书者二十一，未成书者一。”“吾愿世之有志史事者，谨守先王之戒，而无徒托诸空名，则黄虞周汉以来之大典，二十一家之源流，当不至今日而中绝也。”可见，修撰《明史》是官方意志，也是士人心愿。为此，李因笃提出“作史之前，要旨有二”和“作史之日，要旨有六”，姑且合称为“八要”。这是他对历史编纂的整体思考。

作史之前的“二要”是指“简才”和“庀事”。“简才”是简择史才；“庀事”指修史前的各种准备，如同编纂《资治通鉴》，先由范祖禹等分工作成长编那样，“严实录之去取，而广收书志辑传之文”。这里有必要对李因笃的“简才”论略作征引和评说。李因笃说：“北以驰骋为能，南以考证为博”，这都不是良史之才。“驰骋，辞赋之才也。以之为史，必多诞而失实。考证，注疏之才也。以之为史，必多卑而不古。”“泛常能文者”与史才不能相提并论。李因笃解释说：

> 今有人于此，搦管临池，风雨骤至，凌空结撰，思若渊、云，以之成私传而有余，以之当国史则不足。何者？私传可以意为损益，国史则其人其事，必明书其为天下共知共见者，不得从而旁皇张大之也。或又有人焉，临文矜慎，取舍有端，立格谋篇，尺寸不爽。以之成表志而有余，以之当

纪传则不足。何者？表志可以直抒所知，纪传则其事其文，必权衡审量，相配而行。苟其文浅陋而不传，则其事湮没而不彰。慎择二者之中，必求其通而不蔽，始能胜任而愉快，故莫大乎简才也。

修史首重简择史官，这是一个悠久的传统，也是一个修史的常识。但何谓良史之才，却因人而异，认识上不尽相同。李因笃的“简才”论即是对此问题所作的充满个性与灵性的回答。尽管李因笃以南北地域区分驰骋或考证之才失之绝对，但他将史才分为驰骋和考证两种类型，却大体成立。在他的经验中，驰骋者为辞赋之才，作史之弊在失实；考证者为注疏之才，作史之弊在“卑而不古”。李因笃还指出，作私传与作国史所需史才不同，作纪传与作表志所需史才亦不同。这是因为国史与私传、纪传与表志在编纂风格和要求上均有明显差异。

作史之日的“六要”指“辨体”“尚质”“阙疑”“治例”“原赞”“专任”。先来看“辨体”。李因笃提出了与“史”相对应的概念“鉴”，并将“史”与“鉴”作了区分：“鉴以事为主，而文行之；史则以文为主，而事经纬之。”因此，“作鉴者只须明考其实，据事直言，纲举目张斯已。作史者则必慎求乎立言之制，或详言之，或略言之，或正言之，或傍言之，或大言之，或讳言之，或形容言之。叙人之大节，而或从其类述人之生平，而或表其微，虽琐屑纷纭，而极尽其情，各还其故，凡此皆史法也。”在李因笃看来，作“史”比作“鉴”要难，因为作史所须斟酌的问题更多，不止于据事直书，纲举目张，还要有叙事的艺术与分寸。“尚质”讲的是作史的文风。“后人既以绮靡为文，而因以鄙俚为质，不几变病哉！”这是本末倒置的做法。“盖古史之质，在体任自然。鸟兽之毛，草木之华，夫非彬彬质有其文者欤！”这才是李因笃强调“尚质”的深意。“六要”中的第三要旨“阙疑”，不是“削而不录”，而是“定哀之际多微辞”。第四要旨“治例”，倒不是重申《史通·序例》中“史之有例，犹国之有法”的思想，而是强调“事者著乎例之中，褒贬者寓乎例之外也”。这是论史事、史例、褒贬三者的关系。第五要旨“原赞”是追溯史论的流变。自《史记》的“太史公曰”到《后汉书》论、赞两存，“史之有赞，所谓传言外之意”。最后一个要旨“专任”，强调撰史总于一手。《史记》《三国志》等都是“一人之书”。“讨论采辑，必有其人，然权非独任不可。”在这方面，《资治通鉴》是成功的典范。最后，李因笃语重心长地写道：“当此时，诚能留心史法，先择其二，并谋其六，俾重且大者，以次举行，则史其庶几乎？”① 综而论之，李因笃的“八要”论，包括史才甄选、修史制度、叙事艺术、史家文风、史法史例诸方面，堪称李因笃的一家之言。

潘耒（1646—1708），字次耕，号稼堂，康熙朝博学鸿词科二等第二名，授翰林院检讨，参修《明史》。他在《修明史议》中将自己的修史思想表述为“八欲”：“国不可以无史，史不可

① 以上引文见李因笃：《受祺堂文集》卷一《史法》，《清代诗文集汇编》第一二四册，上海古籍出版社2010年版，第30-33页。

以难而弗为。诚得邃于史学，识著作之体者，经理其事，纵不敢远希迁、固，若陈寿、欧阳修之史，尚可企而及也。请言其概，曰搜采欲博，考证欲精，职任欲分，义例欲一，秉笔欲直，持论欲平，岁月欲宽，卷帙欲简，此其大要也。”潘耒所论可以概括为八个字——博、精、分、一、直、平、宽、简。他对这八个字又分别作了具体的解释：“博则无疏漏之讥，精则无抵牾之病，分则众目之有条，一则大纲之不紊，直则万世之公道伸，平则天下之人心服，宽则察之而无疵，简则传之而可久。”潘耒从史料稽考、分纂与总裁的职责、叙事议论的公正、修史时限、史文繁简等方面阐述了他关于修史的思考。那么，潘耒的这些理论从哪里来的呢？源于治史经验，形成于史学批评之中。他在阐述“考证欲精”时，就说明代实录多舛，“家乘爵里年月可凭而多虚美，野史记事，言人人殊，影响附会十居七八。必也分割排纂，以类相从，核其虚实，参伍众说，归于一是。若温公之修《通鉴》，先作丛目、长编、考异诸书，乃可下笔”[1]。很显然，如果没有对于明代既有史料的批评与认识，潘耒不会特别强调“考证欲精”。潘耒的八字箴言逐一对应修史成效，切中要领，是从批评到理论的逻辑发展。

与潘耒的修史“八欲”相关联的，是施闰章（1618—1683）的修史“八难”说。施闰章论史，以为“岁远则异同难明，代近则恩怨多乖，征实则有目睫之虞，矫诬则有人鬼之谴”。这是

① 以上引文见潘耒：《遂初堂文集》卷五《修明史议》，《清代诗文集汇编》第一七〇册，上海古籍出版社2010年版，第283-284页。

从史家与笔下时代的远近关系谈到作史之难。作史本非易事，而良史尤其难得。“娴词赋者乏史裁，善记问者短笔札，工捃拾者罕定识，严综核者少持平。所谓擅三长而去五失，盖难之难者也。”施闰章所说可与前述李因笃的“简才”论相互补充、印证。关于《明史》的编纂，施闰章“榷而论之，其难有八”，一曰考据，二曰裁制，三曰核实，四曰定论，五曰门户，六曰牵制，七曰忌讳，八曰程限。[①] 施闰章所说“八难”与潘耒“八欲”有同有异。他们都谈到考据、史论、修史时间长短问题，施闰章又强调门户、忌讳对修史的限制。将他们的说法合而观之，则修史之难庶几尽矣。其理论价值又不仅仅局限于《明史》，而具有历史编纂学的普遍意义了。

王鸿绪在修史理论上的创见，是区分纲目与正史，以“史家之书”对抗“理学家之书”，以“尊王”论代替“存统”说，凸显了“史家之书”的体例与史意。他用答客问的方式如是表述自己的观点：

> 紫阳《纲目》体例精严，提纲大书，法并《春秋》，真千古褒善罚恶之大经也。或曰：本纪即仿其纲而书之，不亦善乎？愚应之曰：此紫阳氏之书而非史家之书也。史家之书踵其文于胜国而笔削之，其用意宽。紫阳之书，合前史所书之事而赏罚之，其用意严。不惟是也，其体例亦有不同。本

① 以上引文见施闰章：《施愚山先生学余文集》卷二五《修史议》，《清代诗文集汇编》第六七册，上海古籍出版社2010年版，第219-220页。

纪是载一帝之事，而分见于志、传之中者也。纲目是摘纪、志、传之事而汇见于一帝之下者也。[1]

这里的“或曰”虽未明指何人，但当是代表了其时的一种声音，因为《资治通鉴纲目》在清代虽遭到顾炎武、全望祖等人的批判，[2] 却获得了官方的高度认可，朱熹的史学地位也被抬得很高。不过，王鸿绪并不赞同《明史》本纪仿《资治通鉴纲目》“纲”的写法。在他看来，《资治通鉴纲目》只可为“紫阳氏之书”，却不可为“史家之书”，言下之意，朱熹不是史家。那么朱熹是何等身份呢？王鸿绪没有明说，窃以为王氏是把朱熹视为理学家。《资治通鉴纲目》是一部借前史而着意于赏罚的理学家之书，而《明史》则是广搜博采、重在史事笔削的“史家之书”。不仅如此，正史与“纲目”在体例上也自不同。“载一帝之事，而分见于志、传”，是历代正史的通行体例。而《资治通鉴纲目》则“摘纪、志、传之事而汇见于一帝之下”，这显然不合于正史编纂之法。

王鸿绪的这番论述，也有可纠弹的地方。他既说《资治通鉴纲目》是“千古褒善罚恶之大经”，又说史家笔削“用意宽”，而《资治通鉴纲目》的赏罚“用意严”，似乎史家对褒贬不甚措意。然若从思想源头来看，《资治通鉴纲目》和“史家之书”的

---

① 王鸿绪：《王横云史例议上》，载刘承干辑：《明史例案》卷二，《四库未收书辑刊》第五辑第四册，北京出版社 2000 年版，第 561 页。

② 仓修良主编：《中国史学名著评介》第二卷，山东教育出版社 1990 年版，第 126–127 页。

开山之作《史记》，又都尊崇《春秋》的褒贬大义。或许是遇到了这样的诘难，也可能是王鸿绪的自解之词，不管怎样，王鸿绪还是写了下面的一段话作为应对之辞：

或曰：《纲目》一书，子朱子义例，全法《春秋》，尚已。若司马迁承五伯之运，继《春秋》而纂史。昔贤谓自麟经绝笔之后而得褒贬之遗意者，于迁史有取焉。若然，则二者异名而同原。子何得而歧视之乎？余曰：作史而不取则于《春秋》，曷以成其为史？然一书有一书之体，亦各有命意之所在。《纲目》在存统，史书在尊王也。

这一问一答的精彩处在于，当“或曰”反问《资治通鉴纲目》和《史记》都得《春秋》之意，为什么王鸿绪却分别对待时，王鸿绪只用了一句凛然的话“作史而不取则于《春秋》，曷以成其为史？”表达了对《春秋》的尊重，接着从两个层面消解了对方的质问：一是强调体例的差异，二是突出“命意”的迥殊。前者在上引王鸿绪的话中已经说明。至于“命意”所在，据王鸿绪所说，《资治通鉴纲目》的宗旨在“存统”，而史书意在“尊王”。所谓“存统”，是说《资治通鉴纲目》从正统观出发叙述和评论史事。王鸿绪引朱熹给吕祖谦的信，说：“文公答吕伯恭书曰：温公旧例皆以后改者为正，此殊未安，如汉建安二十五年之初，汉尚未亡，今便作魏黄初元年，夺汉太速，与魏太遽，大非《春秋》存陈之意，恐亦不可为法。”然后，王鸿绪又以秦汉易代史事为例，说《史记》《汉书》则不像《资治通鉴纲目》那样记载。“当沛公至霸上，秦王子婴降。羽入关屠咸阳而东，自立为西楚霸王，尊楚怀王孙心为义帝。《史记·羽纪》书汉元年四月，诸侯罢戏下，而不以楚纪年。《高纪》则书汉元年冬十月，沛公至霸上，秦王子婴素车白马，系颈以组，封皇帝玺符节，降枳道旁。是以子婴降为汉受命之元，而义帝之元置之不论矣。亦不独史、汉，他史率多类此。”其实，易代修史中，“尊王”与“存统”有时候是不矛盾的，但王鸿绪看到马、班以降史家为正统所累，尤其是撰述分裂时代的历史，往往纠缠于正闰之争。以“尊王”论史家撰述，而不拘泥于“存统”，当然更便于处理明清之际的历史撰述。所以，当再次出现“子既论《纲目》与史不同例，然则《明史》甲申以后纪年当何从”这样的问题时，王鸿绪援引《宋史》与《续资治通鉴纲目》关于宋末益王的记载为例，“《续纲目》所书端宗改元景炎，《宋史》曰益王”。工鸿绪主张“从《宋史》”，由此也可见史书“尊王”与纲目“存统”之所指。王鸿绪对于甲申之后史书纪年的处置方法是：“《明史》甲申以后以大清顺治纪年，明季诸王年号止一见于传中，而不以纪年。史体当如此。”① 这便是王鸿绪史书“尊王”论的时代意义和史学价值。

---

① 以上引文见王鸿绪：《王横云史例议上》，载刘承干辑：《明史例案》卷二，《四库未收书辑刊》第五辑第四册，北京出版社2000年版，第562、565页。

三、相关争鸣对《明史》编纂的影响

从上面的论述中可见，史学批评与《明史》的修纂始终一路同行。《明史》修纂者也明白他们的修史工作注定要接受后世的评论。施闰章就说过这样的话："作之者数人，议之者千万人。"[①] 徐乾学"熟探刘氏之《史通》"，是"冀免《唐书》之纠谬"。[②] 王鸿绪也努力避免"后之君子其纠《明史》之谬"[③]。这说明，《明史》修纂者强烈地感受到来自史学批评的压力，反过来说，史学批评从一开始就有力地规范和约束着《明史》纂修者。为了说明这一点，这里以《明史》是否设立《道学传》和撰写论赞的争鸣为例，作初步探讨。

《宋史》在类传上有一个显著变化，即在《儒林传》之外新增了一篇《道学传》。受此影响，有人提议《明史》也应设《道学传》。徐乾学与徐元文在《修史条议》中较早提出："明朝讲学者最多，成弘以后指归各别，今宜如《宋史》例，以程朱一派另立《理学传》。"[④] 这里所说的《理学传》是《道学传》的同义词。"清初统治者将程朱理学当作官方哲学大力提倡，徐乾学诸人提出在《明史》中设《道学传》，实际上就是这一文化政

---

① 施闰章：《施愚山先生学余文集》卷二五《修史议》，《清代诗文集汇编》第六七册，上海古籍出版社 2010 年版，第 220 页。

② 徐乾学：《憺园文集》卷一九《修史条议序》，《清代诗文集汇编》第一二四册，上海古籍出版社 2010 年版，第 503 页。

③ 王鸿绪：《王横云史例议上》，载刘承干辑：《明史例案》卷二，《四库未收书辑刊》第五辑第四册，北京出版社 2000 年版，第 567 页。

④ 徐乾学：《憺园文集》卷一四《修史条议》，《清代诗文集汇编》第一二四册，上海古籍出版社 2010 年版，第 433 页。

策在史学中的具体反映，代表了官方意见。”①《修史条议》多达六十一条，《理学传》的倡议只是其中的一个方面而已，但相对于那些细枝末节的体例之争，《儒林传》《道学传》这类专为有“立言”情怀的儒者而设的类传，显然更能激发人们的兴趣。果不其然，《道学传》的动议很快在朝野引起了激烈的议论。

反对设立《道学传》者以陆陇其、黄宗羲、朱彝尊的诘难最为有力。

先是，徐乾学写信给陆陇其，询问关于《道学传》的建议，没想到陆陇其不仅不赞成《明史》设《道学传》，还讲了一套很有说服力的话反驳徐乾学。陆陇其说《宋史》作《道学传》，表彰“周、程、张、朱绍千圣之绝学，卓然高出于儒林之上，故特起此例”，如同《史记》列孔子于世家以推尊孔子。但是，“后世儒者述孔子之道，不必尽列世家”。同理，“后世儒者述周、程、张、朱之道，不必尽列《道学传》也”。这倒不是说明代理学家不及宋代理学家，而是另有一番解释。那就是“作与述则须有辨”。“作”与“述”是何意呢？“道学未明，创而明之，此作者之事也。道学既明，因而守之，此述者之事也。虽其间辟邪崇正，廓清之功不少，要皆以宋儒所已明者而明之，初非有加于宋也。于《明史》中去此一目，以示特尊濂洛关闽之意，亦可以止天下之好作而不好述，未尝窥见先儒之源委本末，而急欲自成一家者。”言下之意，宋儒创立道学，是“作”，属创举；

① 王记录：《清代史馆与清代政治》，人民出版社2009年版，第137页。

明儒承宋儒而起，是“述”，属守成。《宋史·道学传》是可行的。《明史》不设此传，恰可以凸显尊崇濂洛关闽之意，也可借此端正学术风向。陆陇其说：

> 以“道学”二字论之，道者，天理之当然，人人所当学也。既为儒者，未有可不知道学，不知道学，便不可为儒者。自儒林与道学分，而世之儒者以为道学之外别有一途，可以自处，虽自外于道犹不失为儒，遂有俨然自命为儒，诋毁道学而不顾者。不知《宋史》道学之目，不过借以尊濂洛诸儒，而非谓儒者可与道学分途也。今若合而一之，使人知道学之外别无儒者，于以提醒人心，功亦不小。尊道学于儒林之上，所以定儒之宗；归道学于儒林之内，所以正儒之实。《宋史》《明史》相为表里，不亦可乎？①

陆陇其不反感“道学”字眼，但对《明史》再设《道学传》却以为无益，因为这样会助长儒、道分离之风。陆陇其解释“道”是“天理之当然”，儒者理应知晓“道学”。但自从《宋史》将《儒林传》与《道学传》分离，给了儒者一个暗示，似乎儒者可以自外于道。因此，陆陇其认为《明史》应有所担当，“归道学于儒林之内”。若如此，《宋史》与《明史》便可在儒学的构建上相为表里。总之，《宋史·道学传》之流弊已经显

---

① 以上引文见陆陇其：《三鱼堂文集》卷五《答徐健庵先生书》，《清代诗文集汇编》第一一七册，上海古籍出版社2010年版，第380-381页。

现，《明史》再设《道学传》无异于推波助澜，这是陆陇其无法认同的。

不独陆陇其，黄宗羲的《移史馆论不宜立理学传书》开篇所说的“顷有传修史条约理学四款”，也是针对《修史条议》而发的。黄宗羲论说的要点是：

十七史以来，止有儒林。以邹、鲁之盛，司马迁但言《孔子世家》《孔子弟子列传》《孟子列传》而已，未尝加以道学之名也。儒林亦为传经而设，以处夫不及为弟子者，犹之传孔子之弟子也。历代因之，亦是此意。周、程诸子，道德虽盛，以视孔子，则犹然在弟子之列，入之儒林，正为允当。今无故而出之为道学，在周、程未必加重，而于大一统之义乖矣。统天地人曰儒，以鲁国而止儒一人，儒之名目，原自不轻。儒者，成德之名，犹之曰贤、曰圣也。道学者，以道为学，未成乎名也，犹之曰志于道。志道可以为名乎？欲重而反轻，称名而背义，此元人之陋也。……秉笔诸公，不自居三代以上人物，而师法元人之陋，可乎？某窃谓道学一门所当去也，一切总归儒林，则学术之异同皆可无论，以待后之学者择而取之。①

表面上看，黄宗羲强调《史记·儒林列传》以来形成的史

① 黄宗羲：《南雷诗文集》书类《移史馆论不宜立理学传书》，载沈善洪主编：《黄宗羲全集》（增订版）第十册，浙江古籍出版社2005年版，第219、222-223页。

学传统，规劝《明史》馆诸公切勿“师法元人之陋”，看似只是史法问题。实际上他最在意的并不是史法，而是儒学的正统地位，所谓“无故而出之为道学，在周、程未必加重，而于大一统之义乖矣”云云，才是他力斥《道学传》的真正原因。黄宗羲比陆陇其更为激进的是，陆陇其只是反对《明史》设立《道学传》，而黄宗羲连同《宋史·道学传》也一并予以批驳。作为明遗民，黄宗羲对于明代讲学之风深恶痛绝，斥责“明人讲学，袭语录之糟粕，不以《六经》为根柢，束书而从事于游谈”①。徐乾学与徐元文设立《道学传》的依据恰是“明朝讲学者最多”，与清初明遗民鄙视讲学的氛围格格不入。

从信息获取的渠道来看，陆陇其是由徐乾学主动写信告知的，黄宗羲是从他人处知晓的，说明《道学传》之议已经传播开来。与陆、黄不同，朱彝尊身在史馆，是在史馆总裁的几案上亲见体例初稿，得知有《道学传》一目的。朱彝尊翌日便上书总裁：“阁下讲明正学，探洛闽之渊源，欲为道学立传，固宜。然彝尊窃以为不必也。”朱彝尊也强调设立《儒学传》是自《史记》以来形成的史学传统，正史中唯有《宋史》在《儒学传》外另立《道学传》，以“言经术者入之《儒林》，言性理者别之为《道学》”。《宋史》这样编纂，有“以经术为粗，而性理为密”之意。在学术取向上，又以“朱子为正学，而杨、陆为岐途，默寓轩轾进退予夺之权”。对此，朱彝尊不以为然，反

① 全祖望：《鲒埼亭集》卷一一《梨洲先生神道碑文》，载朱铸禹：《全祖望集汇校集注》上册，上海古籍出版社2000年版，第219页。

驳道：

> 六经者，治世之大法，致君尧舜之术，不外是焉。学者从而修明之，传心之要，会极之理，范围曲成之道，未尝不备。故儒林足以包道学，道学不可以统儒林。夫多文之谓儒，特立之谓儒，以道得民之谓儒，区别古今之谓儒，通天地人之谓儒。儒之为义大矣！非有逊让于道学也。且明之诸儒讲洛闽之学者，河东薛文清公而外，寥寥数人。薛公立传当在宰辅之列，今取余子标为道学，上不足拟周、程、张、朱，下不敌儒林之盛，则莫若合而为一，于篇中详叙源流所自，览者可以意得此。[①]

这番议论包含两个意思。第一，为“儒”正名，儒林的地位高于道学，《儒林传》足以涵括《道学传》。第二，从明代理学史的实情来看，只有薛瑄等数人讲求洛闽之学，但薛瑄当入宰辅之列。《明史》若立《道学传》，则内容单薄，上不足接续周敦颐、朱熹，下不足与《儒林传》抗衡。与其如此，不如只立《儒林传》。在《儒林传》中叙述各家学术源流，读者自能明白。这些意见又是陆陇其和黄宗羲都不曾着重谈及的。

其实，《宋史》的儒林与道学之分，早已招致批评。明末，钱谦益即深感此举有损于世道人心，“离经而讲道，贤者高自标

① 朱彝尊：《曝书亭集》卷三二《史馆上总裁第五书》，《清代诗文集汇编》第一一六册，上海古籍出版社2010年版，第276页。

目，务胜于前人。而不肖者汪洋自恣，莫可穷诘，则亦宋之诸儒扫除章句者导其先路也”。《宋史》“分儒林、道学，厘为两传。儒林则所谓章句之儒也，道学则所谓得不传之学者也。儒林与道学分，而古人传注笺解义疏之学转相讲述者，无复遗种，此亦古今经术升降绝续之大端也。经学之熄也，降而为经义，道学之偷也，流而为俗学”①。钱氏所论重在经学升降，陆陇其、黄宗羲和朱彝尊等人继钱谦益之后，又从修史层面论儒林与道学之分的种种弊端，讨论更为集中。

当然，也有赞同设立《道学传》者，如彭孙遹。彭氏陈述《宋史·道学传》之意义：“盖以道学之统，自尧舜至于孔孟，代相授受。孔孟没后，千有余年，而得程子、朱子发明六经之蕴，远契列圣之心。其学至醇，其功至巨。故特立此传以衍孔孟之真传，明正学于天下，诚非无见也。”而有明一代，“名儒辈出，其于程朱之学，或异或同，各有所见，然究其所自，皆以孔子为宗”。他建议《明史》循《宋史》之例，“将明儒学术醇正，与程朱吻合者，编为《道学传》。其他有功传注，及学未大醇者，仍入之《儒林传》中，则大道不致混淆，而圣谟独高于今古矣”②。显然，彭孙遹极力附和徐乾学，推崇《道学传》，但与黄宗羲、陆陇其等反对者相比，他的分量却轻了不少。

黄宗羲和朱彝尊对《明史》修撰有着非同寻常的影响力。

① 钱谦益：《牧斋初学集》卷二八《新刻十三经注疏序》，《清代诗文集汇编》第一册，上海古籍出版社 2010 年版，第 449 页。

② 彭孙遹：《松桂堂全集》卷三五《〈明史〉立道学、忠义二传奏》，《清代诗文集汇编》第一二五册，上海古籍出版社 2010 年版，第 227 页。

黄宗羲虽不直接参与《明史》修撰，但他同意儿子黄百家和弟子万斯同帮助徐元文修史，“史局大案，必咨于公”[①]。至于朱彝尊，虽“未居高位，只是一名纂修官，然而他是五十鸿博中少数几个具备史学才干的学者之一。他以自己的史识、热情和责任感，首发义例之论，从而推动了修史活动第一个高潮的兴起”[②]。在《道学传》问题上，连友人陆陇其也不支持徐乾学，加上内有朱彝尊极力反对，外有黄宗羲遥相呼应，遂淹没了设立《道学传》的声音。全祖望就说：“《宋史》别立《道学传》为元儒之陋，《明史》不当仍其例，时朱检讨彝尊方有此议，汤公斌出公书以示众，遂去之。”[③] 汪由敦也以为经过这番争论，高下已判：“止立《儒林传》而不立《道学传》，见于前人之辨者详矣。”[④] 就这样，《明史》最终只立《儒林传》。正是这样激烈的争论，直接决定了《明史》的编纂体例。[⑤]

自司马迁以“太史公曰”立正史论赞之圭臬，后史竞相效法，直至明初修《元史》，乃有变更，“不作论赞，但据事直书，

---

① 全祖望：《鲒埼亭集》卷一一《梨洲先生神道碑文》，载朱铸禹：《全祖望集汇校集注》上册，上海古籍出版社2000年版，第223页。

② 乔治忠：《清朝官方史学研究》，文津出版社1994年版，第195页。

③ 全祖望：《鲒埼亭集》卷一一《梨洲先生神道碑文》，载朱铸禹：《全祖望集汇校集注》上册，上海古籍出版社2000年版，第223页。

④ 汪由敦：《松泉文集》卷二二《史裁蠡说》，《清代诗文集汇编》第二七二册，上海古籍出版社2010年版，第426页。

⑤ 需要说明的是，关于《道学传》的争论并未因《明史》的刊刻而尘埃落定。陈用光（1768—1835）后来撰文反驳朱彝尊，“儒林足以包道学，道学不可以统儒林，是不特没是非之公，且其所考于司马氏、班氏、范氏之《儒林传》，亦未详其实矣”。（《太乙舟文集》卷六《朱锡鬯〈史馆上总裁第五书〉书后》，《清代诗文集汇编》第四八九册，上海古籍出版社2010年版，第650页）陈氏所论，在《明史》问世数十年之后，对《明史》编纂已无实际意义，然从批评史角度看，仍需留意，故附记于此。

具文见意，使其善恶自见，准《春秋》及钦奉圣旨事意”[①]。那么，《明史》要不要撰写论赞就成为一个需要斟酌的问题。王鸿绪就认为《明史》没有必要作论赞：

> 史自马、班而下，篇末皆有论断。《元史》则无，《后汉》论后有赞，晋史承之。窃思篇中所述贤否已是昭然，叙而复断，更无逸事，何须烦黩？昔人谓赞语之作，多录纪传之言，其有所异，惟加文饰而已。至于甚者，天子操行具诸纪末，继以论曰，接武前修，纪论不殊，徒为再列。旨哉斯言！今《明史》列传未经作论，体同《元史》，或增或否，惟识者裁量焉。[②]

说来奇怪，清人对《元史》评价极差，王鸿绪却偏偏要效仿《元史》，不设论赞。王鸿绪口中所称引的“昔人”之言，出自《史通·论赞》。刘知幾论纪传体史书体例，卓尔不群，但在论赞和史表功能的认识上，失之偏狭。王鸿绪却以为“旨哉斯言”，其理论依据难以服人。按照王鸿绪的说法，纪传叙事已将贤否善恶写得一清二楚了，再写一篇论赞实属累赘。王鸿绪引出的是如何看待论赞在纪传体史书中的地位问题。王氏虽如是说，但《明史》到底要不要撰写论赞，还有待“识者裁量”。汪由敦

① 《纂修元史凡例》，载《元史》书末，中华书局1976年版，第4676页。

② 王鸿绪：《王横云史例议上》，载刘承干辑：《明史例案》卷二，《四库未收书辑刊》第五辑第四册，北京出版社2000年版，第569-570页。

便提出《明史》不可无论赞：

叙论评赞，前史亦各不同。《元史》则谓据事直书，具文见意，善恶自明，不加论赞。究之龙门诸赞多于传外别出意义，或标举轶事，或征引旧闻。《五代史》论发明书法，推究事端，反覆咏叹，意义深长。范蔚宗自比《过秦》，谓语无泛设，虽近于夸，要之，史法不可缺也。[①]

汪由敦举《史记》《后汉书》和《新五代史》的论赞为例，显然是经过精心挑选的。“太史公曰”的价值不言而喻，范晔的史论确有笔势纵放之妙，欧阳修的“呜呼”也不乏精辟的历史见解，皆非可有可无之论。从史法角度来看，论赞仍是正史不可或缺的一个组成部分。

还有一些史官，虽未对《明史》应否作论赞发表直接的意见，但用实际行动表明了撰写论赞的必要性，比如尤侗和汪琬。尤氏撰《明史拟稿》，篇末即缀以“论曰”。《黄道周列传》末的“论曰”写道：“史称汲黯好直谏，数犯主之颜色，而武帝以社稷臣许之。若道周面折廷诤，不异长孺，而学术过之。惜乎！烈帝之不能用也。观平台召对之言，至今使人不寒而栗，而道周侃侃自如，岂非卓然大丈夫哉！”[②] 这篇史论以汉武帝与汲黯的

---

① 汪由敦：《松泉文集》卷二二《史裁蠡说》，《清代诗文集汇编》第二七二册，上海古籍出版社 2010 年版，第 427 页。

② 尤侗：《明史拟稿》卷三《黄道周列传》后论，《四库未收书辑刊》第五辑第六册，北京出版社 2000 年版，第 363 页。

君臣相得，反衬崇祯皇帝不能重用较汲黯更胜一筹的黄道周，在表达惋惜之外，更使人对明之覆亡深长思之。汪琬的《拟明史列传》也间有论赞，如《韩林儿传》后论曰："宋之林儿不足当楚之义帝，然而蔽遮江淮，俾太祖从容肇造，得以铲汉平吴，无他牵制者，谁之力与？司马迁谓陈涉为汉驱除，窃于宋人亦云。"[①] 汪琬认为韩林儿虽稍逊于楚义帝，但他对朱元璋称帝却有大功。韩林儿之于明，如同陈涉之于汉，都揭开了一个盛大皇朝的帷幕。这样的论赞在历史人物评价上见解独到，绝非"烦黩"之作。经过上述讨论与史官的实践，《明史》在体例上接续了自"太史公曰"以来形成的正史篇末缀以论赞的传统。以今天的眼光来看，史家叙事固然可以明善恶，行褒贬，但这并不意味着论赞失去了存在的价值。论赞是作史者直接走向历史的前台，对笔下的史事与人物发表评论的最后阵地，也是史家抒发情感和阐明历史洞见的有效渠道，更是中国古代史家历史解释的可贵探索。

第二节　科举考试与史学批评

一、策问中的史学批评命题

隋唐以降至于明清，科举决定了大多数读书人一生的功名利

---

① 汪琬：《拟明史列传》卷二《韩林儿传》后论，载《钝翁续稿》卷三二，《清代诗文集汇编》第九四册，上海古籍出版社2010年版，第720页。

禄，也关乎家族声誉，是一件牵动着整个知识界的大事。士子一旦名落孙山，“又须刻楮费三年”[①]。邵廷采回忆平生，对屡困场屋感慨万端，“追数六十四年中，蹉跎举场凡十四科”，“于举业亦尝悉心殚力研磨，岂非行薄，不获蒙当世之荣味乎？”[②]清代承继前朝旧制，在取士制度和方法上因时而变，不断完善，通过乡试、会试、殿试，层层选拔，以之作为简选官吏的主要方式。诚然，科举的第一义是网罗贤俊，但科举的内容及其指向，对于一个时代的人才标准、学术风向无疑都有深刻的影响。

开科取士在清代继续发挥着引领读书风气和影响人心学术的功能，正所谓“相与研覃经史，有本有原，由是文体益进于浑醇，士习益臻于端谨”[③]。同时，它也是宣示皇恩的一种有效手段。清代帝王深谙此道。除了三年一次的正科外，还有恩科、加科等。乾隆皇帝登基后，便仿效雍正皇帝开恩科，谕曰：“国家大典，首重抡才。我朝培养多年，人文日盛，是以皇考御极之初，于三年大比之外，特开乡会恩科，广罗俊乂，所以鼓舞而振兴之者，至为周备。今朕缵承统绪，照雍正元年特开恩科之例，举行兹典。”[④]

帝王对开科取士如此看重，具体负责选拔工作的考官，自然也就十分慎重。乾隆二十四年（1759），钱大昕被乾隆皇帝委以

---

① 赵翼：《瓯北集》卷三《壬申下第作》，上海古籍出版社 1997 年版，第 45 页。

② 邵廷采：《思复堂文集》卷一〇《遗命》，浙江古籍出版社 1987 年版，第 512 页。

③ 钱大昕：《潜研堂文集》卷二三《湖南乡试录序》，载陈文和主编：《嘉定钱大昕全集》（增订本）第 9 册，凤凰出版社 2016 年版，第 345 页。

④ 《清高宗实录》卷三，雍正十三年九月庚申，《清实录》第九册，中华书局 1985 年版，第 191 页。

“抡才重任”，主持山东乡试。“锁闱三试”后，钱大昕与户部郎中叶宏率同考官潘汝诚等，“矢公矢慎，昭告神明，批阅二十昼夜，得士六十九人，贡太学者十三人”。钱大昕是如何甄选人才的呢？“人之才力各有所限，故工制义者或拙于声律，研声律者或短于策论，春华秋实，鲜克兼之。而要之学有根柢，则词必己出；其诣力所至，虽不无浅深优绌之别，其为读书人之吐属，可一望而决之也。臣等校阅之下，于《四书》、经义观其学养，于诗律观其才华，于论策观其器识”。可见，《四书》、诗律和论策分别从学养、才华和器识三个不同的方面加以考核，务求“通经学古”之士，而“不使空疏蹈袭者，得以滥厕科名”①。主持过会试的阮元取士的标准，与钱大昕大同小异：“必当求士之正者，以收国家得人之效。欲求正士，惟以正求之而已”，归根结底，“求士者惟在乎求有学之文”。②

命题真正开启了科考流程。以会试为例，试题分为钦命和考官命题，即便是考官命题，也要充分考虑帝王意旨，符合皇家要求。顺治九年（1652）规定“出题明白正大，不得割裂文义，以伤雅道”③。乾隆三年（1738），也强调“考试命题，固取发明义理，而亦以展拓才思……庶文章之能事曲尽，而课士之法亦周

---

① 以上引文见钱大昕：《潜研堂文集》卷二三《山东乡试录序》，载陈文和主编：《嘉定钱大昕全集》（增订本）第9册，凤凰出版社2016年版，第342-344页。

② 阮元：《研经室二集》卷八《嘉庆四年己未科会试录后序》，载《研经室集》上册，中华书局1993年版，第572页。

③ 素尔讷等：《钦定学政全书》卷一四《考试题目》，霍有明、郭海文《钦定学政全书校注》本，武汉大学出版社2009年版，第55页。

详矣”[①]。从皇帝到主考官，在如何命题取士问题上费心思量。科考试题也就成为瞭望清代皇家意志及其对知识精英取舍标准的一个窗口。

旨在“取其通晓古今”[②] 的策问中，蕴含着丰富的史学批评资料、问题与思想，不能不引起人们的兴趣。如上节所述，《明史》编修与刊刻是顺治、康熙、雍正、乾隆四朝政治文化领域的一件大事，也自然渗透到科举领域。康熙十一年（1672）顺天乡试策问的核心便是“前代之兴废，即本朝之劝戒。故历代以来既有天下，无不亟亟于胜国之纪载。我国家定鼎燕京，混一区宇，已三十年，则纂辑《明史》非今日所至急者欤？”命士子们就如何修纂《明史》“明言之”[③]。康熙乙卯（1675）顺天乡试，关于史学的一道策问谈到编年、纪传二家“各有优劣，前贤评之详矣。抑有可得而推论者与？”关于历代正史的书志类，“刘知幾欲削《天文》《艺文》而增《都邑》《氏族》《方物志》。夹漈又参以十五略，得毋时异俗殊，固可以意为沿革增加。而由今论之，其不可阙如者又何也？”此外，还问及史文表述：“烦简取裁，自昔非一，欧阳氏《新唐书》自谓文减于旧，事详于昔。《史通》则谓宜随世事之厚薄，不必限篇第以多少。又孰当

① 素尔讷等：《钦定学政全书》卷一四《考试题目》，霍有明、郭海文《钦定学政全书校注》本，武汉大学出版社 2009 年版，第 56 页。

② 钱大昕：《潜研堂文集》卷二三《浙江乡试录后序》，载陈文和主编：《嘉定钱大昕全集》（增订本）第 9 册，凤凰出版社 2016 年版，第 346 页。

③ 徐乾学：《憺园文集》卷三六《壬子顺天乡试策问四道》，《清代诗文集汇编》第一二四册，上海古籍出版社 2010 年版，第 734-735 页。

与?”[1] 这些均属于史学批评的范畴，也都是古代史学理论史上较有争议性的问题。连续两次顺天乡试，都有史学批评方面的题目，这大概不是偶然，而是命题者有意为之。这个“有意”至少说明，清廷认识到史学批评是读书人应当具备的一项素养，也能够衡量士子的水平。

近百年后，通过史学批评甄选士子的做法在庚辰（1760）顺天乡试策问中，仍然得到贯彻：

> 先儒谓《通鉴》汇萃一千三百六十二年之事，珠联绳贯，灿然可考，而《春秋》编年之法始复;《纲目》义正而法严，辞核而旨邃，纲仿《春秋》，而参取群史之良，目仿左氏，而稽合诸儒之粹。其说盖信然欤?《通鉴》之外，别有《目录》，复有《举要》，其卷帙之多寡，事辞之详略，可得而言之欤? 羽翼《纲目》者，尹氏之发明，刘氏之书法，汪氏之考异，王氏之集览，皆足为纲目之功臣欤?《前编》作于仁山金氏，而开其先者有刘氏之《外纪》、胡氏之《大纪》，或远溯邃古，或断自陶唐，其义例孰是?《宋元续纲目》成于商辂，《续通鉴》撰于薛应旂，或为官书，或出私撰，其折衷孰当? ……多士究心史学，将以备著作之选，其各以所得者列于篇。[2]

① 韩菼:《有怀堂文稿》卷一二《乙卯顺天乡试策问五道》,《清代诗文集汇编》第一四七册，上海古籍出版社 2010 年版，第 174 页。

② 王昶:《春融堂集》卷四六《庚辰顺天乡试策问三道》,《清代诗文集汇编》第三五八册，上海古籍出版社 2010 年版，第 469 页。

从内容来看，这道策问主要涉及编年体和纲目体，诸如纲目体例、关于《资治通鉴》和《资治通鉴纲目》的种种著述之价值以及金履祥《通鉴前编》、刘恕《通鉴外纪》、胡宏《皇王大纪》对中国历史源头的判定，明人商辂和薛应旂的史识等。如此笔墨，虽只是一道策问，仍然显示出犀利的批评眼光。

更重要的是，这样的策问并非仅见于顺天乡试。偏远地区如云南、广西、贵州的乡试中，也出现了史学批评的清晰踪影：

> 滇士虽僻远，然圣化涵濡五六十年于兹，其于史学岂无能言其概者欤！……史自《史记》以下，列在成均者凡二十有一。其中有失之简者，有失之繁者；有一朝之事而分为数史者，有数朝之事而合为一史者；有记事而不记言者，有记言而尽易其本文者；有是是非非而自比于《春秋》者，有是非失实而目以秽者；有因纂修期迫而重复错乱者，此皆史之粗迹。苟尝遇目，必无不知，能悉举其名而一一分别其得失欤？①

能否言说史学梗概关乎“圣化涵濡”的效果，对史学批评的分量看得多重，从中可见一斑。这道策问虽只出现了《春秋》《史记》二书，但真正考问的却是历代正史。按照要求，应试者

① 李绂：《穆堂初稿》卷四四《云南乡试策问五首》，《清代诗文集汇编》第二三二册，上海古籍出版社 2010 年版，第 568 页。

先要“悉举其名”，还要“一一分别其得失”。所谓“失之简者”和“失之繁者”是指《三国志》和《宋史》；“是是非非而自比于《春秋》者”说的是《新五代史》，“是非失实而目以秽者”指的是《魏书》，“纂修期迫而重复错乱者”批评了《元史》。若对这些史书“分别得失”，就撰成了一篇史学批评方面的大文章。

庚子广西乡试，邵晋涵拟定的史学策问是：

> 史家体例，刘知幾分《史记》《汉书》为二家。《史记》为通史，《汉书》断代为书。法《汉书》者，《后汉书》《三国志》以下诸史是也。司马迁受《春秋》之学于董仲舒，易编年之体为纪、表、书、世家、传，网罗放失，成一家言。后李延寿《南北史》、欧阳修《五代史》合数代为一书，体近通史，然较之《史记》，名似而实殊。能发明其义例欤？……郑樵有志于通史，用《史记》体撰《二十略》，以广八书。纪、传、世家取诸旧史而省其重复，将以囊括古今，经纬终始，去偏党之私，成条贯之学，其命意甚伟。然卷帙浩繁，前后舛误，不可枚举。能言其得失所由然欤？至于前人史评、史论又孰有可采者？[①]

邵晋涵提出的问题可概括为通史精神与《通志》得失。在

① 邵晋涵：《南江文钞》卷八《庚子科广西乡试策问》，《续修四库全书》第一四六三册，上海古籍出版社2002年版，第484页。

通史类中，邵氏以为只有《史记》《通志》名副其实。李延寿的《南史》《北史》和欧阳修的《新五代史》虽涵盖数代，不过“体近”而已，实际上却与通史殊途。按照邵晋涵的要求，士子们要“发明”此中意蕴。末尾一句“前人史评、史论又孰有可采”也尽显此道策问的史学批评本色。

乾隆五十一年（1786），潘奕隽任丙午科贵州乡试副考官，策问第二道为：

> 纪传祖《尚书》，或本于《史记》；编年祖《春秋》，或本于《左传》，其人可确指欤？夫自二体分行，各有擅长，未易论以优劣。惟是编年详于一国治乱之事，纪传详于一人善恶之迹，后世当何所宗欤？至于祖述《春秋》，秉予夺褒贬之公，为千古编摩师法者，何书也？何谓三长？何谓三等？何谓五难？正史之外，自为一家者，名目繁多，体制不纯，其足为正史之采择者，可悉陈欤？[①]

这道策问本身已含有评论之意，如“编年详于一国治乱之事，纪传详于一人善恶之迹”，又称正史之外的史书“体制不纯”。不仅如此，它还预设了特定的史学价值观，所谓“祖述《春秋》，秉予夺褒贬之公，为千古编摩师法者”，流露出对《春秋》褒贬大义的推崇。至于“三长”“三等”“五难”诸说，旨

① 潘奕隽：《三松堂集》卷一《丙午科贵州乡试策问》，《续修四库全书》第一四六一册，上海古籍出版社2002年版，第61-62页。

在考察士子们的史学见识。

乡试如此，会试亦然。雍正元年（1723），癸卯恩科会试策问，考察的史学知识非常丰富，史学批评方向也是明确的：

编年之体，其来最古。自子长易之为纪传，其后递相祖述。读史者目纪传之体为正史，而古史之法微矣。涑水《资治通鉴》，编年体也。朱子因其书而为《纲目》，表岁以首年，因年以著统，大书以提要，分注以备言，而《春秋》笔削之旨，昭然复见。学者能条举其义例欤？班氏之论子长也，称其善序事理，不虚美，不隐恶，而又讥其是非颇谬于圣人。刘知幾之论班氏也，称其言皆精练，事甚该密，而于五行之志龂龂致辨，又诋其《古今人表》无益于汉史，然欤否欤？朱子有云，太史公书疏爽，班固书密塞。然则二书殆未易轩轾欤？范史自谓体大思精，而赞词失之佻巧。《三国志》高简有法，而陈氏、叶氏有率略少文义缘饰之讥。晋、隋二书成于众手，夹漈郑氏谓区处各当其才，故二书之志高于古今。果为定论欤？……宋、辽、金三史修于元代，论者谓其发凡起例未得要领，纪事立传不辨主客。明初修《元史》，以削稿太迫，并三史之不若，其踳驳可悉指欤？①

这道策问的批评性是显而易见的。面对编年体和纪传体势力

① 张廷玉：《澄怀园文存》卷六《癸卯恩科会试策问五道》，《清代诗文集汇编》第二二九册，上海古籍出版社2010年版，第381-382页。

的此消彼长，它担忧编年这一“古史之法”的衰微，关心纲目体的义例、《史记》的是非标准、《汉书》的表志、《后汉书》的论赞、《三国志》的叙事以及宋、辽、金三史的凡例、《元史》的舛误，从史书体裁的演变到重估班固、刘知幾、朱熹、郑樵史学批评之是非，非贯通诸史者难以应对这些问题。

乾隆二十六年（1761），辛巳会试第一道策问提出了多个史学批评问题。举其要者，包括：“古今史体，不越纪传、编年二者。刘知幾则谓史有六家，其流派果不同欤？”“屈、贾之异代，老、庄、申、韩之异教，合为一传，命意何取？”“作史体例贵精，而事实务核，故史之良者，自左氏而下，莫如司马、班、范。然左之失巫，范宁已尝言之，三家复不免附会失实之处，能略陈其梗概欤？”“陈寿、李延寿、欧阳修，并正史之良，论者仍多遗议，何也？”“史与经相表里，龙门以来，史之可以翼经者，惟温公之《通鉴》、朱子之《纲目》。……《通鉴纪事本末》果足与涑水、紫阳之书相辅而行欤？”[①] 史学流派、史家之意、作史体例、史学名著得失，有关陈寿、李延寿、欧阳修的批评史及其反思，《通鉴纪事本末》的价值，诸如此类的重要问题汇聚在一起，的确能够综合反映士子的史学批评功底。

嘉庆年间，会试策问延续了考察史学批评的传统。嘉庆四年（1799），嘉庆皇帝命朱珪为己未科会试正考官，阮元、刘权之和文宁为副考官。其中的一道策问是：

---

① 王昶：《春融堂集》卷四六《辛巳会试策问二道》，《清代诗文集汇编》第三五八册，上海古籍出版社2010年版，第470页。

正史二十有四，应补撰注释、音义者何？书、表、志与纪、传并重，孰详孰阙欤？儒林、文苑、道学应分应合欤？《史通》所论，得失参半欤？编年与纪传分体，《资治通鉴》前何所本、后何所续欤？二刘、范祖禹、胡三省辈有功司马者何在？纪事本末体何所仿？袁枢以后谁为继作？《通鉴纲目》何所裁别？夫经述修治之原，史载治乱之迹，疏于史鉴，虽经学文章，何以致用耶！①

策问包括“二十四史”的补注，纪传体内部的详略处置，儒林、文苑和道学诸类传的分合，《史通》批评的得失，《资治通鉴》的编修，纪事本末体的创立及沿革，《资治通鉴纲目》的创新性，经史关系八个问题，给士子们创设了广阔又开放的史学批评空间。它表明，史学批评不仅是史学专家的事业，也是读书人必备的技能。该科得士包括王引之、郝懿行、陈寿祺、张惠言、胡秉虔等 209 人。

纪昀主持的嘉庆壬戌（1802）会试上，同样有一道颇见水平的史学批评题目：

史家褒贬宜祖《春秋》，欧阳修《新五代史》书法谨严，而后人病其漏略，卒不废薛居正书。繁与简宜何从欤？宋濂《元史》多沿案牍之文，世以为讥；宋祁《新唐书》

① 阮元：《研经室二集》卷八《己未会试策问》，载《研经室集》上册，中华书局 1993 年版，第 575-576 页。

多用雕琢之词，世又以为讥。其得失究安在欤？《史记》《汉书》，列传多载词赋，后人以为近于总；宋《新唐书》凡诏令皆不录，后人又以为失载王言。当以何为准欤？刘知幾欲废表、志，是诚偏见，然如《宋书》之志符瑞，《魏书》之志释、老，《汉书》之表古今人，《唐书》之表宰相世系，亦未免徒酿繁文。如斯之类，能详数诸史之表、志，指其某例当删欤？《明史·天文志》有图，盖测量非图则不解，故创是例也。亦有似此当增者欤？《后汉书》论后有赞，《元史》则论赞俱无，以谁为是欤？诸生即翔步玉堂，备著作之选，其详悉以对。①

在约三百字的策问中，提出了史文繁简、史家文质、史书载文、表志之例、史书论赞五个问题，涉及《春秋》《史记》《汉书》《后汉书》《宋书》《魏书》《新唐书》《新五代史》《旧五代史》《元史》《明史》十一部史书，考察的知识面不可谓不广，有些问题的设计又与乾嘉时期的史学认知息息相关。比如这道策问的最后一个问题，《后汉书》"论"后有"赞"，而《元史》既无"论"，也没有"赞"，孰是孰非？这不仅是评价《后汉书》与《元史》的是非，也关乎对官修《明史》论赞的态度，还涉及乾嘉史家关于叙事与褒贬关系的看法。钱大昕主张良史"但使纪事悉从其实，则万世之下，是非自不能掩，悉庸别为褒贬之

① 纪昀：《嘉庆壬戌会试策问五道》，载《纪晓岚文集》第一册，河北教育出版社1991年版，第272-273页。

词”。所以“不载论赞，允为有识”[①]。而王鸣盛却以为《元史》“全部皆无论赞，则几不足以为史矣”[②]。可见，史书是否应当作论赞，是乾嘉时期史学理论史上分歧较大的一个问题。这也从一个侧面说明，策论中的史学问题具有相当的学术水准。而策问中明确出现的“得失究安在”“以谁为是”之类，也都属于史学批评的话语。

毫无疑问，科举考察什么内容，牵动着士子的神经，甚至影响着读书人的学术观念。乡试、会试中如此繁多的史学批评内容，引导士子批评历代史学，自然也就营造了浓厚的史学批评风气，有力地推动了清代史学批评的发展。

总的来看，策问中所涉及的史学批评问题数量多、范围广，举凡正史之衡定、“三通”之得失、编年与纪传、纲目、纪事本末诸体代表作之优劣以及史家褒贬、笔法等都在讨论之列。但在繁杂的史学策问中，也有一些规律可循。

一是以批评历代正史、《资治通鉴》、《资治通鉴纲目》及与之相关的问题为主。从康熙、雍正、乾隆到嘉庆朝约两百年间，策问的范围始终没有发生太大的变化。这反映出官方对于史学正宗与主干的认定。乾隆年间，重刻“二十一史”、刊刻《明史》，乾隆皇帝对此给予高度评价：“《明史》先经告竣，合之为二十二史，焕乎册府之大观矣。夫史以示劝惩，昭法戒，上下数千年

---

① 钱大昕：《潜研堂文集》卷一八《续通志列传总叙》，载陈文和主编：《嘉定钱大昕全集》（增订本）第9册，凤凰出版社2016年版，第283–284页。

② 王鸣盛：《十七史商榷》卷一“《史记》创立体例”条，上海书店出版社2005年版，第5页。

治乱安危之故，忠贤奸佞之实，是非得失具可考见。居今而知古，鉴往以察来。”[①] 帝王的言行不能不对策问产生直接的影响。正史之地位毋庸赘述，《资治通鉴》在清代读书人的阅读世界中也具有与正史约略相当的地位。从政治的角度看，《资治通鉴》记录国家盛衰以及生民休戚之事，“洵不愧‘资治’之称，此天地间必不可无之书，亦学者必不可不读之书也”[②]。以学术眼光衡量，“读十七史不可不兼读《通鉴》，《通鉴》之取材多有出于正史之外者，又能考诸史之异同而裁正之”[③]。至于《资治通鉴纲目》，也被乾隆皇帝誉为“书法谨严，得圣人褒贬是非之义”[④]。朝廷选择这些重要的史书来考量士子读书情况及其见识，是顺理成章的事情。而这种相对固定的考察对象，指引清朝读书人的阅读回归正史、《资治通鉴》、《资治通鉴纲目》等基本典籍。

二是策问中的史学批评与皇家史学活动紧密相连。前述康熙乙卯（1675）顺天乡试的策问，讨论史体得失与史文繁简诸问题，就是为了给已启动的《明史》修撰提供经验，“圣天子操制作之权，为万世法程，悯胜国之事绝而弗传，将勒成书，以视于后，则讲闻切究，正在兹时。故略举所闻，冀笃学嗜古、心知其

---

① 清高宗：《御制文初集》卷一一《重刻二十一史序》，《清代诗文集汇编》第三三〇册，上海古籍出版社2010年版，第103页。

② 王鸣盛：《十七史商榷》卷一〇〇“《资治通鉴》上续《左传》”条，上海书店出版社2005年版，第932页。

③ 钱大昕：《潜研堂文集》卷二八《跋柯维骐〈宋史新编〉》，《嘉定钱大昕全集》（增订本）第9册，凤凰出版社2016年版，第452页。

④ 《清高宗实录》卷九八，乾隆四年八月辛巳，载《清实录》第一〇册，中华书局1985年版，第486页。

意者，有三隅之发焉”[①]。乾隆十二年（1747）敕命修纂《续文献通考》，壬午（1762）顺天乡试策问即如是：“夫‘三通’皆纪事之书，先后并传于世，其间异同得失可胪列而综论之欤？至前明王圻取宋嘉定以后及辽、金、元、明典故，撰《续文献通考》，驳杂不伦，讵足为马氏之功臣欤？我朝典章明备，制度精详。皇上道隆学综，包孕古今，敕儒臣开《续文献通考》馆，讨论搜罗，既补前书缺略，复汇萃本朝典制，纂辑成书，为万世祖述宪章之本。多士泽躬尔雅，行备承明著作之选，其以所素讲明参究者，敷陈之。”[②] 更为明显者，《御批通鉴辑览》完成于乾隆三十三年（1768）正月[③]，同年即成为考点。这一年，山东乡试策问要求士子总结昔人关于编年史的评论，重点批评《资治通鉴》《资治通鉴纲目》《续资治通鉴纲目》等书。试题中明言：“我皇上圣学渊深，睿知首出，故御定《通鉴纲目三编》及近奉《御批通鉴辑览》，所取予进退，莫不归于至当，譬之日月至明，幽隐必照，千载之远，不能欺也。”[④] 这道策问主动迎合皇家史学活动的热点，也表现出对史学的引领意识以及凝聚知识与思想的意图。不仅如此，策问还有意美化皇家史学活动。道光辛巳（1821），浙江乡试策问曰：“欧史书法谨严，其可议者安在？

---

① 韩菼：《有怀堂文稿》卷一二《乙卯顺天乡试策问五道》，《清代诗文集汇编》第一四七册，上海古籍出版社2010年版，第174—175页。

② 王昶：《春融堂集》卷四六《壬午顺天乡试策问三道》，《清代诗文集汇编》第三五八册，上海古籍出版社2010年版，第471页。

③ 乔治忠：《清朝官方史学研究》，文津出版社1994年版，第306页。

④ 姚鼐：《惜抱轩文集》卷九《乾隆戊子科山东乡试策问五首》，世界书局1936年版，第100页。

《宋史》最详，有应为列传而遗漏者否？《辽史》《金史》各有疏漏，《元史》与金、宋二史不符，试详言之。”意在引导士子指摘历代正史之谬，但最后一句却是“《明史》修于皇朝，笔削维严，大义炳如日星矣”[①]。这是提醒士子本朝所修《明史》完美无瑕，毋庸批评。

三是策问明确要求以帝王的史学思想为史学批评的指南。乾隆庚寅（1770）湖南乡试策问提出：“《史记》之纪五帝三王，援据《尚书》及《帝系篇》，不敢多人异说，盖其慎也。然扬子云犹云‘子长爱奇’。乃后人补述，或反溢于子长之外，何耶？”“孔子，或谓不当入世家，屈贾鲁邹，或谓不当同传。进游侠，退处士，前人并以是讥迁。能断其功过欤？”那么，士子如何回应这些有争议的问题呢？策问明确写道：“恭惟皇上万几之暇，批阅前史”，对“千古之匿情”和“儒生之疑说”都有所论辨，“启牖群蒙，士得奉折衷之论，以尽探石室之藏”。[②] 这是以帝王的论断为士子史学评判的准则。这种情况并非特例。嘉庆四年（1799）的会试策问亦如是说，“我朝史法远迈前代，《旧唐书》《旧五代史》备列于正史，《御批通鉴辑览》及《评鉴阐要》，钦定《明史》及《通鉴纲目三编》，于宋、明闰位并存年号，以示大公，‘逊国’‘复辟’‘议礼’三大案皆有定论，直绍《春

① 王引之：《王文简公遗集》卷三《辛巳浙江乡试策问》，《清代诗文集汇编》第四八一册，上海古籍出版社 2010 年版，第 744 页。

② 姚鼐：《惜抱轩文集》卷九《乾隆庚寅科湖南乡试策问五首》，世界书局 1936 年版，第 104-105 页。

秋》，以垂教万世”，命诸生“讲贯条举，征体用之学”。[①] 在皇权时代，连这种画地为牢也显得那样光明正大，这是皇权之于史学显著影响的一个注脚。

综上，史学批评进入清朝人才选拔体系，成为传统政治文化不可或缺的一个部分。通过科举这一进身之阶，朝廷既甄选人才，又构建了史学评价体系。科举策问与史学批评，是一场从形式到思想的考量与展示。倘若把有清一代有关史学的策问汇集起来，将大大拓展古代史学批评史与史学理论史的研究空间。有了这样数量繁多的史学批评题目，士子们作文应答，当然也就撰写出一系列史学批评专文，这是清代史学批评史上皇家史学活动助推史学批评的一个生动案例。

二、士子对策中的史学认识

乾隆元年（1736），朝廷仿康熙十八年（1679）博学鸿词科之例，开丙辰鸿词科。九月，在保和殿御试各地举荐的一百七十六人。较之康熙年间的博学鸿词科，丙辰科增加了史论，这与乾隆皇帝对史学的深刻体认有关：“凡具渊通之学，必擅著作之才，然非熟于掌故，周知上下数千载之事理而剖决其是非者，不足以语此。则史学尚矣。”乾隆皇帝御制策问提出的问题相当正大，如“范史一书与马、班并称‘三史’，而袁宏、荀悦之作独不可媲美欤？陈寿之志，帝魏退蜀，正统已紊，孰称其是？孰正

① 阮元：《研经室二集》卷八《己未会试策问》，载《研经室集》上册，中华书局 1993 年版，第 576 页。

其非？”“唐书新旧二编，各有短长，自新书出而旧书流布无多，不得并载‘十七史’中，其故何欤？”“纪传之善自司马迁《史记》始，而编年之善则自司马光《通鉴》始。《通鉴》本《春秋》之法，至朱子则纲仿《春秋》，目仿《左氏》，而《前编》《续编》之作，亦皆得其遗意。此外，体例甚繁，沿革互异。作史者奚啻数百家。多士有能悉数其姓氏，详其名目，以证其是非者欤？将备举作者之优劣，以考正诸史之得失，则一代著作之任，殊有厚望焉。”这里所谓“证其是非”“举作者之优劣”“考正诸史之得失”，都指向史学批评。最后，乾隆皇帝告诫应试者：“毋剿说，毋雷同，毋苟且以干名，毋徇人以自误。”①

乾隆丙辰鸿词科距离康熙己未鸿词科已近六十年，应试者皆一时之选。根据乾隆皇帝的旨意，由鄂尔泰、张廷玉、邵基负责阅卷。“此科阅卷官，多托慎重之名，苛刻录取。”顾栋高、程廷祚、牛运震、厉鹗、刘大櫆、沈德潜等，俱未入选，② 最终定出一等刘纶、潘安礼、诸锦、于振、杭世骏共五名，二等沈廷芳、夏之蓉、齐召南等十人。乾隆皇帝与刘纶等人一问一答，形成了一根完整的史学批评链条。面对同样的试题，诸人的对策有同有异。这里重点考察他们的评论依归和较为自得的见解，以反映某些有意义的史学现象与思潮。

首先，承袭前代经典史学批评观点，反映了古代史学批评发

① 以上引文见清高宗：《御制文初集》卷一四《史论问》，《清代诗文集汇编》第三三〇册，上海古籍出版社 2010 年版，第 126-127 页。

② 李世愉、胡平：《中国科举制度通史·清代卷》，上海人民出版社 2015 年版，第 628 页。

展的连续性。

经浙江巡抚程元章保举，参加此次制科的杭世骏评论《史记》《后汉书》时写道："浅陋而不学，疏略而轻信，此迁之失也，苏子由讥之。见识有限，体致局弱，此晔之失也，叶水心讥之。"[①] 此论自称遵循了苏辙、叶适的评论，尚属明白。更多的情况是，对策虽未明言，但显系采自前人论说。比如，沈廷芳的对策亦步亦趋，谈及前四史的不足时，他说："迁叙事有疏略，有抵牾，是非颇谬于圣人也。固排死节，否正直，其文束于成格而不得变化也。晔文胜于质，赞辞佻巧，又方术篇及诸蛮夷传言迂诞而事诡越也。"[②] 这里批评司马迁"是非颇谬于圣人"沿袭了《汉书·司马迁传》中的评论；班固"排死节，否正直"则是《后汉书》的说法[③]。关于唐修《晋书》，杭世骏认为："史官多是文咏之士，好采短部小书，诡谬碎事。……又所评论，远弃史、班，近宗徐、庾，竞为绮艳，不求笃实。"[④] 周长发也说："贞观之际，君臣有事纂修，于是言《晋书》者，皆废旧本，竞从新撰。然而远弃史、班，近宗徐、庾。"[⑤] 杭、周二人的评论综合了《史通》所说的"大唐修《晋书》，作者皆当代词人，远

---

① 杭世骏：《道古堂文集》卷二《史论》，《清代诗文集汇编》第二八二册，上海古籍出版社2010年版，第24页。

② 沈廷芳：《隐拙斋集》卷三四《史论》，《清代诗文集汇编》第二九八册，上海古籍出版社2010年版，第486页。

③ 参见范晔：《后汉书》卷四〇下《班彪列传下》后论，中华书局1965年版，第1386页。

④ 杭世骏：《道古堂文集》卷二《史论》，《清代诗文集汇编》第二八二册，上海古籍出版社2010年版，第25页。

⑤ 周长发：《史论》，载李舜臣、欧阳江琳编：《历代制举史料汇编》，武汉大学出版社2009年版，第580页。

弃史、班，近宗徐、庾”[1]。“自是言晋史者，皆弃其旧本，竞从新撰者焉”[2]。可见，这些对策关于史学名著的点评，多取前人成说，中规中矩，缺乏新意。

不过，因袭前人旧说，并非毫无史学史意义。夏之蓉的《史学策》对《三国志》评价不高，而且深信《晋书·陈寿传》中关于陈寿“索米”和对诸葛亮评价不公允的说法，认为将《三国志》“媲之三史，抑有间焉”[3]。周长发也批评陈寿“负求米之论，致修怨之言，奉当涂之正朔”[4]。尽管这些批评有可商榷之处，但它足以说明正统观和史家心术仍是当时史学家关心的问题。

其次，在史学理论上，提出了一些新思考。

如前所述，对策有些观点承继前贤，这是毋庸讳言的。然而，对策并非全是陈词滥调，无病呻吟。杭世骏总结的“事如积薪，理同悬鉴。非能明于得失，孰能平爱憎以评其优劣乎？”[5]就道出了史学批评家心态的重要性。刘纶对正史与诸史的关系具有辩证认识：“读诸史而不以正史为考信，则见必歧；读正史而不以诸史为参稽，则识必固。”据文意，刘纶所说的“诸史”是指正史之外的其他史部书。刘纶的对策末尾又呼应道：“以司

---

① 刘知幾：《史通·论赞》，浦起龙《史通通释》本，上海古籍出版社1978年版，第82页。

② 刘知幾：《史通·古今正史》，浦起龙《史通通释》本，上海古籍出版社1978年版，第350页。

③ 夏之蓉：《半舫斋古文》卷六《史学策》，《清代诗文集汇编》第二八七册，上海古籍出版社2010年版，第524页。

④ 周长发：《史论》，载李舜臣、欧阳江琳编：《历代制举史料汇编》，武汉大学出版社2009年版，第580页。

⑤ 杭世骏：《道古堂文集》卷二《史论》，《清代诗文集汇编》第二八二册，上海古籍出版社2010年版，第27页。

马、班、范、陈寿诸人其才与学与识，固超出于诸史万万也。以子由、知幾、凿齿、萧尝（当作‘常’——引者）诸人其才与学与识，未必不大逊于正史也。然而正史之缺失亦有时不能不借诸史以捄之。何者？正史厘为国宪，有其醇必有其疵。诸史列于各家，有偏见亦有特见。今诚以正史为一成之案，而以诸史为互证之佐，亦读史者之又一见也。”[①] 刘纶肯定正史的“国宪”地位，也承认诸史（包括史评类著述）的“特见”。这是刘纶读史的方法论，也是他治史的心得。沈廷芳在重修宋、辽、金、元四史问题上坦陈：“改修四史者数家，若邵经邦之《弘简录》、柯维骐之《宋史新编》、王维（当作‘惟’——引者）俭之《宋史记》、邵远平之《元史类编》，皆见称于人。”但他对改修四史持谨慎态度：“自宋初至元末，年多事繁，近又无专门世业其人，改修实难，其孰能有以成佳史哉？”[②] 从乾嘉史学史来看，章学诚、邵晋涵欲重修《宋史》均无果，钱大昕著《元史艺文志》《元史氏族表》《宋辽金元四史朔闰考》，厉鹗撰《辽史拾遗》，施国祁作《金史详校》，汪辉祖有《元史本证》，均属考辨和订补之作，确无重修且成佳史者。事实证明，沈廷芳的话并非没有道理。

齐召南的对策内容充实，点评正史多切中要害，在具体史书品评后还阐发了他关于史学的整体思考：

---

① 刘纶：《绳庵内集》卷一五《史论》，《清代诗文集汇编》第三一八册，上海古籍出版社2010年版，第168、169页。

② 沈廷芳：《隐拙斋集》卷三四《史论》，《清代诗文集汇编》第二九八册，上海古籍出版社2010年版，第487页。

史之善莫如世其家，次则莫如专其人，又次则宽其岁月。……有史官之史，有文人之史，有小人之史。迁、固其史官之史乎。陈寿简质，独为近之。李延寿琐碎，则史而流于稗矣。蔚宗，小人也，其书文人之史也。欧阳修，君子也，其书亦文人之史也。北齐、北周、梁、陈皆然。而陈、周为优，南齐最下。此固曾巩之论，所谓才不可强者耶。晋、隋、唐、宋以至《元史》，皆杂出于文人，而晋、隋之志则史官之史矣。宋、魏二书以小人而为小人之史，何足道哉？……总之，史才最难。非刘知幾所云兼三长者，未足当之。而其人非有圣贤之道，公正之心，虽具三长，犹未尽善。史岂易言乎！①

这段话并非乾隆皇帝命题中明确要求回答的内容，显系齐召南借题发挥。齐召南的论述大致包含三个层次。

第一，齐召南提出三个重要性依次递减的修史要素，即“世其家”“专其人”“宽其岁月”。所谓“世其家”者，如司马谈、司马迁，班彪、班固，姚察、姚思廉，李大师、李延寿，他们以史学为家学，累代而成史。“专其人”是指一人独撰，如陈寿、范晔、沈约、欧阳修。显然，在一人作史与众手修书两种模式中，齐召南倾向于前者。“宽其岁月”是有鉴于明初匆匆修撰《元史》，以致讹谬粗陋。这个惨痛的教训一直被清代史学家引

① 齐召南《宝纶堂文钞》卷一《史论》，《清代诗文集汇编》第三〇〇册，上海古籍出版社2010年版，第190-191页。

为鉴戒，齐召南也不例外。“世其家”“专其人”“宽其岁月”是齐召南反思历代正史修撰得失后得出的认识。

第二，齐召南将史书分为三类：史官之史、文人之史、小人之史。这可能受到了明人胡应麟“六史”说的启发。胡应麟论史，称：“《尚书》《春秋》，圣人之史也。《檀弓》《左传》，贤人之史也。《史记》《汉书》，文人之史也。《后汉》《宋书》，乱人之史也。《三国》、元魏，小人之史也。赵宋、辽、金，夷人之史也。”[1] 但齐召南不是照搬胡应麟的论述，而是作了较大的修正。《尚书》《春秋》与《檀弓》《左传》不在此次策问划定的范围之内，胡应麟的“圣人之史”和“贤人之史”这两个概念也就无需讨论。齐召南借用胡应麟“文人之史”和“小人之史”的提法，但删去了“夷人之史”，增加了“史官之史”，还把胡应麟所说的“乱人之史”并入了“小人之史”中。不仅如此，胡应麟与齐召南笔下的同一概念所指向的对象也不同。胡应麟所说的“文人之史”是《史记》《汉书》，齐召南则把《后汉书》《北齐书》《梁书》《陈书》《周书》《新五代史》归入“文人之史”序列，把《史记》《汉书》视为“史官之史”。胡应麟完全从史家品行划分史书，而齐召南则不尽然。比如，范晔以谋反罪名被诛，胡应麟便称《后汉书》为“乱人之史”，而齐召南则以为范晔虽“小人也，其书文人之史也”。至于胡应麟“夷人之史”的提法，则是一种民族歧视，这对生活于清朝的齐召南

① 胡应麟：《少室山房笔丛》卷一三《史书佔毕一》，中华书局1958年版，第167页。

来说，无论如何是不敢使用的，更何况这是在御试对策中呢！

这里需要补充齐召南的好友汪沆[①]的相关论述。与齐召南一样，汪沆也把正史分为“史官之史”“文人之史”“小人之史”三类，但在概念上作了更明确的解释：“史官之史，紬三正以班历，贯四时以联事，迁、固、晔、寿是也。文人之史，题目不定，首尾相违，萧子显、姚思廉、房乔、敬播、李百药、令狐德棻、李延寿是也。小人之史，心挟爱憎，词多出没，沈约、魏收是也。”可见，在具体的史家归类上，汪沆又与齐召南略有不同，比如齐召南将《后汉书》归于“文人之史”，而汪沆则视之为“史官之史”。对这三类史家，汪沆以为“评史者本袁山松之五难，合刘知幾之三长，提衡漆简，品骘鸿笔，则当予迁，予固，予晔、寿，而不当予约，予收”。这里说的“评史者”即是今天所称的史学批评家。汪沆继承袁山松作史“五难”和刘知幾“史才三长”的思想遗产，表彰司马迁、班固、陈寿和范晔，但他对“小人之史”也不一概否定。因为沈约和魏收都是在史学上有志向、有作为的人。沈约“取后汉、三国、晋之典章而括之于宋，是以一史而包数史也”。魏收“与房延祐、辛元植之徒同领著作，而《天象》《地形》《礼乐》《律历》《刑罚》《食货》《官氏》《灵征》《释老》诸志，收独更数年而表进，是以

① 汪沆（1704—1784），浙江钱塘人，字西颢，号槐堂，师从厉鹗，与杭世骏、张熷、王曾祥、符之恒并称“松里五子”。汪沆亦参加丙辰鸿词科，但未入选。著述有《槐堂文稿》《槐堂诗稿》《论语集注剩义》《小眠斋读书日札》等。《清史列传》将汪沆列于《文苑传》中。

一人而任一史也”[①]。这说明汪沆在史学批评上注重史家的事功，而不以心术作为评论史家的唯一标准。

第三，齐召南在刘知幾的“史才三长”说外，补充了“圣贤之道”和“公正之心”。在齐召南之前，胡应麟表达过完善“史才三长”说的愿望，说：“才、学、识三长，足尽史乎？未也，有公心焉，直笔焉。”[②] 齐召南提出史家须有“圣贤之道”，看似邈远，实则与中国古代史家明道的传统一致。章学诚就提出“志期于道”[③]。从时间上看，齐召南的“公正之心”说距离章学诚的“心术”论已经十分接近了。

再次，将丙辰鸿词科史学对策置于乾嘉史学史上作纵向考量，可以观察到乾嘉时期史学批评的微妙变化。

这里以对《魏书》的评论为例。沈廷芳批判“《魏书》最劣，以其减恶增善，谄讳不平，为秽史也”[④]。周长发同样批评魏收“感杨遵彦之助，许作佳传；受尔朱文畅之金，灭其父恶。腾讥秽史，众口同声”[⑤]。“秽史”之说固是老生常谈，但沈廷芳被取为二等第五名，周长发也被定为二等第九名，在一百多位应试者中，脱颖而出。这说明“秽史”说在当时还有相当的认可

---

① 以上引文见汪沆：《槐塘文稿》卷四《评二十一史（三院合试）》，《清代诗文集汇编》第三〇一册，上海古籍出版社 2010 年版，第 480 页。按：“袁山松之五难”见于《史通·摸拟》：“袁山松云：‘书之为难也有五：烦而不整，一难也；俗而不典，二难也；书不实录，三难也；赏罚不中，四难也；文不胜质，五难也。”

② 胡应麟：《少室山房笔丛》卷一三《史书佔毕一》，中华书局 1958 年版，第 167 页。

③ 章学诚：《文史通义·言公上》，叶瑛《文史通义校注》本，中华书局 1985 年版，第 169 页。

④ 沈廷芳：《隐拙斋集》卷三四《史论》，《清代诗文集汇编》第二九八册，上海古籍出版社 2010 年版，第 486 页。

⑤ 周长发：《史论》，载李舜臣、欧阳江琳编：《历代制举史料汇编》，武汉大学出版社 2009 年版，第 580 页。

度，至少不被阅卷官认定为狂妄或肤浅。而仅四十多年后，在官修《四库全书总目》中，对此说已有如下辨证：

收恃才轻薄，有“惊蛱蝶”之称，其德望本不足以服众。又魏、齐世近，著名史籍者并有子孙，孰不欲显荣其祖父。既不能一一如志，遂哗然群起而攻。平心而论，人非南、董，岂信其一字无私？但互考诸书，证其所著，亦未甚远于是非。“秽史”之说，无乃已甚之词乎！①

由此可见，清廷对《魏书》的评价在悄然变化，重新考辨一些几成定论的评语，反映出史学批评的深化趋势。

乾隆元年（1736）博学鸿词科属于清代科举史上的盛事，其中史学对策的内容与思想，大体已如上述。尤当注意的是，不仅是博学鸿词这样高规格的特科中的史学对策蔚为壮观，即便是一般的乡试，也有值得关注的对策。

乾隆十二年（1747）江南乡试策第三道提出：

正史而外，能博综古今，明乎典章制度之大，与夫因革损益之由，讨论百代之得失，而加之折衷，其为书古未有也，则“三通”尚矣。……马书之视杜，郑书之视马，孰短长欤？孰精而核？孰广而烦？抑其为之孰易孰难？孰有所

① 永瑢等：《四库全书总目》卷四五《魏书》提要，中华书局1965年版，第407页。

仍借而增益之？孰徒自夸诩，以为诸儒所未得而闻欤？抑三书之门类，能一一指其目欤？马氏之考辨经籍，郑氏之研审字音，说果善否？李翰、权德舆皆称君卿有王佐才，诚确论欤？恭逢圣天子稽古右文，于“十三经”“二十一史”订正刊竣之后，复命词臣校定“三通”，并将续《通考》以垂法万世。诸生苟能究杜马之学，而博观夹漈所录，以互相参订，正可及时自见矣。盍尽抒所蕴，以为当宁献。

这道策问引出了如何评价“三通”的问题，包括“三通”的优劣、精粗、难易等，考察了“三通”门类、前人评论、体例与内容、因袭与创新，是一道非常专业的史学批评题目。

时年二十六岁的王鸣盛参加了此次江南乡试。王鸣盛的答卷开篇就说：“‘二十一史’者，正史也，史家之专书也。‘三通’者，通史也，史家之总萃也。”接着分述《通典》《通志》《文献通考》三书的编纂情况。全文最有价值的部分是关于“三通”的批评。王鸣盛以为《通典》“条贯古今，端如贯珠”。但它也有不足，“叙选举，则秀孝与铨选不分；叙典礼，则经文与传注相混。叙兵，则尽遗赋调之法。凡若此类，宁免小疵？至于《天文》《五行》《艺文》，历史各有志，而《通典》阙如”。凡此都是《通典》可议之处。如果说王鸣盛对杜佑的评论还比较客观，那么对郑樵的批评则比较偏激了。《通志》中，“《礼》及《职官》《选举》《刑罚》《食货》五者，天宝以前，尽《通典》全文；天宝后，竟不续增。又以《通典》细注，称为己意，附其旁，而无所发明。疏陋如此，乃自诩本前人之典，而亦非诸史之文，不亦诬乎！”这显然是回应策问中提出的“孰徒自夸诩，以为诸儒所未得而闻欤？”这说明，士子作文难免会受到策问的某种暗示与引导。王鸣盛对《文献通考》的评价甚高，称赞它“凡叙事，则本之经史而参以会要及百家传记。凡论事，则取当时臣僚奏疏及名流燕谈、稗官记录。其史传可疑，论辨未当者，则以己意附其后。择焉精，语焉详，岂非广大精微者欤！”为何王鸣盛对马端临如此偏爱呢？答案或许在于皇家当时正有纂修《续文献通考》之意。所以，王鸣盛最后写道：“我皇上嘉惠多士，俾群臣校刊‘三通’并续《通考》，诚盛举也。苟能荟萃群书，广加增廓，吾见《续通考》之作，且将驾‘三通’而上之矣。”[①] 这样的阿谀之词，恰恰说明了帝王意愿对于史学评价的影响。

要之，在科举体制中形成的史学批评，见识上醇驳相间，一般来说还算不上一流的史学文章。但它告诉人们，在读书人通往仕途的必经之路上，史学批评占有一席之地。这对于思考和重新认识史学批评在清代士大夫的知识世界中所处的位置有重要的意义。同时，史学策问中反复征引《史通》，或有意检讨《史通》之说，也提醒人们关注清人的《史通》研究。

---

① 以上引文见王鸣盛：《西庄始存稿》卷二七《乾隆十二年江南乡试策第三道》，载陈文和主编：《嘉定王鸣盛全集》第十册，中华书局2010年版，第439-443页。

第二章 《史通》研究与史学批评的深入

自《史通》问世，中国史学批评史进入了一个新阶段。作为第一部系统的史学批评专书，《史通》对后世史学批评与史学理论的影响都是深远的。回顾《史通》的传布和研究史可知，至明朝中后期，《史通》愈发紧密地与彼时的史学理论发展相关联。[①] 清人又在前代《史通》研究的基础上，形成了《史通》研究的浓厚风气，把"《史通》学"推向了高峰，也随之将史学批评引向深入。清代中期出现的《史通》研究专书中，浦起龙的《史通通释》蕴含着丰富且深刻的史学批评见解，纪昀的《史通削繁》则以选本的形式展现了清代汉学家的史学批评兴味和见识。

① 参见杨艳秋：《明代史学探研》，人民出版社 2005 年版，第 91–100 页。

第一节　清人《史通》批评述略

一、《史通》研究的浓厚风气

清人对《史通》的研究包括校勘、注释、删选、评论等类型，成果丰硕。这里简要评述清代史家关于《史通》的批评。

清人的《史通》研究，名家云集，顾炎武、黄叔琳、浦起龙、汪由敦、章学诚、钱大昕、王鸣盛、纪昀、崔述等都非常重视研读《史通》，并从中获取知识、思想与方法。顾炎武熟稔《史通》，他批评“异代文人不察史家阿枉之故”时，举“杜甫诗中便称‘蜀主’，殊非知人论世之学”为例，引用《史通》，说：“昔刘知幾论《后汉书·刘玄列传》，以为‘东观秉笔，容或谄于当时，后来所修，理宜刊革’。今之君子既非曹氏、司马氏之臣，不当称昭烈为先主矣。”[①] 汪由敦将《史通》“时置案头，且喜借人转临，以广其传”[②]。他对《史通》爱不释手，而且有意将《史通》借与他人，可谓有功于《史通》流传之人。雍正十年（1732），沈颖谷赠给汪由敦一部《史通》。汪由敦还在沈颖谷处见到何焯的《史通》批校和冯班的评语，于是“借

① 顾炎武：《日知录》卷二四“主”条，黄汝成《日知录集释》本，上海古籍出版社2006年版，第1358页。

② 汪由敦：《松泉文集》卷一五《书〈韩文考异〉书后》，《清代诗文集汇编》第二七二册，上海古籍出版社2010年版，第360页。

临一过，遂为案头善本”[①]。黄叔琳在明人王惟俭《史通训故》的基础上加以补充，撰成《史通训故补》，并于乾隆十二年（1747）刊刻。这是清代第一部《史通》研究专书。对于《史通》之名实，黄叔琳说：“书以‘通’名，如《白虎通》《风俗通》之类，义同笺故。汉封司马迁后为史通子，‘史通’之称见焉。刘知幾博论前史，摭掇利病，作《史通》内外篇，盖兼取两义云。马贵与《经籍考》从文史类中摘出论史者为史评，首列是书。”[②]《史通训故补》中有注释，亦有评论。关于评论的动机与方式，黄叔琳也作了说明：“刘氏排拓万古，推倒一世，而贤知之过，未免失中。今于议论精当之处，仍照前刻《文心雕龙》之例，加以圈点，以志别择。偶有臆见，附列上方。”[③] 黄叔琳在《史通训故补》之前，已完成《文心雕龙》的校注，故云“照前刻《文心雕龙》之例”。通过文章圈点和眉批的方式，黄叔琳发表了他对《史通》的看法。这对清代的《史通》研究产生了一定的影响。《史通训故补》问世五年后，浦起龙的《史通通释》也刊刻了。浦氏修改《史通通释》书稿时，即参考过《史通训故补》。纪昀作《史通削繁》，也有圈点与眉批。从乾隆十二年（1747）到乾隆三十二年（1767），短短二十年间涌现了《史通训故补》《史通通释》《史通削繁》三部《史通》研究专

---

① 汪由敦：《松泉文集》卷一五《书沈颖谷所赠〈史通〉后》，《清代诗文集汇编》第二七二册，上海古籍出版社2010年版，第361页。

② 黄叔琳：《史通训故补》序，《续修四库全书》第四四七册，上海古籍出版社2002年版，第429页。

③ 黄叔琳：《史通训故补·例言》，《续修四库全书》第四四七册，上海古籍出版社2002年版，第435页。

书，这在自唐以降的《史通》研究史上是空前的。这不是学术上的巧合，而是乾隆年间史学理论研究繁荣的一个突出表现。

专文方面，钱大昕《十驾斋养新录》、王鸣盛《十七史商榷》中都有以《史通》为题的专门条目，还有章学诚的《读史通》等。至于零星的论述和引证，则不胜枚举。这些史家无不"师承其治史之例，窃取其商榷之义，推广其实录之旨"。"知幾史学义例，乃成一时之显学。"① "一时之显学"虽未必，但《史通》研究之流行当无异议。这些一流学者在求学和治学历程中，把《史通》作为一部史学经典来研读，或"绎其意旨而为之注释"，或"病其繁谬而为之刊正"②，在清代史学界形成了《史通》研究的浓厚风气。

这里还要交代一下章学诚与刘知幾的学术关联。章学诚（1738—1801），字实斋，浙江会稽（今绍兴）人，清代浙东史学的巨擘。从史学渊源上来看，司马迁、刘勰、刘知幾、郑樵对章学诚的史学思想都有明显的影响。上述诸人中，司马迁与郑樵为作史家，刘勰重在论文，从学术风格上讲，刘知幾与章学诚最为相近，但章学诚本人却并不承认刘知幾对其史学研究有多少导引。

章学诚更倾向于表白自己与刘知幾史学旨趣不同，他颇为自负地说："史部之书，乍接于目，便似夙所攻习然者，其中利病得失，随口能举，举而辄当。人皆谓吾得力《史通》，其实吾见

① 许冠三：《刘知幾的实录史学》，香港中文大学出版社1983年版，第132、151页。
② 金毓黻：《中国史学史》，河北教育出版社2000年版，第320页。

《史通》已廿八岁矣。”[①] 言下之意，章氏史学上的创见与刘知幾并没什么关系，实则不然。“《章氏遗书》凡五十余卷，都五十万言，几无一卷不见《史通》之烙印，即是明证。《遗书》直接或间接引涉《史通》义例者，不下一百一十余起，仅《丙辰札记》一卷，已达十二次之多。《乙卯札记》与《说林》亦多达六次以上。细析各篇所言，则知终实斋有生之年，从未曾摆脱《史通》之光影。章氏之于知幾，知既深妒亦切，或可喻之为隔世瑜、亮。《通义》之于《史通》，相因亦复相证，相反亦复相成。自二十八岁（一七六五）得读《史通》起，实斋先以刘氏为师为友为同道，继则以之为竞争对手，超越对象。”[②] 章学诚常常运用刘知幾的“史才三长”说论史，如“史家文字，原不责其尽出于己。但要学足该之，才足运之，而识足断之”[③]。“史德”说也是在刘知幾“史才三长”上的进一步发挥。章学诚评价《史通》是一部“斟酌群言，扬榷史品”[④] 的著作，又说《史通》“扬榷古今利病，而立法度之准焉，所以治散乱之瘴厉也”[⑤]。从这些评论中可以看出，章学诚对刘知幾的史学有深刻的认识。章学诚不愿意人们将他比作刘知幾，但事与愿违，道光年间，伍崇曜就说章学诚“上下数千年，纵横九万里，洵足推倒一时豪杰，开拓万古心胸，非兼才、识、学三长者不能作。其

① 章学诚：《章学诚遗书》卷九《家书六》，文物出版社 1985 年版，第 93 页。
② 许冠三：《刘知幾的实录史学》，香港中文大学出版社 1983 年版，第 164 页。
③ 章学诚：《章学诚遗书》外编卷一《信摭》，文物出版社 1985 年版，第 370 页。
④ 章学诚：《章学诚遗书》卷八《读〈史通〉》，文物出版社 1985 年版，第 74 页。
⑤ 章学诚：《文史通义·说林》，叶瑛《文史通义校注》本，中华书局 1985 年版，第 355 页。

亦我朝之刘子玄乎！”[①] 章学诚在史学理论上自成一家，但其治史路径毕竟大体与刘知幾相同，又均以史学批评见长，所以尽管章学诚不情愿，人们还是习惯于视他为“清朝的刘知幾”。这与其说是章学诚的“失败”，不如说是刘知幾在清代史学批评史上的“成功”。

不仅作为理论家的章学诚深受刘知幾的影响，考据派的王鸣盛也从《史通》中受到撰述上的启发。王鸣盛（1722—1797），字凤喈，号西庄，历官翰林院编修、日讲起居注官、内阁学士兼礼部侍郎、光禄寺卿。王鸣盛史学方面的代表作是《十七史商榷》。该书一百卷，前九十八卷考论《史记》至《新五代史》十九部正史，后两卷名为“缀言”，主要是关于史学基础知识（如“记言记动”“唐以前惟三史三国”“十七史”诸条）和“《通鉴》学”方面的著述，是对前九十八卷的补充。“缀言”在“《通鉴》学”著述后，紧接着便是关于《史通》的札记，这在全书体例编次上当是一个有意的安排。乾嘉时期，考史之书名称多带“考”“证”“校”字眼，王鸣盛却以“商榷”为名，这与众不同的灵感即源自刘知幾。刘知幾“以载削余暇，商榷史篇，下笔不休，遂盈筐箧”[②]，成《史通》。王鸣盛对“商榷”一词的含义作过一番考究后，指出：“‘商榷’乃史家语”，遂取之以为书名，并称：“予体例与知幾异而‘商榷’之义亦窃取之。”意思是说，尽管《十七史商榷》在体例上与《史通》不同，但二

① 伍崇曜：《文史通义跋二》，载《章学诚遗书》附录，文物出版社1985年版，第622页。
② 刘知幾：《史通》原序，浦起龙《史通通释》本，上海古籍出版社1978年版，第1页。

者在“商榷”诸史这一点上是相通的。不仅如此，王鸣盛自认为他与刘知幾的治史精神也有相合之处：

《史通·自叙》篇云：“予幼读史，年十有七，窥览略周。于时将求仕进，兼习揣摩。专心诸史，我则未暇；洎乎弱冠，射策登朝。思有余闲，获遂本愿。”又云：“余幼喜诗赋，壮都不为。耻以文士得名，期以述者自命。”予幼攻《四书》八股文，及登第，领史职，始罢举子业，治经史，然犹兼习诗赋，四十有二归田，于今二纪有余，诗文皆辍不为，惟以考史为务，故每卷辄自题曰某述，亦窃比述者自命之意云。

刘知幾幼年读史，后为科举所累，身为史官后，耻为文士，以述者自命。王鸣盛回顾自己的学术道路，也大致如是，故而每有所撰述便自题“某述”。总之，“知幾虽有踳驳，要为有意务实者，故予窃比之”①，王鸣盛近乎将刘知幾奉为自己治史的偶像。

刘知幾《史通》对义理派和考据派之影响已如上述，不唯如此，疑古派史家也从《史通》中汲取滋养。崔述自述，他撰《考信录》，“于殷、周以前事但以《诗》《书》为据，而不敢以

① 以上引文见王鸣盛：《十七史商榷》卷一〇〇“《史通》”条，上海书店出版社2005年版，第943-944页。

秦、汉之书遂为实录，亦推广《史通》之意也”[①]。刘知幾的疑古精神对崔述治史具有导引意义，崔述亦光大了刘知幾的疑古事业。在清代浓厚的《史通》研究氛围中，逐渐形成了《史通》评价的基调。

二、“史学科律”的评价基调

清人对《史通》的指责，仍然集中于刘知幾言辞的严苛，这是重弹前人老调，并无多少新意。具体论点上，清人也不完全赞同《史通》。刘知幾以为史表可废，《四库全书总目》就批评《史通·表历》“于班、马以来之旧例，一一排斥，多欲删除，尤乖古法”[②]。黄叔琳也反驳道：“《汉书》八表，惟古今人物廓落无当耳，余表不可废也。每怪史家不尽作表，使王公世次阙轶，宰执名姓不彰。岂可以世人之缄而不视，遂谓无用乎？此论之最失者。”[③] 但相较于《史通》庞大的理论体系和繁多的史学观点来书，这样的检讨所占的比重又微不足道了。

关键是，对《疑古》《惑经》的批驳，除代表官方声音的《四库全书总目》说刘知幾“性本过刚，词复有激，诋诃太甚，或悍然不顾其安。《疑古》《惑经》诸篇，世所共诟，不待言矣”[④] 外，大多比较温和，甚或转而为之解释、弥缝。比如黄叔

① 崔述：《考信录提要》卷上《释例》，载顾颉刚编订：《崔东壁遗书》，上海古籍出版社1983年版，第6页。

② 永瑢等：《四库全书总目》卷八八《史通》提要，中华书局1965年版，第751页。

③ 黄叔琳：《史通训故补》卷三《表历》眉批，《续修四库全书》第四四七册，上海古籍出版社2002年版，第453页。

④ 永瑢等：《四库全书总目》卷八八《史通》提要，中华书局1965年版，第751页。

琳，他虽说《疑古》是“不奉圣贤以绳后世之奸慝，而尽疑圣贤之行事，是直谓古来无圣贤也”，语含不满，但口吻并不严厉：“《疑古》一篇似是有为而发，不应悖谬至是。惜哉！为全书之玷。”[①] 惋惜之情胜过斥责之意。“知幾具此深情”，岂是目无圣贤之辈，“吾故知《疑古》一篇有为而发也”。[②] 换而言之，《疑古》另有深意，后人不宜一驳了之。

上述批评已然透露出清人评价《史通》的一个倾向，即逐渐从驳斥转向了服膺。臧琳[③]自称发现了学术史上的一件“奇事”：“刘勰《文心雕龙》之论文章，刘劭《人物志》之论人，刘知幾《史通》之论史，可称千古绝作。余所深嗜而快读者。著书人皆刘姓，亦奇事也。”[④] 与其说是“奇事”，不如说是巧合。当然，这不是我们关心的重点。值得注意的是臧琳对《史通》的评语——“千古绝作”，令他“深嗜而快读”。对《史通》的类似赞誉还见于其他史家。黄叔琳就有一段精彩的话：“观其议论，如老吏断狱，难更平反；如夷人嗅金，暗识高下；如神医眼，照垣一方，洞见五藏症结。……其荟萃搜择，钩鈲排击，上下数千年，贯穿数万卷，心细而眼明，舌长而笔辣，虽

---

① 黄叔琳：《史通训故补》卷一三《疑古》眉批，《续修四库全书》第四四七册，上海古籍出版社2002年版，第575、574页。

② 黄叔琳：《史通训故补》卷一四《惑经》眉批，《续修四库全书》第四四七册，上海古籍出版社2002年版，第580页。

③ 臧琳（1650—1713），字玉林，江苏武进（今常州）人，著有《尚书集解》《经义杂记》等。

④ 臧琳：《经义杂记》卷二五《三刘三绝》，《续修四库全书》第一七二册，上海古籍出版社2002年版，第235页。

马、班亦有不能自解免者，何况其余。”[①]“老吏断狱”“洞见五藏症结”“心细而眼明”都是承认《史通》有其独到之处。

清初，胡承诺[②]撰《史学篇》，纵论史学发展得失，文章结束语写道“《史通》四十九篇，史家要书也。又‘史有三长’之语，至今以为笃论”[③]。话虽不长，却极有分量。《史通》为“史家要书”之认识不限于胡氏一人，它大概代表了一种较为普遍的态度。杨绳武撰《钟山书院规约》，对士子提出十一条规约，其中第六条“通史学”，重申才、学、识三长，亦称《史通》为“史学之科律”[④]。黄叔琳意识到《史通》提出设立《氏族志》和《都邑志》后，“宋郑夹漈《通志略》独详氏族、都邑，岂读《史通》而兴起耶!”[⑤] 钱大昕比黄叔琳的认识更深刻，他非常明确地指出《史通》对后代史学发展的深远影响：

> 刘氏用功既深，遂言立而不朽，欧、宋《新唐》，往往采其绪论。如受禅之诏策不书，代言之制诰不录，五行灾变，不言占验，诸臣籍贯，不取旧望，有韵之赞全删，俪语之论都改，宰相世系，与志氏族何殊，地理述土贡，与志土

---

① 黄叔琳：《史通训故补》序，《续修四库全书》第四四七册，上海古籍出版社 2002 年版，第 429-430 页。

② 胡承诺（1607—1681），号石庄，湖北竟陵（今天门）人，著有《读书说》《绎志》《石庄先生诗集》等。

③ 胡承诺：《绎志》卷一四《史学篇》，同治十一年浙江书局重刊本。

④ 杨绳武：《钟山书院规约》，载《昭代丛书》辛集别编，上海古籍出版社 1990 年影印本，第 1895 页。

⑤ 黄叔琳：《史通训故补》卷三《书志》眉批，《续修四库全书》第四四七册，上海古籍出版社 2002 年版，第 461 页。

物不异。从亭之说，一时虽未施行，后代奉为科律，谁谓著书无益哉！[①]

钱大昕并非泛泛称赞刘知幾“言立而不朽”，而是举出例证，所谓“采其绪论”之种种，言之凿凿。《史通》之命运，诚如钱大昕所言，“一时虽未施行”，然“后代奉为科律”。钱大昕的史学批评和他的历史考据一样，征实有据，经起得时间的检验。不独代表个人立场的黄叔琳和钱大昕奉《史通》为治史者之圭臬，《四库全书总目》对《史通》也有这样的评价：

子玄于史学最深，又领史职几三十年，更历书局亦最久。其贯穿今古，洞悉利病，实非后人之所及。……其缕析条分，如别黑白。一经抉摘，虽马迁、班固几无词以自解免。亦可云载笔之法家，著书之监史矣。[②]

“实非后人之所及”是认可《史通》的学术地位；“缕析条分，如别黑白”是描述《史通》的著述风格；“一经抉摘，虽马迁、班固几无词以自解免”是形容《史通》见解之犀利；“载笔之法家，著书之监史”是强调《史通》的批评特质。《四库全书总目》的这条评语在清代《史通》批评史上不愧是一个名论。

---

① 钱大昕：《十驾斋养新录》卷一三“《史通》”条，载陈文和主编：《嘉定钱大昕全集》（增订本）第7册，凤凰出版社2016年版，第354–355页。

② 永瑢等：《四库全书总目》卷八八《史通》提要，中华书局1965年版，第751页。

尽管清人对《史通》有着这样或那样的指摘，但官方与私家都一致承认《史通》的学术价值。《史通》已深度融入清代史学理论与史学批评的实践中。总之，清人“《史通》学”的主流是认同《史通》，甚至援引《史通》之说以证己。“奉之为科律”，洵非虚言。正是在这样活跃与浓郁的《史通》研究氛围中，浦起龙撰成《史通通释》，并成就了一种批评的典范。

第二节　浦起龙《史通通释》的批评典范价值

一、从《读杜心解》到《史通通释》

浦起龙（1679—1762），字二田，晚年自号三山伧父，江苏无锡人，雍正八年（1730）进士，雍正十二年（1734）任昆明五华书院山长，乾隆四年（1739）担任苏州紫阳书院教授。王昶、钱大昕、王鸣盛皆是浦起龙在紫阳书院的弟子。浦起龙自称“一生迂谨，癖嗜读书”[①]。他的后人也用“家甚贫，书甚富，口甚拙，手甚勤，待人甚厚而校书甚严”的“六甚”来描述他。与浦起龙留存下来的书信相印证，“六甚”之说合乎浦起龙的性情与境遇。至于其读书经历，则“《左》《史》、汉魏六朝、三唐宋明诸著作，旁及释典道藏、天人律历、形势建革，上下千古，

① 浦起龙：《三山老人不是集·上云贵制军尹大人》，《无锡文库》第四辑，凤凰出版社2011年版，第277页。

皆尝窥其端绪而究其指归”[①]，可见浦氏读书之博，涉猎之广。这虽出自家乘，但结合浦氏著述情况来看，也与事实相去不远。说到浦氏的著作，较重要者有《三山老人不是集》《酿蜜集》《读杜心解》《史通通释》[②]。

《史通通释》既具知识性的考订，也有思想性的阐发，成书之后，即引起知识界的关注，出现了从“惟延年所注盛行书塾”[③] 到“外间买书者唯《史通通释》是问”[④] 的变化。由时人和后人的评论来看，围绕浦起龙的校勘虽也有过一些指责[⑤]，但总体评价较高。与浦起龙同时代的纪昀已有评定：“浦氏此注较黄氏本为详，所评较黄为精审。”[⑥] 稍后，周中孚比较《史通评释》《史通训故》《史通训故补》《史通通释》四书，得出的结论也是“言乎注《史通》之善本，则当推浦氏书”[⑦]。民国时期，陈汉章也认为《史通》“自郭延年评释后，王惟俭注之，黄叔琳

---

① 浦霖：《宗老山伧公传》，载《酿蜜集》卷首，《无锡文库》第四辑，凤凰出版社 2011 年版，第 380 页。

② 史学界普遍使用浦起龙的《史通通释》，但专门研究不多。笔者寡陋，仅见到王煦华的《浦起龙的生平及其著述》，载《纪念顾颉刚学术论文集》，巴蜀书社 1990 年版，第 979–988 页；杨绪敏、栾孟留：《浦起龙及其史论探研》，《史学史研究》2016 年第 1 期；刘海波：《浦起龙〈史通通释〉探析》，《史林》2016 年第 1 期。

③ 黄叔琳：《史通训故补·例言》，《续修四库全书》第四四七册，上海古籍出版社 2002 年版，第 435 页。按：“延年所注”指晚明郭孔延的《史通评释》。

④ 黄丕烈：《荛圃藏书题识》卷三《史通二十卷》，载《黄丕烈藏书题跋集》，余鸣鸿、占旭东点校，上海古籍出版社 2015 年版，第 160 页。

⑤ 参见赵吕甫：《史通新校注》书末《附录二》，重庆出版社 1990 年版，第 1145–1147 页。

⑥ 张三夕辑：《〈史通〉三家评校钞》，载《通往历史的个人道路——中国学术思想史散论》，社会科学文献出版社 2001 年版，第 201 页。按：“黄本”是指清人黄叔琳的《史通训故补》，成书时间略早于《史通通释》。

⑦ 周中孚：《郑堂读书记》卷三五《史通训故补》提要，上海书店出版社 2009 年版，第 531 页。

补之，浦起龙集其成”[①]。时至今日，《史通通释》仍是流传最广、知名度最高的《史通》评注本。二百六十余年来，尽管出现了多种《史通》注本，且不乏力作，但始终没有一种能够取代《史通通释》在《史通》研究史和阅读史上的地位，堪称批评典范。

浦起龙撰《史通通释》，并非偶然。在《史通通释》之前，浦起龙已完成了两部诗文品评方面的专书《读杜心解》与《古文眉诠》。二书看似与史学关系不大，却为浦起龙撰写《史通通释》作了必要的前期准备。

《读杜心解》是一部关于杜诗的评注本，始撰于康熙六十年（1721），一年后完成初稿，又花了一年零七个月修订，雍正二年（1724）刊刻。虽说浦氏撰写和修订此书的时间不算长，但却是他多年研读杜诗的荟萃。《四库全书总目》评价它“考订年月，印证时事，颇能正诸家之疏舛”，又于“诠释之中，每参以评语，近于点论时文”。[②] 在众家杜诗评注中，《读杜心解》撰述宗旨上的特别之处，在于“心解”二字。它不同于寻常注释：“注者其事辞，解者其神吻也。”而“解之为道，先篇义，次节义，次语义”。浦起龙不屑于“摘一句、两句，甚或一两字，别出新论。不顾篇幅宗主如何归宿，上下文势如何连缀”，认为这样“最害事”。至于“心”字，则所谓“摄吾之心印杜之心，吾

---

① 陈汉章：《史通补释》自序，载《陈汉章全集》第五册下，浙江古籍出版社 2014 年版，第 1089 页。

② 永瑢等：《四库全书总目》卷一七四《读杜心解》提要，中华书局 1965 年版，第 1534 页。

之心冏冏然而往，杜之心活活然而来，邂逅于无何有之乡，而吾之解出焉”[①]。可见，浦起龙追求的是评者与作者的心通意解。

浦起龙是怎样“心解”杜诗的呢？杜诗有“诗史”之称，浦氏解杜诗亦多由史入手，不仅大量征引历史文献以证杜诗，而且在赏鉴时透露出历史的兴味，且举一例以观之。杜甫《秋兴八首》抒发“同学少年多不贱，五陵衣马自轻肥”；咏叹“闻道长安似弈棋，百年世事不胜悲”，自是名篇。《诸将五首》其二云：“韩公本意筑三城，拟绝天骄拔汉旌。岂谓尽烦回纥马，翻然远救朔方兵。胡来不觉潼关隘，龙起犹闻晋水清。独使至尊忧社稷，诸君何以答升平？”其五云：“锦江春色逐人来，巫峡清秋万壑哀。正忆往时严仆射，共迎中使望乡台。主恩前后三持节，军令分明数举杯。西蜀地形天下险，安危须仗出群材。”杜甫以诗的语言议论唐史，深具史识。浦起龙当然知道《秋兴八首》家喻户晓，“三尺童子皆知道之”[②]。但他偏偏认为《诸将五首》“纯以议论为叙事，讦谟壮彩，与日月争光，出《秋兴》之上”[③]。这一评论，折射出浦起龙论诗的标准，乃在于诗的内容而不是意境、情景、格律甚或诗人的情感体悟。可见，在诗歌评论中，浦起龙抱持着历史家的眼光和胸襟。

继《读杜心解》后，浦起龙又作《古文眉诠》。对于此书的缘起和内容，浦起龙在乾隆九年（1744）作过交代：

---

① 以上引文见浦起龙：《读杜心解·发凡》，中华书局1961年版，第5、7页。
② 浦起龙：《读杜心解》卷四之二《秋兴八首》，中华书局1961年版，第656页。
③ 浦起龙：《读杜心解》卷四之二《诸将五首》，中华书局1961年版，第650页。

论次古作者之文，起春秋之世，迄宋之南，为钞二十有七，为卷七十有九，颜曰《眉诠》。刻既成，乃第其缘起曰：岁戊申尝膺荐至会城，携《史》《汉》坊评本自随，意与古会，辄条辨之，此缀笔之始。

戊申即雍正六年（1728），浦起龙开始编纂《古文眉诠》。六年后，浦起龙在五华书院时，着手将往日所积之稿加以汇辑。浦起龙执教紫阳书院期间，“又翻检加涂乙，覆誊之，此定稿之始。紫阳书院在学地东北隅，稍出其书院舍，院士见之，喜加商榷焉”。至乾隆九年（1744），《古文眉诠》刊刻，距离“缀笔之始”已有十六个年头了。浦起龙反思前贤古文批评之得失，说道：“古者编摩之士，穷该万卷，专久一书。一书论定，举世莫易。沿及宋季，俛而为评，于是臆揣貌取，传相仿效，而作者之时之指没而不出。吾惑焉。”[①] 浦起龙评价宋人“臆揣貌取，传相仿效”，固然还落于清人对于宋学的偏见窠臼，但他着意于评论“作者之时”和“作者之指”的思路与方法却是相当通达的，后来他评论《史通》亦是如此。

《古文眉诠》于书眉批语中发抒见解，选钞的古文，兼有文史，并及诸子，包括《左传钞》《国语钞》《战国策钞》《史记钞》《文献通考序钞》等，其中不乏史学批评的内容。如浦氏评《史记·张耳陈余列传》“每以谈议鸿文增精采”，张耳与陈余反

① 以上引文见浦起龙：《古文眉诠·缘起》，乾隆九年三吴书院刻本。

目成仇一段写得“声状俱活”①；论《史记·游侠列传》：“愤激之极，倾倒其人。兰台谓‘退处士而进奸雄’，持论甚正，审文则非也。溢于志不过其分，以予为夺，以低为昂，进退周环之间，费尽经营惨澹。”② 足见浦氏对司马迁的史笔和苦心有深刻的体悟。于《文献通考·自序》“典章经制实相因者也”句上，浦起龙批曰：“相因即‘通’字之根”；在马端临“其不相因者，犹有温公之成书，而其本相因者，顾无其书。独非后学之所宜究心乎”句上批道：“回环顿跌，篇旨关捩在此”；而在“唐杜岐公始作《通典》”处则写道：“落到《通典》之‘通’，才是本书所宗”。③ 三处议论皆围绕“通”字发论，要言不烦。这些鉴赏虽说偏重于史家笔法，但叙事审美本就属于史学批评的范畴。

据浦起龙自述，乾隆四年（1739）他“代匮苏郡校，坐春风亭，抽架上书，得《史通》”，但“循览粗过，旋舍去”。想来那时他的学术兴趣和主要精力还在《古文眉诠》上。乾隆十年（1745），浦起龙归老田舍，弟子蔡敦复携郭孔延的《史通评释》来请教。此时他对《史通》已经有了比较深刻的认识，认为“自汉止立经博士，而史不置师，向、歆《七略》不著类。至唐千年，人为体例，论罕适归，而史之失哤”。汉唐之间，史学发展中出现了体例杂乱的问题。自刘知幾出，“奋笔为书，原原委委。俾涉学家分塍参观，得所为通行之宗，改废之部，馆

① 浦起龙：《古文眉诠》卷二六《史记钞九》，乾隆九年三吴书院刻本。
② 浦起龙：《古文眉诠》卷三〇《史记钞十三》，乾隆九年三吴书院刻本。
③ 以上引文见浦起龙：《古文眉诠》卷七八《文献通考序钞一》，乾隆九年三吴书院刻本。

撰、山传之殊制，记今、修往之殊时，与夫合分、全偏、连断之宜，良秽、简芜、核直、夸浮之辨，覼若画井疆、陈绵蕝，岂非一大快欤！矧夫衡史匹经，比肩马、郑，而非虫篆雕刻之纤纤者欤！顾其书矜体慎名，斥饰崇质，迹创而孤，其设防或褊以苛”[①]。这是比较中肯的意见。乾隆十二年（1747），浦起龙完成了《史通通释》初稿，此后又反复修订。用他自己的话说，是“半生精血，都耗此书”[②]。书中也流露出研究《史通》的甘苦，如评注《因习》篇，“伪史一节，猝难会悟。……愚初亦锲舟以求，不能洒脱。至第三易稿，乃始悟刘之意”[③]。他很自信地说：“《史通》通一部成一篇，但捻一篇者于《史通》无预。《通释》释一篇照一部，未了一部者，于《通释》亦无预。”[④] “私喜得解，自谓有功古人。”[⑤]

乾隆十七年（1752）年，《史通通释》刊刻。这一年，浦起龙已经74岁了。他给这部晚年之作取名为《史通通释》。《史通》以“通”为名，浦起龙又叠加一个“通”字，意在“无负彼名云尔”[⑥]。对于浦起龙的用意，参与《史通通释》撰写工作的蔡敦复所说的“注书戒自我作故，注书欲推心置腹，山伧先生之《通释》是也。凡注之用二，辨之通与不通而已”[⑦]，可视

① 以上引文见浦起龙：《史通通释》序，上海古籍出版社1978年版，第1页。

② 浦起龙：《三山老人不是集·上云贵制军尹大人》，《无锡文库》第四辑，凤凰出版社2011年版，第277页。

③ 浦起龙：《史通通释》卷五《因习》按语，上海古籍出版社1978年版，第140页。

④ 浦起龙：《史通通释·举要》，上海古籍出版社1978年版，第2页。

⑤ 浦起龙：《史通通释》卷一一《史官建置》按语，上海古籍出版社1978年版，第326页。

⑥ 浦起龙：《史通通释》序，上海古籍出版社1978年版，第2页。

⑦ 蔡敦复：《史通通释举例》，载《史通通释》书首，上海古籍出版社1978年版，第1页。

为注脚。会通史学，是刘知幾的志向，也是浦起龙的理想。

蔡敦复归纳“通释”包括“二科十别”，所谓“二科”是指“通释”的两大类型，即“训正之科”和“刊讹之科”，“十别”为十小类，从属于“二科”。“训正之科”包含释、按、证释、证按、夹释、杂按六类。“刊讹之科”包含刊正“字之失”“句之违”“节之淆”“简之错”四类。总括而言，“通释”的主体内容是校勘文字，注释典故，提炼《史通》大意、宗旨，进而评骘刘知幾的史学思想。《史通》是一部史学批评名作，而浦起龙又对它进行了评释，可以说，《史通通释》是一部批评之批评的专书。由于浦注穿插于《史通》的字里行间，二者已然融合为一，无《史通》，则浦注为无根之木；无浦注，则读《史通》者如涉水而无津涯。《史通》与“通释”合之双美，离之两伤。《四库全书总目》却说浦起龙“句解章评，参差连写，如坊刻古文之式，于注书体例更乖”[①]，拘泥于注书体例，轻视了坊刻古文的合理之处。

由《读杜心解》而《史通通释》，浦起龙走的是一条从诗文品评到史学批评的治学路径。《读杜心解》和《古文眉诠》中已蕴含史学批评的内容，《酿蜜集》中的《经史异同》《二十一史得失》《班马异同》等文在史学批评方面也不乏闪光之处。由此言之，浦起龙晚年撰《史通通释》实为水到渠成之事。诚然，诗文品评的风格在浦起龙的史学批评中仍有延续。《史通通释》

① 永瑢等：《四库全书总目》卷八八《史通通释》提要，中华书局1965年版，第751页。

不仅在体例上借鉴《古文眉诠》和《读杜心解》，在内容上也时常流露出文学批评家的口气，如《史官建置》写得“有提有束，有挨编，有抽并，元元本本，一气呵成”，“论文于兜罗收里处，更复矩叠规重”。[①] 但《史通通释》在主旨和主体上仍是一部史学批评的典范。

浦起龙在批评术语的运用上表现出高度的自觉性和非凡的创造力。他称史学批评家为“鉴者”[②]“评者”[③]或“评家”[④]，称史学批评为“鉴史”[⑤]和“辨史”[⑥]。“鉴”“评”“辨”都有批评之意，而指称多样，又各有侧重，反映出浦起龙对于措辞的审慎。浦起龙不仅从事史学批评之批评，而且还提出了反映这一实践的新概念“论论史”[⑦]。对于史学批评史研究来说，这是一次从具体到抽象的突破[⑧]。《史通通释》无愧于为清代史学批评开一生面。

二、关于《史通》结构与布局的思考

《史通》内、外篇，编次有法，结构严整。但刘知幾并未过

---

① 浦起龙：《史通通释》卷一一《史官建置》按语，上海古籍出版社1978年版，第327、325页。

② 浦起龙：《史通通释》卷七《鉴识》释语，上海古籍出版社1978年版，第205页。

③ 浦起龙：《史通通释》卷七《曲笔》按语，上海古籍出版社1978年版，第199页。

④ 浦起龙：《史通通释》卷一九《汉书五行志错误》按语，上海古籍出版社1978年版，第539页。

⑤ 浦起龙：《史通通释》卷七《鉴识》释语，上海古籍出版社1978年版，第204页。

⑥ 浦起龙：《史通通释》卷七《鉴识》按语，上海古籍出版社1978年版，第206页。

⑦ 浦起龙：《史通通释》卷七《探赜》按语，上海古籍出版社1978年版，第213页。

⑧ 对于浦起龙提出“论论史”的意义，瞿林东先生有深刻的阐发，详见《史论·论史·论论史——中国史学上“论”之指向的几次变化及其启示意义》，《求是学刊》2016年第4期。

多交代自己的撰述体系和匠心，这为研究者留下了揣摩的空间。浦起龙由此入手，着力揭示《史通》的布局，这是从《史通》的外部形式上开展的评论。

《史通》为何以《六家》开篇？浦起龙以为《六家》是“《史通》总挈之纲领”，认清“六家”，则“观全书，如视掌文矣”。《六家》统论唐以前主要的史书流派，“如弈者开枰布子，通领全局，以该史家之体，即以辨史体之家。……《史通》通部为全局，即此可见”[①]。《六家》篇后紧接着便是《二体》，这两篇又有什么关联呢？《二体》“与《六家》顶接。《六家》举史体之大全，《二体》定史家之正用”[②]。总之，“六家二体”四字“立柱棒”“管全书”[③]。从唐以前史学发展来看，“六家”囊括诸籍；从《史通》的内容来看，既系统评论纪传体史书体裁和体例，又在叙述古今史籍时，重点讨论纪传与编年。[④] 浦起龙的评论是通达的。《史通》外篇以《史官建置》和《古今正史》为端，梳理先秦至唐初的史官设置和史学发展，浦起龙认为其中也有结构上的考虑。“《史通》一书皆议论体，独《史官》《正史》二篇属叙事体。观其所述，自《史》《汉》而下，悉援序传原文。至梁、陈以还，咸举见闻所接。全书谈史，安可不辨史曹？全史就评，安可不综史部？议论、叙事，相须为用。是二篇

① 浦起龙：《史通通释》卷一《六家》按语，上海古籍出版社1978年版，第1、24页。

② 浦起龙：《史通通释》卷二《二体》按语，上海古籍出版社1978年版，第29页。

③ 浦起龙：《史通通释·举要》，上海古籍出版社1978年版，第1页。

④ 刘知幾：《史通·古今正史》，浦起龙《史通通释》本，上海古籍出版社1978年版，第329-376页。

者，虽外篇之压卷，实内篇之括囊。《史通》正本已尽于是。”[①]《史通》内、外篇又分别以《自叙》和《忤时》为殿军，这也引起了浦起龙的注意，说它们“相表里，《自叙》主衡史，《忤时》主职史。衡史本于识定，识定故论定。《史通》作，而识寓焉。职史期于道行，道行故直行。《史通》成，而道存焉。是二篇者，函古砥今，屹然分峙，为内、外篇之殿。器鉴风棱，不规不随”[②]。关于《史通》内篇与外篇成书孰先孰后问题，浦起龙以为：“观开章第一篇便云：‘自古编述文籍，外篇言之备矣。’可验外篇非定在内篇后也。”[③] 以上是浦起龙对《史通》全书框架的宏观认识。

具体到《史通》诸篇的内在联系，浦起龙也能道出其中隐曲。他认为《古今正史》与《二体》“处处印合”[④]。《书志》可作为《汉书五行志错误》的“题辞”[⑤]。《五行志杂驳》中的有些内容“皆《申左》之余”[⑥]。《直书》“与《忤时》同旨，低回史笔，表襮直材，非粘论也”[⑦]。而《辨职》又“与《忤时》篇相照”[⑧]。这是从批评家的角度，勾画出《史通》内部篇章间的学术关系。《杂说》中的部分内容与《烦省》诸篇相合，不过

① 浦起龙：《史通通释》卷一二《古今正史》按语，上海古籍出版社1978年版，第376页。

② 浦起龙：《史通通释》卷二〇《忤时》按语，上海古籍出版社1978年版，第594页。

③ 浦起龙：《史通通释》卷一七《杂说中》按语，上海古籍出版社1978年版，第491页。按：乔治忠认为《史通》外篇成于内篇之后，参见《〈史通〉编撰问题辨正》，载《中国官方史学与私家史学》，北京图书馆出版社2008年版，第383-388页。

④ 浦起龙：《史通通释》卷一二《古今正史》按语，上海古籍出版社1978年版，第376页。

⑤ 浦起龙：《史通通释》卷三《书志》按语，上海古籍出版社1978年版，第68页。

⑥ 浦起龙：《史通通释》卷一九《五行志杂驳》按语，上海古籍出版社1978年版，第559页。

⑦ 浦起龙：《史通通释》卷七《直书》按语，上海古籍出版社1978年版，第194页。

⑧ 浦起龙：《史通通释》卷一〇《辨职》按语，上海古籍出版社1978年版，第284页。

“《烦省》篇较平允。以此见《杂说》诸条，非一时所作，亦非作正书了，才作《杂说》。随触随书，或先或后，故异时所见，有合有离。观者平心循理而进退之，则得矣”[①]。《烦省》“用意与《叙事》三章大相径庭，非前后违反也。彼以用笔言，此以载事言，会向此中参悟，乃可与言事增文简之法”[②]。而《杂述》篇以上“三十三篇，论正史者备矣。至是乃旁罗杂乘，洪纤靡遗，庄谐殚录，可谓具体鼓吹者乎？”[③] 至于《叙事》和《书事》二篇题旨，“《叙事》以法言，《书事》以理断。法戒浮华，理归体要，用意尤尊严也”[④]，需要合而观之。这是在比较《史通》诸篇的异同中，彰显出它们之间的某些思想关联。

刘知幾的编次思想经过浦起龙的上述解析，得以彰显。同时，浦起龙总结出《史通》诸篇之间丝丝缕缕的联系，也表达了他对于《史通》著述体系的认识。

三、辩护与商榷

《史通》自流传之日起，便毁誉相随，至清代千年沉浮，仍因措辞激烈，疑古、惑经，招致强烈谴责。这是刘知幾生前已经预料到的，所谓“多讥往哲，喜述前非。获罪于时，固其宜矣”[⑤]。不过，刘知幾身后也有知音，浦起龙便同情他所受“枉

① 浦起龙：《史通通释》卷一六《杂说上》按语，上海古籍出版社 1978 年版，第 473 页。
② 浦起龙：《史通通释》卷九《烦省》按语，上海古籍出版社 1978 年版，第 267 页。
③ 浦起龙：《史通通释》卷一〇《杂述》按语，上海古籍出版社 1978 年版，第 277 页。
④ 浦起龙：《史通通释》卷八《书事》按语，上海古籍出版社 1978 年版，第 233 页。
⑤ 刘知幾：《史通·自叙》，浦起龙《史通通释》本，上海古籍出版社 1978 年版，第 292 页。

屈不少"[①]，每每于紧要处为刘知幾辩护。这些辩词具有双重意义，一则为《史通》辩诬，二则自我表达。

与多数读者一样，浦起龙起初对刘知幾犀利的言辞也颇难接受。但随着对刘知幾的秉性和学术有了深刻理解后，浦起龙在认识上发生了一个大的转变：

> 愚始时阅其书，怪其言自迁、固而下无完史，其谪之太过，至或失之褊以削，或失之泥以胶。意其人果谈史之申、韩者邪？……自迩释其书且数过，乃始寤其为人也，虽口不谈道，而实种道学之胚胎（原注：观《采撰》《载文》等篇力屏诞幻夸诬，可见）。故其为言也虽貌似拂经，而实操经物之绳墨（原注：观《疑古》《惑经》等篇寄愤篡夺叛逆，可见）。[②]

浦起龙读其书而想见其为人，又因知其人而读书得间。上面的这段话反映了他从不解、困惑到为刘知幾辩护的心路。浦起龙为刘知幾作辩解，不是故意标新立异，而是随着研究的深入，自觉地作出学术上的调适。

关于《史通》在古代读书人知识世界中的地位，明清时期广为流传着一句话："黄山谷尝云：'论文则《文心雕龙》，评史

---

① 浦起龙：《史通通释·举要》，上海古籍出版社1978年版，第1页。

② 浦起龙：《新唐书刘知幾本传书后》，载《史通通释》附录，上海古籍出版社1978年版，第608页。

则《史通》，二书不可不观’。”[1] 这句话虽被冠以黄庭坚之名，实为明人杨慎改编黄庭坚的话而成。尽管杨慎的文字加工已偏离了黄庭坚的主旨，但却凭借黄庭坚和杨慎两人的大名不胫而走，被王惟俭、王士祯等人转相引据[2]，对明清时期的《史通》研究产生了直接影响。在时人引为经典时，浦起龙意识到这个评价背后隐藏着重大的学术偏差："谈经之书日益充栋，衡史之部邈焉孤行。其为结体严重，宁讵说家等夷。涪翁老眼，乃与《雕龙》并称。所由没其实者，盖已久矣。”[3] “又缘山谷以《文心雕龙》并称，便认《史通》是絺绘浮华之册。”[4] 文字虽简短，语气却极为凝重。浦起龙着眼于经学和史学的发展，认为“谈经之书”汗牛充栋，而“衡史之部”（史学批评之书）甚少，应对《史通》予以特别重视。而把《史通》与《文心雕龙》相提并论，遮蔽了《史通》作为一部史学批评专书的“实”，会使人们误以为《史通》不过是一部絺句绘章之书。浦起龙的上述评论，意在凸显《史通》的史学地位，这在《史通》批评史上具有重要意义。

刘知幾遭到的一个指摘是“工诃古人而拙于用己”[5]。浦起

---

① 杨慎：《升庵全集》卷四七《老泉评〈史通〉》，商务印书馆1937年版，第500页。

② 王嘉川：《清前〈史通〉学研究》，社会科学文献出版社2013年版，第202-206页。

③ 浦起龙：《史通通释》卷二〇《暗惑》按语，上海古籍出版社1978年版，第588页。

④ 浦起龙：《史通通释·举要》，上海古籍出版社1978年版，第1页。

⑤ 按：“工诃古人而拙于用己”先见于《新唐书》卷一三二的赞语，但原文是“唐兴，史官秉笔众矣。然垂三百年，业巨事丛，简策挐繁，其间巨盗再兴，图典焚逸，大中以后，史录不存。……何知幾以来，工诃古人而拙于用己欤！自韩愈为《顺宗实录》，议者哄然不息，卒窜定无完篇，乃知为史者亦难言之”。（欧阳修、宋祁：《新唐书》，中华书局1975年版，第4542页）可见，《新唐书》批评的是刘知幾以降的唐代众多史官，并非只针对刘知幾。至南宋，晁公武转述此语时，已有所变化，说：“宋子京称，唐旧史之文猥酿不纲，谓知幾工诃古人而拙于用己。观此书，知子京之论不诬。”（晁公武：《郡斋读书志》卷七“刘氏《史通》”条，孙猛《郡斋读书志校证》本，上海古籍出版社1990年版，第295页）此后，始专以“工诃古人而拙于用己”批评刘知幾一人。

龙认为“诃古”一说，令读者先入为主，心生偏见，“便认《史通》作捃扯苛碎之书”[①]，于是“诋諆四起”[②]。事实上，刘知幾纠《汉书·五行志》之谬，分为四科二十类，甚见功力。浦起龙评价道：“非穿穴烂熟，安从措手。尝窃自料，使我下笔，能为杂驳体，决定不作科别体。非不作也，不能也。后生口滑，嗤点前贤，假有掩去斯篇，第令拟立条目，蚤恐不见水端旋其面目者矣。敢持斯语，箴警嚣嗷者。”[③] 浦起龙借评论《汉书五行志错误》，质疑动辄指责刘知幾之辈。《史通·古今正史》中明确记载刘知幾和徐坚、吴兢奉诏“撰《唐书》，勒成八十卷。神龙元年，又与坚、兢等重修《则天实录》，编为三十卷”[④]。只是刘知幾预修的这些史书，因“修本既行，其书遂佚”。浦起龙感慨道：“说者乃谓知幾善讥诃，鲜撰著，不亦冤乎?”[⑤] 这样说来，刘知幾的确蒙受了冤屈。

如果说“善讥诃，鲜撰著”之冤，尚可归于史籍亡佚留下遗憾的话，那么令浦起龙无法接受的是，唐以后的史家明明遵从《史通》之说，却又一再批判它。对于这种言行不一的学术现象，浦起龙感慨万千：

---

① 浦起龙:《史通通释·举要》，上海古籍出版社 1978 年版，第 1 页。

② 浦起龙:《新唐书刘知幾本传书后》，载《史通通释》附录，上海古籍出版社 1978 年版，第 608 页。

③ 浦起龙:《史通通释》卷一九《汉书五行志错误》按语，上海古籍出版社 1978 年版，第 553 页。

④ 刘知幾:《史通·古今正史》，浦起龙《史通通释》本，上海古籍出版社 1978 年版，第 374 页。

⑤ 浦起龙:《史通通释》卷一二《古今正史》按语，上海古籍出版社 1978 年版，第 374 页。

盖攻刘见智者，鲜有不索其瘢；而继唐编史者，罔敢不持其律。乃好胜之私，与同然之是，交据而不能自断，卒出于骋辩之一途。阴用其言，而显訾其书，吾不知其何说也！

曷言乎阴用其言也？曰：第取唐后成书印证之，断可见矣。……自其痛诋魏收之标题也，而称谓绝诞妄之目。自其以书地因习为失实也，而邑里一遵时制。自其以叙事烦饰为深诫也，而琐噱半落刊章。约举数端，后史可覆。谓之阴用其言，不可概见哉！夫古今人不相及，望两汉之雄俊则道远，效六朝之藻饰则真丧。唯夫约法严，修辞洁，可以学企，可使质全。为之向道者，《史通》也。综往饬归，功亦博矣。故同一书也，耳食者曰“工诃古人”，心喻者曰“导吾先路”。愿以告具眼读书者。[①]

“攻刘”者一边“索其瘢”，一边“罔敢不持其律”，又因“好胜之私”，陷于“骋辩之一途”。更有分量的是，浦起龙由此得出了史学批评研究上的一个重要发现——“阴用其言，而显訾其书”。[②] 这是“心喻者”对“耳食者”的批判，对“具眼读书者”的忠告。史学批评需要不断地反思和审视。浦起龙回望千年史学，所作的评论已经超出了为刘知幾一人辩护的范围，而具有更广泛的学术意义——如何看待史学批评家的学术贡献。晚

---

① 浦起龙：《史通通释》卷一〇《自叙》按语，上海古籍出版社 1978 年版，第 293–294 页。

② 章学诚显然接受了浦起龙的这一论断，在《与孙渊如观察论学十规》中称刘知幾“卓识不磨，史家阴用其法，其论锋可畏，故人多阳毁其书”。（《章学诚遗书》，文物出版社 1985 年版，第 639 页）

清的李慈铭以为《史通通释》“识趣既卑，文又拙涩，全是三家村学究习气”[①]。观此，则“三家村学究习气”之说可以休矣！

《史通·疑古》怀疑《尚书》中所载史事的真实性，指摘尧舜，非议孔子，是一篇思想刺激性极强的文章。浦起龙说：“评者集矢刘氏有故，为《疑古》诸篇也，此是公家见解。”[②] 看来，他自有一番与“公家见解”不同的主张。浦氏虽也承认刘知幾“显斥古圣，罪无辞矣”，但这不是他言说的重点。浦起龙主张“读书尚论其意”，而《疑古》恰“有可推者，敢一雪之”：

> 知幾眼见近古自新莽始祸，以及当涂、典午，南则刘、萧、陈氏，北则齐、周、杨坚，累朝践代，类以攘窃之诈，佹为推挹之文。虽逮李唐，奋戈除暴，犹必虚拥代邸，粉饰禅书。一则曰宜遵故事，再则曰一依前典，引经作册，居然旧章。讳诛伐为恶声，掩揖让而护迹。凡资口实，率附陶、姚。于是古帝前王，青天白日气象，尘昏雾塞，五六百年于此矣。作者恫焉，假号汲坟之荒简，反兵孔壁之遗编。所伤在二姓改玉之交，所影皆九锡升坛之套。其意盖曰古圣且蒙疑谤，此事谁容售欺，凭伊借面有辞，全竟隐形无地耳。其所提防，盖在于此。[③]

---

① 李慈铭：《越缦堂读书记》，由云龙辑本，中华书局2006年版，第415页。

② 浦起龙：《史通通释·举要》，上海古籍出版社1978年版，第1页。

③ 浦起龙：《史通通释》卷一三《疑古》按语，上海古籍出版社1978年版，第381-382页。

浦起龙认为《疑古》另有深意，即影射“近世”（西汉末年至隋唐）之奸雄，如王莽、司马昭、刘裕、杨坚、李渊等。这些人在朝代更迭之际总要上演“遵故事”“依前典”的禅让套路。刘知幾意在揭穿这套政治把戏，让近世篡位之臣无处遁形。浦起龙对刘知幾的上述发挥，并非没有根据。且看《疑古》非议古圣相禅之事，总是有意比附近世，如“舜废尧而立丹朱，禹黜舜而立商均，益手握机权，势同舜、禹，而欲因循故事，坐膺天禄。其事不成，自贻伊咎。观夫近古篡夺，桓独不全，马仍反正。若启之诛益，亦由晋之杀玄乎？若舜、禹相代，事业皆成，唯益覆车，伏辜夏后，亦犹桓效曹、马，而独致元兴之祸者乎？”[①] 浦起龙针对后人对《疑古》的评论，说：“怒其非圣无法，而严为摈者，谊人之辞也。会其读史寄愤，而悬为解者，晓人之辞也。徒骇其拂经横议，而出我巾箱剩语，与之讲是对非，则痴人之辞矣。”[②] 浦氏要以“晓人之辞”堵这“痴人”之口，但即便是这样的有罪辩护也无法被官方认可。《四库全书总目》就批评浦起龙“于知幾原书多所回护，即《疑古》《惑经》之类，亦不以为非”[③]，纯属“更助颓波，殊为好异”[④]。官修与私撰的立场差别，决定了评论的迥异，今人对此当可释然。稍晚，浦起龙的弟子钱大昕围绕这个问题也发表过一番议论：

① 刘知幾：《史通·疑古》，浦起龙《史通通释》本，上海古籍出版社1978年版，第386页。
② 浦起龙：《史通通释》卷一三《疑古》按语，上海古籍出版社1978年版，第394页。
③ 永瑢等：《四库全书总目》卷八九《史通训故补》提要，中华书局1965年版，第757页。
④ 永瑢等：《四库全书总目》卷八八《史通通释》提要，中华书局1965年版，第751页。

当时史局遵守者不过贞观所修《晋》《梁》《陈》《齐》《周》《隋》六史之例，故其书指斥尤多。但以祖宗敕撰之本，辄加弹射，又恐谗谤取祸，遂于迁、固已降，肆意抵排，无所顾忌。甚至疑古惑经，诽议上圣，阳为狂易侮圣之词，以掩诋毁先朝之迹。耻巽辞以谀今，假大言以蔑古，置诸外篇，窃取庄生盗跖之义。……要之蚍蜉撼树，言匪由衷，柳翳隐形，志在避祸，千载之下，必有心知其意而莫逆者。①

钱大昕提出了另一种解释：刘知幾的疑古与惑经，乃是为了掩盖他批评唐初敕撰的正史之过，所谓“阳为狂易侮圣之词，以掩诋毁先朝之迹”。换句话说，经书可以怀疑和反驳，那么批评正史也就没有什么不可以的了。总之，刘知幾疑古“志在避祸”。浦起龙和钱大昕都不拘于“疑古”而论“疑古”，算得上是“心知其意”之人，但在“知意”的境界上，钱大昕似略逊于他的老师浦起龙了。

浦起龙为刘知幾鸣不平，已如上述，但他并非倚门傍户之人。浦起龙不掩饰《史通》的缺憾，如谓“《史通》支离，在《载言》《书志》等篇；《史通》破觚，在《品藻》《人物》等篇”。“刘氏于诸作者，轻口挥斥，曰愚、曰妄，甚至曰邪说、曰小人，乃真罪过”。② 对于刘知幾的一些史学主张，浦起龙也

---

① 钱大昕：《十驾斋养新录》卷一三“《史通》”条，载陈文和主编：《嘉定钱大昕全集》（增订本）第7册，凤凰出版社2016年版，第354页。

② 浦起龙：《史通通释·举要》，上海古籍出版社1978年版，第2页。

有不同意见。

关于书志的增设。刘知幾提出应撰写《都邑志》《氏族志》《方物志》，“自都邑以降，氏族而往，实为志者所宜先，而诸史竟无其录。……惟此数条，粗加商略，得失利害，从可知矣。庶夫后来作者，择其善而行之”①。然而后世史家对刘知幾的“三志”说罕有回应。浦起龙分析道：“都邑则略具于地理，非同舆服之无附。方物则杂出于外域，岂比食货之有经。至如氏族一门，自是魏、晋相沿，四姓尚官之习，而任子积轻，后世尤不可通行。知幾议论，大率偏于枯克，不图此处忽生葛藤。”② 刘知幾提出“三志”有特殊的时代语境（如《氏族志》），也有自己的学术思考，但后世史家为何不从其说，浦起龙的话不无道理。他对都邑、地理、方物、食货、氏族诸志轻重缓急的认识，也引人思考。

关于史书如何载言。刘知幾认为“凡为史者，宜于表志之外，更立一书。若人主之制册、诰令，群臣之章表、移檄，收之纪传，悉入书部，题为‘制册’‘章表书’，以类区别。他皆放此。亦犹志之有‘礼乐志’‘刑法志’者也”③。对于刘知幾的这个设想，浦起龙以为是行不通的，理由是“如贾生、董傅、方朔、马卿未作要官，无他政绩，其生平不朽，正在陈书、对策、诗颂、论著等文，设检去之，以何担重？且使此册果立，几与挚

① 刘知幾：《史通·书志》，浦起龙《史通通释》本，上海古籍出版社 1978 年版，第 74 页。
② 浦起龙：《史通通释》卷三《书志》按语，上海古籍出版社 1978 年版，第 75 页。
③ 刘知幾：《史通·载言》，浦起龙《史通通释》本，上海古籍出版社 1978 年版，第 34 页。

虞《流别》同科。即刘于《载文》篇，亦言非复史书，更成文集，不且自矛乎？况乎后世，著书如林，弥滋轇轕矣。此论不可行”[①]。唐至清千余年间史学的发展，也证实了浦起龙的话不是杞人忧天。

关于史表的价值。刘知幾对史表评价很低，《表历》篇云："以表为文，用述时事，施彼谱牒，容或可取，载诸史传，未见其宜。”既然“文尚简要，语恶烦芜，何必款曲重沓，方称周备”。《汉书》《东观汉记》效法《史记》作表，纯属“迷而不悟，无异逐狂”。在刘知幾看来，只有一个特例，“列国年表或可存焉”[②]。分裂割据时期，史表或可有助于史事的眉目了然，至于大一统时代，无需作表。浦起龙先是解释刘知幾的思想由来，“表自三国而下，暨乎南、北朝，皆无之。刘氏谓分国时可有，一统时不必有，故是酌分寸、刊枝叶之言，然亦难以概后世矣”。刘知幾从三国两晋至唐初史表的式微中得出这种经验主义的论断，既不能涵括后世史学的发展，理论上也难以成立："揆之史法，参以时宜，亲若宗房，贵如宰执，传有所不登，名未可竟没，胥以表括之，亦严密得中之一道哉！”[③] 浦起龙的反驳恰到好处，也得到了后世史家的认可。梁启超总结清代学术时，便认为清人为诸史增补表、志的工作，“皆清儒绝诣而成绩永不可没者也”[④]。

① 浦起龙：《史通通释》卷二《载言》按语，上海古籍出版社1978年版，第35页。

② 刘知幾：《史通·表历》，浦起龙《史通通释》本，上海古籍出版社1978年版，第53-54页。

③ 浦起龙：《史通通释》卷三《表历》按语，上海古籍出版社1978年版，第55页。

④ 梁启超：《中国近三百年学术史》，载《饮冰室合集》第10册，中华书局1989年版，第289页。

不过，浦起龙的商榷有时也陷入误区。刘知幾论史学功能："苟史官不绝，竹帛长存，则其人已亡，杳成空寂，而其事如在，皎同星汉"，所以"史之为用，其利甚博，乃生人之急务，为国家之要道。有国有家者，其可缺之哉！"[①] 浦起龙却认为这段话"举意出辞，颇浅庸近俗，宜可芟薙"[②]。可见，浦起龙没有充分认识到刘知幾此处所要表达的大义。但瑕不掩瑜，浦起龙的《史通通释》很快即受到知识界的欢迎，成为纪昀删削《史通》的底本。

第三节　纪昀《史通削繁》的评点之学

一、节选与评点交融的批评模式

《史通》流布至清代，出现了第一部有关《史通》的选本，即纪昀的《史通削繁》[③]。这在中国史学批评史上是一件值得书写的事情。文学批评史研究者久已注意文学选本的研究，从

① 刘知幾：《史通·史官建置》，浦起龙《史通通释》本，上海古籍出版社 1978 年版，第 303-304 页。

② 浦起龙：《史通通释》卷一一《史官建置》按语，上海古籍出版社 1978 年版，第 304 页。

③ 《史通削繁》之前，明人陆深有《史通会要》三卷，"摭刘知幾之精华，隐括排纂，别分门目，而采诸家之论以佐之，凡十有七篇，专为史学而作"。（《四库全书总目》卷一二三《俨山外集》提要，中华书局 1965 年版，第 1063 页）。陆深虽有选择地抄录《史通》，但他间或改编《史通》原文，新撰一些内容，其中甚至有与刘知幾观点歧互者，而这些内容又与《史通》原文融合在一起，书中也掺杂了他人论史之语，论述的下限延至明代。陆深最后重新设计、编次了篇章，包括：《建置》《家法》《品流》《义例》《书凡》《修词》《叙事》《效法》《隽永》《篇目》《丛篇》，结构上也与《史通》迥异。此外，唐顺之、梁梦龙、卜大有也不同程度地选录过《史通》的部分篇章，但均将《史通》与其他典籍杂糅在一起。（参见王嘉川：《清前〈史通〉学研究》，社会科学文献出版社 2013 年版，第 231-253 页）故而，陆深、唐顺之、梁梦龙、卜大有诸人虽有节选的意识，《史通会要》《荆川稗编》《史要编》《史学要义》也有其价值，但它们还不是严格意义上的《史通》选本。

《文选》到《花间集》，从《文章正宗》到《唐宋八大家文钞》，都有论述，而史学界对于史学选本似还缺乏足够的关注。文学界对选本和批评的关系作过这样的阐述：“选本，顾名思义就是经过选择的（或被选择过的）文本。从文学角度而言，选本是指选者按照一定的选择意图和选择标准，在一定范围内的作品中选择相应的作品编排而成的作品集。……‘选择’作为一种价值判断行为的本质特征决定了文学选本的‘选’本身就是一种重要的批评实践。……因此，选本也是一种文学批评方式。”① 如果把上面论述中的“文学”换作“史学”，基本上也是成立的。史学选本与文学选本只是选择对象不同，而在选本的基本原理和反映学术观念与立场方面，则是相通无碍的。

纪昀（1724—1805），字晓岚，晚号石云，乾嘉时期官方学术的代表人物之一，阮元即有“辨汉、宋儒术之是非，析诗文流派之正伪，主持风会，非公不能”② 的说法。乾隆三十八年（1773），纪昀任《四库全书》馆的总纂官。纪昀对此也很自得，“两朝知遇。凡校阅文字之役，十恒得预其八九”③。编纂《四库全书》也增益了纪昀的学识，正所谓“检校牙签十万余，濡毫滴渴玉蟾蜍。汗青头白休相笑，曾读人间未见书”④。至于他的

① 邹云湖：《中国选本批评》，上海三联书店2002年版，第1页。

② 阮元：《研经室三集》卷五《纪文达公集序》，载《研经室集》下册，中华书局1993年版，第679页。

③ 纪昀：《壬戌会试录序》，载《纪晓岚文集》第一册，河北教育出版社1991年版，第150页。

④ 纪昀：《自题校勘四库全书砚》，载《纪晓岚文集》第一册，河北教育出版社1991年版，第509页。

学术形象，则以博通的汉学家为世所重。时人江藩称他于“经史子集以及医卜词曲之类，其评论掘奥阐幽，词明理正，识力在王仲宝、阮孝绪之上，可谓通儒矣”[①]。但这位通儒以个人名义留下的著述却不多，以致有人“怀疑他一点学问没有”[②]。这当然是偏见。纪昀的著述，除了集体著述《四库全书总目》外，最为人们熟知的当推《阅微草堂笔记》。人们似乎遗忘了他还作了一部《史通削繁》[③]。顺便一提，《史通削繁》的命名灵感可能来自南朝梁人阮孝绪的《正史削繁》。

纪昀删削《史通》的动机、思路与做法，见于他的序文：

史之有例，其必与史俱兴矣。沮诵以来，荒远莫考，简策记载之法，惟散见于左氏书，说者以为周公之典也。马、

① 江藩：《国朝汉学师承记》卷六《纪昀》，中华书局1983年版，第93页。

② 姚名达：《目录学》，商务印书馆1933年版，第135页。

③《史通削繁》书首纪昀自序作于乾隆壬辰（1772）人日（正月初七），书末跋语写于丁亥七月廿四日，即乾隆三十二年（1767）。跋语有“长夏略为删削，以朱、紫、绿三色点之。轻议古人，自知庸妄，然子玄故（当作‘敢’——引者）于诋孔子，则踵而效之者，子玄亦不能咎矣”。（张三夕辑：《〈史通〉三家评校钞》，载《通往历史的个人道路——中国学术思想史散论》，社会科学文献出版社2001年版，第201页）据此，《史通削繁》的成书时间当在乾隆三十二年，自序为后来补撰。据笔者所见，《史通削繁》的最早刊本是道光十三年（1833）卢坤刻本，此后又有光绪元年（1875）湖北崇文书局刻本、光绪乙未（1895）宝庆澹雅书局刻本和光绪二十二年（1896）新化三味堂刊本。卢坤从纪昀之孙纪树馨处抄录，任两广总督后，请吴兰修校刻，刊于两广节署，粤东省城翰墨园藏板。卢刻本录纪昀眉批131条。《续修四库全书》即是影印卢刻本。遗憾的是，卢刻本只录纪昀朱笔所取之文，而纪氏当日三色笔之圈点，尤其是绿、紫二色笔所点去者及绿、紫二色笔之上所写之批语被尽行删去，以致“其所以删之之故，见于评语者，以无所附丽，世人遂亦多莫详”。（程千帆：《〈史通〉三家批校辑抄题辞》（《程千帆全集》第十四卷，河北教育出版社2000年版，第126页）另有《史通削繁》传抄本，于纪昀批注外，增加了杨守敬、向宗鲁的批校，今日已不易见到。曾见过此传抄本的华中师范大学张三夕教授，辑录了纪昀、杨守敬、向宗鲁三家评语，题为《〈史通〉三家评校钞》（载《通往历史的个人道路——中国学术思想史散论》），具有重要史料价值。笔者有幸从张三夕教授处得见此传抄本的过录本，受益良多。谨记于此，以志谢忱。考虑到引用的便利和注释的规范，书中使用扫叶山房书局1926年标点本，参照张三夕教授辑录的评语，庶几可窥《史通削繁》之全貌。

班而降，体益变，文益繁，例亦益增，其间得失是非，遂递相掎摭而不已。刘子玄激于时论，发愤著书，于是乎《史通》作焉。……撰史不可无例。刘氏之书，诚载笔之圭臬也。顾其自信太勇，而其立言又好尽，故其抉摘精当之处，足使龙门失步，兰台变色，而偏驳太甚，支蔓弗翦者，亦往往有之，使后人病其芜杂，罕能卒业，并其微言精义，亦不甚传，则不善用长之过也。……偶以暇日，即其本细加评阅，以授儿辈，所取者记以朱笔，其纰缪者，以绿笔点之，其冗漫者，又别以紫笔点之。除二色笔所点外，排比其文，尚皆相属，因钞为一帙，命曰《史通削繁》。核其精华，亦大略备于是矣。[①]

这段序文包含了四层意思。第一，《史通》着重讲史例，与纪昀"撰史不可无例"的思想相合。《史通·序例》篇中所说的"史之有例，犹国之有法。国无法，则上下靡定；史无例，则是非莫准"，被纪昀评为"洞见症结之言"[②]。早在乾隆二十四年（1759），纪昀就编过一部唐诗选本《唐人试律说》，论及当时的诗选之弊："迩来选本至夥，大抵笺注故实……如诗法何?"[③] 如果说《唐人试律说》旨在论"诗法"，那么八年后所作的《史通削繁》则意在明"史例"。第二，纪昀对刘知幾的态度是比较复

① 纪昀：《史通削繁》序，扫叶山房书局1926年版，第1-2页。
② 纪昀：《史通削繁》卷一《序例》眉批，扫叶山房书局1926年版，第43页。
③ 纪昀：《唐人试律说》自序，载《纪晓岚文集》第三册，河北教育出版社1991年版，第11页。

杂的，一方面，纪昀钦佩刘知幾的见识，“《史通》号学者要书。其间精凿之论，足拓万古之心胸”①；另一方面，他不满刘知幾的批评态度，认为刘知幾“偏驳太甚”②。第三，纪昀不仅删选《史通》，还“细加评阅”，史学批评的意思是非常明显的。这有助于重新认识汉学家的史学批评意识。第四，“削繁”二字从何说起呢？这是因为《史通》仍有“支蔓弗翦者”，甚至因其“芜杂”，使后人“罕能卒业，并其微言精义，亦不甚传”。纪昀用朱、绿、紫三色笔点读《史通》，去其以为纰缪、冗蔓者，时加评论，并保留浦起龙的注释。这样，刘知幾的原文、浦起龙的注释和纪昀的选评有机结合，构成了这部《史通削繁》。

比对《史通》与《史通削繁》，纪昀删选之意约略可见，试分述之。

首先，《史通削繁》全部删去《载言》《表历》《疑古》《点烦》四篇。选者尽可删去他以为不必存在的内容，而研究者却不可对此熟视无睹。鲁迅提醒过“选本既经选者所滤过，就总只能吃他所给与的糟或醨。况且有时还加以批评，提醒了他之以为然，而默杀了他之以为不然处”③。纪昀删去的四篇，可分为三种情况。

一是出于学术观点分歧，《载言》和《表历》之删即属此

---

① 张三夕辑：《〈史通〉三家评校钞》，载《通往历史的个人道路——中国学术思想史散论》，社会科学文献出版社 2001 年版，第 201 页。

② 耐人寻味的是，纪昀指责《史通》史评锋芒毕露，而他作《唐人试律说》，又自认为“持论颇刻核”（《唐人试律说》自序，载《纪晓岚文集》第三册，河北教育出版社 1991 年版，第 12 页）。

③ 鲁迅：《集外集》，载《鲁迅全集》第七卷，人民文学出版社 2005 年版，第 139 页。

类。《载言》批评史书“文辞入记，繁富为多。是以《贾谊》《晁错》《董仲舒》《东方朔》等传，唯上录言，罕逢载事。夫方述一事，得其纪纲，而隔以大篇，分其次序。遂令披阅之者，有所懵然”，提出增设“制册书”和“章表书”。[①] 纪昀以为“另编诸文，则无此史体”[②]。刘知幾批判史表，纪昀认为“一代掌故，微表、志何以存之？此论似高而实谬”[③]。选本之“删”的批评性，于此清晰可见。

二是从卫道的立场出发，删去《疑古》，因为此篇质疑《尚书》记事的真实性，所谓“灭汤之过，增桀之恶”[④]，挑战了《尚书》的权威。纪昀以为“此真不待辩之纰缪。即有所激，何至于此！”[⑤] 有意思的是，论者常以《疑古》《惑经》并称。纪昀也不满《惑经》，称“十二未谕，犹是质论疑义，传经者原不禁研求也。五虚美，则太无忌惮”[⑥]，但纪昀终究还是部分保留了《惑经》。它表明纪昀虽有卫道思想，却不是学术上的顽固派。

三是因为《史通》本身的残缺造成的，《点烦》之删即属无奈之举。浦起龙评《点烦》篇，有“点去文留，譬眺古者，空

① 刘知幾：《史通·载言》，浦起龙《史通通释》本，上海古籍出版社1978年版，第34页。

② 张三夕辑：《〈史通〉三家评校钞》，载《通往历史的个人道路——中国学术思想史散论》，社会科学文献出版社2001年版，第139页。

③ 张三夕辑：《〈史通〉三家评校钞》，载《通往历史的个人道路——中国学术思想史散论》，社会科学文献出版社2001年版，第141页。

④ 刘知幾：《史通·疑古》，浦起龙《史通通释》本，上海古籍出版社1978年版，第387页。

⑤ 张三夕辑：《〈史通〉三家评校钞》，载《通往历史的个人道路——中国学术思想史散论》，社会科学文献出版社2001年版，第175页。

⑥ 张三夕辑：《〈史通〉三家评校钞》，载《通往历史的个人道路——中国学术思想史散论》，社会科学文献出版社2001年版，第179页。

凭废迹而已”[①] 之叹。纪昀也说：“此卷传写既久，朱黄点及侧注并失，无可校正，存而不论可矣。”[②]《点烦》仅剩下刘知幾所引史文，子玄之点与注不复存焉，故纪昀删去此篇。《史通》存世四十九篇，纪昀完全删去的仅四篇，说明他在总体上认可《史通》的价值。

其次，《史通削繁》完整保留了《载文》《补注》《邑里》《品藻》《直书》《曲笔》《鉴识》《核才》《烦省》《杂述》共十篇。这些篇章在纪昀看来属不刊之论，是《史通》精华所在。《载文》篇“其言明切，深中文弊”[③]。《邑里》篇论历史人物籍贯的记载之法，又批评门第观念下“以姓望所出，邑里相矜”[④]。“此论甚伟”[⑤]。此外，《烦省》篇“推寻尽致，持论平允”[⑥]；《杂述》篇“详核而精审”[⑦]，皆是击节赞赏之辞。

再次，除去上述十四篇外，《六家》《二体》等三十五篇被不同程度地删削，有的篇章删得很少，如《采撰》篇仅删去了“读之者安可不练其得失，明其真伪者乎”一句而已；也有的篇章被大段删削，如《世家》篇被删去约三分之二的篇幅。

至于删削的缘由，大体不外乎“繁”和“谬”。所谓繁，包括刘知幾的引文、例证、铺垫和一些纪昀认为浮泛、重复、琐屑

---

① 浦起龙：《史通通释》卷一五《点烦》按语，上海古籍出版社1978年版，第434页。

② 张三夕辑：《〈史通〉三家评校钞》，载《通往历史的个人道路——中国学术思想史散论》，社会科学文献出版社2001年版，第182页。

③ 纪昀：《史通削繁》卷一《载文》眉批，扫叶山房书局1926年版，第67页。

④ 刘知幾：《史通·邑里》，浦起龙《史通通释》本，上海古籍出版社1978年版，第144页。

⑤ 纪昀：《史通削繁》卷一《邑里》眉批，扫叶山房书局1926年版，第81页。

⑥ 纪昀：《史通削繁》卷二《烦省》眉批，扫叶山房书局1926年版，第72页。

⑦ 纪昀：《史通削繁》卷二《杂述》眉批，扫叶山房书局1926年版，第77页。

的论述。《探赜》篇中“昔夫子之刊鲁史，学者以为感麟而作”至“此其非独学无友，孤陋寡闻之所致耶”一段，被视为冗蔓，点以紫色笔，全部删去。《称谓》篇云：“马迁撰《史记》，项羽僭盗而纪之曰王，此则真伪莫分。”① 纪昀批道：“一事数见，殊为琐屑。”②《人物》篇举《汉书》《三国志》《晋史》遗漏人物之例，说：“孟坚勒成《汉书》，牢笼一代，至于人伦大事，亦云备矣。其间若薄昭、杨仆、颜驷、史岑之徒，其事所以见遗者，盖略小而存大耳。夫虽逐麋之犬，不复顾兔，而鸡肋是弃，能无惜乎？当三国异朝，两晋殊宅，若元则、仲景，时才重于许、洛；何桢、许询，文雅高于扬、豫。而陈寿《国志》、王隐《晋史》，广列诸传，而遗此不编。此亦网漏吞舟，过为迂阔者。”③ 纪昀认为“掇拾琐屑”④。这类文字都被纪昀删去。纪昀也有过度删削之嫌。《史通·叙事》篇首小序云：“夫史之称美者，以叙事为先。……岂绘事以丹素成妍，帝京以山水为助。故言媸者其史亦拙，事美者其书亦工。必时乏异闻，世无奇事，英雄不作，贤俊不生，区区碌碌，抑惟恒理，而责史臣显其良直之体，申其微婉之才，盖亦难矣。”这段文字包含了刘知幾关于叙事审美的重要认识，但纪昀以“冗漫”⑤ 视之，全部删去，显然

① 刘知幾《史通·称谓》，浦起龙《史通通释》本，上海古籍出版社1978年版，第107页。

② 张三夕辑：《〈史通〉三家评校钞》，载《通往历史的个人道路——中国学术思想史散论》，社会科学文献出版社2001年版，第150页。

③ 刘知幾：《史通·人物》，浦起龙《史通通释》本，上海古籍出版社1978年版，第238页。

④ 张三夕辑：《〈史通〉三家评校钞》，载《通往历史的个人道路——中国学术思想史散论》，社会科学文献出版社2001年版，第167页。

⑤ 张三夕辑：《〈史通〉三家评校钞》，载《通往历史的个人道路——中国学术思想史散论》，社会科学文献出版社2001年版，第157页。

不利于读者理解刘知幾的叙事观。

“谬”是指荒谬悖妄或不允之语。纪昀对刘知幾的总体判断是“卓识处多，狂缪处亦复不少”[①]。刘知幾关于“人形志”的一段话：“夫圆首方足，含灵受气，吉凶形于相貌，贵贱彰于骨法，生人之所欲知也。四支六府，痾瘵所缠，苟详其孔穴，则砭灼无误，此养生之尤急也。且身名并列，亲疏自明，岂可近昧形骸，而远求辰象！既天文有志，何不为人形志乎？”[②] 就被斥为“最悖”[③] 而遭删去。《论赞》篇批评“太史公曰”“淡泊无味”。[④] 纪昀认为刘知幾根本不知史迁之妙：“子长多文外曲致，子玄不省耳”[⑤]，于是被删除。《编次》篇论：“当汉氏之中兴也，更始升坛改元，寒暑三易。世祖称臣北面，诚节不亏。既而兵败长安，祚归高邑，兄亡弟及，历数相承。作者乃抑圣公于传内，登文叔于纪首，事等跻僖，位先不窋。夫《东观》秉笔，容或谄于当时，后来所修，理当刊革者也。”[⑥] 纪昀以为“此论未允”[⑦]，便删去了这段文字。刘知幾质问司马迁“先黄老而后《六经》，进奸雄而退处士，此之乖剌，复何为乎？”[⑧] 纪昀以为

---

① 张三夕辑：《〈史通〉三家评校钞》，载《通往历史的个人道路——中国学术思想史散论》，社会科学文献出版社 2001 年版，第 154 页。

② 刘知幾：《史通·书志》，浦起龙《史通通释》本，上海古籍出版社 1978 年版，第 71-72 页。

③ 张三夕辑：《〈史通〉三家评校钞》，载《通往历史的个人道路——中国学术思想史散论》，社会科学文献出版社 2001 年版，第 146 页。

④ 刘知幾：《史通·论赞》，浦起龙《史通通释》本，上海古籍出版社 1978 年版，第 82 页。

⑤ 张三夕辑：《〈史通〉三家评校钞》，载《通往历史的个人道路——中国学术思想史散论》，社会科学文献出版社 2001 年版，第 147 页。

⑥ 刘知幾：《史通·编次》，浦起龙《史通通释》本，上海古籍出版社 1978 年版，第 102-103 页。

⑦ 张三夕辑：《〈史通〉三家评校钞》，载《通往历史的个人道路——中国学术思想史散论》，社会科学文献出版社 2001 年版，第 149 页。

⑧ 刘知幾：《史通·探赜》，浦起龙《史通通释》本，上海古籍出版社 1978 年版，第 211 页。

刘知幾不解司马迁之深意，“先黄老是汉人学问杂处，进游侠则确有托意，何得云无所为？”[①] 故而抹去这两句。刘知幾称：“古者天子庙号，祖有功而宗有德，始自三代，迄于两汉，名实相允，今古共传。降及曹氏，祖名多滥，必无惭德，其唯武王。故陈寿《国志》，独呼武曰祖，至于文、明，但称帝而已。自晋已还，窃号者非一。如成、穆两帝，刘、萧二明，梁简文兄弟，齐武成昆季，斯或承家之僻王，或亡国之庸主，不谥灵缪，为幸已多，犹曰祖宗，孰云其可？而史臣载削，曾无辨明，每有所书，必存庙号，何以申劝沮之义，杜渝滥之源者乎？”[②] 纪昀愤愤地写道：“此论最纰缪。史臣载笔，各以当日之号书之。功德不称祖宗者，即削其祖宗之名。然则功德不称帝王，志即削其帝王之名乎？”[③] 像这类被纪昀指认为“谬妄”的论述，均被删削。

繁、谬之外，还有一种删削情况，纪昀虽未明言，但在他的批评中却是存在的，即删去刘知幾辞气严苛处。刘知幾批评史馆监修，“凡居斯职者，必恩幸贵臣，凡庸贱品，饱食安步，坐啸画诺，若斯而已矣”[④]。纪昀写道：“子玄掊击之文，必词多已甚，粗犷之气殆不可耐，固由积愤使然，亦是气质愎戾学问偏驳处。凡著书宜以为戒。”[⑤] 这反映了纪昀对待史学批评的态度，

① 张三夕辑：《〈史通〉三家评校钞》，载《通往历史的个人道路——中国学术思想史散论》，社会科学文献出版社 2001 年版，第 163 页。

② 刘知幾：《史通·称谓》，浦起龙《史通通释》本，上海古籍出版社 1978 年版，第 108 页。

③ 张三夕辑：《〈史通〉三家评校钞》，载《通往历史的个人道路——中国学术思想史散论》，社会科学文献出版社 2001 年版，第 150 页。

④ 刘知幾：《史通·辨职》，浦起龙《史通通释》本，上海古籍出版社 1978 年版，第 283 页。

⑤ 张三夕辑：《〈史通〉三家评校钞》，载《通往历史的个人道路——中国学术思想史散论》，社会科学文献出版社 2001 年版，第 169 页。

以及他从史学批评中悟出的治学经验。

纪昀在序言中称，除去绿、紫二色笔所点，“排比其文，尚皆相属”，那么，经他删削的《史通》是否真如纪昀所言，这里选择三篇，列表呈现。

篇名	《史通》原文	《史通削繁》表述	删去字句
《二体》	考兹胜负，互有得失。而晋世干宝著书，乃盛誉丘明而深抑子长，其义云：能以三十卷之约，括囊二百四十年之事，靡有遗也。寻其此说，可谓劲挺之词乎？案春秋时事，入于左氏所书者，盖三分得其一耳。丘明自知其略也，故为《国语》以广之。然《国语》之外，尚多亡逸，安得言其括囊靡遗者哉？	考兹胜负，互有得失。而晋世干宝著书，乃盛誉丘明而深抑子长，其义云：能以三十卷之约，括囊二百四十年之事，靡有遗也。案春秋时事，入于左氏所书者，盖三分得其一耳。安得言其括囊靡遗者哉？	寻其此说，可谓劲挺之词乎？ 丘明自知其略也，故为《国语》以广之。然《国语》之外，尚多亡逸。
《本纪》	昔汲冢竹书是曰《纪年》，《吕氏春秋》肇立纪号。盖纪者，纲纪庶品，网罗万物。考篇目之大者，其莫过于此乎？及司马迁之著《史记》也，又列天子行事，以本纪名篇。后世因之，守而勿失。譬夫行夏时之正朔，服孔门之教义者，虽地迁陵谷，时变质文，而此道常行，终莫之能易也。	昔汲冢竹书是曰《纪年》，及司马迁之著《史记》也，又列天子行事，以本纪名篇。后世因之，守而勿失。	《吕氏春秋》肇立纪号。盖纪者，纲纪庶品，网罗万物。考篇目之大者，其莫过于此乎？ 譬夫行夏时之正朔，服孔门之教义者，虽地迁陵谷，时变质文，而此道常行，终莫之能易也。

续表

篇名	《史通》原文	《史通削繁》表述	删去字句
《论赞》	夫每卷立论，其烦已多，而嗣论以赞，为黩弥甚。亦犹文士制碑，序终而续以铭曰；释氏演法，义尽而宣以偈言。苟撰史若斯，难以议夫简要者矣。至若与夺乖宜，是非失中，如班固之深排贾谊，范晔之虚美隗嚣，陈寿谓诸葛不逮管、萧，魏收称尔朱可方伊、霍，或言伤其实，或拟非其伦。必备加击难，则五车难尽。故略陈梗概，一言以蔽之。	夫每卷立论，其烦已多，而嗣论以赞，为黩弥甚。亦犹文士制碑，序终而续以铭曰；释氏演法，义尽而宣以偈言。苟撰史若斯，难以议夫简要者矣。	至若与夺乖宜，是非失中，如班固之深排贾谊，范晔之虚美隗器，陈寿谓诸葛不逮管、萧，魏收称尔朱可方伊、霍，或言伤其实，或拟非其伦。必备加击难，则五车难尽。故略陈梗概，一言以蔽之。

从上表可见，纪昀所刊削，如金毓黻所言“语皆穿贯，如化工裁物，天衣无缝，学者读之，洒然自喜”[①]。精于文章造化的刘勰论删削之道时，说过“才核者善删。善删者字去而意留”[②]。纪昀的“削繁”基本上做到了“字去而意留”。刘知幾本就主张简要的文风，《史通》的《叙事》《浮词》《烦省》《点烦》诸篇言之甚详，《史通》并非一部繁冗之作，但纪昀竟能删《史通》之“繁”，纠《史通》之“谬”，算得上是一位“善删者”。

“削繁”是一种隐性批评。删去者自然是被认为没有多大价

---

① 金毓黻：《中国史学史》，河北教育出版社2000年版，第323页。

② 刘勰：《文心雕龙·熔裁》，周振甫《文心雕龙注释》本，人民文学出版社1981年版，第356页。

值或者讹谬的内容，而保留者则有其存在的意义。去留之间，自有一种价值判断，暗含着选本批评的理论与实施。纪昀在《史通》原文上，于会心处加以眉批，或击赏，或反驳，可视为显性批评。比如刘知幾在《六家》篇批判“《史记》家”中的《通史》《科录》。纪昀保留了刘知幾的这段论述，并在眉批中写道《科录》“近乎类书，尤为猥杂矣，宜子玄以芜累为讥。《南北史》体例较清，故《科录》《通史》皆不传，而此书今在。《史记》卷帙无多，其病尚不至此，子玄惩羹吹齑耳”[①]。可见，纪昀虽未明言他为什么选录此段，但他在眉批中实际上已讲得很清楚了。

读者阅读《史通削繁》，既可以读到刘知幾的原文，又可以揣摩纪昀的节选和评点。这是一般史学批评模式所不具备的一个优点。史钞之风于晚明甚盛，至清初流风未歇。但像《史通削繁》这样，以一部史学批评专书为对象的史钞，却不多见。总之，节选与评点交融、隐性与显性相辅，构成了《史通削繁》独特的批评方式。

二、纪昀与刘知幾的史学共鸣

史学批评意味着评者与作者之间的学术对话。当作者的某种思想或行为引起评者兴趣的时候，评者就会试图穿越时空，与作者交流、商榷。至于是赞赏还是批驳，则取决于作者与评者思想

① 纪昀：《史通削繁》卷一《六家》眉批，扫叶山房书局1926年版，第5-6页。

的契合度。大凡精辟的论述总会得到评者的同声相应。纪昀在《史通削繁》中由衷地赞佩刘知幾的见识，甚至为之“击节诵之”[①]，就是这种史学共鸣的突出表现。

纪昀常为刘知幾的洞见所折服。以叙事为例，刘知幾以为两汉以下史家叙事日益繁冗，“迄乎三国，国史之文，日伤烦富。逮晋已降，流宕逾远。寻其冗句，摘其烦词，一行之间，必谬增数字；尺纸之内，恒虚费数行”[②]。纪昀对此深表赞同，批注道：“廓清之功不可没也。观《晋书》以下之芜杂乃知之矣。”[③] 刘知幾又说：“自《五经》已降，《三史》而往，以文叙事，可得言焉。而今之所作，有异于是。其立言也，或虚加练饰，轻事雕彩；或体兼赋颂，词类俳优。文非文，史非史，譬夫乌孙造室，杂以汉仪，而刻鹄不成，反类于鹜者也。”[④] 纪昀呼应道：“其言深切而著明，可以砭俗。”[⑤]《史通·书事》论“近代史笔，叙事为烦。榷而论之，其尤甚者有四”。浦起龙将之概括为“侈写符瑞”“常朝入纪”“虚衔备载”“赘录世官”。[⑥] 纪昀以为“四条皆切中史病”[⑦]。《史通·核才》论“文之与史，较然异辙”。纪昀批云：“甘苦之言，分明之论。”[⑧] 毫无疑问，刘知幾的叙事主张引起了纪昀强烈的共鸣。

---

① 纪昀：《史通削繁》卷二《品藻》眉批，扫叶山房书局1926年版，第24页。
② 刘知幾：《史通·叙事》，浦起龙《史通通释》本，上海古籍出版社1978年版，第168页。
③ 纪昀：《史通削繁》卷二《叙事》眉批，扫叶山房书局1926年版，第11页。
④ 刘知幾：《史通·叙事》，浦起龙《史通通释》本，上海古籍出版社1978年版，第180页。
⑤ 纪昀：《史通削繁》卷二《叙事》眉批，扫叶山房书局1926年版，第16页。
⑥ 浦起龙：《史通通释》卷八《书事》释语，上海古籍出版社1978年版，第231、232页。
⑦ 纪昀：《史通削繁》卷二《书事》眉批，扫叶山房书局1926年版，第53页。
⑧ 纪昀：《史通削繁》卷二《核才》眉批，扫叶山房书局1926年版，第62页。

纪、刘二人的思想共振还不限于叙事理论。刘知幾在《列传》篇中认为附传虽略，但价值不容小觑。纪昀认为“精论不刊”[①]。刘知幾指责史馆修史制度。纪昀也无奈地表示：“自唐以后，此例不能改矣。在领局者调剂得宜，任用有道，犹可救弊之大半也。”[②] 刘知幾给“直笔”下了一个定义：“所谓直笔者，不掩恶，不虚美，书之有益于褒贬，不书无损于劝诫。但举其宏纲，存其大体而已。非谓丝毫必录，琐细无遗者也。”[③] 纪昀评以“此论最允”[④]。可见，他们在直书问题上的认识也高度一致。另外，《史通·编次》有“龟策异物，不类肖形，而辄与黔首同科，俱谓之传，不其怪乎”一句，纪昀以为“此驳最允”[⑤]。《摸拟》篇有“入微之论”[⑥]；《采撰》篇“持论最严正，颇中文士爱奇之病”[⑦]；《暗惑》篇“持论公允，切中事情”[⑧]。可以说，《史通》的精妙之论令纪昀倾倒。由唐至清千有余年，史学家仍能形成如此契合的认识，这说明古代史学发展中所面临的基本问题和某些特定的语境没有发生根本性变化。但这样说，并不是认为纪昀只是附和《史通》。作为乾嘉时期的一流学者，纪昀也在删选评注中留下了自己的学术光影。

---

① 纪昀：《史通削繁》卷一《列传》眉批，扫叶山房书局 1926 年版，第 26 页。

② 纪昀：《史通削繁》卷二《辨职》眉批，扫叶山房书局 1926 年版，第 85 页。

③ 刘知幾：《史通·杂说下》，浦起龙《史通通释》本，上海古籍出版社 1978 年版，第 529 页。

④ 纪昀：《史通削繁》卷四《杂说下》眉批，扫叶山房书局 1926 年版，第 26 页。

⑤ 纪昀：《史通削繁》卷一《编次》眉批，扫叶山房书局 1926 年版，第 52 页。

⑥ 纪昀：《史通削繁》卷二《摸拟》眉批，扫叶山房书局 1926 年版，第 49 页。

⑦ 纪昀：《史通削繁》卷一《采撰》眉批，扫叶山房书局 1926 年版，第 59 页。

⑧ 纪昀：《史通削繁》卷四《暗惑》眉批，扫叶山房书局 1926 年版，第 56 页。

三、纪昀学术取向的投影

纪昀生活在一个考据风气盛行的时代，对考据抱有持久的兴趣，自称："三十以前，讲考证之学，所坐之处，典籍环绕如獭祭。三十以后，以文章与天下相驰骤，抽黄对白，恒彻夜构思。五十以后，领修秘籍，复折而讲考证。"[①] 这是纪昀一生讲究考据之学的写照，而且他对乾嘉考据学非常自负，以为"考据之学，古疏今密"[②]。纪昀的这种学术风格自然也会投射到他对《史通》的选评上。

《史通·直书》有"历考前史，征诸直词，虽古人糟粕，真伪相乱，而披沙拣金，有时获宝"之说。纪昀注云："披沙二句出钟嵘《诗品》。"[③]《史通·曲笔》写道："秦人不死，验苻生之厚诬；蜀老犹存，知葛亮之多枉。"浦起龙作注时，于"秦人不死"和"蜀老犹存"二典下均言"未详"[④]。纪昀饶有兴致地写道："秦人事见羊衒之《洛阳伽蓝记》，蜀老事见《魏书·毛修之传》。浦氏以为无考，非也。"[⑤] 这体现了纪昀考证故实的功夫。他还在"古人以比玉屑满箧，良有旨哉"上批注："'玉屑满箧'，王充《论衡》之文。"[⑥] 当读到"秦博士伏胜，能传其

---

① 纪昀：《姑妄听之》小序，载《纪晓岚文集》第二册，河北教育出版社 1991 年版，第 375 页。

② 纪昀：《史通削繁》卷二《鉴识》眉批，扫叶山房书局 1926 年版，第 41 页。

③ 纪昀：《史通削繁》卷二《直书》眉批，扫叶山房书局 1926 年版，第 30 页。

④ 浦起龙：《史通通释》卷七《曲笔》，上海古籍出版社 1978 年版，第 203 页。

⑤ 纪昀：《史通削繁》卷二《曲笔》眉批，扫叶山房书局 1926 年版，第 35 页。

⑥ 纪昀：《史通削繁》卷二《杂述》眉批，扫叶山房书局 1926 年版，第 80 页。

业”后，激发了他考订的兴趣：“伏生名胜，汉史不载，始见于《晋书·伏滔传》。注家据此为说也。”[①] 纪昀有时连一个字也不轻易略过。《史通·采撰》有“魏收党附北朝，尤苦南国”一语，纪昀考订“苦”字来历：“‘苦’字出《史记·高祖纪》‘欲苦之’。又晋营道王曰：‘生平不识士衡，不知何忽见苦’，即是此。”[②] 这些都鲜明地彰显出纪昀的考据秉性。

刘知幾论叙事之简，有这样一段话：

> 饵巨鱼者，垂其千钧，而得之在于一筌；捕高鸟者，张其万罝，而获之由于一目。夫叙事者，或虚益散辞，广加闲说，必取其所要，不过一言一句耳。苟能同夫猎者、渔者，既执而罝钓必收，其所留者唯一筌一目而已，则庶几骈枝尽去，而尘垢都捐，华逝而实存，滓去而沈在矣。嗟乎！能损之又损，而玄之又玄，轮扁所不能语斤，伊挚所不能言鼎也。[③]

---

① 纪昀：《史通削繁》卷三《正史》眉批，扫叶山房书局1926年版，第19页。

② 纪昀：《史通削繁》卷一《采撰》眉批，扫叶山房书局1926年版，第60页。按：《史记·高祖本纪》记刘邦醉酒斩蛇事，“妪曰：‘吾子，白帝子也，化为蛇，当道，今为赤帝子斩之，故哭。’人乃以妪为不诚，欲告之。”《史记集解》：“徐广曰：‘一作苦’。”《史记索隐》：“《汉书》作‘苦’，谓欲困苦辱之。”（《史记》卷八《高祖本纪》，中华书局1982年版，第347–348页）关于“生平不识士衡，不知何忽见苦”事，《宋书》记载刘义綦“封营道县侯。凡鄙无识知，每为始兴王濬兄弟所戏弄。濬尝谓义綦曰：‘陆士衡诗云“营道无烈心。”其何意苦阿父如此？’义綦曰：‘下官初不识，何忽见苦？’其庸塞可笑类若此”。（《宋书》卷五一《宗室传》，中华书局1974年版，第1470页）

③ 刘知幾：《史通·叙事》，浦起龙《史通通释》本，上海古籍出版社1978年版，第170–171页。

纪昀评道："此即陆机'片言居要'、刘勰'寸枢转关，寸辖制轴'之说。"[①] 短短二十字，道出了刘知幾论述的语义源头，勾勒出从陆机、刘勰到刘知幾的思想轨迹。刘知幾论叙事用晦，以晦与显相对，称："章句之言，有显有晦。显也者，繁词缛说，理尽于篇中；晦也者，省字约文，事溢于句外。"[②] 纪昀指出："显晦云云，即彦和隐秀之旨。"[③] 纪昀从刘勰的"隐秀"说到刘知幾的"显晦"，又由魏晋文学讲到唐代史学，尽显汉学家的风范。

纪昀从汉学家的眼光看待史学问题，在一些问题上自然与刘知幾异趣。刘知幾批评裴松之"集注《国志》，以广承祚所遗，而喜聚异同，不加刊定，恣其击难，坐长烦芜。观其书成表献，自比蜜蜂兼采，但甘苦不分，难以味同萍实者矣"[④]。纪昀则以为"裴注未可深抑，其中有两说并存，无他证可以刊定者，亦有不得不细为驳诘者"[⑤]。可见，纪昀肯定裴注，主要是着眼于它在考据上的价值。纪昀的点评有切中刘知幾要害处，也有不当的地方，如谓"子玄止以直笔为主，于婉章、志晦之理，终身

① 纪昀：《史通削繁》卷二《叙事》眉批，扫叶山房书局1926年版，第12页。按："片言居要"一语出自陆机《文赋》的"立片言而居要，乃一篇之警策"（《陆机集》卷一，杨明《陆机集校笺》本，上海古籍出版社2016年版，第24页）。刘知幾撰《史通》深受刘勰的影响，是当代史学界的共识。至于陆机之于刘知幾的启发，似少有关注。纪昀评刘知幾而上溯陆机，确有史识。就拿刘知幾的"尚简"思想来说，陆机便说过"要辞达而理举，故无取乎冗长"的话（《陆机集》卷一《文赋》，杨明《陆机集校笺》本，上海古籍出版社2016年版，第17页）可见纪昀所言有迹可循。又，刘勰"寸枢转关，寸辖制轴"语出《文心雕龙·事类》，文字略有不同，原文为"事得其要，虽小成绩，譬寸辖制轮，尺枢运关也"（《文心雕龙》，周振甫《文心雕龙注释》本，人民文学出版社1981年版，第412页）。

② 刘知幾：《史通·叙事》，浦起龙《史通通释》本，上海古籍出版社1978年版，第173页。

③ 纪昀：《史通削繁》卷二《叙事》眉批，扫叶山房书局1926年版，第13页。按："彦和隐秀之旨"见于《文心雕龙·隐秀》："隐也者，文外之重旨者也；秀也者，篇中之独拔者也。"

④ 刘知幾：《史通·补注》，浦起龙《史通通释》本，上海古籍出版社1978年版，第132页。

⑤ 纪昀：《史通削繁》卷一《补注》眉批，扫叶山房书局1926年版，第74页。

未一留心”[①]，就不符合事实。

“选本批评由作者（创作）、选者（批评）、读者（接受）三个基本要素构成。”[②] 选者是批评的发起者，读者则是批评的接受者。因此，选本的流传情形以及读者的反响是选本批评得以实现其意义的重要一环。《史通》是名作，纪昀是名家，《史通削繁》的读者群体也渐由“儿辈”扩展至知识界。叶廷琯（1792—1868）称：“河间纪文达公有《史通削繁》一书，删去刘子元原文之冗漫纰缪者，排比相属，以便学者诵览，诚为善本。”[③] 又据李慈铭所记，“《史通》自经纪河间删订为《史通削繁》，世争行之”，出现了只读《史通削繁》而不观《史通》全本的现象，以致《史通》“元本遂不多见”[④]。可见，晚清读书人对《史通削繁》的青睐。周星诒[⑤]的批注也提供了有关《史通削繁》传播的鲜活资料。据周星诒说，“少日家有献县《削繁》一书，欲并临写，以便披阅，苦自丧乱，藏籍多佚，所官地僻，借买路穷。去年不意有客携售，遂向假获，与幕客段生、儿子喜寅分卷并力，三日而竣。此书于是无遗憾矣”。再三研读后，“颇觉中堂之笔削未可厚非”[⑥]。周星诒的这段批语，生动地再现了

---

① 张三夕辑：《〈史通〉三家评校钞》，载《通往历史的个人道路——中国学术思想史散论》，社会科学文献出版社2001年版，第185页。

② 邹云湖：《中国选本批评》，上海三联书店2002年版，第282页。

③ 叶廷琯：《吹网录》卷四《史通削繁序误》，《续修四库全书》第一一六三册，上海古籍出版社2002年版，第52页。

④ 李慈铭：《越缦堂读书记》，由云龙辑本，中华书局2006年版，第414页。

⑤ 周星诒（1833—1904），字季贶，河南祥符（今开封）人，晚清著名藏书家、目录学家，与谭献、萧穆等交游，有《传忠堂书目》《窳櫎诗质》《勉憙词》等传世。

⑥ 周星诒：《史通》批语，载赵吕甫：《史通新校注》书末《附录二》，重庆出版社1990年版，第1146页。

晚清士人对《史通削繁》的接受。而纪昀的选本批评思想与观念也随之流播。民国时期，《史通削繁》仍然受到钟爱，[1] 被视为域外史学理论与方法冲击下中国史学家的应对之策。1925 年底，陈益标点整理《史通削繁》，即有心于“冶新旧于一炉，萃古今为一体，得此知彼，利莫大焉”[2]。由此而论，那种认为《史通削繁》“最无意义”[3] 的见解恐非确论。

---

① 民国时期，《史通削繁》被多次刊刻印刷，有国学图书局 1917 年版、上海文化书局 1925 年版、扫叶山房书局 1926 年版、大东书局 1931 年版、大达图书供应社 1935 年版等。由此可见，《史通削繁》在民国年间流传甚广。

② 陈益：《史通削繁》序二，扫叶山房书局 1926 年版，第 1 页。

③ 刘节：《中国史学史稿》，中州书画社 1982 年版，第 176 页。

第三章　考据风潮下史学批评的进展

从顾炎武到钱大昕，考据名家辈出，考史逐渐成为清代史学正宗，孕育出尊崇征实、不尚空谈的学风。但考据家也不会沉默不语，必然会反思史学发展的得失，甚至有些考据家口头上鄙视评论，实际上也留下了大量的史学批评言论。考据家的史学批评有何理论创见？在考据风潮的笼罩下，史学批评又将聚焦于哪些问题，形成了怎样的史学共识？这笔丰厚的理论遗产，尚需专门讨论。

第一节　对史家文辞的审美

一、“辞主乎达”

史文繁简是史学批评史上的一个老问题。早在西晋，张辅论马、班优劣，观点之一就是“迁之著述，辞约而事举，叙三千年事唯五十万言；班固叙二百年事乃八十万言，烦省不同，不如迁一也”[①]。稍后，文学发展中“辞人丽淫而繁句”的状况，也促使刘勰提出“物色虽繁，而析辞尚简”的主张。[②] 刘勰“尚简”的思想随后得到了刘知幾的发扬，并凭借《史通》的流行而在史学上广泛传播。“简之时义大矣哉”[③]，成为一条重要的叙事主张而被接受。

顾炎武（1613—1682），本名绛，后更名炎武，学者称为亭林先生，被奉为清代考据学的开山人物。顾炎武颇重文章之道，《日知录》卷十九中便有“文不贵多”“文须有益于天下”“文人之多”“巧言”“文辞欺人”“修辞”“文人摹仿之病”“文人求古之病”诸条札记，从题目上已可略窥顾氏之文章观。对于刘勰和刘知幾的文辞理论，顾炎武自然是清楚的。但在史文繁简问题上，顾炎武与他的前辈已有所不同，他提出：

> 作书须注，此自秦、汉以前可耳；若今日作书而非注不可解，则是求简而得繁，两失之矣。子曰：“辞达而已矣。”辞主乎达，不论其繁与简也，繁简之论兴而文亡矣。《史记》之繁处必胜于《汉书》之简处。（原注：《容斋随笔》论《卫青传》封三校尉语，《史记》胜《汉书》处正不独此。）《新唐书》之简也，不简于事而简于文，其所以

① 房玄龄等：《晋书》卷六〇《张辅传》，中华书局1974年版，第1640页。

② 刘勰：《文心雕龙·物色》，周振甫《文心雕龙注释》本，人民文学出版社1981年版，第494页。

③ 刘知幾：《史通·叙事》，浦起龙《史通通释》本，上海古籍出版社1978年版，第168页。

病也。[①]

在分析顾炎武的繁简论之前，不妨先来探究他这番话的思想源头。“辞达而已”出自《论语》[②]，反映了孔子的文辞理念，但《论语》所载看不出具体的语境，还很难说是专门针对繁简而言的。顾炎武的思想还有一个源头，即宋人的文章论。上引论述中有一条顾炎武的原注，看似不起眼，实则关键。这条自注提到了宋人洪迈《容斋随笔》关于《卫青传》封三校尉语的评论。查顾氏所引洪迈的论述，见于《容斋随笔》中关于繁简的一条专论：

> 文贵于达而已，繁与省各有当也。《史记·卫青传》：“校尉李朔、校尉赵不虞、校尉公孙戎奴，各三从大将军获王，以千三百户封朔为涉轵侯，以千三百户封不虞为随成侯，以千三百户封戎奴为从平侯。”《前汉书》但云：“校尉李朔、赵不虞、公孙戎奴，各三从大将军，封朔为涉轵侯、不虞为随成侯、戎奴为从平侯。”比于《史记》五十八字中省二十三字，然不若《史记》为朴赡可喜。[③]

洪迈的核心论点是“文贵于达而已，繁与省各有当也”。他

① 顾炎武：《日知录》卷一九“文章繁简”条，黄汝成《日知录集释》本，上海古籍出版社2006年版，第1099页。

② 《论语·卫灵公》，杨伯峻《论语译注》本，中华书局2009年版，第168页。

③ 洪迈：《容斋随笔》卷一《文烦简有当》，中华书局2005年版，第8页。

举史、汉比较为例证，认为《汉书》叙事虽简，反倒不如稍繁的《史记》“朴赡可喜”。除了洪迈，顾炎武这条札记还援引了北宋刘安世（字器之）的话：“刘器之曰：‘《新唐书》叙事好简略其辞，故其事多郁而不明，此作史之病也。且文章岂有繁简邪？昔人之论，谓“如风行水上，自然成文”。若不出于自然，而有意于繁简，则失之矣。’”① 紧接着，顾炎武又引南宋黄震关于苏辙《古史》省略《史记》之文而导致歧义的批评，“以是知文不可以省字为工”②。这些论述对顾炎武的繁简论产生了直接导引的作用。早在顾炎武十一岁时，祖父便告诫他“得明人书百卷，不若得宋人书一卷”③。几十年后，顾炎武仍清晰地记得祖父的这句话，并郑重地记录下来，足见此语对其影响之深。而这条札记三次引用宋人论断，也提示人们思考顾炎武与宋学的关系。

对于“辞主乎达”思想的两个源头，顾炎武不曾遮掩，而是明白指出。孔子的时代，文章还不存在繁简之辨。顾炎武借“辞达而已”，变为“辞主乎达”，用以对抗魏晋以降的繁简论，认为“繁简之论兴而文亡”，这赋予了“辞达”新的内涵。洪迈、刘安世和黄震的话自然精彩，对顾炎武的启发也是明显的。

① 顾炎武：《日知录》卷一九“文章繁简”条，黄汝成《日知录集释》本，上海古籍出版社2006年版，第1100-1101页。按：这段话出自刘安世的弟子马永卿辑《元城语录》，不过顾炎武引用时有删节。

② 顾炎武：《日知录》卷一九“文章繁简”条，黄汝成《日知录集释》本，上海古籍出版社2006年版，第1101页。按：黄氏之说见于《黄氏日钞》卷五一《读杂史一·樗里子甘茂传》，载《黄震全集》第五册，浙江大学出版社2013年版，第1682页。顾炎武引用时文字上间有改动。

③ 顾炎武：《亭林文集》卷二《钞书自序》，载《顾亭林诗文集》，中华书局1983年版，第30页。

据此，“辞主乎达”甚至不能完全视为顾炎武的创见。但顾炎武言说的重点和旨趣，是批判千百年来盛行的求简文风，他刊落陈言，要从根本上超脱繁简的窠臼，以“辞主乎达”四字上承孔子，接续先秦史家叙事之风，恢复文辞的本来功能。因此，洪迈、刘安世和黄震的话及其学术境界不足以完整地涵括顾炎武的意思。顾炎武把先秦的“辞达而已”和宋人的“烦简有当”这两个跨越一千六百年的思想融会贯通，提出了他的叙事风格论。这在学术趋向集大成的清代，显然有别于因袭守旧者，是有关史家文辞理论的一次发展。

在明白了顾炎武“辞主乎达”的思想渊源后，须再来分辨他的思想要义。一则史文表述重在“达”，这当包含文辞达意、行文畅达、文气通达等意思；二则繁不一定是劣，简不一定是优，甚至繁也可能胜过简；三则繁简不应成为判断史家文辞的标准，简也会造成诸多弊端；四是“简”不宜笼统言之，而应分为事简和文简，区别对待。

若从张辅论起，繁简之论到顾炎武时已持续一千多年，其间文章格调屡变但并未沦亡。顾炎武是个审慎的史家，为何会说出“繁简之论兴而文亡”这么激烈的话呢？想来顾炎武认识到了停留在繁简层面的争论，限制了史家对于史事的叙述和个人思想的表达，不利于提高史家文辞艺术，因此发出了这样的感慨。所谓“不论其繁与简”并不是不讨论史文繁简问题，而是意在强调不要拘泥于文字的多寡，更要关注表述是否“达”这一中心问题。这是古代史家在经过了长期的繁简之争后，在叙事观上的一次提升。但顾炎武说“《史记》之繁处必胜于《汉书》之简处”，以偏概全，对《汉书》的评价不够公允。

顾炎武理想中的“简”是怎样的呢？“史家之文，例无重出。若不得已而重出，则当斟酌彼此，有详有略，斯谓之简。”①这就是说，简不是指文字少，而是强调不宜重复，详略得体。顾炎武还提出，不能为了求简而导致史事不明或表述不确。关于这一点，需结合顾炎武关于《新唐书》和《旧唐书》的批评来理解。“《旧唐书·高宗纪》：‘乾封元年春正月戊辰朔，上祀昊天上帝于泰山，以高祖、大宗配飨。己巳，升山行封禅之礼。庚午，禅于社首。’是以朔日祭天于山下，明日登封，又明日禅社首，次序甚明。《新书》改云：‘正月戊辰封于泰山，庚午禅于社首。’是以祭天、封山二事并为一事，而系于戊辰之日，文虽简而事不核矣。”② 顾炎武比较《新唐书》和《旧唐书》，认为前者对史事的表述虽简，但记叙不确，在文辞和史事的关系上本末倒置了。

史家文辞一味求简，会导致文意不明。《旧唐书》：“《德宗王后传》诏曰：‘祭筵不可用假花果，欲祭者从之。’改曰‘有诏祭物无用寓，欲祭听之。’不过省《旧书》四字，然非注不可解也。”③ 《新唐书》只减去四字，却到了“非注不可解”的地

① 顾炎武：《日知录》卷二六“《新唐书》”条，黄汝成《日知录集释》本，上海古籍出版社 2006 年版，第 1463 页。

② 顾炎武：《日知录》卷二六“《新唐书》”条，黄汝成《日知录集释》本，上海古籍出版社 2006 年版，第 1460-1461 页。

③ 顾炎武：《日知录》卷二六“《新唐书》”条，黄汝成《日知录集释》本，上海古籍出版社 2006 年版，第 1462 页。

步，如此求简，实不可取。

史家文辞繁简失当，还会导致人物指代不明。如《新唐书》："《马总传》：'李师道平，析郓、曹、濮等为一道，除总节度，赐号天平军。长庆初，刘总上幽镇地，诏总徙天平。而召总还，将大用之。会总卒，穆宗以郓人附赖总，复诏还镇。'上云'诏总徙天平'，刘总也；下云'召总还'，马总也；又云'会总卒'，刘总也；又云'郓人附赖总'，马总也。此于人之主宾、字之繁省皆有所不当。当云'诏徙天平'，而去'总'字，其下则云'会刘总卒'，于文无加而义明矣。"[1] 一"总"字，时而指马总，时而指刘总，二人之事混淆难分。顾炎武微调文字，指代更明。这就是顾氏所推崇的"达"。众所周知，陈垣对《日知录》用功甚深，他读到顾炎武的这条批评时用了四个字评价："此条极精。"[2]

相对于简而不明，文字稍多但叙事明白，则是可取的。顾炎武结合具体事例解释道：

> 《旧唐书·皇甫镈传》附柳泌事，云："泌系京兆府狱，吏叱之曰：'何苦作此虚矫？'泌曰：'吾本无心，是李道古教我，且云寿四百岁。'府吏防虞周密，恐其隐化。及解衣就诛，一无变异。"语虽烦而叙事则明。《新书》但云："皆

---

① 顾炎武：《日知录》卷二六"《新唐书》"条，黄汝成《日知录集释》本，上海古籍出版社2006年版，第1465页。

② 陈垣：《日知录校注》卷二六"《新唐书》"条批语，载陈智超主编：《陈垣全集》第十六册，安徽大学出版社2009年版，第1541页。

道古教我。解衣即刑，卒无它异。”去其中间语，则“它异”二字何所本邪？[①]

删削前史，以致叙述突兀，文意不通，这就背离了顾炎武所追求的“辞主乎达”。

顾炎武最关心的还是辞达。他非常欣赏《孟子》和《史记》的叙事，为了阐明“辞主乎达，不主乎简”的主张，顾炎武又举《孟子》叙事为证：

“齐人有一妻一妾而处室者，其良人出，则必餍酒肉而后反。其妻问所与饮食者，则尽富贵也。其妻告其妾曰：‘良人出，则必餍酒肉而后反。问其与饮食者，尽富贵也，而未尝有显者来。吾将瞷良人之所之也。’”“有馈生鱼于郑子产，子产使校人畜之池。校人烹之，反命曰：‘始舍之，圉圉焉，少则洋洋焉，悠然而逝。’子产曰：‘得其所哉！得其所哉！’校人出，曰：‘孰谓子产智？予既烹而食之，曰，得其所哉！得其所哉！’”此必须重叠而情事乃尽，此孟子文章之妙。使入《新唐书》，于齐人则必曰：“其妻疑而瞷之”，于子产则必曰：“校人出而笑之”，两言而已矣。是故辞主乎达，不主乎简。[②]

① 顾炎武：《日知录》卷二六“《新唐书》”条，黄汝成《日知录集释》本，上海古籍出版社2006年版，第1466页。

② 顾炎武：《日知录》卷一九“文章繁简”条，黄汝成《日知录集释》本，上海古籍出版社2006年版，第1100页。

以上二事，分别见于《孟子》的《离娄下》和《万章上》。《孟子》叙述齐人醉饱引起妻妾怀疑和校人欺骗子产的事，在叙事策略上，都重复人物间的对话。顾炎武不以为繁，反而认为必须如此“重叠，情事乃尽”，表面看上去“繁”，但这恰恰是“孟子文章之妙”。子产的“得其所哉”是智者的旷达，而校人的“得其所哉”则刻画出小人的嘴脸。如果用后代尚简之笔叙述这两件事，则索然无味。这也是史家文辞之“达”的境界。叠字重复能增强历史叙事的感染力、丰富历史的画面感，也能提醒读者留意于此，不愧为叙事之良法，这正是简约之风所欠缺的。

从思想的流布来看，顾炎武“辞主乎达”的文辞观，对乾嘉时期的史学家具有思想先导意义。章学诚认为“史之大忌，文繁事晦”[①]。钱大昕则说：“文有繁有简，繁者不可减之使少，犹之简者不可增之使多。《左氏》之繁，胜于《公》《穀》之简，《史记》《汉书》，互有繁简，谓文未有繁而能工者，非通论也。”[②] 这样的认识不仅与顾炎武的思想相符，而且表述得无懈可击。崔述也非常明确地说道：“《尧典》《禹贡》之文简矣，而《商》《周书》则繁。《论语》之文简矣，而《孟子》书则繁。《左传》之纪事简矣，而《史记》则繁。古之人岂好为其繁哉！

① 章学诚：《章学诚遗书》卷八《史姓韵编序》，文物出版社 1985 年版，第 67 页。

② 钱大昕：《潜研堂文集》卷三三《与友人书》，载陈文和主编：《嘉定钱大昕全集》（增订本）第 9 册，凤凰出版社 2016 年版，第 546 页。

夫亦世变所趋，不得已而然耳。”[①] 这是一个带有规律性的发现。王鸣盛则从良史的角度立论：“或谓史贵详，或谓史贵简，二者皆不尽然，必也详其所当详，简其所当简，乃可谓良史矣。”[②] 意思是说，史家文辞既非越详越好，也不是愈简愈佳。唯有详简得当，才称得上是良史。不难看出，从顾炎武开始，清代史学家在文章繁简论上形成了较为通达的见识，而且认识的空间愈来愈开阔。

史文尚简不是没有道理的，甚至可以说它是反击繁冗的叙事风格的有力武器，是检验拙劣的叙事技艺的有效工具，意义不可小觑。但一种标准提出后，因时过而境迁，又会在思想与实践的往返中发生变异。出于对“简”的过度崇拜，也会损害叙事的完整性、准确性和艺术性。有时候只有“繁”才能美，才能“达”。由此而论，从“文章繁简”到“辞主乎达”，是从文字的多寡转而追求意义的表达和史事的明畅，是对史家文辞本旨的一次回归。

“辞主乎达”，文浅而意深，言近却旨远，这是顾炎武的匠心所在，不愧是清代史家文辞批评的前驱。当然，史家文辞理论又不限于文字繁简，还包括文辞技艺及其反思，这方面，牛运震的论述就值得特别关注。

---

① 崔述：《考信录提要》卷下《总目》，载顾颉刚编订：《崔东壁遗书》，上海古籍出版社1983年版，第23页。

② 王鸣盛：《十七史商榷》卷一〇“壬辰辛丑”条，上海书店出版社2005年版，第70页。

二、“情景如生”

牛运震（1706—1758），字阶平，号真谷，山东滋阳（今兖州）人，人称空山先生。牛氏十岁“能属文。性爱经史古文，不屑屑于时艺”[①]。雍正十一年（1733），牛运震举进士，任秦安、平番等地的知县，设陇川书院。牛运震治学“既不为汉人穿凿之谈，亦不作宋代凿空之论。枕经葄史，要皆心得之言”[②]。牛运震去世后，其子牛钧在地方官员和亲友的资助下陆续刊刻其著述，嘉庆二十三年（1818）刻成《空山堂全集》，计《诗志》（八卷）、《周易解》（九卷）、《春秋传》（十二卷）、《论语随笔》（二十卷）、《孟子论文》（七卷）、《读史纠谬》（十五卷）、《史记评注》（十二卷）、《空山堂文集》（十二卷）、《空山堂诗集》（六卷）。

雍正十三年（1735），牛运震在写给董景伯的信中已透露出从事史学批评的志向，“交岁以来，夙夜沉潜，究心研讨，摧挫之余，常以简策自理，四五月后，益搜罗逸籍，恢广诵览，博引旁达，错综其事，渐觉黑白开朗”。信中所列书目包括《三国志》《宋书》《魏书》等。三十岁时，牛运震对史学已有贯通的认识，认为《史记》以下，“班、范都少神致，《晋纪》并乏风骨。降晋迄元，唯唐、五代略存声貌畛径，此外则漫漫如重雾也，而繁冗破碎，大坏史家之法度。南北不及二百年，而撰记十

---

① 蒋致中：《牛空山先生年谱》，《民国丛书》第四编第86册，上海书店1992年版，第3页。

② 陈预：《牛空山先生全集序》，载牛运震：《史记评注》附录五，崔凡芝《空山堂史记评注校释：附史记纠谬》本，中华书局2012年版，第1015页。

家，宋元两代耳，而国故千帙。后之人欲究天人古今之变，而科条散杂，又无喜怒歆嗟、抑扬伸蓄之神以歌舞之，所以一卷未竟而忘失过半，此皆史家之深罪也”①。话虽偏激了些，但批判性和指向性都十分鲜明，绝非平庸之辈的学舌之论。

牛运震在史学方面的代表作是《读史纠谬》和《史记评注》。《读史纠谬》所纠之史包括《史记》至《新五代史》共十五部正史，按正史篇目进行评论，所论以叙事、文辞为主，兼及史事讹误诸方面的考证。《史记评注》是牛氏“设教晋阳时所著，而改定于少陵台畔者也”②。该书于《史记》篇目之下，一般先作一段总体介绍，长短不拘，然后选取作者认为写得精彩、结构巧妙、史迁用意处作按语评论，或指点一篇之关节、文眼与层次，兼有学术鉴赏和微观研究的价值，有时在一篇结尾处还作简短的总结。此书的总体风格与《读史纠谬》相似，但因专注于《史记》一书，故而评论更加细致，大到一篇的谋划布局，小到一句话的表述、一个字的推敲，都有涉及，于揣摩史意、文辞审美尤为用心。在大量的评论中，牛运震提出了文辞审美的一个重要标准：“情景如生”，或称作“情状如画”③。

① 牛运震：《空山堂文集》卷一《寄董景伯书》，《清代诗文集汇编》第三〇五册，上海古籍出版社 2010 年版，第 64-65 页。

② 牛钧：《跋》，载《史记评注》附录二，崔凡芝《空山堂史记评注校释：附史记纠谬》本，中华书局 2012 年版，第 1006 页。按：该跋在崔凡芝校释本中名为《牛廉夫跋》，但此跋实为牛运震子牛钧所撰。跋首称：“右《史记评注》十二卷，先君子”云云，跋尾也明确记载：“乾隆五十八年岁次癸丑中秋，男钧谨识。”此句后另起一行低格书“长孙廉夫校字”。可见，牛廉夫只是做了文字校对的工作。

③ 牛运震：《史记评注》卷五《田敬仲完世家》，崔凡芝《空山堂史记评注校释：附史记纠谬》本，中华书局 2012 年版，第 301 页。

牛运震常借历史图画喻史家文辞的形象性。《史记》写陈平的居处，“负郭穷巷，以弊席为门，然门外多有长者车辙”[①]。牛运震评价它“俨然一幅《高士家居图》，雅甚”[②]。《史记·刺客列传》中荆轲嗜酒，“日与狗屠及高渐离饮于燕市，酒酣以往，高渐离击筑，荆轲和而歌于市中，相乐也，已而相泣，旁若无人者”。这一段写得“情致淋漓，光景动人，绝妙一幅《燕市悲歌图》”。至荆轲出发刺杀秦王时，易水之上，“渐离击筑，荆轲和歌，又绝妙一幅《易水悲歌图》”[③]。《高士家居图》《燕市悲歌图》《易水悲歌图》听来就有画面感，渲染的是史家文辞的形象之美。

楚汉相争之际，项羽和刘邦会宴于鸿门，刘邦的巧言善辩与项羽的胸无城府形成鲜明对比，酒席间范增暗示、项庄舞剑、项伯翼护刘邦等情节波澜起伏，扣人心弦。尤其是樊哙的出场写得栩栩如生：“哙即带剑拥盾入军门。交戟之卫士欲止不内，樊哙侧其盾以撞，卫士仆地，哙遂入，披帷西向立，瞋目视项王，头发上指，目眦尽裂。”[④] 对于这段精彩的叙事，牛运震评论道：“《史记》写鸿门一会，情景如生。”[⑤] 这一评语体现出他对史家文辞形象性的理解有独到之处。而要达到“情景如生”的叙事

---

① 司马迁：《史记》卷五六《陈丞相世家》，中华书局1982年版，第2052页。

② 牛运震：《史记评注》卷六《陈丞相世家》，崔凡芝《空山堂史记评注校释：附史记纠谬》本，中华书局2012年版，第354页。

③ 牛运震：《史记评注》卷九《刺客列传》，崔凡芝《空山堂史记评注校释：附史记纠谬》本，中华书局2012年版，第489、494页。

④ 司马迁：《史记》卷七《项羽本纪》，中华书局1982年版，第313页。

⑤ 牛运震：《读史纠谬》，齐鲁书社1989年版，第93页。

效果，至少需要做到三点：生动、细节和传神。

关于生动。“生动”一词在牛运震的批评话语中出现频率很高。《史记·王翦列传》写王翦率兵击荆事，颇有趣味。起初，秦始皇重用“年少壮勇”的李信率卒二十万攻荆，结果秦军大败。秦始皇不得不亲往频阳，请王翦出山。王翦提出两个条件，一是要增兵至六十万，二是要秦始皇赏赐他良田美宅。增兵是战胜的前提，而田宅之请并不是出于贪财好利，而是为了不让秦始皇怀疑，故意“多请田宅为子孙业以自坚”。再看王翦率大军如何应战呢？“荆兵数出挑战，终不出。王翦日休士洗沐，而善饮食抚循之，亲与士卒同食。久之，王翦使人问军中戏乎？对曰：‘方投石超距。’于是王翦曰：‘士卒可用矣。’荆数挑战而秦不出，乃引而东。翦因举兵追之，令壮士击，大破荆军。”[①] 荆兵多次挑衅，王翦拒不出战，只是让士兵洗沐休息，给士兵们改善伙食。过了一段时间，王翦派人打探士兵们状态如何，回答说士兵们在练习投石头和跳远。王翦说这样的士兵可以上战场了，于是命士兵追击，结果大胜。这段叙事，最精彩的莫过于写王翦如何在秦军大败之后，重整士气，安抚士兵，采用非常之法，一举而收大功。牛运震怎么评论呢？“写用兵整暇之神，精彩飞动。”[②]“精彩飞动”四字评价甚高，但却是公允之论，揭示了司马迁的文辞艺术。

---

① 司马迁：《史记》卷七三《王翦列传》，中华书局1982年版，第2339、2340、2341页。

② 牛运震：《史记评注》卷七《白起王翦列传》，崔凡芝《空山堂史记评注校释：附史记纠谬》本，中华书局2012年版，第412页。

《史记》写战争，“使人有身临其境之感”，能够“给人们以历史审美的享受”。[①] 牛运震评《史记》时着意领会司马迁的这一匠心：“古来善于叙战者，莫如《左氏》。其摹写春秋数大战，兵机阵法，可谓工且备矣。《史记·项羽纪》巨鹿、垓下诸战，写勇将冲锋陷阵，雄入九军之概，更为显明生动，较《左氏》又另一种笔墨。阅之如见劲装铁马，令人神竦。”[②] 不仅写战争，司马迁笔下的人物也被刻画得栩栩如生。“毛遂自荐说楚合纵一段，写得精神栩栩，须眉欲动”，“真画生手也”。[③]《史记·苏秦列传》“读之能使舌辨之士精神栩栩生动”[④]。归根结底，这些说的都是文辞的生动问题。

关于细节。牛运震好用“委曲”或“曲折”形容叙事细节。叙事要有画面感离不开细节，包括人物行事、心理活动、情感变化和语气口吻等。《史记》写汉高祖微时，一老父为其相面事：

> 吕后与两子居田中耨，有一老父过请饮，吕后因餔之。老父相吕后曰：“夫人天下贵人。”令相两子，见孝惠，曰：“夫人所以贵者，乃此男也。”相鲁元，亦皆贵。老父已去，高祖适从旁舍来，吕后具言客有过，相我子母皆大贵。高祖

---

① 瞿林东：《中国史学史纲》，北京出版社 1999 年版，第 195 页。

② 牛运震：《史记评注》卷二《项羽本纪》，崔凡芝《空山堂史记评注校释：附史记纠谬》本，中华书局 2012 年版，第 82 页。

③ 牛运震：《史记评注》卷八《平原君虞卿列传》，崔凡芝《空山堂史记评注校释：附史记纠谬》本，中华书局 2012 年版，第 424、425 页。

④ 牛运震：《史记评注》卷七《苏秦列传》，崔凡芝《空山堂史记评注校释：附史记纠谬》本，中华书局 2012 年版，第 395 页。

问，曰："未远。"乃追及，问老父。老父曰："向者夫人婴儿皆似君，君相贵不可言。"[①]

牛运震评道："老父相吕后母子，并相高祖，极细事，叙得情景曲折。"[②] 司马相如和卓文君事，在《史记》中也被描摹得极为细致。先是，卓文君的父亲卓王孙听说县令处来了贵客，便置办酒席，宴请县令和相如。宴请当日，县令和宾客们都如约而至，唯独相如迟迟未到。

至日中，谒司马长卿，长卿谢病不能往，临邛令不敢尝食，自往迎相如。相如不得已，强往，一坐尽倾。酒酣，临邛令前奏琴曰："窃闻长卿好之，愿以自娱。"相如辞谢，为鼓一再行。是时卓王孙有女文君新寡，好音，故相如缪与令相重，而以琴心挑之。相如之临邛，从车骑，雍容闲雅甚都。及饮卓氏，弄琴，文君窃从户窥之，心悦而好之，恐不得当也。既罢，相如乃使人重赐文君侍者通殷勤。文君夜亡奔相如，相如乃与驰归成都。[③]

司马迁将相如的风姿、撩人心弦的琴音、文君偷窥的女儿姿态、心中欢喜又怕自己配不上相如的复杂心理都一一呈现，让读

① 司马迁：《史记》卷八《高祖本纪》，中华书局1982年版，第346页。
② 牛运震：《史记评注》卷二《高祖本纪》，崔凡芝《空山堂史记评注校释：附史记纠谬》本，中华书局2012年版，第84页。
③ 司马迁：《史记》卷一一七《司马相如列传》，中华书局1982年版，第3000页。

者可观，可听，可想。这般妙笔得到牛运震如是评价："相如饮卓氏，弄琴挑文君一段，极俚亵琐细事，写来极雅极奇。须知是正史，不是小说，精神风致次第曲折画绝。"[①] 倘若没有这些细节的装点，又怎么能够将世态人情表现得如此真切，得到批评家这么高的评价呢！

人物的语言和口吻也是史家文辞不可忽略的细节。牛运震注意到写人物的语言须与人物的身份、性格相符。如《史记·高祖本纪》写刘邦的"草泽市井语气宛肖"[②]。《史记·傅靳蒯成列传》中"是为无人可使者乎"是"柔媚语，口吻极肖"[③]。这些细节上的精彩处理，是《史记》叙事艺术上的一大成功处。牛运震从这些细节中揣摩司马迁的叙事美学，也下了一番精雕细琢的功夫。

关于传神。史事本身的神韵其实是通过史家高超的史笔，才得以复活的。换而言之，唯良史之叙事可以传神。牛运震就对《史记·魏其武安侯列传》的传神之笔深有体会。为了宴请如日中天的田蚡，失势的窦婴和夫人亲自到集市上置办牛酒，低三下四、焦虑地等待迟迟不来的田蚡。对于这些，司马迁极尽摹写之能事。"一片世情，宛然如画。"[④] 牛运震之所以这样高度评价

---

① 牛运震：《史记评注》卷一一《司马相如列传》，崔凡芝《空山堂史记评注校释：附史记纠谬》本，中华书局2012年版，第699页。

② 牛运震：《史记评注》卷二《高祖本纪》，崔凡芝《空山堂史记评注校释：附史记纠谬》本，中华书局2012年版，第89页。

③ 牛运震：《史记评注》卷一〇《傅靳蒯成列传》，崔凡芝《空山堂史记评注校释：附史记纠谬》本，中华书局2012年版，第563页。

④ 牛运震：《史记评注》卷一〇《魏其武安侯列传》，崔凡芝《空山堂史记评注校释：附史记纠谬》本，中华书局2012年版，第621页。

《史记·魏其武安侯列传》，正是因为司马迁在这篇列传中的叙事处处传神。

《史记》写伍子胥的秉性，“吴兵入郢，伍子胥求昭王。既不得，乃掘楚平王墓，出其尸，鞭之三百，然后已”①。牛运震指出：“‘然后已’三字写出痛恨之神。”② 司马迁记范睢初入仕途时，追随魏国的中大夫须贾出使齐国，后来须贾和魏相魏齐怀疑范睢通敌叛国。于是“魏齐大怒，使舍人笞击睢，折胁折齿。睢佯死，即卷以箦，置厕中。宾客饮者醉，更溺睢，故僇辱以惩后，令无妄言者”③。魏齐命人抽打范睢，打断了肋骨，打落了牙齿，打得范睢只好装死，被人卷在席子里，扔在厕所中。喝醉了的宾客轮番在范睢身上撒尿。范睢肉体上的疼痛及其遭遇的难以言说的屈辱，透过司马迁的史笔，让读者感同身受。此处叙事，堪称“画出魏齐切齿之神”④。至此，也可以说史家文辞之能事尽矣。

和“情景如生”同一内涵，而在措辞上略有不同的另一术语，是王鸣盛提出的“情事如绘”。元徽二年（474），桂阳王刘休范举兵造反，被萧道成讨平。刘休范虽已被斩首，但是刘宋宫内却传言萧道成兵败，新亭失陷，刘休范驻扎于新亭，于是士庶争相投靠刘休范。对这一历史闹剧，《南齐书》只是平淡地叙

---

① 司马迁：《史记》卷六六《伍子胥列传》，中华书局1982年版，第2176页。

② 牛运震：《史记评注》卷七《伍子胥列传》，崔凡芝《空山堂史记评注校释：附史记纠谬》本，中华书局2012年版，第390页。

③ 司马迁：《史记》卷七九《范睢列传》，中华书局1982年版，第2401页。

④ 牛运震：《史记评注》卷八《范睢蔡泽列传》，崔凡芝《空山堂史记评注校释：附史记纠谬》本，中华书局2012年版，第443页。

述："士庶惶惑，诣垒投名者千数，太祖随得辄烧之。"[①] 而《南史》则写道："士庶惶惑，诣垒期赴休范，投名者千数，及至，乃是帝。随得辄烧之。"[②] 王鸣盛对比二史对同一史事的叙述后评论道，《南史》"'及至，乃是帝'五字甚妙，得此觉情事如绘矣"[③]。《南史》增加"及至，乃是帝"五字，将"士庶惶惑"的丑态及其出乎意料的惊慌之状描述得淋漓尽致。

"情景如生"与"情事如绘"是史家通过史料重建历史时所达到的一种形象之美。如果说"情景如生"还偏重于文辞表达的技巧层面的话，那么牛运震关于史家"笔情"的讨论则是对文辞之美的深化。

三、"有笔法无笔情不可以作史"

梳理牛运震的评史言论，可知他常以"情"之有无、浓淡、深浅品评史家文辞。先来看几条相关评论。《史记·李将军列传》"令人徒增无限深情"[④]。《史记》记事佳处"笔外有情"[⑤]。垓下之战，"项王夜饮悲歌一段，于兵戈抢攘中，写出风骚哀怨之致，真神笔"[⑥]。金戈铁马与风骚哀怨相对，配以悲凉腔调，不

① 萧子显：《南齐书》卷一《高帝本纪上》，中华书局1972年版，第9页。

② 李延寿：《南史》卷四《齐本纪上》，中华书局1975年版，第100页。

③ 王鸣盛：《十七史商榷》卷五五"及至，乃是帝"条，上海书店出版社2005年版，第410页。

④ 牛运震：《史记评注》卷一〇《李将军列传》，崔凡芝《空山堂史记评注校释：附史记纠谬》本，中华书局2012年版，第637页。

⑤ 牛运震：《史记评注》卷八《信陵君列传》，崔凡芝《空山堂史记评注校释：附史记纠谬》本，中华书局2012年版，第437页。

⑥ 牛运震：《史记评注》卷二《项羽本纪》，崔凡芝《空山堂史记评注校释：附史记纠谬》本，中华书局2012年版，第79页。

仅有英雄末路的画面，还有大丈夫穷途时呜咽悲歌之音。《史记·刺客列传》中聂政仗剑刺杀韩相侠累后，“自皮面决眼，自屠出肠”而死。聂政的姐姐得知弟弟自杀后说：“严仲子乃察举吾弟困污之中而交之，泽厚矣，可奈何！”[①] 牛运震点评“泽厚矣，可奈何”六字是“侠客词，豪士歌。‘可奈何’三字，感之亦恨之也，无限深情”。[②] 聂政为了报答严仲子，兑现了士为知己者死的诺言。可对于聂政的姐姐来说，却有太多的无奈、无限的悔恨。西汉初年，赵王张敖受贯高等人谋反的牵连，被刘邦逮捕。贯高为了证明张敖的清白，隐忍不死。后来刘邦赦免了张敖和贯高。“贯高喜曰：‘吾王审出乎？’”确知张敖已被释放，贯高便自杀了。司马迁接着写道：“当此之时，名闻天下。”[③] 这两句话在《汉书》中被删去了。牛运震评价道：“此知为史而不知为文者也。”[④] 为什么班固是“知为史”而“不知为文”呢？揣摩牛运震之意，当因《汉书》的文辞忽略了“情”，弱化了叙事的感染力。

有些时候，牛运震的评论表面上没有出现“情”字，但实际上仍是论“情”。如“相如，一文人，至使天子为收取其书，今之人所不能得之于师友存亡之际者也。写千古文人第一知遇，真令人感激流涕”[⑤]。读《史记·屈原贾生列传》“似见太史公与

---

① 司马迁：《史记》卷八六《刺客列传》，中华书局1982年版，第2525页。

② 牛运震：《史记评注》卷九《刺客列传》，崔凡芝《空山堂史记评注校释：附史记纠谬》本，中华书局2012年版，第487页。

③ 司马迁：《史记》卷八九《张耳陈余列传》，中华书局1982年版，第2585页。

④ 牛运震：《读史纠谬》，齐鲁书社1989年版，第94页。

⑤ 牛运震：《史记评注》卷一一《司马相如列传》，崔凡芝《空山堂史记评注校释：附史记纠谬》本，中华书局2012年版，第708页。

贾太傅把手欷歔，俯仰唱叹，令千古失职才人，一时俱为感泣”[①]。读史而至于流泪，原因何在？因为读史者通过史家文辞与历史人物之间产生了强烈的情感共鸣。

牛运震关于史家文辞的大量评论，最终浓缩为一个论断：“有笔法无笔情不可以作史。”这是他在评论《史记·张释之冯唐列传》时提出来的。史载张释之随从汉文帝至虎圈，虎圈啬夫、张释之与汉文帝之间有一番对话：

> 释之从行，登虎圈。上问上林尉诸禽兽簿，十余问，尉左右视，尽不能对。虎圈啬夫从旁代尉对上所问禽兽簿甚悉，欲以观其能口对响应无穷者。文帝曰：“吏不当若是邪？尉无赖！”乃诏释之拜啬夫为上林令。释之久之前曰：“陛下以绛侯周勃何如人也？”上曰：“长者也。”又复问：“东阳侯张相如何如人也？”上复曰：“长者。”释之曰：“夫绛侯、东阳侯称为长者，此两人言事曾不能出口，岂斅此啬夫谍谍利口捷给哉！且秦以任刀笔之吏，吏争以亟疾苛察相高，然其敝徒文具耳，无恻隐之实。以故不闻其过，陵迟而至于二世，天下土崩。今陛下以啬夫口辩而超迁之，臣恐天下随风靡靡，争为口辩而无其实。且下之化上疾于影响，举错不可不审也。”文帝曰：“善。”乃止不拜啬夫。[②]

---

① 牛运震：《史记评注》卷九《屈原贾生列传》，崔凡芝《空山堂史记评注校释：附史记纠谬》本，中华书局2012年版，第478页。

② 司马迁：《史记》卷一〇二《张释之冯唐列传》，中华书局1982年版，第2752页。

汉文帝、张释之、上林尉、虎圈啬夫四人的语言、神情甚至心理活动都得到了细致地呈现。这番问对看似冗长细碎，但实为司马迁用心结撰的文辞。尤其是司马迁写啬夫回答汉文帝，于“虎圈啬夫从旁代尉对上所问禽兽簿甚悉”句后，又缀以一句“欲以观其能口对响应无穷者”。牛运震发现了这个问题，但他非但不指责司马迁的文笔拖沓，反而称赞不已：

> 长句联绵重复，若不可了，如此乃尽啬夫情态。如此文若从史家简字之法，只当云“从旁代尉对上所问禽兽簿甚悉”可矣，必缀“欲以观其能”二语，不厌繁曲琐琐者，正为后文释之论“啬夫谍谍利口”地耳。固知有笔法无笔情不可以作史。“欲以观其能”此五字切中啬夫肺肝，啬夫不可用处止在此。[①]

司马迁特意写下“欲以观其能”五字，为下文张释之批评啬夫的“谍谍利口”及其不可任用的原因埋下伏笔。简字固是笔法，联绵才有笔情。牛运震从中认识到仅有笔法而无笔情算不得良史。这样的例子，不止上述一处。《史记·文帝本纪》“载除收孥相坐律令诏议甚详，极曲折入情”，结果被《汉书》删去，“只以‘尽除收孥相坐律令’一语了之，亦病简略”[②]。这也

---

① 牛运震：《史记评注》卷一〇《张释之冯唐列传》，崔凡芝《空山堂史记评注校释：附史记纠谬》本，中华书局2012年版，第581页。

② 牛运震：《读史纠谬》，齐鲁书社1989年版，第82页。

是“有笔法无笔情”的案例。

中国古代史家论文辞，多谈笔法，少论笔情。《史通·叙事》所谈“尚简”“用晦”都属于笔法范畴。“笔法”在意的是叙事的法度、规则和一般性技巧；“笔情”则随史事而发抒情感，或悲或喜，或哀或乐，不在一般法度内。在中国古代史学批评史上，从来不缺少批评的实例，欠缺的是如何从一个又一个实例中形成理论。牛运震史学批评的高明及其启示，正在于此。

具有与牛运震类似认识的，还有赵翼。赵翼评《旧唐书》的“《高仙芝》《封常清》二传，似分似合，《常清传》内载其临死谢表，郁勃悲凉，而继之以仙芝之死，叹息数语，觉千载下犹有生气”[1]。这里所说的“生气”和“郁勃悲凉”都是着眼于文辞的感染力。《北齐书·高昂传》记述高昂战死之经过，仅曰：“昂所部失利，左右分散，单马东出，欲趣河梁南城，门闭不得入，遂为西军所害。”《北史》则以浓重笔墨记述了高昂从兵败至被杀的情景：

> 昂轻骑东走河阳城，太守高永洛先与昂隙，闭门不受。昂仰呼求绳，又不得，拔刀穿阖，未彻，而追兵至。伏于桥下。追者见其从奴持金带，问昂所在，奴示之。昂奋头曰：“来，与尔开国公!”追者斩之以去。……神武闻之，如丧肝胆，杖永洛二百。西魏赏斩昂首者布绢万段，岁岁稍与

---

① 赵翼：《廿二史札记》卷一六“《旧唐书》前半全用实录国史旧本”条，王树民《廿二史札记校证》本，中华书局1984年版，第348页。

之，周亡犹未充。[①]

这段文字写东魏大将高昂战败后逃亡之状、高永洛见死不救的原因、高昂临死前的傲视不羁、东魏和西魏截然不同的反应，有条不紊，于从容不迫中写出当时的气氛。赵翼点评道："此段文字，千载下犹有生气。而《齐书》但云昂奔河阳城，不得入，遂为西军所害，真乃索然无味。"[②] 之所以"索然无味"，正是因为缺乏"笔情"。这些评论，对于读史者认识古代史家文辞的魅力有导读之功。

稍晚于牛运震，章学诚讨论"情"与"文"的关系时说："文以气行，亦以情至。……文情未至，即其理其事之情亦未至也。"同一史事，不同人的记述产生的效果是迥异的，究其根源之一，是作者能否得其情。"文生于情，情又生于文。"[③] "凡文不足以动人，所以动人者，气也。凡文不足以入人，所以入人者，情也。气积而文昌，情深而文挚，气昌而文挚，天下之至文也。"[④] 换言之，情、文、气是叙事审美中不可或缺的因素，而情在诸要素中又尤为重要。综合牛运震、赵翼和章学诚所论，他们对史家在文辞中倾注"情"的必要性及其叙事效果是有深刻认识的。

---

① 李延寿：《北史》卷三一《高昂传》，中华书局1974年版，第1147页。

② 赵翼：《陔余丛考》卷八"《北史》较《北齐书》繁简互有得失处"条，河北人民出版社1990年版，第153页。

③ 章学诚：《章学诚遗书》卷六《杂说》，文物出版社1985年版，第55页。

④ 章学诚：《文史通义·史德》，叶瑛《文史通义校注》本，中华书局1985年版，第220页。

“有笔法无笔情不可以作史”，是一个引人深思的命题。人们不禁要思考：史家作史，笔端可否含情？论者评史，眼中能否有情？史学的第一要义是真实，史家理当如实直书，掺入史家情感会不会有悖于历史真实？怎样处置史家的理性与情感？答案是史学家是有血有肉的人，对历史上的人事沉浮、朝代兴衰、战争胜败，不可能做到笔下无一丝一毫的感情。不管作史家持怎样的宗旨，都是含有主观感情的。历史上的人物本就有情有义，史家叙事也理当再现、传递这份史情。历史上的家国荣辱、智谋机巧蕴含丰富的情感认知，只有饱含情感的文辞才能感染人，更好地发挥史学的多方面功能。摒弃一切情感的史书，只剩下冷冰冰的文字符号，这是死的历史。基于上述考量，史家文辞重视情感的表达，无可厚非。不过，凡事都有两面。“情”若泛滥无归，则有矫枉过正之嫌。

四、“文胜且不成史矣”

在对《南齐书》文辞的批评中，牛运震提出了一个重要观点，即“文胜且不成史矣”。具体表述是“融问魏使献马一段，词过于文，殊嫌冗腐。所谓文胜则史者邪，窃恐文胜且不成史矣”[1]。为了准确地理解这句话，尚需还原牛氏评史的语境，看看“融问魏使献马一段”是如何叙写的：

---

① 牛运震：《读史纠谬》，齐鲁书社 1989 年版，第 313 页。

上以虏献马不称，使融问曰：“秦西冀北，实多骏骥，而魏主所献良马，乃驽骀之不若。求名检事，殊为未孚。将旦旦信誓，有时而爽，駉駉之牧，不能复嗣？”宋弁曰：“不容虚伪之名，当是不习土地。”融曰：“周穆马迹遍于天下，若骐骥之性，因地而迁，则造父之策，有时而踬。”弁曰：“王主客何为勤勤于千里？”融曰：“卿国既异其优劣，聊复相访。若千里日至，圣上当驾鼓车。”弁曰：“向意既须，必不能驾鼓车也。”融曰：“买死马之骨，亦以郭隗之故。”弁不能答。[①]

王融以文辞敏捷著称，这一段外交辞令虽有所指，但的确相当冗繁。牛运震批评它“词过于文，殊嫌冗腐”，不是没有道理的。牛运震由此引申，认为“文胜且不成史”。这又牵扯出一个久远的学术传统——滥觞于先秦时期的文质论。

孔子关于“史”有一句名言。《论语·雍也》云：“质胜文则野，文胜质则史。文质彬彬，然后君子。”孔子言说的命题是何谓君子，为此，他举出了文与质偏至而出现的两种人——“野”

① 萧子显：《南齐书》卷四七《王融列传》，中华书局1972年版，第823页。

和“史”，所以，“文胜质则史”中“史”的本意当是指史官，[①]是在“文”方面有特殊才能的人。孔子提出的文质论被后世不断解释。[②]

讨论文质的传统延至唐代，刘知幾始以“文而不丽，质而非野”论叙事之美。[③] 牛运震则将“文胜质则史”的“史”解释为“史书”。质是指史事的本然，文是指史家对史事的表述。二者本是相互依存的关系，但如何把握这个度，着实不易。史家文辞需要文采，否则“质胜文”，叙事“则野”。牛运震对历代正史叙事的品评，体现出他对“文”的高度关切。“文义殊欠明晰”者被称之为“无笔”[④]。叙事之美者，赞之曰：“简而能括”，“极有风神”；文辞欠佳者，则斥以“庸稚之气可厌”，“稚弱可笑”，“奄奄无生气”。[⑤] 总之，史家文辞是需要“修饰”的。[⑥] 牛运震论史笔，有时近乎苛刻，甚至连一个字也不轻易放过。比

---

① 关于“文胜质则史”中的“史”，有多种解释。东汉包咸说：“野如野人，言鄙略也。史者，文多而质少。”也有解为策祝、专掌官府文书者。（参见程树德：《论语集释·雍也下》，中华书局 2014 年版，第 516—517 页）《韩非子·难言》：“捷敏辩给，繁于文采，则见以为史。”王先慎说：“《仪礼·聘记》云：‘辞多则史。’郑《注》：‘史，谓策祝。’亦言史官辞多文也。”（王先慎：《韩非子集解》，中华书局 2013 年版，第 23 页）王充也有“能雕琢文书，谓之史匠”之说。（《论衡》卷一二《量知》，上海人民出版社 1974 年版，第 195 页）宋人邢昺解释：“文多胜于质，则如史官也。”（《论语注疏》，《十三经注疏》本，上海古籍出版社 1997 年影印本，第 2479 页）

② 袁山松论作史五难，其中第五难即是“文不胜质”（《史通·摸拟》，浦起龙《史通通释》本，上海古籍出版社 1978 年版，第 224 页）可见，袁山松主张史家文辞要做到“文胜质”。清人李因笃在《史法》（《受祺堂文集》卷一，《清代诗文集汇编》第一二四册，上海古籍出版社 2010 年版）一文中引述“文胜质则史”，加以阐发，一则谓“趋于文者，势也”，二则反思“过文之弊”。清人由“文胜质则史”获得论史的灵感，并非个别现象。

③ 刘知幾：《史通·叙事》，浦起龙《史通通释》本，上海古籍出版社 1978 年版，第 165 页。

④ 牛运震：《读史纠谬》，齐鲁书社 1989 年版，第 327 页。

⑤ 牛运震：《读史纠谬》，齐鲁书社 1989 年版，第 151、363、163、284、444 页。

⑥ 牛运震：《读史纠谬》，齐鲁书社 1989 年版，第 113 页。

如《后汉书·光武帝纪》中有“遥语”一词：“光武升车欲驰；既而惧不免，徐还坐，曰：‘请邯郸将军入。’久乃驾去。传中人遥语门者闭之。”[①] 牛运震认为既然是“遥”，当是较远距离间的对话，“语”字气力不足，应改为“遥呼”。[②] 熔炼文辞，从来都不是雕虫小技。牛运震如此频繁地评论文辞，也足以证明他对文辞之于历史撰述的重要性有着多么深刻的认识。

牛运震理想的文质关系当是史事之质与史家之文的彼此平衡与相得益彰。所以，他又认为史家叙事不能过分沉溺于冗繁的文辞，否则会堕入“文胜质”，以致以文害义、以文害事，不成其为史。“文胜”的表现是什么呢？换而言之，怎样的表述属于“文胜”呢？前引牛运震所说的“词过于文，殊嫌冗腐”八字透露出“文胜”的两个基本特征——“冗”与“腐”，大意是指表述上的枝蔓不剪、浮词无力、呆板僵化。

牛运震关于“文胜”之弊的论述俯拾皆是。《晋书》有关苻坚的记叙“有贪多务繁之病”[③]。《宋书·明帝本纪》“‘废帝谋害’一段，叙辞冗复，少裁削”。而“‘帝少而和令’一段，总结少有笔力；‘末年多忌讳’以下，则散碎欠简净”[④]。这些均属于“文胜”。下面的这个例子也有助于我们理解“文胜”。“‘以刀子戾其颈，使身首异处’。按此只可云‘以刀子断其颈’足

① 范晔：《后汉书》卷一上《光武帝纪上》，中华书局1965年版，第12页。
② 牛运震：《读史纠谬》，齐鲁书社1989年版，第123页。
③ 牛运震：《读史纠谬》，齐鲁书社1989年版，第259页。
④ 牛运震：《读史纠谬》，齐鲁书社1989年版，第267页。

矣。史法贵质老，安用此装饰语?”[①] “断其颈”自然“身首异处”，《魏书》的表述犯了牛运震所批评的“文胜”之病。牛运震反对骈体作史，理由之一就是“排语用之史传，板滞未化”[②]，过于工整的骈文对仗，使文辞呆板，缺少变化，会影响史书的流畅、飞动之美。这是在抵制绮靡的文风、呆板的形式主义和过度的粉饰习气。

清代史家中，章学诚也从“文人之通弊”出发，对“文质论”提出过很好的意见：“叙事之文，作者之言也。为文为质，惟其所欲，期如其事而已矣。……与其文而失实，何如质以传真也?”[③] 章学诚批判的“文而失实”与牛运震否定的“词过于文”，在思想上是相通的，在指向上也是一致的。这反映出清代中期史家文辞审美理论上的一个共识。

从孔子的“文胜质则史”到牛运震的“文胜且不成史”，认识上已发生了根本的转向。何以如此?窃以为在孔子的时代，史学还处在初步发展的阶段，尽管《春秋》十分简略，但春秋以来史学发展的趋势却是“文胜质”的。经过两千多年的发展，牛运震发现了过分讲求“文”而对叙事造成的伤害，认为“文胜质”背离了史学的基本属性。

如果再参考牛运震的其他相关论述，不难发现对文辞的重视是他一贯的主张。牛运震如此痴迷于赏鉴史家文辞，又让人不得

---

① 牛运震：《读史纠谬》，齐鲁书社 1989 年版，第 438 页。

② 牛运震：《读史纠谬》，齐鲁书社 1989 年版，第 119 页。

③ 章学诚：《文史通义·古文十弊》，叶瑛《文史通义校注》本，中华书局 1985 年版，第 508 页。

不思考“文”在史学三要素事、文、义中的地位。一般看法是，“事”是根本，“义”是灵魂，而“文”不过是工具，不可与“事”“义”相提并论。这样的看法不能说是完全错误的。然而，由“事”而为“史”，是通过“文”实现的。如果没有“文”，一些重大的“事”未必能成为后人所知之“史”。同样，由“史”而言“义”，也是通过“文”传递的。“文”若不准确、不雅驯，无疑会影响“义”的表达与接受。由此说来，在事、文、义三者之中，“文”的重要性一点也不逊色于“事”和“义”。

综上，顾炎武、牛运震、赵翼、王鸣盛等人花费大量笔墨评论史家文辞，无非是在回答什么样的史笔才是良史叙事。在考据风潮下，清人虽然没有撰写出《史通·叙事》这样讨论叙事审美的专文，但他们强调的“辞达”“笔情”“文胜质”诸论，同样在古代史家文辞理论史上具有一席之地。

第二节　对史家议论的商榷

一、“于序事中寓论断”

史家发表议论，评价、褒贬史事与人物，这本是历史研究与撰述的题中之义。但清代考史家对史家议论的态度却存在明显分歧，有从叙事中揣摩议论者，也有以为议论无足轻重者。

先来看顾炎武关于史家议论的一个重要发现。《日知录》卷二十六评骘了十九部正史，是清初史学批评的代表性成果之一。顾炎武细究诸史，尤其重视《史记》。[①] 他从《史记》中悟出了“于序事中寓论断”的道理。此条札记不长，兹录于下以见其全貌。

> 古人作史，有不待论断而于序事之中即见其指者，惟太史公能之。《平准书》末载卜式语，《王翦传》末载客语，《荆轲传》末载鲁句践语，《晁错传》末载邓公与景帝语，《武安侯田蚡传》末载武帝语，皆史家于序事中寓论断法也。后人知此法者鲜矣，惟班孟坚间一有之，如《霍光传》载任宣与霍禹语，见光多作威福，《黄霸传》载张敞奏见祥瑞，多不以实，通传皆褒，独此寓贬，可谓得太史公之法者矣。[②]

顾炎武认为司马迁除了借“太史公曰”发表议论外，还有一项特别的本领，即能够“于序事之中即见其指”。当然，司马迁“于序事中寓论断”并不限于顾炎武所说的借用“当时别人的评论或反映以表达自己的论点”，“更多的时候是在历史叙述的过程中就已把论点表达出来了”。[③] 但顾炎武的“于序事中寓

① 仅《日知录》卷二六中关于《史记》的札记就有四条，分别是“《史记》《通鉴》兵事”“《史记》于序事中寓论断”“《史记》”“《汉书》不如《史记》”。

② 顾炎武：《日知录》卷二六“《史记》于序事中寓论断”条，黄汝成《日知录集释》本，上海古籍出版社2006年版，第1429页。

③ 白寿彝：《司马迁寓论断于序事》，载《白寿彝史学论集》下册，北京师范大学出版社1994年版，第698页。

论断”言人所未言，的确将司马迁的史论艺术揭示出来了。若跳出对司马迁和《史记》一人一书的评论，而将此论置于古代史学发展的宏阔场景中，从如何看待史家叙事和议论的角度来分析，还可得出另外一些看法。

这样说是因为，中国古代史家不仅善于叙事和议论，而且很早就开始从理论上讨论叙事艺术和史论功能问题。不过，单论叙事或史论者多，综合讨论叙事和史论者少。在顾炎武之前不是没有史学家贯通思考过叙事与史论的关系。《史通》中即有《叙事》和《论赞》的专篇，提出“叙事之体，其别有四”，第四类便是“假赞论而自见者”，如“《史记·卫青传》后，太史公曰：苏建尝责大将军不荐贤待士。《汉书·孝文纪》末，其赞曰：‘吴王诈病不朝，赐以几杖。’此则传之与纪，并所不书，而史臣发言，别出其事，所谓假赞论而自见者”①。从所举实例和刘知幾的说明来看，他是从论赞的角度论叙事，即史家通过论赞的方式补充叙事的缺失或遗漏。顾炎武和刘知幾的论述角度正好相反，“于序事中寓论断”是从叙事的角度论论赞，即史家通过叙事表达自己对历史的思考和态度。刘知幾和顾炎武的上述意见是相互交叉的两个论断。作为一个重要的史学批评命题，“于序事中寓论断”的意蕴至少还可以从以下三个方面揣摩。

第一，彰显了史家高超的作史技巧和圆融的历史解释艺术。人们习惯于从“君子曰”“太史公曰”“史臣曰”等明显打着史

① 刘知幾：《史通·叙事》，浦起龙《史通通释》本，上海古籍出版社 1978 年版，第 168、169 页。

家旗号、代表史家立场的文字段落中探寻史家的思想，而顾炎武却发现司马迁已突破了“某某曰”这类固定的史论模式，做到了随时随处表达自己的看法。从今天的眼光来看，这是史家主体性在历史撰述中的突出表现，与现代史学理论的相关认识息息相通。

第二，消弭了叙事与议论之间的隔膜，不只把叙事看作叙述历史，而是察觉到史家思想渗透于叙事中。它揭示了史家作史时有意隐蔽在属辞比事间的思想，映照出一部史书中史家无处不在的影子。原来，古代史学家巧妙地把自己嵌入历史的叙述中，根本不存在史家失语的叙事。

第三，对于批评家来说，“于序事中寓论断”拓展了批评思路，有助于批评家走进作史家思想深处。它告诫读史者和批评家需细心寻觅史家的踪影，倾听史家与笔下那段历史的窃窃私语。这给批评家揣摩史家之意提供了广阔的天地，也为历史的解释创造了更多的可能。

顾炎武见识高妙，读史得间，故能体察作史家之妙思。诚然，顾炎武认为司马迁之后，仅有班固能偶尔为之，有些绝对了。《后汉书·光武帝纪》开篇叙述刘秀“性勤于稼穑，而兄伯升好侠养士，常非笑光武事田业，比之高祖兄仲”①。范晔并未直接站出来评论，却借刘秀兄长之口评价了刘秀，这也正是“于序事中寓论断”。有意思的是，同为考史家，顾炎武发现了

① 范晔：《后汉书》卷一上《光武帝纪上》，中华书局1965年版，第1页。

隐蔽在史家叙事中的论断，但也有史家明确反对史书中的议论，这个人就是顾炎武的后学、乾嘉考据学的重要人物王鸣盛。

二、“议论褒贬皆虚文”

王鸣盛史学倾向上的一个突出表现，是推崇考证，轻视议论。此种宗旨流露于下面的一段学术自白：

> 大抵史家所记典制有得有失，读史者不必横生意见，驰骋议论，以明法戒也，但当考其典制之实，俾数千百年建置沿革，了如指掌，而或宜法，或宜戒，待人之自择焉可矣。其事迹则有美有恶，读史者亦不必强立文法，擅加予夺，以为褒贬也，但当考其事迹之实。……盖学问之道，求于虚不如求于实，议论褒贬皆虚文耳，作史者之所记录，读史者之所考核，总期于能得其实焉而已矣，外此又何多求邪？[①]

这段话反复强调治史只需“考其典制之实”和“考其事迹之实”，反对议论褒贬，因为“学问之道，求于虚不如求于实”。在王鸣盛看来，“议论褒贬”都是“虚文”。除了“得其实”，其他根本没有必要去探究。王鸣盛以考据之“实”对抗议论之“虚”，把史学等同于考据学，将史家议论贬得一无是处。

王鸣盛的话说得斩钉截铁，但又不可信以为真，因为他一方

---

① 王鸣盛：《十七史商榷》序，上海书店出版社2005年版，第1页。

面宣称“议论褒贬”是虚文，另一方面自己又不断发表“议论褒贬”，《十七史商榷》中大量的史论和史评可以为证。其中有论史家叙事感染力问题的，如《战国策》写苏秦由困厄而富贵之状，《史记》叙司马相如从当垆沽酒至身拜中郎将，《汉书》写朱买臣因贫困被妻子所弃，后官至太守。“三者正是一副笔墨，史传中写小人得志情形亦多矣，而《国策》《史》《汉》尤善描摹，穷秀才诵之，不觉眉飞色舞。”[①] 也有反驳以文字多寡论马班优劣的，“史体至《史记》而定，班踵马体，则才似逊，然论古正不必尔。若以烦简定高下，此何说乎？马意主行文，不主载事，故简，班主纪事详赡，何必以此为劣”[②]。这些话与“考其典制之实”和“考其事迹之实”，相去不可以道里计。

不仅如此，王鸣盛甚至对“议论褒贬”这类“虚文”，有许多褒奖。《宋书·谢灵运传》末有八百余字的“史臣曰”，是一篇讨论文学观念的佳作。沈约总结先秦至南朝刘宋时期文学发展的轨迹，称：“自汉至魏，四百余年，辞人才子，文体三变。相如巧为形似之言，班固长于情理之说，子建、仲宣以气质为体，并标能擅美，独映当时。……有晋中兴，玄风独振，为学穷于柱下，博物止乎七篇，驰骋文辞，义单乎此。”沈约也抒发了他的文学创见：“若夫敷衽论心，商榷前藻，工拙之数，如有可言。夫五色相宣，八音协畅，由乎玄黄律吕，各适物宜。欲使宫羽相

① 王鸣盛：《十七史商榷》卷六“司马相如”条，上海书店出版社2005年版，第39页。
② 王鸣盛：《十七史商榷》卷七“《史》《汉》烦简”条，上海书店出版社2005年版，第49页。

变，低昂互节，若前有浮声，则后须切响。一简之内，音韵尽殊；两句之中，轻重悉异。妙达此旨，始可言文。”所谓“敷衽论心，商榷前藻”，正是沈约发表个人观点的开场白。沈约对此甚为自负，说：“自骚人以来，多历年代，虽文体稍精，而此秘未睹。至于高言妙句，音韵天成，皆暗与理合，匪由思至。张、蔡、曹、王，曾无先觉，潘、陆、谢、颜，去之弥远。世之知音者，有以得之，知此言之非谬。如曰不然，请待来哲。”[①] 沈约首倡永明声律论，所撰《四声谱》虽佚，但在这篇史论中得到了阐述。王鸣盛对沈约的这篇议论不但不以为非，而且推崇备至：

> 直以己意历评古来作者，落到宋代，又以颜、谢并举，不分宾主偏正，此论虽系《灵运传》后，实非但为灵运发者，又史论之变体也。至此后一大段则并将前半篇所评撇过一边，盖前半篇之意言若论其词义之美，则汉、魏、晋、宋诸家各有可取，后半篇之意则约直自写其胸中所独得之见，而以为骚人以来此秘未睹。[②]

王鸣盛肯定沈约之处，一是“以己意历评古来作者”；二是能够“自写其胸中所独得之见”，不落俗套，这也与考据无甚

---

① 沈约：《宋书》卷六七《谢灵运传》后论，中华书局 1974 年版，第 1778-1779 页。

② 王鸣盛：《十七史商榷》卷五九“《灵运传》论”条，上海书店出版社 2005 年版，第 466 页。

关系。

《宋书》在臧焘、徐广、傅隆三人合传后，也有一篇精彩的史论。此文纵论西汉至南朝刘宋六百年间人才选拔制度的演变，从汉代的“闾党为先，崇本务学，不尚浮诡”，到曹魏时期，“主爱雕虫，家弃章句，人重异术。又选贤进士，不本乡闾，铨衡之寄，任归台阁”，再到南朝宋文帝在位，兴学重儒，“颇有前王之遗典”。[①] 王鸣盛评价这篇史论“穷原究委，尤觉卓然”，“黄初至晋末无儒教，真痛快之论，切中魏晋两朝弊病”。王鸣盛进而阐发这篇史论的意蕴：“表元嘉之兴学，此乃聊作抑扬，其实元嘉亦未能崇儒，即臧焘等经学，何敢望汉人万一，想作者胸中有此一番好议论，姑借题以发之。”[②] 王鸣盛赞赏的恰是作者这番借题发挥的“好议论”。《宋书》之外，王鸣盛还评论《后汉书·邓禹传》的后论“不甚贬禹，而亦深许光武，最为平允”[③]；《旧五代史·冯道传》的史论“立意精当，措词严冷，固未尝不妙”[④]。按照王鸣盛前面所说的“或宜法，或宜戒，待人之自择焉可矣”，他为何不“待人自择”，而是这般主动地点评一番，发表这些“虚文”呢！

王鸣盛不仅关注、评论前人史论，自己也常作史论。“公孙弘及主父偃、徐乐、严安皆倾险浮薄之徒耳，而其上书言事皆能

---

① 沈约：《宋书》卷五五《臧焘徐广傅隆列传》后论，中华书局1974年版，第1552–1553页。

② 王鸣盛：《十七史商榷》卷五九“臧焘等传论《南史》删弃”条，上海书店出版社2005年版，第464页。

③ 王鸣盛：《十七史商榷》卷三五“邓禹论”条，上海书店出版社2005年版，第243页。

④ 王鸣盛：《十七史商榷》卷九五“冯道自叙”条，上海书店出版社2005年版，第895页。

谏止用兵，盖是时如若辈者，犹倚正论以行其说，武帝亦喜而恨相见晚。武帝好文，故爱其辞而不责其忤己。”[①] 这不正是他自己所驳斥的“议论褒贬”等“虚文”吗？晚清李慈铭就将《十七史商榷》归入史评类，说该书“援引之博，核订之精，议论之名通，皆卓绝今古”[②]。李慈铭还特意比较了《十七史商榷》《廿二史札记》和钱大昕的《廿二史考异》，说《十七史商榷》“议论淹洽，又非钱之专事校订者比矣”，“钱专考订，鲜及评议。赵主贯串，罕事引证。兼之者，惟此书，故尤为可贵”。[③] 李慈铭已发现了《十七史商榷》好议论的特点。

王鸣盛一边标榜考据，斥责议论，一边又不停地发表议论，这种言行不一的矛盾源于他所执着的汉、宋之见。他批评“议论褒贬皆虚文”，含有对宋学的不满。这需要联系王鸣盛在另一处的论述来理解。王鸣盛批评宋代史家孙甫“以褒贬予夺示劝戒，以制度为不必具载”，又指摘孙甫的《唐史论断》：“论断虽多平正，皆空论，亦不足传。”紧接着就说：“大抵作史者宜直叙其事，不必弄文法、寓予夺；读史者宜详考其实，不必凭意见、发议论。宋人略通文义，便想著作传世，一涉史事，便欲法圣人笔削，此一时习气。”[④] 至于范祖禹的名作《唐鉴》，“纯是议论，于考证无益”[⑤]。这些话在内容上，甚至表述风格上，与

① 王鸣盛：《十七史商榷》卷六“公孙弘等”条，上海书店出版社 2005 年版，第 38 页。
② 李慈铭：《越缦堂读书记》，由云龙辑本，中华书局 2006 年版，第 418 页。
③ 李慈铭：《越缦堂读书简端记》，王利器纂辑本，天津人民出版社 1980 年版，第 170 页。
④ 王鸣盛：《十七史商榷》卷九二“《唐史论断》”条，上海书店出版社 2005 年版，第 860 页。
⑤ 王鸣盛：《十七史商榷》卷九二“《唐鉴》”条，上海书店出版社 2005 年版，第 861 页。

前引《十七史商榷》序中的学术自白何其相似乃尔。只是此处将王鸣盛口诛笔伐的“议论褒贬”直接与宋人联系在了一起。汉宋相争之念起，则宋人所擅长的“议论褒贬”都成了“虚文”，唯有汉学功夫，才是学问。作为一种理念，王鸣盛可以一再强调考据的重要性甚至唯一性，但当他面对丰富的史事、人物、史籍时，又不由自主地评论，这恰恰体现了考史家兼评论家这一学术群体的特点，体现了历史考据与史学批评之间天然的学术联系。从王鸣盛的言行来看，他还没有达到章学诚所说的“事实为秋实，而议论为春华矣。华实并进，功不妄施”① 的理论高度。事实上，一流的史学家如司马迁、司马光等，都既重实证，也着意于“议论褒贬”。有“实”无“虚”的史学家必然缺乏思想的灵动。在历史研究的虚实之间，王鸣盛明明走的是虚实结合的路子，但他却宣称“虚”不可取。他以考据为真功夫，但恰恰是考据限制了他的学术视野，也使他在理论认识上偏离了正确的方向。

第三节　对叙事求真的诉求

一、检视史源

史书皆有史料来源，正史与野史、官修与私撰都不例外。这是“史”的特有属性。“史源学”一词虽至 20 世纪 30 年代才由

① 章学诚：《章学诚遗书》佚篇《论课蒙学文法》，文物出版社 1985 年版，第 683 页。

陈垣正式提出来，但史学家追求史源的传统却由来已久。伴随着考据学的发展，追寻史源成为清代史家的一种学术自觉。史源不明，则史事不清，更难以辨别史事真伪，故追寻史源体现了对叙事求真的诉求。

在清代史学家中，赵翼和邵晋涵的史源意识尤为突出。赵翼（1727—1814），字云崧，号瓯北，江苏阳湖（今常州）人，乾隆二十六年（1761）恩科探花，是乾嘉时期著名的史学家和诗人。赵翼曾在军机处行走，又任广西镇安府知府、广东广州府知府和贵西兵备道等职，颇有政绩。这些政治经历为他读史、论史准备了得天独厚的条件。乾隆三十七年（1772），四十六岁的赵翼归里，此后除了乾隆五十二年（1787）应两广总督李侍尧之邀，襄赞军需外，以撰述、授徒和诗文为业，所谓“撑肠五千卷，纵目廿二史”①。他在史学方面撰有《廿二史札记》《皇朝武功纪盛》《檐曝杂记》《陔余丛考》。尽管人们习惯将《廿二史札记》《十七史商榷》《廿二史考异》并称为乾嘉三大考史著作②，但严格说来，赵翼并不能归入考史家的序列。赵翼治史“以议论为主”③，研究的是“有体有用之学”④。故而，在钱大昕、王鸣盛、赵翼三人中，若“就学问论，王、钱是一个路子，

① 赵翼：《瓯北集》卷四一《放歌》，上海古籍出版社1997年版，第1030页。

② 这种看法不仅在国内史学界相当普遍，日本学者内藤湖南也持此主张，见《中国史学史》，马彪译，上海古籍出版社2008年版，第261页。

③ 李慈铭：《越缦堂读书简端记》，王利器纂辑本，天津人民出版社1980年版，第209页。

④ 钱大昕：《潜研堂文集补编·廿二史札记序》，载陈文和主编：《嘉定钱大昕全集》（增订本）第10册，凤凰出版社2016年版，第411页。

赵又是一个路子”[①]。不过，赵翼生活在考据盛行的时代，《廿二史札记》“就正史纪、传、表、志中参互勘校”[②]，他又与乾嘉考据家多有交往，不能不受考据风气之浸染。

赵翼着意考论诸史史源，察其所本，如谓《南齐书》据檀超、江淹诸人旧议，又“小有不同，盖本超、淹之旧而小变之”[③]。《梁书》依据梁朝国史立传的痕迹更明显：

> 《梁书》本姚察所撰，而其子思廉续成之。今细阅全书，知察又本之梁之国史也。各列传必先叙其历官，而后载其事实，末又载饰终之诏，此国史体例也。有美必书，有恶必为之讳。……元帝诸子，方矩、方等、方诸外，尚有方略，亦无传。《梁书》谓，其余诸子，本书不载，故缺之。所谓本书者，即梁朝国史也。……当敬帝时，王室多故，不暇立史馆，入陈以后，又莫有记之者，故无国史可据，而《梁书》亦遂不为立传。尤可见《梁书》悉本国史，国史所有则传之，所无则缺之也。[④]

---

① 柴德赓：《王西庄与钱竹汀》，载《史学丛考》，中华书局 1982 年版，第 255 页。

② 赵翼：《廿二史札记》小引，王树民《廿二史札记校证》本，中华书局 1984 年版，第 1 页。

③ 赵翼：《廿二史札记》卷九“《齐书》所本”条，王树民《廿二史札记校证》本，中华书局 1984 年版，第 188 页。

④ 赵翼：《廿二史札记》卷九“《梁书》悉据国史立传”条，王树民《廿二史札记校证》本，中华书局 1984 年版，第 192-193 页。按：柴德赓评《梁书》，“叙事有一成例，每传大致可分三个段落，第一段先叙历官次序，第二段叙重要史实，第三段死后必载饰终之典，为死者颂扬一番。此种千篇一律的形式，实无可取，而且其结果是有美必书，有恶必讳”。（柴德赓：《史籍举要》，北京出版社 2002 年版，第 97 页）柴氏似受赵翼此论影响。

姚察、姚思廉父子作《梁书》，不仅体例同于国史，而且遗漏了一些重要人物、史事，甚至回护和曲笔，究其根源，在于他们所依据的史源为“有美必书，有恶必为之讳”的国史。姚察与姚思廉又缺乏必要的考订和增补，《梁书》的叙事真实性自然大打折扣。

追溯史源并非易事，须找到切实证据、厘清脉络，方可论断。赵翼考察《宋史》史源时，就钩稽《宋史》依据宋朝国史的线索，指出：“元人修史时，大概只就宋旧本稍为排次，今其迹有可推见者。《道学传序》云，旧史以邵雍列于《隐逸》，未当，今置于《张载传》后。《方技传序》云，旧史有《老释》《符瑞》二志及《方技传》，今去二志，独存《方技》。《外国传序》云，前宋史有《女直传》，今既作《金史》，义当削之。”[①]《宋史》的编纂者显然是依据了国史旧本。北宋初年，宋太祖下诏修五代史，仅年余即告成。为何成书如此之快？赵翼认为与《旧五代史》的史源有直接关系。“五代虽离乱，而各朝俱有实录。”他依次考订五代诸朝实录修纂情形，指出《旧五代史》乃以五代实录为史源，“案其纪载，不惟可见其采取实录之迹，而各朝实录之书法亦并可概见焉”[②]。如果不是细致爬梳，很难确认史源。而一旦查明史源，又可据此作出合理的评判。比如普遍的看法是，《新五代史》重在褒贬，保存史料非其所长。赵翼通

---

① 赵翼：《廿二史札记》卷二三“《宋史》多国史原本”条，王树民《廿二史札记校证》本，中华书局1984年版，第498–499页。

② 赵翼：《廿二史札记》卷二一“薛史全采各朝实录”条，王树民《廿二史札记校证》本，中华书局1984年版，第451、453页。

过考辨，认为《新五代史》虽“多据薛史旧本”，但其史源又不限于《旧五代史》，而是“博采群言，旁参互证，则真伪见而是非得其真，故所书事实，所纪月日，多有与旧史不合者，卷帙虽不及薛史之半，而订正之功倍之，文直事核，所以称良史也”①。史源考索与史事真伪之关联，即在于此。

一些正史在史源的选择和考订上处理得当，叙事得实，受到赵翼的称赞：“《金史》叙事最详核，文笔亦极老洁，迥出《宋》《元》二史之上。”这是因为“金代实录本自详慎”。元初王鹗修《金史》，又广搜详考：“《金史》旧底固已确核，宜纂修之人之易借手也。然于旧史亦有别择处。……非全恃钞录旧文者。”金宣宗以后之史事多本元好问、刘祁之书。“二人身历南渡，后或游于京，或仕于朝，凡庙谋疆事，一一皆耳闻目见，其笔力老劲，又足卓然成家。修史者本之以成书，故能使当日情事，历历如见。然谓其全取元、刘之作，则又不然。”②《金史》的作者对旧本有所区别，择其可信者而采之，既继承了前人的成果，又有所甄别增订，因而取得了撰述上的成功。这些话看似平常，实则只有刨根问底，考寻史源才能作出如此深刻的评论。③

《旧唐书》修于五代乱世，史料散佚不全，故而对其史源进行细致考察是客观评价《旧唐书》的前提。赵翼有鉴于此，在

---

① 赵翼：《廿二史札记》卷二一“欧史不专据薛史旧本”条，王树民《廿二史札记校证》本，中华书局1984年版，第459、460页。

② 赵翼：《廿二史札记》卷二七“《金史》”条，王树民《廿二史札记校证》本，中华书局1984年版，第597、598页。

③ 柴德赓考证《金史》史源，持论亦与赵翼大同小异，参见《史籍举要》，北京出版社2002年版，第195-196页。

《廿二史札记》的《两唐书》部分第一条札记就考索《旧唐书》的史料来源。“唐末播迁，载籍散佚，自高祖至代宗尚有纪传，德宗亦存实录，武宗以后六代，惟武宗有实录一卷，余皆无之。”所以五代的后梁、后唐朝廷都尽力搜集唐末史料，“梁龙德元年，史馆奏请令天下有记得会昌以后公私事迹者，抄录送官，皆须直书，不用词藻。凡内外臣僚奏行公事，关涉制置沿革有可采者，并送官”。后唐长兴年间，也“请下两浙、荆湖等处，购募野史”。后唐时期还有庾传美从成都访得的九朝实录。[①]这些构成了《旧唐书》的主要史源。经过考辨，赵翼发现“《旧唐书》前半全用实录、国史旧本”。“凡史修于易代之后，考覆既确，未有不据事直书，若实录、国史修于本朝，必多回护。观《旧书》回护之多，可见其全用实录、国史，而不暇订正也。”赵翼举出《旧唐书》本纪和列传回护的实例，予以论证，申述：“实录、国史书法既有回护，易代后修史时，考其非实，自应改正，而直笔书之。”[②] 这些评论背后蕴含的是求真精神。

除了赵翼，邵晋涵也自觉地从史源的角度考察、评价诸史。《旧唐书》“善于相因。唐中叶以前，本于旧史者居多”。所谓“旧史”是指唐代温大雅、令狐德棻、吴兢、徐坚、韦述等人所纂辑的国史旧本。“长庆以后，史失其官，叙次无法。而昫等袭其旧文，莫能刊正。帝纪则诗话、书序、婚状、狱词，委悉具

---

① 赵翼：《廿二史札记》卷一六“《旧唐书》源委”条，王树民《廿二史札记校证》本，中华书局1984年版，第340页。

② 赵翼：《廿二史札记》卷一六“《旧唐书》前半全用实录、国史旧本”条，王树民《廿二史札记校证》本，中华书局1984年版，第345、347页。

书，语多支蔓。列传则多叙官资，曾无事实，或但载宠遇，不具首尾。较韦述等所修旧史，截然高下，不可并论矣。”① 邵晋涵与赵翼的论述，所见略同。通过这种史源的追索，《旧唐书》前后部分的良莠不齐也就得到了合理的解释。《宋史》在历代正史中因芜杂繁冗屡遭批判。邵晋涵为《宋史》撰写提要时，就特意提到《宋史》的史源问题。他说："当时修《宋史》，大率以宋人所修国史为稿本，匆遽成编，无暇参考。宋人好述东都之事，故史文较详。建炎以后稍略，理、度两朝，宋人罕所纪载，史传亦不具首尾，遂至《文苑传》止详北宋，而南宋仅载周邦彦等寥寥数人。《循吏传》则南宋无一人，岂竟无可考哉？抑亦姑仍东都书之旧而不为续纂也？”② 这种基于史源的批评，深入史料渊源，颇能道出其中隐曲。

邵晋涵评《辽史》时也追寻其史源。"此书所据者，耶律俨、陈大任之书也。当日史臣见闻既隘，又迫限时日，无暇旁搜。”这里所称“耶律俨、陈大任之书”，是指由耶律俨编订的实录和陈大任所撰《辽史》。明确了《辽史》的史源，也有助于评判是非。“此书以实录为凭，无所粉饰，如《宋史》天平兴国七年战于丰州，据此书，则宋使请和。《宋史·忠义传》有康保裔。据此书，则保裔被擒而降，后为昭顺军节度使。审其事势，

① 邵晋涵：《南江文钞》卷一二《旧唐书提要》，《续修四库全书》第一四六三册，上海古籍出版社2002年版，第586页。

② 邵晋涵：《南江文钞》卷一二《宋史提要》，《续修四库全书》第一四六三册，上海古籍出版社2002年版，第590页。

《辽史》较可征信。”[①]《辽史》以实录为史源，未加修饰，又据两书所载对勘，斟酌以情理事势，自可对一些抵牾的记载有更为合理的认识，接近历史的真相。邵晋涵还探究了《金史》《元史》《明史》《两朝纲目备要》诸史史源，颇多发明，不再赘述。

赵翼、邵晋涵考订各史的编纂源委，尤其是诸史所据史料之来源，进而评骘史书叙事得失及相关问题。这种由探明史源而开展的史学批评，已经触及历史知识的生产流程和史书编纂的次序问题，较之不问史料源流只管评头论足的做法更具理性精神。史源追索，给史学批评家重新审视那些高文典册提供了史料学的新视角。它可以径直指出诸史的利弊及其根源，衡定诸史编纂的是是非非。从实际效果来看，基于史源的批评能够深入史书肌理，更具说服力。

二、挞伐曲笔

历代关于史家秉笔直书的颂扬不可胜纪，与此相对应，围绕曲笔、回护的口诛笔伐亦不绝于耳。降至清代，承袭两千多年史学滋养的史学家自然对直书与曲笔处处留心。“信”“真”“信史”在清代是十分常见的批评术语。“直书无隐”是史学家的共识。[②] 这从他们评论史书时坚持以“信”为标准，表彰“直而不

---

① 邵晋涵：《南江文钞》卷一二《辽史提要》，《续修四库全书》第一四六三册，上海古籍出版社2002年版，第591、592页。

② 永瑢等：《四库全书总目》卷四五《南齐书》提要，中华书局1965年版，第406页。

污，信而有征”[1] 的作史态度中可以得到验证。由于赵翼全面考察了二十四史，又善于总结、比较，故而《廿二史札记》中关于诸史叙事之曲直的讨论堪称古代史家曲笔论的集大成者。在赵翼的相关论述中，所应注意者至少包括以下三个方面。

首先，凡讳而不书、掩恶溢美、歪曲史实，造成叙事失真的，都属于曲笔。根据曲笔的缘由，大致可以分为两种类型。

第一种类型是由于史源本有回护，而史家疏于考订或无暇参互，导致曲笔。这种类型的曲笔比较普遍，且较为隐蔽。在上述关于史源的论述中，已经有所涉及，这里再略作补充以见其梗概。

沈约《宋书》叙述东晋、刘宋政权更迭和宋齐易代之事多有回护，且其偏袒的倾向令人费解："余向疑约修《宋书》，凡宋、齐革易之际宜为齐讳，晋、宋革易之际不必为宋讳，乃为宋讳者反甚于为齐讳，然后知为宋讳者徐爰旧本也，为齐讳者约所补辑也。人但知《宋书》为沈约作，而不知大半乃徐爰作也，观《宋书》者当于此而推之。"[2] 原来，《宋书》中的回护错位问题是因其主体内容源于徐爰旧本，并非沈约自撰。元朝所修《宋史》也因史源不当导致多所回护：

> 元修《宋史》，度宗以前多本之宋朝国史，而宋国史又

① 钱大昕：《潜研堂文集》卷二六《巨野姚氏族谱序》，载陈文和主编：《嘉定钱大昕全集》（增订本）第9册，凤凰出版社2016年版，第411页。

② 赵翼：《廿二史札记》卷九"《宋书》多徐爰旧本"条，王树民《廿二史札记校证》本，中华书局1984年版，第179-180页。

多据各家事状碑铭编缀成篇，故是非有不可尽信者。……盖宋人之家传、表志、行状以及言行录、笔谈、遗事之类，流传于世者甚多，皆子弟门生所以标榜其父师者，自必扬其善而讳其恶。遇有功处辄迁就以分其美，有罪则隐约其词以避之。宋时修国史者即据以立传，元人修史又不暇参互考证，而悉仍其旧，毋怪乎是非失当也。[①]

赵翼逆向考察《宋史》之史料来源次序：《宋史》以宋朝国史为本，而宋朝国史又以子弟门生所撰的事状碑铭为依据。由于作行状碑铭者与传主之间的亲密关系，所以史料的制造中难免会溢美和隐讳。不明乎此或无暇考订，据之以修史，曲笔在所难免。

又据赵翼考证，“《元史》亦多回护处，非明初修史诸人为之著其善而讳其恶也，盖元时所纂功臣等传本已如此，而修史者遂抄录成篇耳”[②]。修史者不加考订，照搬入书，遂成曲笔之史。《北史》“于隋则全用《隋书》，略为删节，并无改正，且多有回护之处”。这令赵翼十分不满：“《隋书》书法承历代相沿旧例，尚不足怪。”《北史》属于李延寿的私人撰述，“正当据事直书，垂于后世，何必有所瞻徇，乃忌讳如此，岂于隋独有所党附耶？抑《隋书》本延寿奉诏所修，其书法已如此，故不便歧互耶？

① 赵翼：《廿二史札记》卷二三“《宋史》各传回护处”条，王树民《廿二史札记校证》本，中华书局1984年版，第500-501页。

② 赵翼：《廿二史札记》卷二九“《元史》回护处”条，王树民《廿二史札记校证》本，中华书局1984年版，第659页。

然正史隐讳者，赖有私史，若依样胡卢，略无别白，则亦何贵于自成一家言也”①。以今天的眼光来看，易代修史与私家撰史，较少受到政治的羁绊，但作史者若不能仔细考辨史料的真实性与可信度，以致失实的记载流传于后，虽非心术问题，但至少是学识不足，这是作史者无法推诿的责任。

第二种类型是史家迫于时势，于朝代更迭或人物叙述与评价上有所回护；或因个人利益、好恶而故意曲笔作史。不管是无奈为之，还是有心曲笔，都难逃批评家的审判。

这种情况在陈寿的《三国志》和魏收的《魏书》中均有突出的反映。赵翼指出：“自陈寿作《魏本纪》，多所回护，凡两朝革易之际，进爵封国，赐剑履，加九锡，以及禅位，有诏有策，竟成一定书法。以后宋、齐、梁、陈诸书悉奉为成式，直以为作史之法固应如是。”② 循此审视《三国志》之后的正史，“《宋书》书法全多回护忌讳而少直笔”③；《陈书》《魏书》《新唐书》《宋史》《元史》也均有所回护④。其中，《魏书》曲笔较之《三国志》更加明显，“魏收仕于北齐，修史正在齐文宣时，故凡涉齐神武在魏朝时事，必曲为回护”。534 年，身为北魏将领的高欢立元善见为帝，史称东魏。550 年，高欢之子高洋取而

---

① 赵翼：《廿二史札记》卷一三“《北史》全用《隋书》”条，王树民《廿二史札记校证》本，中华书局 1984 年版，第 272、273 页。

② 赵翼：《廿二史札记》卷六“《三国志》多回护”条，王树民《廿二史札记校证》本，中华书局 1984 年版，第 122 页。

③ 赵翼：《陔余丛考》卷六“《宋书》书法”条，河北人民出版社 1990 年版，第 116 页。

④ 参见赵翼：《廿二史札记》卷九“《陈书》多避讳”、卷二三“《宋史》各传回护处”、卷二九“《元史》回护处”等条；《陔余丛考》卷七“《陈书》书法”“《魏书》书法”、卷一一“《新唐书》多回护”诸条。

代之，是为北齐。高洋即齐文宣帝。所谓“齐神武”即高欢。身为高洋的臣子，魏收处处彰显高欢在东魏时的军功。由于东魏与西魏对峙，故魏收“于西魏之君臣率多贬词”[①]。元朝史官修《金史》时，故意掩盖本朝与金朝作战中战败的事实。拖雷与金人完颜合达、移剌蒲阿战，“蒙古军亦未尝无败衄之处，而《金史》反谓合达等虚张报捷，此则元人修《金史》为本朝回护也”[②]。这种有意的曲笔无疑违背了史家直书的原则。

其次，史书中的曲笔是可以被认识和考订的。赵翼之所以能够发现曲笔之处，除了渊博的知识和一定的考据功夫外，还因为他掌握了判断曲笔的基本方法，即将相关联的几部史书有关同一史事的不同记载作比较，参互考订，作出判断。用赵翼的话来说：“阅史必参观各传，彼此校核，始得其真也。”若“两国交兵，国史所载，大抵各夸胜而讳败，故纪传多不可尽信。……徒据一史必不能得其真也”[③]。广泛搜集相关记载并加以比较，以求是非曲直，这种做法具有方法论意义。赵翼判断《元史》中的两处曲笔，就是将《元史》同《宋史》相对照发现的。《元史·世祖本纪六》载：“淮西制置夏贵以淮西诸郡来降，唯镇巢军复叛，贵遣使招之，守将洪福杀其使，贵亲至城下，福始降，

---

① 以上引文见赵翼：《廿二史札记》卷一三“《魏书》多曲笔”条，王树民《廿二史札记校证》本，中华书局1984年版，第263页。

② 赵翼：《廿二史札记》卷二九“《元史》回护处”条，王树民《廿二史札记校证》本，中华书局1984年版，第661-662页。

③ 赵翼：《廿二史札记》卷二七“宋金用兵须参观二史”条，王树民《廿二史札记校证》本，中华书局1984年版，第613、611-612页。

阿术斩之军中。”[①] 但《宋史》记此事道：

> 有洪福者，夏贵家僮也，从贵积劳为镇巢雄江左军统制，镇江北。贵降，福与子大渊、大源、下班祗候彭元亮结贵军复之，加右武大夫、知镇巢。贵既臣附，招福，不听，使其从子往，福斩之。大兵攻城，久不拔，遣贵至城下，好语语福，请单骑入城。福信之，门发而伏兵起，执福父子……福大骂数贵不忠，请身南向死，以明不背国也。闻者流涕。[②]

赵翼反复斟酌，写道：“福之殉节，凛凛有生气，而《元史》谓其降而又斩，实属曲笔。”同样，宋将张珏系自杀，“《元史》竟书曰降，亦属曲笔”[③]。以此法评史，有助于还历史以真实，走出作史者留下的陷阱。

最后，直书与曲笔常共存于一部史书中，不能简单地因存在曲笔而全然否定一部史书的价值。赵翼严厉批评过《三国志》的回护，但紧接着就列出了一条札记，名为“《三国志》书事得实处”。《旧五代史》亦是如此，“虽多回护处，然是非亦有不废公道者”[④]。这样的认识还不限于赵翼一人，王鸣盛也认为曲笔

---

① 宋濂等：《元史》卷九《世祖本纪六》，中华书局1976年版，第179–180页。

② 脱脱等：《宋史》卷四五一《姜才传》，中华书局1985年版，第13269页。

③ 赵翼：《廿二史札记》卷二九“宋元二史不符处”条，王树民《廿二史札记校证》本，中华书局1984年版，第653、654页。

④ 赵翼：《廿二史札记》卷二一“薛史亦有直笔”条，王树民《廿二史札记校证》本，中华书局1984年版，第458页。

之史值得关注。《魏书》中诚然有“饰词曲笔”之处，但“受金而为作佳传”的说法并不成立。[①]“魏收手笔虽不高，亦未见必出诸史之下，而被谤独甚，乃其后改修者甚多，而总不能废收之书。”[②]

赵翼揭露历代正史的曲笔之处，不仅使被掩盖的历史真相呈现在读者面前，而且相关评论深化了古代史学家关于“直书”和“曲笔”问题的认识，是清代史学理论发展的一个重要方面。

三、批判《春秋》笔法

《春秋》笔法对中国古代史学产生过深远的影响，但历代史家对它的理解却并不完全一致。清代史学批评家眼中的《春秋》笔法虽仍有褒贬之功能，但已褪去了神秘的光环。“孔子作《春秋》，不过因史旧文，直书其事，而褒贬自见。……后儒纷纷讲立凡例，乃以圣人之经目为繁碎迂曲之文，真《春秋》之罪人也。”[③]他们对所谓“一字寓褒贬”的《春秋》笔法表示怀疑，或采取“敬而远之”的态度。王鸣盛的论述较有代表性：“《春秋》书法，去圣久远，难以揣测，学者但当阙疑，不必强解，惟考其事实可耳，况乃欲拟其笔削，不已僭乎？究之是非千载炳

---

① 王鸣盛：《十七史商榷》卷六八“《尔朱荣传》《魏书》《北史》互有得失”条，上海书店出版社2005年版，第577页。

② 王鸣盛：《十七史商榷》卷六五“魏收《魏书》”条，上海书店出版社2005年版，第540页。

③ 牛运震：《史记评注》卷三《十二诸侯年表》，崔凡芝《空山堂史记评注校释：附史记纠谬》本，中华书局2012年版，第122页。

著，原无须书生笔底予夺，若因弄笔，反令事实不明，岂不两失之？”[①] 这表明了一种态度：王鸣盛在乎的是事实，而非笔法。《春秋》记事虽有褒善贬恶之意，但并无那么多妙不可言的笔法。后人却“立为义例，驾空凿虚，各据己私，以窥测圣人之旨”，不知“书法当从事实”。“唐宋诸儒之论以爵位、名字之类，定为褒贬、予夺，则既失其本事之实，而乱臣贼子空名亦无以惧之。”[②] 显然，王鸣盛对所谓褒贬笔法不感兴趣，他看到的是《春秋》笔法对史学造成的危害。

王鸣盛的担忧是有道理的。《春秋》以降的历史撰述中确实存在这样一种做法，即过分地发挥《春秋》笔法，导致史书所叙与史事真相不符。唐人沈既济效法《春秋》“公在乾侯”之例，在唐中宗被武则天废黜后，每年仍书“帝在房州”。钱大昕批评道：“至紫阳《纲目》出，始采其说。每岁首书帝所在，又嫌于用武氏纪元，乃虚引嗣圣年号，自二年讫二十一年，至神龙反正而止。于是唐无君而有君，中宗无年号而有年号。……此亦极笔削之苦心，而称补天之妙手矣！谓如此而合于《春秋》之指，则愚窃未敢以为然也。”[③] 这样作史远离了史事真相。周中孚也发表了类似的评论，认为宋人范祖禹的《唐鉴》“以嗣圣纪年，黜武氏之号，以为母后乱政之戒，自谓窃取《春秋》之

---

① 王鸣盛：《十七史商榷》卷七一“李昭德来俊臣书法”条，上海书店出版社2005年版，第613页。

② 以上引文见王鸣盛：《西庄始存稿》卷二〇《春秋论》，载陈文和主编：《嘉定王鸣盛全集》第十册，中华书局2010年版，第350、351页。

③ 钱大昕：《潜研堂文集》卷二《春秋论二》，载陈文和主编：《嘉定钱大昕全集》（增订本）第9册，凤凰出版社2016年版，第43页。

义。……夫虚引嗣圣年号，自二年讫二十一年，至神龙反正而止，且于每年书‘帝在房州’，‘帝在东宫’，是当时无一人尊之为帝者，而阅数百年后之儒生反得而帝之矣。……不足以为师法矣”[①]。这些批评大抵反映了清代史家对于《春秋》笔法的普遍态度。

循着这种认识，效仿《春秋》笔法的欧阳修成为被重点批判的对象。四库馆臣指责“欧阳修作《五代史》，多仿《春秋》书法。自谓是非之旨，不谬于圣人。然褒贬谨严，而事迹或在所略。故重复舛漏，间亦不免”[②]。四库馆臣最看重的仍是叙事的翔实与准确。牛运震也说：

> 欧阳氏以宋臣而记五代之事，其于君之遇弑者，有何可讳而何不忍言，乃不直书其事，而必隐约迂曲，不书崩处、不书葬，以附诸《春秋》之法邪！夫史例与经体本有不同，而欧阳氏与孔子所处之地亦异，必欲比而合之，吾见其有述经之固，而不见其有作史之精也。[③]

这段话从作史与述经的差别论欧阳修效仿《春秋》笔法的不合时宜，体现出一位史学家的眼光——唯有“直书其事”才是“作史之精”。钱大昕驳斥《新唐书》“于《宰相表》变文，

① 周中孚：《郑堂读书记》卷三五《唐鉴》提要，上海书店出版2009年版，第533页。
② 永瑢等：《四库全书总目》卷四六《五代史志疑》提要，中华书局1965年版，第417页。
③ 牛运震：《读史纠谬》，齐鲁书社1989年版，第575页。

有书薨、书卒、书死之别，欲以示善善恶恶之旨，然科条既殊，争端斯启。书死者固为巨奸，书薨者不皆忠说，予夺之际，已无定论。紫阳《纲目》，颇取欧公之法，而设例益繁。或去其官，或削其爵，或夺其谥。书法偶有不齐，后人复以己意揣之，而读史之家，几同于刑部之决狱矣"[1]。读史如同决狱，这是一个形象的说法，揭露了卖弄笔法对作史和读史的危害。钱大昕对《新五代史》的评论进一步阐释了这一思想："欧阳公《五代史》自谓'窃取《春秋》之义'，然其病正在乎学《春秋》。如《唐废帝纪》清泰三年十一月丁酉'契丹立晋'，案《春秋》'卫人立晋'，'晋'者，公子晋也；'立'者，立其人也。此纪石敬瑭事，当云'契丹立石敬瑭为晋帝'方合史例，今乃袭用'立晋'之文，此《史通》所讥'貌同而心异'者也。"[2] 意思是说，欧阳修学《春秋》是得其形而失其意。王鸣盛同钱大昕一样，批评欧阳修"自负法《春秋》"，称："欧公手笔诚高，学《春秋》却正是一病。《春秋》出圣人手，义例精深，后人去圣久远，莫能窥测，岂可妄效？且意主褒贬，将事实一意删削，若非《旧史》复出，几叹无征。"[3] 欧阳修极力模仿《春秋》，却被认为不合史例，个中究竟，不能不考虑考据风潮下史学家对叙事求真的强烈诉求。

---

① 钱大昕：《廿二史考异》卷四六《唐书六·宰相表中》，上海古籍出版社 2004 年版，第 706 页。

② 钱大昕：《十驾斋养新录》卷六"《五代史》"条，载陈文和主编：《嘉定钱大昕全集》（增订本）第 7 册，凤凰出版社 2016 年版，第 197 页。

③ 王鸣盛：《十七史商榷》卷九三"欧法《春秋》"条，上海书店出版社 2005 年版，第 864、865 页。

牛运震、钱大昕与王鸣盛等人异口同声地反对史家效仿《春秋》笔法，最主要的原因有三。其一，“史以纪实，非其实者非史也”[①]。这种作史观念与卖弄笔法以致历史失真形成不可调和的矛盾。其二，据事直书褒贬自见的意识导致《春秋》笔法失去了存在的基础。钱大昕认为据事直书就能够达到褒善贬恶的效果：“史家纪事唯在不虚美，不隐恶，据事直书，是非自见。各若出新意，掉弄一两字以为褒贬，是治丝而棼之也。”[②]既然据事直书能够发挥惩劝的作用，那么所谓的《春秋》笔法自然成为屠龙之术，再无用武之地。其三，《春秋》笔法的“魅力”在于巧妙地传递微言大义，这对于作史家来说固然具有吸引力，但清代史学以考史为大宗，《春秋》笔法却妨碍了考史家对史事真相的探究，因而受到强力抵制。

不论是评论史家文辞，还是商榷诸史议论，抑或是指责史家叙事之失真，都需要坚守史学批评的底线。这条底线，可以称之为史学批评的戒律。

第四节　史学批评的戒律

一、“护惜古人之苦心”

在考据风潮中，批评家养成了高度的学术自律性。钱大昕

---

① 全祖望：《鲒埼亭集内编》卷二九《帝在房州史法论》，载朱铸禹：《全祖望集汇校集注》上册，上海古籍出版社2000年版，第557页。

② 钱大昕：《十驾斋养新录》卷一三“《唐书直笔新例》”条，载陈文和主编：《嘉定钱大昕全集》（增订本）第7册，凤凰出版社2016年版，第352页。

(1728—1804)，字晓征，号辛楣，又号竹汀居士，江苏嘉定（今属上海）人。乾隆四十年（1775），钱大昕丁父忧回乡，此后除担任钟山书院、娄东书院、紫阳书院山长外，主要精力用于著述。乾嘉诸儒中，钱大昕的考史功力最深。作为考史同道，与王鸣盛相比，钱大昕更侧重于批评艺术的阐述。对钱大昕的史学批评，柴德赓早有论述："竹汀深沉，不多发议论，发必有深意，有时虽无议论，而字里行间，大有思索余地。随便看过，是捉摸不住的。"[①] 事实也确实如此，史学批评在《廿二史考异》中所占比重小于《十七史商榷》，但将之与《潜研堂文集》等合而观之，仍可清晰地看到钱氏史学批评的梗概与亮点。

学问千古之事，其间有是非，有优劣，有高下，故而批评之，商榷之，庶几有功于学术。不过，史学批评家易给人留下好辩的印象，这是由史学批评的属性决定的。同时，这也提醒批评家需自我反省，尤其要注意批评的风度、气度与尺度。在清代史学批评史上，钱大昕深刻地检讨了史学批评家的心态问题。

作为一位淹博的学者，钱大昕发现了一个令他忧心忡忡的问题，即一些人小题大做，对前贤学术缺乏应有的敬意，动辄横加指责。为此，他提出批评家当有一颗"苦心"：

> 世之考古者，拾班、范之一言，擿沈、萧之数简，兼有竹素烂脱，豕虎传讹，易"斗分"作"升分"，更子琳为惠

① 柴德赓：《王西庄与钱竹汀》，载《史学丛考》，中华书局1982年版，第270页。

琳，乃出校书之陋，本非作者之愆，而皆文致小疵，目为大创，驰骋笔墨，夸曜凡庸，予所不能效也。更有空疏措大，辄以褒贬自任，强作聪明，妄生疻痏，不卟年代，不揆时势，强人以所难行，责人以所难受，陈义甚高，居心过刻，予尤不敢效也。桑榆景迫，学殖无成，惟有实事求是，护惜古人之苦心，可与海内共白。①

班固、范晔、沈约、萧子显之书偶有文字校勘方面的问题，不过是“校书之陋”的“小疵”，却被视为“大创”，作过分之抨击。更有甚者，有些批评家不考察古人之时势，一味苛责前人，钱大昕称这种行为是“陈义甚高，居心过刻”。据其语境，钱大昕向海内同道呼吁的“苦心”，不是古人的苦心而是钱大昕本人的苦心，即史学批评家要有一颗“护惜古人”的“苦心”。这段文字写于庚子年（1780）五月，所谓“桑榆景迫”自是感触岁月易逝，而“学殖无成”则系自谦之词。其时，已过知天命之年的钱大昕学养精纯，对于史学批评已有成熟的思考。

钱大昕还有一封写给王鸣盛的论学书信，专论史学批评家当守之戒律：

得手教，以所撰述于昆山顾氏、秀水朱氏、德清胡氏、长洲何氏间有驳正，恐观者以诋诃前哲为咎。愚以为学问乃

① 钱大昕：《廿二史考异》序，上海古籍出版社2004年版，第1页。

千秋事，订讹规过，非以訾毁前人，实以嘉惠后学。但议论须平允，词气须谦和……去其一非，成其百是。古人可作，当乐有诤友，不乐有佞臣也。且其言而诚误耶，吾虽不言，后必有言之者，虽欲掩之，恶得而掩之！所虑者，古人本不误，而吾从而误驳之，此则无损于古人，而适以成吾之妄。王介甫、郑渔仲辈皆坐此病，而后来宜引以为戒者也。《十七史商榷》闻已刊成，或有讹字，且未便刷印，乞将样本寄下。[①]

此信指向明确，意味深长。信中所说昆山顾氏、秀水朱氏、德清胡氏、长洲何氏分别是指顾炎武、朱彝尊、胡渭和何焯，皆是清初硕儒。王鸣盛对这几位前辈都有驳斥，钱大昕规劝他要注意批评的分寸，切忌诋毁前人，主张批评家当做“诤友”，不可为“佞臣”。钱大昕还希望王鸣盛引郑樵以为戒。[②] 从信末“《十七史商榷》闻已刊成”推断，这封信当写于乾隆五十二年（1787）《十七史商榷》刊刻不久，距离钱大昕撰写《廿二史考异》序已过去七八年的光景。但一序、一信之间的学术精神是相通的，有三点尤当留心。

一则“护惜古人”是批评家应当坚守的一种“苦心”。《廿二史札记》被钱大昕誉为“持论斟酌时势，不蹈袭前人，亦不

① 钱大昕：《潜研堂文集》卷三五《答王西庄书》，载陈文和主编：《嘉定钱大昕全集》（增订本）第9册，凤凰出版社2016年版，第569-570页。

② 郑樵的《通志总序》阐述会通思想，十分精彩，但其中对班固等人的批评，言辞尖刻，观点片面。故钱大昕引郑樵为例，意在劝戒王鸣盛不要重蹈郑樵旧辙。

有心立异，于诸史审订曲直，不掩其失，而亦乐道其长，视郑渔仲、胡明仲专以诟骂炫世者，心地且远过之”①。立意正在于此。钱大昕也一再表达：“拾遗规过，匪为龂龁前人，实以开导后学。”② 在给汪辉祖《元史本证》作序时，钱大昕强调的还是“平心静气”，“实事求是，不欲驰骋笔墨，蹈前人轻薄褊躁之弊”，才能“有大醇而无小疵”。③ 钱大昕不仅如此说，也是这样做的。当被问及《新五代史》“创立《杂传》及《唐六臣传》诸名，以贬人臣之事二姓者，词严而义正矣；乃又谓五代无全臣，则自死节三人而外，概无足取乎？”钱大昕答曰：“史家之病在乎多立名目，名目既多，则去取出入必有不得其平者。”④ 观点明确，但并无激烈言论。钱大昕去世后，段玉裁评论钱氏学术时就特别表彰他“辨论而无叫嚣攘袂之习”⑤。

二则“护惜古人之苦心”是一种由内而外、发乎自然的胸襟，所谓“议论须平允，词气须谦和”即是此意。评论古人需有“平允”的心态；思想付诸文字，字里行间显示出“谦和”。“词气”属于文字表述的层面；“议论”表达的则是一种观点。“平允”与“谦和”是关于史学批评家胸襟的两个重要维度。世间事常如此，言之易而行之难。要做到“议论平允，词气谦

---

① 钱大昕：《潜研堂文集补编·廿二史札记序》，载陈文和主编：《嘉定钱大昕全集》（增订本）第10册，凤凰出版社2016年版，第412页。

② 钱大昕：《廿二史考异》序，上海古籍出版社2004年版，第1页。

③ 钱大昕：《潜研堂文集补编·元史本证序》，载陈文和主编：《嘉定钱大昕全集》（增订本）第10册，凤凰出版社2016年版，第413页。

④ 钱大昕：《潜研堂文集》卷一三《答问十》，载陈文和主编：《嘉定钱大昕全集》（增订本）第9册，凤凰出版社2016年版，第203-204页。

⑤ 段玉裁：《经韵楼集》卷八《潜研堂文集序》，上海古籍出版社2008年版，第187页。

和”，谈何容易！横亘在学人心中的“文人相轻，自古而然”，学术批评史上不断上演着“各以所长，相轻所短”的闹剧。[①] 但正因如此，钱大昕才反复强调，“胸无万卷书，臆决唱声，自夸心得，纵其笔锋”，只能“取快一时”，终究“难以入作者之林”。[②]

三则如前引所言“千虑容有一失”，学术存在讹误，固然需要批评，但批评绝非奚落、讽刺甚至谩骂，这会让其他读者对批评家产生厌恶等不满情绪，影响批评的效果。这是对古人的尊重，也是批评家的自爱。

在“护惜古人之苦心”问题上，章学诚也有同感。他读了孙星衍的《问字堂集》后，专门写信讨论批评家的胸襟问题，即《与孙渊如观察论学十规》。章学诚认为孙星衍“于前古诸贤，皆直斥姓名，横肆诟詈，不曰愚妄，则曰庸陋，如官长之责胥史，塾师之诃弟子，何其甚也！”从事“文史校雠”者虽“不能不驳正古人，譬如官御史者不能无弹劾，官刑曹者不能不执法，天性于此见优，亦我辈之不幸耳。古人差谬，我辈既已明知，岂容为讳？但期于明道，非争胜气也。……辨正文字，但明其理，而不必过责其人”。这段话可以简化为：“驳正古人”但不“争胜气”。这也非有“护惜古人之苦心”者不能为也。总之，批评家要“能驳古人尺寸之非，而不敢并忽其寻丈之善”。

① 曹丕：《典论·论文》，载萧统编：《文选》卷五二，李善注本，中华书局1977年版，第720页。

② 钱大昕：《潜研堂文集》卷二五《严久能娱亲雅言序》，载陈文和主编：《嘉定钱大昕全集》（增订本）第9册，凤凰出版社2016年版，第390–391页。

章学诚也不忘自我批评一番："鄙著亦染此病，特未如尊著之甚耳，今已知悔，多所删改。"① 这封信不是一般寒暄，而是一番情真意切的批评与自我批评，所要表达的中心意思是学术批评不在争一时高下，更不可使气任情，过分责人。钱大昕的《答王西庄书》和章学诚的《与孙渊如观察论学十规》在揭示批评家的气度方面意趣相同，都是难得的史学批评理论佳作。

如果说"史德"是针对作史家提出来的一条修养标准的话，那么"护惜古人之苦心"则是就批评家心术而作出的具体要求。这颗"苦心"并不是要批评家去做乡愿先生，说一些无关痛痒的话，但需注意批评的方式，对古人有敬畏之心，在言辞上有所节制，充分考虑被批评者和学术界的接受程度。从严厉的弹劾转向平和的批评，是一位成熟的史学批评家应有的胸襟。

与"护惜古人之苦心"密切相关并呈递进关系的又一重要史学批评戒律是"指其瑕，益以见其美"。

二、"指其瑕，益以见其美"

批驳前史瑕疵的意义何在？钱大昕是这样回答的："史非一家之书，实千载之书，祛其疑，乃能坚其信，指其瑕，益以见其美。"② 言下之意，史学不是一人一时之事，而是一代又一代人赓续相连的学术事业，祛除其中的可疑之处，使史书的记载更加

---

① 以上引文见章学诚：《章学诚遗书》佚篇《与孙渊如观察论学十规》，文物出版社 1985 年版，第 639-640 页。

② 钱大昕：《廿二史考异》序，上海古籍出版社 2004 年版，第 1 页。

可信；指出其中的瑕疵，更能显现它的美。

“指其瑕”是实实在在的批评功夫。乾嘉时期的重要考史著作，都做了大量“指其瑕”的工作。但“见其美”才是“指其瑕”的归宿。考史论著纠诸史之谬，但它们并不是要与前代史家一较高下，更不是要把前贤贬斥得一无是处，而是要通过研究，减少前史的讹舛，进一步彰显前代史学之美。这里所说的“美”是指史书的优点与价值。《汉书·项籍传》对楚怀王派兵救赵之前的军事任命记载道：“王召宋义与计事而说之，因以为上将军；羽为鲁公，为次将，范增为末将。诸别将皆属，号卿子冠军。”那么“诸别将皆属”于谁，卿子冠军又指谁。《汉书》的表述确实比较模糊。钱大昕在这个地方写道：“‘皆属’下当有‘义’字”[①]，此即“指其瑕”。经过这番疏通，更有利于读者理解下文讲到的项羽怒杀宋义和巨鹿之战的背景，唯其如此，方能谈得上“见其美”。从史学批评的角度来看，“指其瑕，益以见其美”包含了三个方面的内容。

首先，“指其瑕，益以见其美”是在权衡个别不足和整体价值上实现了统一。钱大昕说得好：“一事之失，无妨全体之善，不可效宋儒所云‘一有差失，则余无足观’耳。郑康成以祭公为叶公，不害其为大儒；司马子长以子产为郑公子，不害其为良史。”[②] 古今学术都不能尽善尽美，大醇小疵实属正常。对于一

---

① 钱大昕：《廿二史考异》卷八《汉书三·项籍传》，上海古籍出版社2004年版，第144页。

② 钱大昕：《潜研堂文集》卷三五《答王西庄书》，载陈文和主编：《嘉定钱大昕全集》（增订本）第9册，凤凰出版社2016年版，第569–570页。

部史书的价值要从大处着眼，“未可以一眚掩也”[①]，局部之失不能掩盖全体之善。

其次，“指其瑕，益以见其美”树立了这样的观念——不为批评而批评，更不为炫耀自己的学问，而是为了“见其美”。这就是欧功焕所说的“非故向古人美中索疵，读古人书，要服古人，还要使古人服我”。要让“古人服我”，则必须“从大纲大伦勘出，指其谬，未尝不赏其佳。的确之论，平允之辞，古人可作，当亦心折”。[②] 抱持这样的观念评论前贤，则多一分理性，少一些意气之争。

再次，“指其瑕，益以见其美”体现了对待学术遗产的理性态度。乾嘉考史学家对以“二十四史”为主干的古代史书指瑕、商榷、考异，成绩卓著。但人们并未因此低估历代正史，相反，乾嘉诸儒让人们更加清楚地认识到历代正史的价值。从这个角度说，考史学家实现了“指其瑕，益以见其美”的初衷。这种不以“指瑕”为目的，而以“见其美”为宗旨的批评在乾嘉时期颇有响应者。乾嘉史学的殿军人物阮元即称：“善论人者，略其短而著其功，表其长而正其误，若苛论之，虽孟、荀无完书矣。”[③] 这不正是“指其瑕，益以见其美”的另一种表述吗？

无论是“护惜古人之苦心”还是“指其瑕，益以见其美”，

---

① 永瑢等：《四库全书总目》卷四七《皇王大纪》提要，中华书局1965年版，第423页。

② 欧功焕：《读史管见跋》，载《李箓猗女史全书》，刘正刚整理本，齐鲁书社2014年版，第179页。

③ 阮元：《研经室二集》卷七《毛西河检讨全集后序》，载《研经室集》上册，中华书局1993年版，第543页。

钱大昕最终表达的都是对学问保持一颗敬畏之心，理解古人为学不易和“智者千虑必有一失”，这在古代史学批评理论史上是值得书写的一笔。但与钱大昕“幼同学，长同官，及归田，衡宇相望，奇文疑义，质难无虚日”[①] 的王鸣盛，在史学批评的修养方面，却逊色了许多。

三、戒“骄矜”之气

清代史学批评史上，有如钱大昕这样胸怀苦心者，也有个别史家存在情感宣泄和绝对化的倾向，有失学者风度，可视为史学批评戒律的反面案例。

整理王鸣盛遗稿的迮鹤寿[②]已发现王鸣盛“出言过分”，不免“文人相轻之积习”。[③] 结合《十七史商榷》对李延寿等人的驳斥来分析，迮鹤寿的指责是有根据的。《十七史商榷》中充满了对李延寿的不屑与嘲讽，认为李延寿“学浅识陋，才短位又甚卑，著述传世，千余年以来遂成不刊之作，一何多幸耶?”[④] 把《南史》《北史》能够传世看作是李延寿的幸运，而忽略史书本身的价值。王鸣盛多次批判李延寿，言辞越发猛烈：“李延寿也者，于经非但不见门庭，并尚未窥藩溷，公然肆行芟薙，十去

① 钱大昕：《潜研堂文集》卷四八《西沚先生墓志铭》，载陈文和主编：《嘉定钱大昕全集》（增订本）第9册，凤凰出版社2016年版，第738页。

② 迮鹤寿，字兰宫，江苏吴江（今苏州）人，道光六年（1826）进士，“少承父教，好学笃行，精研古义，每事必究其根原”。（《清史列传》卷六九《迮鹤寿传》，王钟翰点校本，中华书局1987年版，第5620页）

③ 迮鹤寿：《蛾术编》卷首《凡例》，商务印书馆1958年版，第1页。

④ 王鸣盛：《十七史商榷》卷五三“《新唐书》过誉《南北史》”条，上海书店出版社2005年版，第391页。

其九，甚矣庸且妄也。”① “鄙哉李延寿也”，“无学识而强操史笔”②，“全不知小学，仍讹踵谬，触目皆是”③。更有甚者，王鸣盛还对李延寿进行人身攻击：“凡人无学则心粗，小有才则胆大，延寿学浅心粗极矣，幸其无才，胆不甚大，未敢凭臆欺人，但以描头画角了事。”④ “若李延寿则无学识陋儒也”⑤，蔑称李延寿为“村野细民，全不识朝廷官爵体制，殊可怪”⑥。这些评论已有违学术批评的初衷和宗旨。余嘉锡批评王鸣盛“好诋诃前辈，高自标置”⑦；陈垣也说：“王西庄好骂人，昔贤每遭其轻薄……盖其天性如此，又乏修养，自以为是，而不知人之窃笑之也”⑧，都是针对王鸣盛的这种不良作风而言的。

王鸣盛自称“于延寿恶而知其美”⑨，然统观他对李延寿的评论，言李延寿之不足，往往恶语相向，称其优长，则一笔带过。李延寿针对南北朝“八书”作了一些删削和调整，结果被

---

① 王鸣盛：《十七史商榷》卷六二“陆澄议置诸经学”条，上海书店出版社 2005 年版，第 499 页。

② 王鸣盛：《十七史商榷》卷六二“《刘瓛陆澄传》论”条，上海书店出版社 2005 年版，第 500 页。

③ 王鸣盛：《十七史商榷》卷六八“字体不正”条，上海书店出版社 2005 年版，第 590 页。

④ 王鸣盛：《十七史商榷》卷五五“梁武即位事《梁书》《南史》叙次不同”条，上海书店出版社 2005 年版，第 420-421 页。

⑤ 王鸣盛：《十七史商榷》卷六〇“《宋书》有关民事语多为《南史》删去”条，上海书店出版社 2005 年版，第 477 页。

⑥ 王鸣盛：《十七史商榷》卷五四“顾命五人书法”条，上海书店出版社 2005 年版，第 407 页。

⑦ 余嘉锡：《王西庄先生窥园图记卷子跋》，载《余嘉锡论学杂著》，中华书局 1963 年版，第 640 页。

⑧ 陈垣：《书〈十七史商榷〉第一条后》，载陈智超编注：《陈垣史源学杂文》（增订版），三联书店 2007 年版，第 79 页。

⑨ 王鸣盛：《十七史商榷》卷五五“梁武纪事《南史》较详”条，上海书店出版社 2005 年版，第 418 页。

王鸣盛抨击得一文不值：

> 夫合八史以成二史，不患其不备，惟患其太繁，故延寿一意删削，每立一传，不论其事之有无关系、应存应去，总之极力削去，使所存无几，以见其功。然使删削虽多，仍其位置，则面目犹未换也。于是大加迁移，分合颠倒，割截搭配，使之尽易其故处，观者耳目一新，以此显其更革之验。试一一核实而考之，删削迁移皆不当，功安在乎？其书聊可附八书以行，幸得无废，足矣，不料耳食者反以为胜本书也。[①]

这实在是以小人之心度君子之腹，把史学上的创新矮化为自我炫耀。平心而论，李延寿以一人之力撰成《南史》《北史》，二史虽有好载怪异等缺点，但不愧为良史。亘于胸中的偏见和傲慢已经严重影响到王鸣盛对李延寿的史学作出全面和公允的判断了。

不仅对李延寿如此，五代、宋、明学者也多遭王鸣盛的冷嘲热讽。五代是“盗贼篡窃之朝，何知学问？……乱世不识字，亦不足责”[②]。宋代“提纲撮略之书自《通鉴目录》《稽古录》外”，《古今纪要》《小学史断》等“亦已多矣”。“入明而如此

---

① 陈鸿森辑：《王鸣盛西庄遗文辑存》卷上《〈宋书〉题记》，载陈文和主编：《嘉定王鸣盛全集》第十一册，中华书局2010年版，第441页。

② 王鸣盛：《十七史商榷》卷九四“改戊为武”条，上海书店出版社2005年版，第870页。

辈者益夥，三家村夫子头脑冬烘，授徒多暇，无以遣日，动欲操笔削之权，纂史自娱，皆床上安床，屋下架屋也。”① 他对明代学术的批驳十分武断：“前明二百七十年中绝少有学识者，而又往往师心自用。”② 这样随意诋毁前代学术，实不足取。要知道清代的考据学是承接了明代中晚期学术考据之遗产，由附庸蔚为大国的。

王鸣盛还以主观臆断随意发表评论。金人蔡珪所作《南北史志》，已亡佚。清人有叹惜该书之亡者。王鸣盛却说：“蔡珪之书料无足观，其亡亦不足惜。”③ 既然王鸣盛也没有读过这部书，那么依据什么否定这部书的价值呢？一个“料”字，说明王鸣盛只是猜测而已。对亡佚之书如此，于尚存之史也作想当然的评价。“想宋祁养尊处优，作传分授门生子弟，己特总其大纲，书成，一任吏胥钞誊，懒于检校。”④ 宋祁以十余年之功撰写《新唐书》列传，虽历任外职，仍随身携带史稿。一个“想”字，表明他原来仅凭想象便认定宋祁是不负责任的史家，这样的评价又何以令人信服？纵观王鸣盛一生学行，学问虽有独到处，但也的确有郝懿行所说的“轻道人短，好说己长”⑤ 之病。王鸣

① 王鸣盛：《十七史商榷》卷一〇〇“《通鉴节要》”条，上海书店出版社 2005 年版，第 942-943 页。

② 王鸣盛：《十七史商榷》卷七二“北都巡守”条，上海书店出版社 2005 年版，第 622 页。

③ 王鸣盛：《十七史商榷》卷五六“《南北史志》”条，上海书店出版社 2005 年版，第 430 页。

④ 王鸣盛：《十七史商榷》卷八七“裴光庭书名错误”条，上海书店出版社 2005 年版，第 768 页。

⑤ 郝懿行：《晒书堂笔录》卷六《著书作文须具眼》，载《郝懿行集》第七册，齐鲁书社 2010 年版，第 5851 页。

盛自负地说海内能读《十七史商榷》者“不过十余人”[1]，又说：“学问精实者必谦退，虚伪者必骄矜。生古人后，但当为古人考误订疑，若凿空翻案，动思掩盖古人以自为功，其情最为可恶。”[2] 据此论，验其言，王鸣盛实已沾染上了自己所鄙视的“骄矜”之气。钱大昕、连鹤寿对王鸣盛的批评，意在告诫批评家当力避“骄矜”之气。对这条戒律，史学批评家尤宜置之座右。

---

① 陈鸿森辑：《王鸣盛西庄遗文辑存》卷下《与钱竹汀书》，载陈文和主编：《嘉定王鸣盛全集》第十一册，中华书局 2010 年版，第 470 页。

② 王鸣盛：《十七史商榷》卷一〇〇“《通鉴》与十七史不可偏废”条，上海书店出版社 2005 年版，第 933 页。

第四章　书目提要中的史书评论

目录书是中国古代学术史的重要载体。在目录书中，史部又占有重要的地位。目录学家著录典籍，常提要钩玄，评论史书优劣或思想要旨，目录之学遂与学术思想产生交集。史书提要的对象虽是一部一部的典籍，但它涉及史学的方方面面，举凡史家才学、心术、史书体裁、体例、史学思潮和时代烙印等，都有所反映。中国古代史学批评长期与目录学结伴而行，总结和检视书目提要中的史书评论，以观察时代学术思潮与政治风气对史书评论的影响，自是本书的任务之一。

第一节　书目提要的批评属性

一、“目录之学，学中第一紧要事”

目录学发展至清代，深入地参与到学术研究中。王鸣盛宣称："目录之学，学中第一紧要事，必从此问涂，方能得其门而入"[①]；"凡读书最切要者目录之学，目录明方可读书，不明终是乱读"[②]。王鸣盛又记金榜论目录学重要性的一段话："金修撰榜语予曰：'不通汉《艺文志》，不可以读天下书。《艺文志》者，学问之眉目，著述之门户也'。"[③] 视目录学为治学要务，是王鸣盛、金榜等人的治学经验谈，也是目录学在清人心目中占有重要地位的直接反映。

清代的目录学著作数量至今尚无确切的统计，仅来新夏主编的《清代目录学提要》收录清人目录书已多达三百八十余种，令人有"遍举之则不能尽，择举之则有所遗"之感[④]。清代不少藏书家、学者和官员都有编纂书目的经历，如黄虞稷（1629—1691）有《千顷堂书目》；徐乾学（1631—1694）有《传是楼宋元版书目》；顾广圻（1766—1835）有《思适斋书跋》。甚至有一人编纂多种书目者，如钱曾（1629—1701）有《也是园藏书目》《述古堂藏书目》《读书敏求记》；阮元有《文选楼藏书记》[⑤]《四库未收书提要》。

清代书目中，有的仅著录书名、作者、卷帙、版本等情况，内容比较简略。比如，姚际恒《好古堂书目》"正史"门于《史

① 王鸣盛：《十七史商榷》卷一"《史记集解》分八十卷"条，上海书店出版社2005年版，第1页。

② 王鸣盛：《十七史商榷》卷七"《汉书》叙例"条，上海书店出版社2005年版，第45页。

③ 王鸣盛：《十七史商榷》卷二二"《汉艺文志考证》"条，上海书店出版社2005年版，第162页。

④ 姚名达：《中国目录学史》，上海书店出版社1984年版，第161页。

⑤ 一说《文选楼藏书记》"为阮元委托幕中一管理图书的门客所编"，参见王爱亭、赵嫄：《文选楼藏书记·点校说明》，上海古籍出版社2009年版，第3页。

记》类有凌稚隆辑《史记评林》一百三十卷二十六本，唐顺之选评《史记选》十二卷十本，钟惺评《史记》一百三十卷十本，柯维骐《史记考要》十卷十本。[①] 《千顷堂书目》史学类著录“卜大有《史学要义》四卷，秀水人，进士，宁国知府”；“程一枝《史诠》五卷，万历己卯杜大绶序”。[②] 这些书目对于了解书籍简况确有便利，但因过于简略，虽有文献学的价值，然在治学指南方面的作用并不突出。

这个遗憾在具有解题性质的书目提要中得到了弥补。阮元《文选楼藏书记》著录《读史方舆纪要》：“国朝顾祖禹著，常熟人，刊本。是书取材各史记，详山川险易及古今用兵攻守得失事迹，其景物、名胜俱在所略”[③]，简介了《读史方舆纪要》的取材与叙事详略。如果说这类提要毕竟简短，还显得意犹未尽的话，那么，《四库全书总目》的批评属性就非常显著了。《四库全书总目》关于《通鉴纪事本末》的提要这样写道：

> 刘知幾作《史通》，叙述史例，首列六家，总归二体。自汉以来，不过纪传、编年两法，乘除互用。然纪传之法，或一事而复见数篇，宾主莫辨；编年之法，或一事而隔越数卷，首尾难稽。枢乃自出新意，因司马光《资治通鉴》区

---

① 姚际恒：《好古堂书目》，载林庆彰主编：《姚际恒著作集》第六册，“中央”研究院中国文哲研究所 2004 年版，第 45-46 页。

② 黄虞稷：《千顷堂书目》，上海古籍出版社 2001 年版，第 144、145 页。

③ 阮元：《文选楼藏书记》卷一《读史方舆纪要》提要，上海古籍出版社 2009 年版，第 42-43 页。

别门目，以类排纂。每事各详起讫，自为标题。每篇各编年月，自为首尾。始于三家之分晋，终于周世宗之征淮南。包括数千年事迹，经纬明晰，节目详具。前后始末，一览了然，遂使纪传、编年贯通为一，实前古之所未见也。①

这条提要不仅介绍了袁枢及其《通鉴纪事本末》，还点评纪传体、编年体、纪事本末体三家优劣，对纪事本末体的优长及其在历史编纂史上的地位予以高度评价，将导读与评论合而为一。

清朝皇家对目录学及其与治学之关系有深刻的认识。乾隆三十七年（1772），乾隆皇帝指示编纂《四库全书》之方略，围绕各省征集书籍，即诏命首先须撰写目录提要：

各省搜辑之书，卷帙必多。若不加之鉴别，悉令呈送，烦复皆所不免。著该督抚等先将各书叙列目录，注系某朝某人所著，书中要指何在，简明开载，具折奏闻。候汇齐后，令廷臣检核，有堪备阅者，再开单行知取进，庶几副在石渠，用储乙览。②

乾隆皇帝指出书目提要应突出“书中要指何在”，已属史学批评范畴，这对于判断此书有无入选“四库”之必要有直接作

① 永瑢等：《四库全书总目》卷四九《通鉴纪事本末》提要，中华书局 1965 年版，第 437 页。

② 《清高宗实录》卷九〇〇，乾隆三十七年正月庚子，载《清实录》第二〇册，中华书局 1986 年版，第 5 页。

用，是编纂《四库全书》的“第一紧要事”。此后，各地督抚和四库馆严格执行了这一上谕的精神。两年后，乾隆皇帝再次谈到四库提要，称：“办理《四库全书》处进呈总目，于经史子集内分晰应刻、应钞及应存书名三项，各条俱经撰有提要，将一书原委，撮举大凡，并详著书人世次爵里，可以一览了然。较之《崇文总目》，搜罗既广，体例加详，自应如此办理。”①

皇家关于目录提要之认识固然精彩，学者论目录学，也自有见地。嘉庆二十五年（1820），龚自珍论目录学之流别，称：“目录之学，始于刘向。嗣是而降，约分三支：一曰朝廷官簿，荀勖《中经簿》，宋《崇文总目》《馆阁书目》类是也；一曰私家著录，晁公武《郡斋读书志》、陈振孙《书录解题》类是也；一曰史家著录，则班史《艺文志》《隋书·经籍志》以下是也。三者体例不同，实相资为用，故不能偏废。三者之中，体例又二：史家著录，惟载卷数；其他一则载卷数，一则条书旨。其最详者，则又胪注某抄本、某椠本，旁及行款印记题跋。兹事虽细，抑专家之业至于是而始可谓备，则亦未易言矣。”② 清代目录学的状况亦大体如龚氏所说，三支目录学都有所发展，尤其是“条书旨”的书目提要，因《四库全书总目》和《郑堂读书记》等官、私书目的编撰而引人瞩目。

---

① 《清高宗实录》卷九六三，乾隆三十九年七月丙子，载《清实录》第二〇册，中华书局1986年版，第1068页。

② 龚自珍：《龚自珍全集》第三辑《慈云楼藏书志序》，上海人民出版社1975年版，第203页。

二、“辨章学术，考镜源流”

章学诚用“辨章学术，考镜源流”八字[①]，概括目录之学的旨趣，甚为精到。《四库全书总目》“由书目而寻提要，由提要而得全书”，也是旨在“嘉与海内之士考镜源流”。[②] 如果说“考镜源流”主要是知识层面的考辨的话，那么“辨章学术”则侧重于思想层面的讨论。

汉成帝时，命刘向等校书，“每一书已，向辄条其篇目，撮其指意，录而奏之”[③]，在中国古代学术史上开创了撰写目录解题的传统。刘向等撰写叙录的义例，包括“评论思想或史事之是非”，“判定书之价值”，而且“此种判定一书价值之语，在叙录中要不可缺。如其或缺，则于学者择书殊少帮助也”。[④] 可见，目录提要与史学批评之间有一条天然且紧密的学术纽带。此后，清代官修《四库全书总目》自觉追溯并接续了这一解题传统：

> 刘向校理秘文，每书具奏。曾巩刊定官本，亦各制序文。然巩好借题抒议，往往冗长，而本书之始末源流转从疏略。王尧臣《崇文总目》、晁公武《郡斋读书志》、陈振孙《书录解题》稍具崖略，亦未详明。马端临《经籍考》荟萃

① 章学诚：《校雠通义》叙，叶瑛《文史通义校注》本，中华书局1985年版，第945页。

② 《清高宗实录》卷九六三，乾隆三十九年七月丙子，载《清实录》第二〇册，中华书局1986年版，第1069页。

③ 班固：《汉书》卷三〇《艺文志》，中华书局1962年版，第1701页。

④ 姚名达：《中国目录学史》，上海书店出版社1984年版，第44、45、46页。

> 群言，较为赅博，而兼收并列，未能贯串折衷。今于所列诸书，各撰为提要。分之则散弁诸编，合之则共为《总目》。每书先列作者之爵里以论世知人，次考本书之得失，权众说之异同，以及文字增删、篇帙分合，皆详为订辨，巨细不遗。而人品学术之醇疵，国纪朝章之法戒，亦未尝不各昭彰瘅，用著劝惩。①

《四库全书总目》从刘向说到曾巩，从《崇文总目》谈到《郡斋读书志》《直斋书录解题》《文献通考·经籍考》，论列诸家目录学之得失，也畅言《四库全书总目》的体例与旨趣。按照上述《四库全书总目》的体例，提要包括作者爵里、本书得失、权衡诸家之说，考量人品学术和国家典章之法戒，以示劝惩，学术批评之意跃然纸上。

在书目提要中开展史学批评，在清代是一种习见的风气。钱曾《读书敏求记》评论《十七史纂古今通要》："论议颇精允，绝非宋儒隅见者可比，一览令人于古今兴亡理乱，了然胸次。朱子称《稽古录》，其言如桑麻谷粟，曰'小儿读《六经》了，好令接续读去'。予于此书亦云然。"② 钱曾对《十八史略》的评论也颇有价值："史而云'略'，不成乎其史矣。然古今理乱，兴废之由，荟撮于两卷中，幼学读之，颇可得其端绪……止称

① 永瑢等：《四库全书总目》卷首《凡例》，中华书局1965年版，第17-18页。
② 钱曾：《读书敏求记》卷二《十七史纂古今通要》提要，书目文献出版社1984年版，第30页。

《十八史》者，概辽金于宋，殆与揭奚（当作‘傒’——引者）斯厘为三史，各统其所统之论，异乎所闻矣。”[①] 这两条评论都不及百字，却视野开阔，能言其大要。至于署名叶隆礼的《契丹国志》“书法谨严，笔力详赡，洵有良史之风。具载两国誓书及南北通使礼物，盖深有慨于海上之盟，使读者寻其意于言外耳。……存辽以障金，此则隆礼之志也。至夷契丹为国，不史而志之，其尊本朝也至矣”[②]。用数十字对一部史书的价值、正统观作出精到的评骘，自是“辨章学术”的功夫。不唯清初的钱曾如此，嘉道时期的周中孚亦然。《郑堂读书记》关于《西汉年纪》的提要即称：“如此著作，固当与司马、班、荀之书并垂千古，而其所撰考异，亦较《通鉴考异》《两汉刊误》《补遗》诸书为精密，是又当与二刘、吴氏并擅其胜矣。”[③] 此类评论在《郑堂读书记》中屡见不鲜。

书目提要作为中国古代史学批评的重要载体，优点和局限都非常突出。其优点在于：第一，具体可征，它依附于某一书籍，凡书目提要批评诸史之种种，多可覆按，可以有效地避免空谈与泛论；第二，兼有学术批判和介绍导读双重功能；第三，包罗广博，正史、编年、杂史、方志、史评等皆包含在内，可以较为全面地反映书目的作者及其时代对于史学的宏观认识和基本主张。它的局限则是：第一，评论比较琐碎零散，且多与知识性描述杂

① 钱曾：《读书敏求记》卷二《十八史略》提要，书目文献出版社1984年版，第30-31页。
② 钱曾：《读书敏求记》卷二《契丹国志》提要，书目文献出版社1984年版，第34页。
③ 周中孚：《郑堂读书记》卷一六《西汉年纪》提要，上海书店出版社2009年版，第307页。

糅在一起；第二，因围绕某书而发，理论性一般不强。书目提要评价万千史书，也有许多精彩的论断，却如浩瀚夜空中的繁星点点，明亮但不耀眼、繁多却难成图景，很难从具体评论升华到理论的高度，进而提出新问题、新概念，缺乏思想的体系性。这也是《四库全书总目》的撰写者虽极一时之选，却不能像《文史通义》那样形成史学批评体系和理论框架的原因之一。书目提要类文献中的史学批评所具有的这几个方面的优缺点，在“四库”类书目中得到了不同程度的反映。

第二节　“四库”类书目的史学批评

一、从提要稿到《四库全书总目》：批评的凸显与调适

《四库全书总目》虽说是由纪昀最终删改润色而成，但纪昀也有所凭借，这便是来自多个渠道的四库提要稿。现存四库史部提要稿主要包括：邵晋涵、翁方纲和姚鼐等人所撰提要稿和《浙江采集遗书总录》《江苏采辑遗书目录》等。[①] 姚鼐（1732—1815），字姬传，世称惜抱先生。姚鼐在四库馆的时间虽不长，

① 除此之外，还有陈昌图、余集、邹奕孝、郑际唐、程晋芳、庄通敏等人撰写的提要稿，但数量较少。（参见吴格：《四库提要分纂稿·前言》，上海书店出版社2006年版，第5-6页）

但留存至今的提要稿仍有九十三篇[①]，其中史书提要十八篇。今人评价姚氏提要稿“考据精详，评骘恰当，用笔生动洗练，旁征博引，令人叹服，充分表现出他的学识和谨严的文风”[②]。翁方纲（1733—1818），字正三，号覃豀，现存翁氏所作四库提要稿多达九百八十二篇，其中史部二百零九篇。邵晋涵（1743—1796），字与桐，号二云、南江，浙江余姚人，乾隆辛卯（1771）进士，以翰林院编修任四库纂修官。现存邵氏所撰四库提要稿三十七篇，其中史书提要二十八篇。

四库提要稿与《四库全书总目》有何差异？且以明人张墉的《廿一史识余》为例，作纵向的考察，可见从提要稿到《四库全书总目》的演变轨迹。该书由浙江省进呈时，初拟提要仅是：

> 明钱塘张墉撰，钩取各史中奇事隽语，以类相从，凡大经大法彰著人耳目者，不在所录，故曰“识余”。[③]

提要十分简短，仅含著者和内容梗概，是严格遵循乾隆皇帝的最初指示而撰写的，主要起到书籍介绍的作用。翁方纲担任过

---

① 《惜抱轩书录》收录八十八篇提要。“上海图书馆藏《四库》底本《经籍异同》《引经释》书前，见存姚氏分纂稿一篇”。（吴格：《四库提要分纂稿·前言》，第4页）国家图书馆藏《惜抱轩四库馆校录书题》（收入《国家图书馆藏稀见书目书志丛刊》第21册，国家图书馆出版社2017年版），较之《惜抱轩书录》多出《却扫编》《程史》《西溪丛语》《辍耕录》四篇。（参见刘勇：《姚鼐〈惜抱轩四库馆校录书题〉的文献价值》，《安徽史学》2019年第1期）

② 来新夏主编：《清代目录提要》，齐鲁书社1997年版，第86页。

③ 沈初编：《浙江采集遗书总录·戊集》，载张升编：《〈四库全书〉提要稿辑存》第2册，北京图书馆出版社2006年版，第147页。

四库馆校办各省送到遗书纂修官，很可能看到过这篇提要，现存翁氏提要稿中也有一篇《廿一史识余》提要。翁氏提要称：

《廿一史识余》三十七卷，明张墉撰。墉字石宗，一字百常，钱塘人。录二十一史中事语之隽者，分类摘记，略仿《世说》之体，而每条下皆注出原史之名。其《发凡》讥《何氏语林》“滥及稗官”，此皆《语林》所无者，采诸家评语缀于上方。应存其目。[1]

翁方纲基本重写了这篇提要，重点介绍是书的内容和体例，篇幅较之浙江采集遗书时所拟的提要增加了一倍，并提出了处置的意见为存目。最后再看《四库全书总目》关于《廿一史识余》的提要：

明张墉撰。墉字石宗，钱塘人。是编一名《竹香斋类书》。摘录“二十一史”佳事隽语，分类排纂，共五十七门，末又附《补遗》一门。略仿《世说》之体，而每条下皆注原史之名。其《发凡》讥何氏《语林》“滥及稗官”。然《世说新语》古来本列小说家，实稗官之流。而责其“滥及稗官”，是犹责弓人不当为弓，矢人不当为矢也。且所重乎正史者，在于叙兴亡，明劝戒，核典章耳。去其大端

① 翁方纲等：《四库提要分纂稿》，上海书店出版社2006年版，第135页。

而责其琐事，其去稗官亦仅矣。[①]

三者相较，《四库全书总目》吸收了翁方纲提要，同时引申被翁方纲忽略的《浙江采集遗书总录》中“凡大经大法彰著人耳目者，不在所录”一语，提出“所重乎正史者，在于叙兴亡，明劝戒，核典章”的正史叙事观。不仅如此，《四库全书总目》还为《语林》辩护，认为张墉的批评不足为据。纵观有关《廿一史识余》的三篇提要，内容上由简略而趋于丰满，思想上的批判性也渐次凸显。

仅举《廿一史识余》为例，自是挂一漏万，难窥大体。事实上，《四库全书总目》史部提要大量参照了四库提要稿，因此有必要将姚鼐、邵晋涵和翁方纲提要稿与《四库全书总目》作比较，列表如下。

① 永瑢等：《四库全书总目》卷六五《廿一史识余》提要，中华书局1965年版，第582页。

姚鼐提要稿与《四库全书总目》比较

篇名	姚鼐提要稿	《四库全书总目》
《奉天靖难记》提要	《奉天靖难记》四卷，纪明成祖初起至即位事，盖永乐初年人所为。其于懿文太子及惠帝皆诬以罪过，卷中凡言王师皆为贼，颠倒黑白，惟意所及，而不知天下后世之不可欺也。建文元年十一月，战胜于白河，所上惠帝书及移檄天下，军中仓卒，语多可笑。姜氏《秘史》所载，最得其真。是书于上朝廷书，小有删润，移檄天下，直不载矣。	《奉天靖难记》四卷，不著撰人名氏，纪明成祖初起至即位事，盖永乐初年人所作。其于懿文太子及惠帝，皆诬以罪恶，极其丑诋。于王师皆斥为贼。故黄虞稷《千顷堂书目》称其语多诬伪，殊不可信。按建文元年十一月，成祖战胜白沟河，上惠帝书，并移檄天下，军中仓卒，语多可笑。姜氏《秘史》所载，最得其真。是书于上惠帝书颇有删润，而移檄则置之不录。则其文饰概可见矣。
《元经》提要	今按此书，称名称字，往往错出。晋成帝咸和八年书张公庭为镇西大将军，康帝建元元年书石虎侵张骏。公庭即骏字。是其书字书名或无定律。犹可言者，至宁康三年书“神兽门哭”。苟非袭唐修《晋书》之文，安得谓“神虎”为“神兽”乎？王通隋人，周大定元年直书杨坚辅政，亦无是理。	今考是书，晋成帝咸和八年书张公庭为镇西大将军，康帝建元元年书石虎侵张骏。公庭即骏之字，犹可曰书名书字，例本互通。至于康宁三年书“神虎门”为“神兽门”，则显袭《晋书》，更无所置辨矣。且于周大定元年直书杨坚辅政。通生隋世，虽妄以圣人自居，亦何敢于悖乱如是哉？

有学者认为姚鼐在四库馆期间，因与戴震、纪昀等人学术旨趣冲突，“故其所拟提要稿在后来遭删改甚或重拟者颇多”①。事实上，《惜抱轩书录》所收十八篇史书提要中，仅有七篇基本被弃用，余下的十一篇都被不同程度地采用，这从上表中《奉天靖难记》和《元经》两篇提要的对比中约略可见。姚鼐与四库馆主流学风不合，是不争的事实。然就史部提要而言，这种矛盾不及在经部提要和集部提要中体现得明显。

姚鼐是桐城派的一代大师，但令人费解的是，他所撰史部提要稿却有着浓厚的考据气息。他花费了大气力来考辨《元经》《宋季三朝政要》《皇元圣武亲征录》《元典章》《西使记》《秘史》《穆天子传》诸书，在辞章上倒没有什么特别之处。这可能是因为，姚鼐的学术风格曾发生过较大的转变。拜戴震为师遭拒，“推动了他从辞章向考据的转移。姚鼐从拜师见拒（1755）到任职四库馆（1773），其间十八九年，认同并预于汉学潮流，努力从事经史考据之学；他少小所喜爱的辞章在其为学中已经降到极其次要的地位”②。姚鼐中年以后才又重新回到辞章之学上。也就是说，经过近二十年的沉潜，姚鼐撰写提要稿时已有相当的考据功力，加之此时汉学在京师的统治地位，姚鼐的提要稿以考据为特色也就不足为奇了。

① 张升：《〈四库全书〉提要稿辑存·前言》，北京图书馆出版社2006年版，第7页。
② 王达敏：《姚鼐与乾嘉学派》，学苑出版社2007年版，第17页。

邵晋涵提要稿与《四库全书总目》比较

篇名	邵晋涵提要稿	《四库全书总目》
《周书》提要	文质因时，纪载从实。良以周代尚文，仿古制言，文章尔雅，载笔者势不能易彼妍辞，改从俚语。至于敌国诋谤，里巷谚谣，削而不书，史之正体。岂能用是为讥议哉？德棻旁征简牍，意在摭实。故《元伟传》后于元氏戚属之事迹湮没者，犹考其名位，连缀附书，深有合于史家阙疑传信之义。《庾信传论》仿《宋书·谢灵运传》之体，推论六义源流，于信独致微辞。盖见当世竞宗徐、庾，有意于矫时之弊者，亦可见其不专尚虚辞矣。	文质因时，纪载从实。周代既文章尔雅，仿古制言，载笔者势不能易彼妍辞，改从俚语。至于敌国诋谤，里巷谚谣，削而不书，史之正体。岂能用是为讥议哉？况德棻旁征简牍，意在摭实。故《元伟传》后于元氏戚属事迹湮没者，犹考其名位，连缀附书，固不可概斥为疏略。《庾信传论》仿《宋书·谢灵运传》之体，推论六义源流，于信独致微辞。良以当时俪偶相高，故有意于矫时之弊，亦可见其不专尚虚辞矣。
《南齐书》提要	齐高好用图谶，梁武崇尚释氏，故子显于《高帝纪》卷一引《太乙九宫占》，《祥瑞志》附会纬书，《高逸传论》推阐禅理。盖牵于时尚，未能厘正。至其纪建元创业诸事，载沈攸之书于《张敬儿传》，述颜灵宝语于《王敬则传》，直书无隐，尚不失是非之公。《高十二王传》引陈思之表、曹冏之论，感怀宗国，有史家言外之意焉。惜其叙次无法，如《高帝纪》载王蕴之抚刀、袁粲之郊饮，连缀琐事，殊乖纪体。至列传之冗杂，更无论矣。	齐高好用图谶，梁武崇尚释氏，故子显于《高帝纪》卷一引《太乙九宫占》，《祥瑞志》附会纬书，《高逸传论》推阐禅理。盖牵于时尚，未能厘正。又如《高帝纪》载王蕴之抚刀、袁粲之郊饮，连缀琐事，殊乖纪体。至列传尤为冗杂。然如纪建元创业诸事，载沈攸之书于《张敬儿传》，述颜灵宝语于《王敬则传》，直书无隐，尚不失是非之公。《高十二王传》引陈思之表、曹冏之论，感怀宗国，有史家言外之意焉，未尝无可节取也。

续表

篇名	邵晋涵提要稿	《四库全书总目》
《宋史》提要	大率以宋人所修国史为稿本，匆遽成编，无暇参考。宋人好述东都之事，故史文较详。建炎以后稍略。理、度两朝，宋人罕所纪载，史传亦不具首尾，遂至《文苑传》止详北宋，而南宋仅载周邦彦等寥寥数人。《循吏传》则南宋无一人，岂竟无可考哉？抑亦姑仍东都书之旧而不为续纂也。	盖其书以宋人国史为稿本。宋人好述东都之事，故史文较详，建炎以后稍略。理、度两朝，宋人罕所纪载，故史传亦不具首尾。《文苑传》止详北宋，而南宋止载周邦彦等数人。《循吏传》则南宋更无一人。

从上表可见，《四库全书总目》有关《周书》《南齐书》《宋史》的提要，多据邵氏提要稿改编而成。实际情况还不止于此。邵氏所撰诸正史提要中，有二十三篇基本被吸纳。这说明，纪昀比较认可邵晋涵的提要稿风格与质量。邵晋涵被阮元誉为“得甬上姚江史学之正传”，且“博闻强记，于宋、明以来史事最深”。邵晋涵在四库馆内的境遇也比姚鼐优越，“在四库馆与戴东原诸先生编缉载籍，史学诸书多由先生订其略，其提要亦多出先生之手”[①]。邵晋涵史部提要稿多被采用，是在情理之中的。

① 阮元：《研经室二集》卷七《南江邵氏遗书序》，载《研经室集》上册，中华书局 1993 年版，第 544-545 页。

翁方纲提要稿与《四库全书总目》比较

篇名	翁方纲提要稿	《四库全书总目》
《半窗史略》提要	国朝龙体刚辑。体刚号铁芝，永新人。辑历朝史事，各撰为歌，每歌缀以略言。其三十八卷以前，则起上古以讫于明。其三十九卷至四十二卷，则分“乾象”“坤舆”“官制”“经史”等七类，而撮其要以隶之。	国朝龙体刚撰。体刚号铁芝，永新人。是编辑历朝史事，各撰为歌，每歌缀以略言。其三十八卷以前，则起上古以讫于明。其三十九卷至四十二卷，则分“乾象”“坤舆”“官制”“经史”等七类，而撮其要以隶之。
《国初事迹》提要	明刑部左侍郎刘辰述。辰字伯静，金华人。明初以署典签使方国珍，又辟置李文忠幕下。永乐初，李景隆言辰知国初事，召至预修《太祖实录》。此书盖即其修实录时所开写进呈者，而史家采用之耳。	明刘辰撰。辰字伯静，金华人。太祖起兵之初，署吴王典签，又入李文忠幕府。建文中，擢监察御史。永乐初，李景隆荐修《太祖实录》，后官至北京刑部左侍郎。事迹具《明史》本传。此书卷首，有“臣刘辰今将太祖高皇帝国初事迹开写”一行。后俱分条件系，颇似案牍之词。盖即修实录时所进事略草本也。
《否泰录》提要	明刘定之撰。定之字主静，永新人。正统元年进士，授编修，进侍讲。英宗北狩，也先使者乞遣报使，景帝不许。定之疏引故事以请，帝下廷议，竟不果遣。天顺改元，调通政司左参议，寻进翰林学士。成化二年，入直文渊阁。谥文安。此书所记即英宗北狩事。自言参用杨善《奉使录》暨钱博所述《袁彬传》……其曰身备史官者，正其迁右庶子之时。而他书引此曰“阁老刘定之撰”者，本其后历官而言之也。	明刘定之撰。定之有《易经图释》，已著录。初，英宗北狩，额森乞遣报使，景帝不许。定之疏引故事以请，帝下廷议，竟不果遣。天顺改元，定之由右庶子调通政使，历官翰林学士，入直文渊阁。盖以是疏蒙遇也。此书所记，即英宗北狩之事。自言参用杨善《奉使录》暨钱博所述《袁彬传》。……其曰身备史官者，正其迁右庶子时。他书引此，或作阁老刘定之撰者，据其所终之官言之耳。

翁方纲提要稿的优点是言之有物，体例整齐。但翁稿数量较大，被《四库全书总目》采用者所占比例反而较小。纪昀删定翁稿时，多重新撰写。

从四库提要稿到《四库全书总目》，其间的关联已如上述。接下来需探讨的是，《四库全书总目》对四库提要稿作了怎样的剪裁、调适与补充。

首先，在批评语言上，追求准确简明，避免冗杂歧义。

提要稿从初拟到最后改订，屡经修饰。修改者的一大工作就是润色文字，在批评的语言上下了很大的功夫。姚鼐提要稿在文字上被简化和润色得比较多。姚鼐评论《秘史》“可谓言必有征，核于纪载者也”①，用了十二个字，《四库全书总目》精简为“纪录颇见精核”② 六字。姚鼐评《元典章》“载案牍之文，未免细碎猥杂，又元时陈奏诏令直用当时俗语，转经钞写，或有舛误，至今多有不可通晓者矣。然一朝制度之详，史所不书者，此略备之”③。《四库全书总目》则简化为“此书于当年法令，分门胪载，采掇颇详，故宜存备一朝之故事。然所载皆案牍之文，兼杂方言俗语”④。即便是被信赖的邵晋涵提要稿，也不例外。邵氏评《梁书》“排整故事，叙次明晰，议论亦多平允。分卷次第，犹具汉晋以来相传之史法”⑤。《四库全书总目》改作“持论

① 姚鼐：《惜抱轩书录》卷二《秘史》提要，光绪己卯年（1879）徐宗亮刊本。
② 永瑢等：《四库全书总目》卷五三《姜氏秘史》提要，中华书局1965年版，第480页。
③ 姚鼐：《惜抱轩书录》卷二《元典章》提要，光绪己卯年（1879）徐宗亮刊本。
④ 永瑢等：《四库全书总目》卷八三《元典章前集》提要，中华书局1965年版，第714页。
⑤ 邵晋涵：《南江文钞》卷一二《梁书提要》，《续修四库全书》第一四六三册，上海古籍出版社2002年版，第578页。

多平允，排整次第，犹具汉晋以来相传之史法”[1]，表述更加扼要。还有些删改是出于表述习惯的差别，因无关宏旨，不再赘述。从文辞角度看，纪昀本是文章高手，又有较好的底稿作基础，故经过润色的《四库全书总目》文风更显通畅、紧凑和规范，较之提要稿更胜一筹。

其次，在批评分寸上，讲究恰到好处，力戒过分抑扬。

关于《姜氏秘史》的史料价值，姚鼐举王艮事为证，说：“世传王艮于成祖入城前一日，与胡靖、解缙集吴溥舍，靖、缙陈说慷慨，艮流涕而已。其后独艮死节。是书载其事辨之，以为艮家谱载艮以建文辛巳九月卒，上遣黄观谕祭，未尝及成祖之来也。是言当最得其实。《明史稿·艮传》乃用前说，岂未见是书邪？”[2]《四库全书总目》也考辨王艮事，所据史料虽与姚鼐相同，但改姚鼐“是言当最得其实”为“其言似乎可据”，又新增数语：“然革除之际，诛锄异己，凡效忠于建文者，皆祸及子孙。安知王氏家谱非为宗族之计，讳其死难以自全，未必遽为定论。《明史·艮传》仍用前说，盖必有所考也。”[3]《四库全书总目》较之姚鼐提要稿，批评分寸拿捏得更到位。它们对王应麟《通鉴地理通释》的评论也是如此。姚鼐认为篇首王应麟自识“云上章执徐橘壮之月，是盖元世祖至元十六年庚辰之八月也，宋亡已三年矣。自识乃用陶潜不书刘宋纪年之意，书内称梓慎为

① 永瑢等：《四库全书总目》卷四五《梁书》提要，中华书局1965年版，第406页。
② 姚鼐：《惜抱轩书录》卷二《秘史》提要，光绪己卯年（1879）徐宗亮刊本。
③ 永瑢等：《四库全书总目》卷五三《姜氏秘史》提要，中华书局1965年版，第480页。

梓谨，犹为宋讳。至于周形势末篇所论之语，意皆自寓旧臣，故国之思，是可尚也”[①]，意在表彰元初南宋遗老的故国之思。《四库全书总目》则只是说：“盖用陶潜但书甲子之义，书内称梓慎为梓谨，亦犹为宋讳云。”[②] 删去“故国之思，是可尚也”，说明作为一部官修书目，《四库全书总目》的评价更加谨慎，不轻易流露好恶情感，不愿去触犯“故国”禁忌。

再次，在批评空间上，有意扩充，强化评骘学术的功能。

就四库提要稿的最初样态来看，主体内容是介绍作者、内容、卷帙、版本、体例及著录情况等，虽也间有史学批评的文字，但基本上黯淡无光彩可言。《浙江采集遗书总录》和《江苏采辑遗书目录》在这方面暴露得较为明显。《江苏采辑遗书目录》中《路史》提要仅一句：“此书上自洪荒，下至虞夏，奇闻异说，共四十五卷，刊本。”[③]《浙江采集遗书总录》关于《十七史详节》也只是介绍它“自马史至欧史，各就原书删繁节要，合成一编”[④]，缺乏评论性。翁方纲撰《古今历代十八史略》提要也大致是这样的：“《古今历代十八史略》上、下二卷，元庐陵进士曾先之编，盖十七史加宋为十八也。前有《史略纲目》一卷，总括历代国号、世年、国都之类。其叙纪年尽于至顺，则

① 姚鼐：《惜抱轩书录》卷二《通鉴地理通释》提要，光绪己卯年（1879）徐宗亮刊本。

② 永瑢等：《四库全书总目》卷四七《通鉴地理通释》提要，中华书局1965年版，第421页。

③ 黄烈编：《江苏采辑遗书目录》，载张升编：《〈四库全书〉提要稿辑存》第4册，北京图书馆出版社2006年版，第222页。

④ 沈初编：《浙江采集遗书总录·丁集》，载张升编：《〈四库全书〉提要稿辑存》第1册，北京图书馆出版社2006年版，第382页。

是书编于顺帝时，皆摘取史事大略为之。应存其目。”[①] 如果说《浙江采集遗书总录》和《江苏采辑遗书目录》尚属初级提要稿，那么相对成熟的翁方纲提要稿，也常仅作知识性介绍而缺乏评论，就很能说明提要稿批评性的平淡了。

相比之下，《四库全书总目》在批评空间上作了大幅度的扩充。《浙江采集遗书总录》介绍《史书纂略》：“明职方主事、平湖马维铭辑，以世次摘录各史纪传，自盘古迄元代止，万历癸丑序。”[②]《四库全书总目》有意识地加入批评性文字，称：“是书取‘二十一史’本纪、列传，各撮取大略，汇成一编，盖亦通史之例。然去取失宜，简略太甚，非博非约，殆两无所居也。”[③]《四库全书总目》对《史书纂略》的评价是否全面，另当别论，但这样的提要才具有批判性和思想性。项笃寿《全史论赞》提要在《江苏采辑遗书目录》中仅“此书采录‘二十一史’论赞”[④] 十个字。《四库全书总目》则不仅介绍《全史论赞》的内容，还评点道：“读史必先知其事之始末，而后可断其人之是非。今笃寿惟存其论，使称善者不知其所以善，称恶者不知其所以恶，仍于读史者无益也。”[⑤] 这是批驳《全史论赞》缺乏必要的史事支撑。

---

① 翁方纲等：《四库提要分纂稿》，上海书店出版社2006年版，第91页。

② 沈初编：《浙江采集遗书总录·戊集》，载张升编：《〈四库全书〉提要稿辑存》第2册，北京图书馆出版社2006年版，第146页。

③ 永瑢等：《四库全书总目》卷六五《史书纂略》提要，中华书局1965年版，第581页。

④ 黄烈编：《江苏采辑遗书目录》，载张升编：《〈四库全书〉提要稿辑存》第4册，北京图书馆出版社2006年版，第218页。

⑤ 永瑢等：《四库全书总目》卷六五《全史论赞》提要，中华书局1965年版，第580页。

姚鼐提要稿着重介绍王应麟《汉制考》考证之得失。《四库全书总目》不限于此，还发表议论："未免千虑之一失，要其大致精核，具有依据，较南宋末年诸人侈空谈而鲜实征者，其分量相去远矣"[①]，对王应麟的学问作了总评，兼谈南宋末年的学风。翁方纲为《读史评论》所撰提要为："《读史评论》六卷，国朝费宏灏著。宏灏号愚轩，湖州人。其书前四卷曰'史评'，后二卷曰'史论'，'评'则分条札记，'论'则因人因事各自成篇也。"[②] 这还是一般性的说明。《四库全书总目》补充了"'评'多琐屑，'论'多臆断。如《王戎石崇论》，谓戎之得预'竹林'，以多财之故。嵇、阮等利其所有，引而入之，冀分余润。崇既富人，必不识丁，其《金谷园集序》殆有寒士为之捉刀。虽有激之谈，亦傎之甚矣"[③]。在简短的提要中留下了清晰的批评痕迹。这不是篇幅长短、字数多寡的问题，而是批评意识强弱的体现。翁氏提要稿对《东观奏记》的介绍约二百字，却没有一句评论的内容。《四库全书总目》则在提要结尾画龙点睛地写道："书中记事颇具首尾。司马光作《通鉴》，多采其说，而亦不尽信之。盖闻见所及，记近事则多确；恩怨未尽，记近事者亦多诬。自古而然，不但此书矣。"[④] 这是从具体的书籍介绍升华到了史家记录当下历史的真实性问题，触及史料制造与时代远近、个人恩怨的关系，已然具有理论价值。

① 永瑢等：《四库全书总目》卷八一《汉制考》提要，中华书局1965年版，第696页。
② 翁方纲等：《四库提要分纂稿》，上海书店出版社2006年版，第171页。
③ 永瑢等：《四库全书总目》卷九〇《读史评论》提要，中华书局1965年版，第768页。
④ 永瑢等：《四库全书总目》卷五一《东观奏记》提要，中华书局1965年版，第464页。

邵晋涵的史书提要稿总体质量属于上乘，但他的《汉书提要》用绝大篇幅讨论古本《汉书》之伪，末尾才附带提到颜师古注的价值，至于班固及《汉书》的其他方面均未论及。作为一篇提要，批评的空间非常狭窄。《四库全书总目》增加了有关班固“受金之谤”和“窃据父书之谤”的讨论。[①] 邵晋涵的《晋书提要》虽有评论的内容，但《四库全书总目》感到意犹未尽，补充道：“夫典午一朝，政事之得失，人材之良楛，不知凡几，而九重掞藻，宣王言以彰特笔者，仅一工文之士衡，一善书之逸少，则全书宗旨，大概可知。其所褒贬，略实行而奖浮华。其所采择，忽正典而取小说。波靡不返，有自来矣。”[②] 这一批评涉及《晋书》的褒贬倾向和史料采择问题，至今仍有可取之处。

不过，《四库全书总目》受制于学术风尚，史学批评终究处在被考据挤压的缝隙里。换句话说，《四库全书总目》所能容许的批评空间也是有限度的，它排斥那种大段的甚至通篇议论性的提要。邵晋涵撰《史记提要》《后汉书提要》《新唐书提要》《五代史记提要》《明史提要》，都以评论为主，结果均被弃用。《后汉书提要》抒发邵氏治史心得：

> 东汉尚气节，此书创为《独行》《党锢》《逸民》三传，表彰幽隐，搜罗殆尽，然史家多分门类，实滥觞于此。夫史以纪实，综其人之颠末，是非得失，灼热自见。多立名

---

① 永瑢等：《四库全书总目》卷四五《汉书》提要，中华书局1965年版，第401页。
② 永瑢等：《四库全书总目》卷四五《晋书》提要，中华书局1965年版，第405页。

目，奚为乎？……范氏所增《文苑》《列女》诸传，诸史相沿，莫能刊削。盖时风众势，日趋于文，而闺门为风教所系，当备书于简策，故有创而不废也。《儒林》考传经源流，能补前书所未备。范氏承其祖宁之绪论，深有慨于汉学之兴衰关于教化，推言终始，三致意焉。[①]

但《四库全书总目》对这样的提要稿不感兴趣，转而考证《后汉书》的卷帙离合、司马彪《续汉书》志并入《后汉书》问题。邵晋涵在史学批评上的个性和见解都被轻轻地抹去了。

最后，在批评方向上，作了一定的修正与调适。

《浙江采集遗书总录》以“类例有伦”[②] 评价张之象的《太史史例》。《四库全书总目》改作“文字详略，势无定体，本不可以例言。况太史公成一家之书，往往意在文外，尤不得尽以定法拘之。而之象乃毛举细微，以为事事有例。此又以说《春秋》家之窠臼移而论史矣”[③]，对以“例”论史的态度由肯定转向驳斥。《浙江采集遗书总录》为《新唐书纠谬》所撰提要，称吴缜“欲为欧、宋之诤友”[④]。《四库全书总目》也承认“欧、宋之作新书，意主文章，而疏于考证”。吴缜的纠谬“深中其病，不可

① 邵晋涵：《南江文钞》卷一二《后汉书提要》，《续修四库全书》第一四六三册，上海古籍出版社 2002 年版，第 574 页。

② 沈初编：《浙江采集遗书总录·戊集》，载张升编：《〈四库全书〉提要稿辑存》第 2 册，北京图书馆出版社 2006 年版，第 155 页。

③ 永瑢等：《四库全书总目》卷九〇《太史史例》提要，中华书局 1965 年版，第 762 页。

④ 沈初编：《浙江采集遗书总录·戊集》，载张升编：《〈四库全书〉提要稿辑存》第 2 册，北京图书馆出版社 2006 年版，第 158–159 页。

谓无裨史学也”，又批驳吴缜“不免有意掊击”。[①] 在对吴缜的评价上，二者仍有区别。

道光十二年（1832），李兆洛比较姚鼐提要稿与《四库全书总目》时，已发现二者“时有差异”，但他认为这不过是“进呈乙览时，总裁官稍润色之，令与他篇体裁画一焉”。[②] 实情远比李兆洛所说的复杂。姚鼐称《宋季三朝政要》“卷末总论宋之亡，以谓君无失德，独推为运数所致，于旧臣措辞忠厚之义，庶几得之矣”[③]。《四库全书总目》语气一变，认为“卷末论宋之亡，谓君无失德，归咎权相，持论亦颇正。而忽推演命数，兼陈因果，转置人事为固然，殊乖劝戒之旨”[④]。姚鼐论苏辙《古史》的价值：

> 秦火之后，经籍散亡，司马迁网罗放失，以不世出之才创千古之业，其功伟矣！而议论以屡辩而易明，考证至后世而益密。辙因前人之文修饰之，固不可与初创者比。然迁多爱新好奇之过，辙依儒者之义，纠正其失而补救之，亦可谓司马氏千载之益友矣！[⑤]

① 永瑢等：《四库全书总目》卷四六《新唐书纠谬》提要，中华书局1965年版，第411页。

② 李兆洛：《养一斋文集》卷二《惜抱轩书录序》，《清代诗文集汇编》第四九三册，上海古籍出版社2010年版，第29页。

③ 姚鼐《惜抱轩书录》卷二《宋季三朝政要》提要，光绪己卯年（1879）徐宗亮刊本。

④ 永瑢等：《四库全书总目》卷四七《宋季三朝政要》提要，中华书局1965年版，第428页。

⑤ 姚鼐：《惜抱轩书录》卷二《古史》提要，光绪己卯年（1879）徐宗亮刊本。

姚鼐称苏辙为司马迁的千载益友，充分肯定其史学贡献。《四库全书总目》却不接受这样的评价，笔锋逆转：

> 平心而论，史至于司马迁，犹诗至于李、杜，书至于钟、王，画至于顾、陆，非可以一支一节比拟其长短者也。辙乃欲点定其书，殆不免于轻妄。至其纠正补缀……去取之间亦颇为不苟。存与迁书相参考，固亦无不可矣。[①]

在《四库全书总目》的评判中，苏辙从有功于《史记》之人变成了“轻妄”之辈。翁方纲认为《史记》文字值得咀嚼，但“其文往往意在此而语在彼，其英华故在无字句处”，凌迪知“摘字句以为华藻，抑末矣”[②]。翁方纲此处批评的只是凌迪知一人而已。经过《四库全书总目》修改后，就成了“司马迁，史家巨擘，其文岂可以句摘，句又岂可以华目。盖王、李割剥秦汉之风，至明季而未殄，故书肆尚镌此等书，以投时好耳”[③]。这样，就把矛头引向了明末学风。

行文至此，有一个问题不得不再回过头来讨论，即《四库全书总目》作为传递汉学家声音的目录书，为何要凸显提要的批评性呢？这就需要澄清他们对史学批评的态度。四库馆臣将“史评”分为两类，一是“考辨史体”，即今日所说的史学批评，

① 永瑢等：《四库全书总目》卷五〇《古史》提要，中华书局1965年版，第448页。

② 翁方纲等：《四库提要分纂稿》，上海书店出版社2006年版，第134页。

③ 永瑢等：《四库全书总目》卷六五《太史华句》提要，中华书局1965年版，第580页。

以刘知幾为代表；二是“品骘旧闻，抨弹往迹”，即史事评论。二者在四库馆臣心目中的难易程度和价值有天壤之别。史学批评“非博览精思，不能成帙，故作者差稀”；而史事评论则“才翻史略，即可成文。此是彼非，互滋簧鼓”。[①] 尽管在今天看来对史事评论者有失公允，但时人这种牢不可破的认识却直接影响到了他们的学术活动。但这只是明确了《四库全书总目》对史学批评持认同的态度，还不能完全解释提要弥补史学批评“作者差稀”的必然性和紧迫性。这就不能不考虑《四库全书总目》规范与引领学术发展的官方诉求了。

二、《四库全书总目》的官方角色与批评姿态

作为乾隆年间官修的大部头目录书，《四库全书总目》不仅著录繁富，而且重视解题，举凡史书分类、文献考辨、史文繁简、体例纯驳、史家微言等，皆有所涵括，为读者呈现了一个琳琅满目的史学世界。“持比向、歆，殆无多让。”[②] 这便是它在中国古代目录学史上的地位。《四库全书总目》与清代一般史学批评文献（尤其是目录书）最显著的区别，则在于它的官方角色。这主要表现在以下三个方面。

首先，彰显正史的“钦定”属性。

在史部十五类中，《四库全书总目》首列“正史”，这虽是延续传统的做法，但它关于“正史”的表述却有浓厚的官方色

① 永瑢等：《四库全书总目》卷八八史评类小序，中华书局1965年版，第750页。

② 余嘉锡：《四库提要辨证序》，载《余嘉锡论学杂著》，中华书局1963年版，第588页。

彩："'正史'之名，见于《隋志》。至宋而定著十有七。明刊监版，合宋、辽、金、元四史为二十有一。皇上钦定《明史》，又诏增《旧唐书》为二十有三。近搜罗四库，薛居正《旧五代史》得裒集成编。钦禀睿裁，与欧阳修书并列，共为二十有四。今并从官本校录。凡未经宸断者，则悉不滥登。盖正史体尊，义与经配，非悬诸令典，莫敢私增。所由与稗官野记异也。"① 这里为"正史"正名，不是从学术上立论，而是通过乾隆皇帝的"宸断"强化正史的地位，并由此划清正史与稗官野史的界限——它们的区别不再是体裁或者内容的差异，而取决于是否得到皇权的特许。

《新唐书》流播后，《旧唐书》的地位渐被边缘化，直至乾隆皇帝下诏，增列《旧唐书》进入正史之列。对于此事，《四库全书总目》特别强调："我皇上独秉睿裁，定于正史之中。二书并列，相辅而行。诚千古至公之道，论史诸家可无庸复置一议矣。"② 这里用毋庸置疑的语气告诫"论史诸家"对此事不可再发议论，体现了书目提要背后强势的官方话语。通过这样的评论，朝廷集政治威严与学术权威于一身。

散佚之书重见天日，也是值得表彰的。李焘的《续资治通鉴长编》散佚严重："明成化中，诏商辂等续修《通鉴纲目》，时《永乐大典》庋藏内府，外庭无自而窥。竟不知焘之旧文全载卷内。乃百方别购，迄不能得。论者以为遗憾。今恭逢我皇上

① 永瑢等：《四库全书总目》卷四五正史类小序，中华书局1965年版，第397页。
② 永瑢等：《四库全书总目》卷四六《旧唐书》提要，中华书局1965年版，第410页。

稽古右文，编摩四库，乃得重见于世。岂非显晦有时，待圣世而发其光哉！”[①] 在这些文字背后，是清晰的官方底色。《旧五代史》也因《新五代史》的流行而渐次湮没，馆臣从《永乐大典》等书中辑录排纂，使之重见天日。对于这一史学事件，《四库全书总目》采用的表述方式是这样的：

> 恭逢圣朝右文稽古，网罗放佚，零缣断简，皆次第编摩。臣等谨就《永乐大典》各韵中所引薛史，甄录条系，排纂先后，检其篇第，尚得十之八九。又考宋人书之征引薛史者，每条采录，以补其阙。遂得依原本卷数，勒成一编。晦而复彰，散而复聚，殆实有神物呵护，以待时而出者。遭逢之幸，洵非偶然也。[②]

“晦而复彰”“神物呵护”“遭逢之幸”云云，用词突出朝廷，极力称赞本朝功德。稍晚，周中孚为《旧五代史》所撰提要就没有这种官方话语，只是淡淡地说：“其书久佚，国朝乾隆四十年，馆臣从《永乐大典》录出，其残阙者，取他书所引以补之，并各撰考证于卷后，四十九年刊版印行。”[③] 赵慎畛谈到此事时，也很平静：“我朝修《四库全书》，词臣于《永乐大典》

① 永瑢等：《四库全书总目》卷四七《续资治通鉴长编》提要，中华书局 1965 年版，第 424 页。

② 永瑢等：《四库全书总目》卷四六《旧五代史》提要，中华书局 1965 年版，第 411 页。

③ 周中孚：《郑堂读书记》卷一五《旧五代史》提要，上海书店出版社 2009 年版，第 284 页。

各韵所引甄录条系，得十之八九，复采《册府元龟》《太平御览》《通鉴考异》《五代会要》诸书，以补其缺，卷帙悉符原书。允馆臣请，仿刘昫《旧唐书》之例，列于二十三史，刊布学宫。"① 为什么周中孚、赵慎畛与四库馆臣对同一史学事件的表述会有这样的不同，这恐怕不能归因于时过境迁，他们之间相差不过三四十年的光景，也不是由撰写者的身份高低决定的，赵慎畛是嘉庆元年（1796）的进士，入过翰林院，做过御史，后来官至云贵总督。上述不同主要是官修与私撰的角色差异造成的。

其次，抬高官修史书的地位，把皇帝旨意转换为史学批评的标准。

《四库全书总目》强调"宏纲巨目，悉禀天裁，定千载之是非，决百家之疑似。权衡独运，衮钺斯昭。睿鉴高深，迥非诸臣管蠡之所及"②。这样的表述不宜简单视为官样文章，因为它从始至终都着意于张扬帝王与史学的关系。《钦定明臣奏议》"秉承训示，辨别瑕瑜"，经过乾隆皇帝的睿裁，"譬诸童谣妇唱，一经尼山之删定，而列在六经。一代得失之林，即千古政治之鉴也。至于人非而言是，不废搜罗；论正而词乖，但为删润。圣德之广，一善不遗；圣度之宏，大公无我，尤非寻常所可测量矣"③。乾隆三十二年（1767），敕撰《续通志》。《四库全书总目》特意指出《续通志》的编纂得到了乾隆皇帝的"圣裁"：

① 赵慎畛：《榆巢杂识》下卷《旧五代史》，中华书局2001年版，第232页。

② 永瑢等：《四库全书总目》卷首《凡例》，中华书局1965年版，第16页。

③ 永瑢等：《四库全书总目》卷五五《钦定明臣奏议》提要，中华书局1965年版，第503页。

“以贰臣别为列传，新出圣裁，于旌别淑慝之中，寓扶植纲常之意，允昭褒贬之至公，实为古今之通义。”[①] 乾隆四十六年(1781)，敕撰《钦定辽金元三史国语解》。《四库全书总目》又称：“我皇上圣明天纵，迈古涵今，洞悉诸国之文，灼见旧编之误，特命馆臣，详加厘定，并一一亲加指示，务得其真。……圣朝考文之典，洵超轶乎万祀矣。”[②] 总之，史臣“仰遵圣训，改正其讹，用以昭千古之大公，垂史册之定论”[③]。这类话语还见于《亲征朔漠方略》《钦定平定金川方略》《御定平定准噶尔方略》《钦定临清纪略》《钦定台湾纪略》等书的提要中。

再次，在宋、辽、金、元史的评价中，驳斥独尊宋朝的正统论。

宋辽金元时期，是中国古代皇朝史上少数民族政权兴盛的时代。在撰述这一时期的历史时，如何处理民族关系和正闰之争，成为困扰史学家的一个难题。元朝修纂宋、辽、金三史，修史凡例争论不休，最终各与正统。元修《宋史》向来被讥为芜杂之作，明代已有多位史家有意重修《宋史》。《四库全书总目》对明人重修《宋史》的评论，大多指向同一个问题，即正统观。王思义的《宋史纂要》“以辽、金史附宋之后，等诸《晋书》之载刘、石，尤南北史臣互相诟厉之见，非公论也”[④]。相较于

---

① 永瑢等：《四库全书总目》卷五〇《钦定续通志》提要，中华书局1965年版，第452页。

② 永瑢等：《四库全书总目》卷四六《钦定辽金元三史国语解》提要，中华书局1965年版，第415页。

③ 永瑢等：《四库全书总目》卷五〇《契丹国志》提要，中华书局1965年版，第450页。

④ 永瑢等：《四库全书总目》卷六五《宋史纂要》提要，中华书局1965年版，第581页。

《宋史纂要》，王洙的《宋史质》和柯维骐的《宋史新编》影响更大，受到的纠弹也更多。

柯维骐修《宋史新编》的指导思想是："宋接帝王正统，契丹、女真相继起西北，与宋抗衡，虽各建号，享国二百年，不过如西夏元昊之属，均为边夷。……今会三史为一，而以宋为正。辽、金与宋之交聘、交兵及其卒、其立，附载本纪。仍详君臣行事为传，列于外国，与西夏同，庶几《春秋》'外夷狄'之义云。"[1] 柯维骐的这一编纂思想自然难逃驳斥：

> 元破临安，宋统已绝。二王崎岖海岛，建号于断樯坏橹之间，偷息于鱼鳖鼋鼍之窟。此而以帝统归之，则淳维远遁以后，武庚构乱之初，彼独非夏、商嫡冢，神明之胄乎？何以三代以来，序正统者不及也？……元人三史并修，诚定论也。而维骐强援蜀汉，增以景炎、祥兴，又以辽、金二朝置之外国，与西夏、高丽同列。又岂公论乎？大纲之谬如是，则区区补苴之功，其亦不足道也已。

"二王"是益王赵昰和卫王赵昺，年号分别为景炎、祥兴。《四库全书总目》认为，元朝修纂宋、辽、金三史，最可取处在于《宋史》本纪"终瀛国公而不录二王"，且三史各自为史，对

① 柯维骐：《宋史新编》卷首《凡例》，《续修四库全书》第三〇八册，上海古籍出版社2002年版，第314页。

辽、金两个少数民族政权的历史，“不用岛夷、索虏互相附录之例”[①]。宋恭帝德祐二年（1276），元兵入临安，宋恭帝被降为瀛国公，宋之天命终绝。二王于“断樯坏橹”之间苟延残喘，怎能膺负正统。辽、金与宋长期对峙，宋、辽、金三史理应并修，不可存宋正而辽、金为闰之念。柯维骐却将辽、金列于《外国传》，与高丽、西夏、占城、真腊、高昌、日本等并列，大纲已谬，不合公论。

不过，这番义正言辞的批评并不能代表全体清朝史家的看法，朱彝尊就说：“柯氏撰《新编》，会宋、辽、金三史为一，以宋为正统，辽、金附焉。升瀛国公、益、卫二王于帝纪以存统，正亡国诸叛臣之名以明伦，列道学于循吏之前以尊儒。历二十载而成书，可谓有志之士矣。”[②] 朱氏丝毫没有攻击柯维骐的意思，对《宋史新编》以宋为正统的做法也并无非议，反而对柯维骐的志向称赞不已。为什么会出现这样的情况呢？因为《四库全书总目》的评论隐含着一个政治暗示，清廷对南明政权史的否定以及“受天明命，跨有中原”的清朝具有无可争议的正统地位。

与柯维骐相比，王洙不仅不承认辽、金的正统地位，甚至不认可元朝的正统性：“继周者汉，继汉者唐，继唐者赵宋。太祖

---

① 以上引文见永瑢等：《四库全书总目》卷五〇《宋史新编》提要，中华书局 1965 年版，第 454、455 页。

② 朱彝尊：《曝书亭集》卷四五《书柯氏〈宋史新编〉后》，《清代诗文集汇编》第一一六册，上海古籍出版社 2010 年版，第 369 页。按：稍晚于朱彝尊的陈遇夫，在宋、辽、金正统问题上，也主张以宋为正统，说：“辽初宜附五代，后则附宋，金亦附宋，不得为正史。”（《史见》卷一《删史》，商务印书馆 1937 年版，第 10 页）

拨五代之乱而反之正，植人纪，立家法，建皇极，四海九州复统于一。……本末相因，理乱相禅。胡元者，赵宋之闰位，昭代之驱除也，皆天命也。”[①] 在编纂体例上，王洙干脆将辽、金、元一并归入了《夷服传》。《四库全书总目》对柯维骐尚且不满，对王洙的批判自然更猛烈：

> 大旨欲以明继宋，非惟辽、金两朝皆列于外国，即元一代年号亦尽削之。而于宋益王之末，即以明太祖之高祖追称德祖元皇帝者承宋统。大德三年，以太祖之曾祖追称懿祖恒皇帝者继之。延祐四年，以太祖之祖追称熙祖裕皇帝者继之。后至元五年，以太祖之父追称仁祖淳皇帝者继之。至正十一年，即以为明之元年。且于瀛国公降元以后，岁岁书“帝在某地”云云，仿《春秋》书“公在乾侯”，《纲目》书“帝在房州”之例。荒唐悖谬，缕指难穷。自有史籍以来，未有病狂丧心如此人者。其书可焚，其版可斧，其目本不宜存。然自明以来，印本已多，恐其或存于世，荧无识者之听，为世道人心之害，故辞而辟之，俾人人知此书为狂吠，庶邪说不至于诬民焉。[②]

“病狂丧心”“狂吠”云云，已从批评滑向谩骂了。“恐其或存于世，荧无识者之听，为世道人心之害”的担忧，虽为其真

① 王洙：《史质叙略》，载《宋史质》卷首，大化书局1977年版，第2-3页。

② 永瑢等：《四库全书总目》卷五〇《宋史质》提要，中华书局1965年版，第454页。

实心理，但并非谩骂背后的全部意图。《四库全书总目》何以如此无法容忍王洙？柳诒徵分析《宋史质》“降胡元于闰纪，又列金人、辽人、胡元于《夷服传》，最犯满清之忌”。因为“比例以观，满清亦属闰纪”。《四库全书总目》“因清而推及辽、金、元之意灼然矣”①。

《四库全书总目》评价陈邦瞻的《宋史纪事本末》：“读《通鉴》者，不可无袁枢之书；读《宋史》者，亦不可无此一编也”，但又批判此书名实不副，“书中纪事既兼及辽、金两朝，当时南北分疆，未能统一，自当称‘宋辽金三史纪事’，方于体例无乖。乃专用‘宋史’标名，殊涉偏见”②。尽管乾隆皇帝在《命馆臣录存杨维桢〈正统辨〉谕》中坚持华夏正统的文化立场，认为辽、金无所承继，支持宋的正统地位，甚至对馆臣有过直接的指示③，但四库馆臣仍然保留对《宋史新编》《宋史质》的驳斥。其间的微妙在于，乾隆皇帝这样说，自是展示了一个统一多民族国家皇帝不偏袒少数民族政权的公正形象，能够博得汉族士人的认同；四库馆臣却不敢借此宽宥王洙和柯维骐之“罪”，说明他们虽身处盛世却谨小慎微，文字狱等文化高压手段所留下的心理伤痕不是一道上谕就能治愈的。《四库全书总目》宁可谨慎有余，也不敢贸然发论，这也是由其官方角色决

① 柳诒徵：《述〈宋史质〉》，《史学杂志》第一卷第一期，1929年3月。

② 永瑢等：《四库全书总目》卷四九《宋史纪事本末》提要，中华书局1965年版，第439页。

③ 参见刘浦江：《“倒错”的夷夏观？——乾嘉时代思想史的另一种面相》，载《正统与华夷：中国传统政治文化研究》，中华书局2017年版，第189-192页。

定的。

《四库全书总目》史部提要担负着提倡什么样的史学，营造怎样的史学氛围的使命。它品评古今史籍的优劣与是非，不能说没有干预、引领当时史学发展方向之意图。《四库全书总目》源于官方的权威使它在批评中时而流露出居高临下、颐指气使之势。然而，事物总是有两个方面的。为了实现这一使命，馆臣又极力展示宽和、公允的批评姿态。

姿态之一：宽和。《四库全书总目》评论史籍得失时，坚持既“不以一二字之出入，病其大体”①，也“不以一节之谬，弃其全书”②。邵晋涵批评《隋书·经籍志》“在十志中为最下。盖唐人重词章而轻经术，其端已见于此，固不能绍刘向、班固之绝业耳”③。《四库全书总目》将之改为“后汉以后之艺文，惟借是以考见源流，辨别真伪，亦不以小疵为病矣”④。邵晋涵总结《新五代史》有“三恨”：“取材之不富也”，“书法之不审也”，“掌故之不备也”。可取者仅有“笔墨排骋，推论兴亡之迹，故读之感慨有余情”⑤。《四库全书总目》则转而强调《新五代史》“义例谨严”，“文章高简”，虽于“事实则不甚经意”，但“一节偶疏，诸史类然，不足以为修病也”。何况欧阳修的文章“冠

---

① 永瑢等：《四库全书总目》卷四五《汉书》提要，中华书局1965年版，第401页。

② 永瑢等：《四库全书总目》卷五八《嘉靖以来首辅传》提要，中华书局1965年版，第524页。

③ 邵晋涵：《南江文钞》卷一二《隋书提要》，《续修四库全书》第一四六三册，上海古籍出版社2002年版，第583页。

④ 永瑢等：《四库全书总目》卷四五《隋书》提要，中华书局1965年版，第409页。

⑤ 邵晋涵：《南江文钞》卷一二《五代史记提要》，《续修四库全书》第一四六三册，上海古籍出版社2002年版，第588-589页。

冕有宋。此书一笔一削，尤具深心，其有裨于风教者甚大”[①]。这些修改，让批评更宽和，有助于美化评论者的学术形象。《四库全书总目》对一部史书很少作全盘否定，往往既指出其缺点，也肯定其可取之处，所谓“不必论甘而忌辛，是丹而非素”[②]。对黄宗羲的《明儒学案》，《四库全书总目》有所指责，但也没有忽视其价值：

> 宗羲生于姚江，欲抑王尊薛则不甘，欲抑薛尊王则不敢，故于薛之徒，阳为引重而阴致微词；于王之徒，外示击排而中存调护。夫二家之学，各有得失。及其末流之弊，议论多而是非起，是非起而朋党立。恩仇轇轕，毁誉纠纷。正、嘉以还，贤者不免。宗羲此书，犹胜国门户之余风，非专为讲学设也。然于诸儒源流分合之故，叙述颇详，犹可考见其得失。[③]

这条提要指出黄宗羲沾染了门户之风，但并不因此弃如敝履，而是指出《明儒学案》在叙述“诸儒源流分合之故”方面详实可考。

清人陈允锡撰《史纬》三百三十卷，近乎史钞，“卷帙浩繁，用力可谓勤至。然其中繁简失度，分合无义者，亦尚不少。

① 永瑢等：《四库全书总目》卷四六《新五代史记》提要，中华书局 1965 年版，第 411-412 页。
② 永瑢等：《四库全书总目》卷五八《明儒言行录》提要，中华书局 1965 年版，第 528 页。
③ 永瑢等：《四库全书总目》卷五八《明儒学案》提要，中华书局 1965 年版，第 527 页。

盖网罗百代，其事本难。梁武帝作《通史》六百卷，刘知幾深以为讥。司马光《进通鉴表》，亦称其中抵牾，不能自保。允锡此书，积毕生之力为之，而卒之不协于体要，固其所矣”[①]。这虽指出《史纬》的繁简不当和义例无法，却重在分析原因，承认陈允锡已“积毕生之力为之”了。这样的批评，恐怕就是陈允锡也能接受。关于南唐史事，宋代有两部同名著作，即马令的《南唐书》和陆游的《南唐书》。《四库全书总目》评价马令的《南唐书》“于诗话小说不能割爱，亦不免芜杂琐碎”，在史料剪裁方面不如陆游。“然椎轮之始，令亦有功。”[②] 这类提要指点坟籍，基本上做到了不偏不倚。

清人对宋明史论多有不满，钱曾即称：“宋以来论史家，汗牛充栋，率多庞杂可议。”[③] 仅围绕宋人胡寅（号致堂）《读史管见》的批驳就有不少。康熙年间，朱直撰《史论初集》：“择论断中苛谬者正之，而胡致堂为最。吾友戴子田有以致堂负大名，欲去其一二已甚之辞，此自属田有忠厚存心。但致堂不爱千古忠臣孝子之名而刻责之，直又何爱其欺世横议之名而姑息之！”[④]《四库全书总目》也纠弹《读史管见》，“其论人也，人人责以孔、颜、思、孟；其论事也，事事绳以虞、夏、商、周。名为存天理，遏人欲，崇王道，贱霸功，而不近人情，不揆事势，卒至

---

① 永瑢等：《四库全书总目》卷六五《史纬》提要，中华书局 1965 年版，第 582 页。

② 永瑢等：《四库全书总目》卷六六《南唐书》提要，中华书局 1965 年版，第 587 页。

③ 钱曾：《读书敏求记》卷二《十七史纂古今通要》提要，书目文献出版社 1984 年版，第 30 页。

④ 朱直：《史论初集》卷首《凡例》，《四库全书存目丛书》史部第二九一册，齐鲁书社 1996 年版，第 476 页。

于窒碍而难行”[①]。这一批评基本为人们所接受，“只要读过其书的，大概没法否认纪昀等的批评比较客观”[②]。与此同时，它不赞成朱直那般言辞过当的批评：

> 词气太激，动乖雅道。每诋寅为腐儒，为蒙蒙未视之狗；为双目如瞽，满腹皆痰；为但可去注《三字经》《百家姓》，不应作史论；为痴绝、呆绝、稚气、腐臭。虽寅书刻酷锻炼，使汉、唐以下无完人，实有以激万世不平之气。究之读古人书，但当平心而论是非，不必若是之毒詈也。[③]

批评不是“毒詈”，不宜“词气太激，动乖雅道”，这虽是对朱直一人的反批评，但其中蕴含的道理无疑具有更广泛的适用范围。尽管《四库全书总目》也有言辞犀利之处，但总体上比较成功地形塑了宽和的批评形象。

姿态之二：公允。辨驳诸家之说，是史学批评的题中之义。如何避免评论的偏颇，树立公正无私的学术形象，至关重要。《四库全书总目》明确宣称：“是书主于考订异同，别白得失，故辨驳之文为多。然大抵于众说互殊者，权其去取；幽光未耀者，加以表章。……盖不可不辨者，不敢因袭旧文，无可复议者，亦不敢横生别解。凡以求归至当，以昭去取之至公。”[④] 这

---

① 永瑢等：《四库全书总目》卷八九《读史管见》提要，中华书局1965年版，第757页。
② 朱维铮：《中国史学史讲义稿》，复旦大学出版社2015年版，第276页。
③ 永瑢等：《四库全书总目》卷九〇《史论初集》提要，中华书局1965年版，第767页。
④ 永瑢等：《四库全书总目》卷首《凡例》，中华书局1965年版，第19页。

话说得很明白，评论既不能缺位，也不可越位，总的目标是“去取之至公”。为了树立这样的形象，《四库全书总目》付出了多方面的努力。

《四库全书总目》力斥朋党与门户，故在《凡例》中专立一条，称：

> 汉唐儒者，谨守师说而已。自南宋至明，凡说经、讲学、论文皆各立门户。大抵数名人为之主，而依草附木者嚣然助之。朋党一分，千秋吴越。渐流渐远，并其本师之宗旨亦失其传。而仇隙相寻，操戈不已。名为争是非，而实则争胜负也。人心世道之害，莫甚于斯。①

这番话的对象很宽广，当然包括史学在内。它又专论史学门户之害：“私家记载，惟宋、明二代为多。盖宋、明人皆好议论，议论异则门户分，门户分则朋党立，朋党立则恩怨结。恩怨既结，得志则排挤于朝廷，不得志则以笔墨相报复。其中是非颠倒，颇亦荧听。”② 一言以蔽之，有门户，则生朋党；有朋党，则有恩怨；有恩怨，则无是非。

---

① 永瑢等：《四库全书总目》卷首《凡例》，中华书局1965年版，第18页。

② 永瑢等：《四库全书总目》卷四五《史部总叙》，中华书局1965年版，第397页。

明人的门户与党争，是被《四库全书总目》集中批评的对象。[①] 明代嘉靖朝的“大礼议”不仅关乎皇家伦常秩序，也成为当时政治权力交锋与沉浮的一大关节。在“大礼议”中，桂萼逢迎嘉靖皇帝，有所上奏疏为证。《四库全书总目》评论《桂文襄奏议》：“以数载之荣华，博千秋之诟厉。凡所建白，均为读史者所厌观矣。衡以彰瘅之公，此集固在所必斥也。”[②]《四库全书总目》又斥责《宗谱纂要》“分载诸儒支派，大率与黄宗羲《明儒学案》相出入，盖为门户而设，不为学问而设也”[③]。“明季门户喧呶，党同伐异，实有牢不可破者。固未可据一人好恶之口，而概以为定论也。”[④] 在对众多史书的批判中，《四库全书总目》给读者留下了公允的印象。

官方角色对于《四库全书总目》来说，是一把双刃剑。官方文献与私人言论在批评的自由度上注定不同。乾嘉以前，经典的史学批评专书《史通》《新唐书纠谬》都是私人修撰，甚至包含着对抗皇家史学活动之意。刘知幾和吴缜在批评上少有羁绊，他们秉持史学戒律，无情地纠弹历代正史之失。虽然这样的批评也不能尽善尽美，但在张扬批评家的个性和学识方面，的确做到了酣畅淋漓。代表官方立场的史学批评禁忌太多，须代朝廷立

---

① 关于《四库全书总目》批判朋党问题，有学者认为康熙年间有索额图与明珠党争，乾隆年间有鄂尔泰与张廷玉党争，“正是因为存在这种现实的朋党之争，所以《总目》对于讲门户、树朋党，斥之极严”。（参见赵涛：《〈四库全书总目〉史学思想研究——以其史部提要与分纂稿比较为中心》，《史学月刊》2014 年第 10 期）这样解释《四库全书总目》关于门户的批判，考虑到现实政治的影响，有其道理，但还可以从学术层面予以考量。

② 永瑢等：《四库全书总目》卷五六《桂文襄奏议》提要，中华书局 1965 年版，第 505 页。

③ 永瑢等：《四库全书总目》卷六二《宗谱纂要》提要，中华书局 1965 年版，第 558 页。

④ 永瑢等：《四库全书总目》卷五四《虔政集》提要，中华书局 1965 年版，第 487 页。

言，考虑朝廷的文化策略，为学林表率。因此，“居庙堂之高”较之“处江湖之远”，反而在史学批评上难有大的突破和创造，也就不难理解了。

三、阮元对《四库全书总目》史学批评的延续

阮元（1764—1849），字伯元，号云台、芸台，在清代中期政界和学坛上均有显赫的地位。阮元为官有作为，在浙江建诂经精舍，在粤立学海堂，主持风会。在学术上，阮元既是清代“扬州学派的重要代表”和“清代汉学的强有力殿军”[①]，对嘉道年间的汉宋之争有过直接的影响，又对章学诚及其构建的浙东学术谱系有强烈的认同。[②]

现在来说阮元和《四库全书总目》的关系。阮元特别推崇《四库全书总目》。他在评价顾炎武的学术时，便引《四库全书总目》为据，“《四库书提要》论亭林之学，经史为长，此至论”[③]。道光八年（1828），“粤中学人寄《学蔀通辨》来滇请序”时，阮元发现四库提要对此书多有非议，他便慎重地“重加批阅，遵《提要》之言，手将‘病狂失心’等语加以删削而还之”[④]。《四库全书总目》于乾隆五十四年（1789）由武英殿刊

① 黄爱平：《朴学与清代社会》，河北人民出版社2003年版，第81页。

② 参见戚学民：《阮元〈儒林传稿〉与清代汉宋学术之争》，《清华大学学报》（哲学社会科学版）2009年第6期；《“国史儒林”与“浙东学术”——阮元〈儒林传稿〉叙学成就管窥》，《中山大学学报》（社会科学版）2010年第6期。

③ 阮元：《研经室三集》卷四《顾亭林先生〈肇域志〉跋》，载《研经室集》下册，中华书局1993年版，第673-674页。

④ 阮元：《研经室续三集》卷三《学蔀通辨序》，载《研经室集》下册，中华书局1993年版，第1063-1064页。

刻后，又有乾隆六十年（1795）的浙江翻刻武英殿本。浙江翻刻《四库全书总目》时，阮元正任浙江学政，专门撰写跋语，论翻刻之缘起及其价值："《四库》卷帙繁多，嗜古者未及遍览，而《提要》一书，实备载时地姓名及作书大旨，承学之士，钞录尤勤，毫楮丛集，求者不给。"而自提要刊成，"士林传播，家有一编，由此得以津逮全书，广所未见"①。

阮元对于《四库全书总目》有一种明确的承继意识，这种意识的物化成果便是他主持编纂了一部《四库未收书提要》。道光二年（1822），他的次子阮福对《四库未收书提要》的编写过程有过说明：

> 家大人在浙时，曾购得《四库》未收古书进呈内府，每进一书，必仿《四库提要》之式，奏进提要一篇。凡所考论，皆从采访之处先查此书原委，继而又属鲍廷博、何元锡诸君子参互审订，家大人亲加改定纂写，而后奏之。十数年久，进书一百数十部。……家大人谕，此篇半不出于己笔，即一篇之中，创改亦复居半。②

阮元有意继承《四库全书》事业，历时十多年，四处搜求遗书。"大半为修《四库》时未及收得的珍贵古籍。如宋《嘉定

① 阮元：《研经室二集》卷八《浙江刻〈四库书提要〉恭跋》，载《研经室集》上册，中华书局1993年版，第565页。

② 阮福：《四库未收书提要》卷首小记，载《研经室集》下册，中华书局1993年版，第1183页。

镇江志》、元《至顺镇江志》，近代藏书家均未著录。宋孔平仲《续世说》十二卷，王士祯《居易录》已被断为失传。有的书可补《四库》之阙。……又如唐魏徵《群书治要》、唐许敬宗《文馆词林》二书，中国久已亡佚，日本尚有传本，以活字摆印后传入中国，为阮元访得。综上种种，可知‘宛委别藏’，是《四库全书》的重要组成部分。”① 他又仿照《四库全书总目》格式，为诸书撰写提要奏进，成《四库未收书提要》一百七十三篇。②清代藏书家丁申《武林藏书录》中载蒋光煦诗咏述此事，“遗书一百七十五，曾向丹墀奏进来。原委已教何鲍订，好从纪陆嗣高才”③。诗中的“何鲍”即何元锡和鲍廷博，“纪陆”是纪昀和陆锡熊。《四库未收书提要》是一个集体工程，由鲍廷博与何元锡等人襄助，阮元最后改订。虽然“半不出于己笔”，但阮元“亲加改定纂写”，“创改亦复居半”，故而可以将《四库未收书提要》视为代表阮元学术思想与学术志趣的一部书。

阮元延续了《四库全书总目》史学批评的基本取向，看重史书的史料价值。比如，杨仲良的《皇宋通鉴长编纪事本末》使“汴京百七十年礼乐兵刑之沿革，制度政令之举废，粲然具

① 来新夏主编：《清代目录提要》，齐鲁书社1997年版，第118页。按：“四库未收书”颇受嘉庆帝的青睐，专辟为“宛委别藏”。1925年，袁同礼“点查故宫养心殿（即溥仪住处），于正殿书架上，发现此书，题名为‘宛委别藏’，共一百函，又目录二函。每函均装以木匣，与《四库全书》相似，惟尺寸大小不一致，书之首叶有‘嘉庆御览之宝’阳文方印”。（袁同礼：《宛委别藏现存书目及其板本》，《图书馆学季刊》第六卷第二期，1932年3月）

② 阮福编次的《四库未收书提要》共一百七十三篇。光绪八年（1882），傅以礼重新编次时，又从阮亨《瀛洲笔谈》中辑出《资治通鉴释文》提要一篇（参见《四库未收书目提要》，商务印书馆1955年版）。傅以礼重编本有其合理处，但阮福编次本经阮元过目，当更近于阮元本意，故这里使用的是阮福编次本。

③ 丁申：《武林藏书录》卷上《浙江巡抚续进书》，古典文学出版社1957年版，第25页。

备，可以案目寻求。李焘而后，陈均之前，烦简得中，洵可并传。而今所传《长编》足本，徽、钦两朝皆已阙失，借此得以考见崖略，尤可贵也”[①]。李焘《续资治通鉴长编》于宋徽宗和宋钦宗两朝残缺，杨书恰可有所弥补。这才是阮元最看重的。这样的评判视角是一以贯之的，《元秘史》“记元太祖、太宗两朝事迹，最为详备。案明初宋濂等修撰《元史》，急于蒇事，载籍虽存，无暇稽求。如是编所载元初世系，孛端义儿之前，尚有一十一世。《太祖本纪》述其先世，仅从孛端义儿始。诸如此类，并足补正史之纰漏。虽词语俚鄙，未经修饰，然有资考证，亦读史者所不废也”[②]。路振的《九国志》“卷帙丛残，阙佚过半，然借此以裨《五代史》之漏略，已不少矣”[③]。还有刘颁的《汉官仪》，“虽适情之作，而西京职官之制度大备，可以资读《汉书》者之参考”[④]。上述提要均立足于史书的史料价值。《四库未收书提要》史部提要中，方志占较大的比重。对于方志的评论，阮元也是从保存史料的角度展开的。嘉定《镇江志》得到阮元的好评，是因为“宋人地志之存于今者十不得一，而镇江自六朝以后，递为重地，南渡以前之遗文坠典，如唐孙处元《图经》《祥符图经》《润州集类》《京口集》之类，世无传本，借此以

① 阮元：《四库未收书提要》卷一《皇宋通鉴长编纪事本末一百五十卷提要》，载《研经室集》下册，中华书局1993年版，第1185页。

② 阮元：《四库未收书提要》卷三《元秘史十五卷提要》，载《研经室集》下册，中华书局1993年版，第1250页。

③ 阮元：《四库未收书提要》卷一《九国志十二卷提要》，载《研经室集》下册，中华书局1993年版，第1185页。

④ 阮元：《四库未收书提要》卷一《汉官仪三卷提要》，载《研经室集》下册，中华书局1993年版，第1187页。

存崖略，零圭碎璧，尤可宝惜”[①]。《玉峰志》的可贵也在于“宋、元时昆山志乘，世多不得，是册足备一方之文献也”[②]。

当然，阮元的评论也非千篇一律，而是能够从不同的角度评论其价值，如谓马总的《通纪》“上索典坟，迄于隋季，以简畅之笔，成兹一编，事简而明，辞约而该，亦读史者所不废也”[③]。《徐文清公家传》虽有史料价值，但“未免蹈家乘溢美之习”[④]。《云间志》的特点是“繁简得中”[⑤]。而《昆山郡志》“书法简要得体”[⑥]。《重修琴川志》“于城池之形势，山水之崇深，与夫兵赋之多寡，文献之昭垂，罔不记载详明，了无余蕴”[⑦]。南宋嘉定和元朝至顺年间所修的两部同名的《镇江志》，也各有特色。元修《镇江志》与宋修《镇江志》相比，“大约宋志主于征文，此则重于考献。宋志旁稽典籍，务核异同，此则备录故事，多详兴废。镇江在宋为边防之地，故其志岐守形势，网罗古今。在元为财赋之区，故此书物产土贡，胪陈名状。其用意各有所在，不

① 阮元：《四库未收书提要》卷一《嘉定镇江志二十二卷提要》，载《研经室集》下册，中华书局1993年版，第1188页。

② 阮元：《四库未收书提要》卷五《玉峰志三卷玉峰续志一卷提要》，载《研经室集》下册，中华书局1993年版，第1277页。

③ 阮元：《四库未收书提要》卷五《通纪七卷续五卷提要》，载《研经室集》下册，中华书局1993年版，第1274页。

④ 阮元：《四库未收书提要》卷一《徐文清公家传一卷提要》，载《研经室集》下册，中华书局1993年版，第1211页。

⑤ 阮元：《四库未收书提要》卷五《云间志三卷提要》，载《研经室集》下册，中华书局1993年版，第1283页。

⑥ 阮元：《四库未收书提要》卷四《昆山郡志六卷提要》，载《研经室集》下册，中华书局1993年版，第1262页。

⑦ 阮元：《四库未收书提要》卷一《重修琴川志十五卷提要》，载《研经室集》下册，中华书局1993年版，第1208页。

得而同也"[1]。这些提要在内容上，言之有物；在见解上，不作模棱两可或无关痛痒之论。这表明阮元及其助手不是粗翻目录就撰写提要，而是在细致阅读和研究的基础上进行评论的。

阮元对史书的评价也有可商榷之处。元人朱礼撰《汉唐事笺》"论汉、唐政典，凡食货、职官、礼乐、兵刑，穿穴三书，参稽六典，为实是之学，无芜蔓之辞。……持议平允，措词尔雅，无繁冗简陋之弊"，而且"学识在郑樵之上"。[2] 这就有些夸大了。

今天看来，阮元主持编纂《四库未收书提要》的意义已经超越了一百七十多篇书目提要的实际内容，它标志着乾隆朝的学术精神在嘉道年间的延续。而这样的学术传承在阮元之外，还有曾在阮元创立的诂经精舍读书的周中孚和他的《郑堂读书记》。

第三节 《郑堂读书记》史书评议考论

一、《郑堂读书记》史部提要的史源

周中孚（1768—1831），字信之，"喜博览，为康成之学，故易号曰郑堂"，学术追求上，"以纪事纂言为己任"。[3] 清代藏

① 阮元：《四库未收书提要》卷一《至顺镇江志二十一卷提要》，载《研经室集》下册，中华书局1993年版，第1188页。

② 阮元：《四库未收书提要》卷四《汉唐事笺二十卷后集八卷提要》，载《研经室集》下册，中华书局1993年版，第1261-1262页。

③ 冯登府：《石经阁文初集》卷四《周郑堂明经传》，《清代诗文集汇编》第五四〇册，上海古籍出版社2010年版，第707页。

书家李筠嘉的慈云楼藏书达四千七百种，与范氏天一阁、汪氏开万楼、吴氏瓶花斋、鲍氏知不足斋“相辉映于八九十年之间”①。道光二年（1822），周中孚经龚自珍的父亲龚丽正介绍，为李筠嘉编写《慈云楼藏书志》。道光八年（1828），李筠嘉病卒，周中孚亦赴粤。② 周中孚在《慈云楼藏书志》的基础上编纂的《郑堂读书记》，是嘉道时期有分量的一部私人编撰的目录书。

《郑堂读书记》正编七十一卷，《补逸》三十卷，“著录古籍四千七百余种，其中《四库》未收者一千九百余种，清人著述近千种”③。周中孚称赞《四库全书总目》：“自汉以后，簿录之书，无论官撰私著，凡卷第之繁富，门类之允当，考证之精审，议论之公平，莫有过于是编矣。”④ 从分类上看，《郑堂读书记》按经、史、子、集四部分类，史部细目与《四库全书总目》大同小异；从提要格式来看，《郑堂读书记》也大体遵循了《四库全书总目》的体制。

周中孚能以一己之力撰《郑堂读书记》，评述自先秦至清代中期的史家与史书，与他多年的积累和目录学、文献学功底有关。但细读之，却发现周中孚所撰史部提要，实亦有所凭借。周中孚援引他说，有的随文注明，但也不乏径录者，使人误以为凡

---

① 龚自珍：《龚自珍全集》第三辑《上海李氏藏书志序》，上海人民出版社1975年版，第202页。

② 陈乃乾：《〈郑堂读书记〉源委》，载《陈乃乾文集》上册，国家图书馆出版社2009年版，第28–29页。

③ 《郑堂读书记·出版说明》，上海书店出版社2009年版，第1页。

④ 周中孚：《郑堂读书记》卷三二《钦定四库全书总目》提要，上海书店出版社2009年版，第487页。

未作说明者即出自周中孚之手，尤其是一些冠以“余谓”“今观”“按”之类的论述，更似出自周中孚之口。这就有必要考察《郑堂读书记》史部提要的史源。

经查证，《郑堂读书记》史部提要关于作者生平、仕履、在目录书中的著录情况、版本等，参考了《四库全书总目》等目录书，也有一些是自己经眼与稽考所得。关于史书编纂旨趣和思想、学术价值的评鉴，不少是抄录原书序跋、凡例和他人的评论。这里略举数例以见大端。

《郑堂读书记》关于《安危注》的提要全文如下：

> 明吴甡编。甡，字鹿友，号专愚，兴化人。万历癸丑进士，官至礼部尚书、东阁大学士。《四库全书》存目。专愚以汉陆贾有“天下安注意相，天下危注意将”之言，因备载千数百年之将相，以身系天下之安危者，而论次其事。凡汉二十五人，晋九人，唐二十三人，宋二十八人，而不录魏、吴、南北朝、五代，盖以安危之势，域在偏隅，不关诸天下也。夫必从天下论其势，而又必求之身都将相之人，则是书所以握天下安危之机者，体气大而措注远，诚治平之龟鉴也。前有宝应乔可聘、兴化李清二序，后有其子先复二跋。①

① 周中孚：《郑堂读书记》卷二三《安危注》提要，上海书店出版社2009年版，第403页。

这条提要有纵论天下之气势，读来也一气呵成。但很遗憾，它并非周中孚自撰，而是抄录自李清为《安危注》所作的序。李序如下：

> 汉陆生有言："天下安注意相，天下危注意将。"此欲曲逆交欢太尉，以削平吕氏，为一时之将相言耳。而专愚氏备载数千年之将相，以身系天下之安危者，而论次其事。为代有四，自两汉而晋而唐而宋，以三国之蜀连于汉而不录吴、魏，又不及宋、齐、梁、陈、魏、齐、周、隋之南北朝与梁、唐、晋、汉、周之后五代。盖以安危之势，域在偏隅，不关诸天下也。……夫必从天下论其势，而又必求之于身为将相之人，则是书所以握天下安危之机者，体气大而措注远，诚治平之龟鉴也。[1]

两相比较，一目了然，周中孚仅增加了吴甡的字号籍贯和仕履，介绍了历代所选将相人数，其他则出自李清的《安危注》序。

康熙年间，吴任臣撰《十国春秋》。周中孚为《十国春秋》撰写的提要，关键表述有二，一是称赞《十国春秋》的史料采择："所采古今书籍，无虑数百余种，即石刻亦所不遗，故无臆

① 李清：《安危注》序，《四库全书存目丛书》史部第一一〇册，齐鲁书社1996年版，第334-335页。

说杜撰。……偶获琐事谶语，亦复登载。”[①] 这是源于吴任臣的《十国春秋·凡例》：“金石遗文往往足纠前史讹谬，故愚于卷中多录庙碑、塔文于注，以佐史书阙漏，而考核不至无稽云。”“是编所采古今书籍，无虑数百余种。”“倘臆说杜撰，率尔无征，实所未敢。十国典故散佚，捃摭滋艰，卷中偶获琐事纤语，不忍遽弃，时复登载，用资见闻。”[②] 周中孚照抄了“所采古今书籍，无虑数百余种”；又将“金石遗文往往足纠前史讹谬，故愚于卷中多录庙碑、塔文于注，以佐史书阙漏，而考核不至无稽云”简化为“即石刻亦所不遗”；“倘臆说杜撰，率尔无征，实所未敢”浓缩为“故无臆说杜撰”；“十国典故散佚，捃摭滋艰，卷中偶获琐事纤语，不忍遽弃，时复登载，用资见闻”删节为“偶获琐事谶语，亦复登载”。二是赞誉吴任臣的史笔：“为文更明健有法，具有班、马遗意。”[③] 这句话的核心词汇“明健有法”出自清人魏禧为《十国春秋》所作的序：“为文明健有法，自《史记》《汉书》《五代史》而外，岂亦有能先之者哉!”[④] 应当留意的是，这种做法并非特例。《郑堂读书记》中《通鉴总类》提要是据周伯琦的序言改编而成的。《元史本证》提要中“自摅新得，实事求是，不欲驰骋笔墨，蹈前人轻薄褊躁之弊，此所以

---

① 周中孚：《郑堂读书记》卷二六《十国春秋》提要，上海书店出版社2009年版，第445页。按：“琐事谶语”，《十国春秋》作“琐事纤语”。“谶”与“纤”繁体形近，“谶”当作“纤”。

② 吴任臣：《十国春秋》卷首《凡例》，中华书局1983年版，第6、7、8页。

③ 周中孚：《郑堂读书记》卷二六《十国春秋》提要，上海书店出版社2009年版，第445页。

④ 魏禧：《十国春秋》序，中华书局1983年版，第1页。

有大醇而无小疵也”[①] 一句，源自钱大昕的《元史本证序》[②]。书籍的序跋往往出自名家，或为作者的师友知音、门生故旧，能比较准确地概括书籍的思想与价值，且评论性突出，这些恰恰符合撰写提要的需要。周中孚在为历代史书作提要时，便参考原书的序跋、凡例，取其以为得当者移入提要。

《郑堂读书记》史部提要的另一重要知识来源，是乾嘉史家的论断。周中孚评《宋史》记事失当：

> 盖宋人之家传、表志、行传以及言行录、笔记、遗事之类，流传于世者甚多，皆子弟门生所以标榜其父师者，自必扬其善而隐其恶，遇有功处，未有不附会迁就，以分其美，有罪则隐约其词以避之。修史者固当参互以核其实，乃不及考订真伪，但据其书，钞撮成篇，毋怪其是非乖谬也。[③]

主要依据了赵翼《廿二史札记》中的一段话：

> 盖宋人之家传、表志、行传以及言行录、笔谈、遗事之类，流传于世者甚多，皆子弟门生所以标榜其父师者，自必扬其善而讳其恶，遇有功处辄迁就以分其美，有罪则隐约其

① 周中孚：《郑堂读书记》卷一五《元史本证》提要，上海书店出版社2009年版，第291页。

② 钱大昕：《潜研堂文集补编·元史本证序》，载陈文和主编：《钱大昕全集》（增订本）第10册，凤凰出版社2016年版，第413页。按：“新得”，《元史本证序》作“心得”。

③ 周中孚：《郑堂读书记》卷一五《宋史》提要，上海书店出版社2009年版，第287页。

词以避之。宋时修国史者即据以立传，元人修史又不暇参互考证，而悉仍其旧，毋怪乎是非失当也。[①]

《郑堂读书记》论《新五代史》，有一段重要的文字：

> 意主褒贬，将事实一意删削，若非《旧史》复出，几叹文献无征。……且永叔不但学《史记》，并往往自负法《春秋》，徐无党注为之发明其义例。余谓永叔手笔诚高，学《春秋》却正是一病，《春秋》出圣人手，义例精深，后人去圣久远，莫能窥测，岂可妄欤？[②]

这也不是周中孚的原创，而是出自王鸣盛《十七史商榷》。类似的情形还有，周中孚点评吴缜《新唐书纠谬》"余谓只就一部书中搜求，自言寡闻，固矣，然并《旧唐书》亦绝不一参对，为太省事耳。其指摘却亦有精当处"云云[③]，也源于《十七史商榷》[④]。"诚后代作史者所当鉴也。中间纠正书事不实、体例不当处，固难为欧、宋两家解，然亦有率意抨击，不细审其前后语意

---

① 赵翼：《廿二史札记》卷二三"《宋史》各传回护处"条，王树民《廿二史札记校证》本，中华书局1984年版，第501页。

② 周中孚：《郑堂读书记》卷一五《新五代史》提要，上海书店出版社2009年版，第284-285页。按：引文末句"岂可妄欤"，不通。据《十七史商榷》，作"岂可妄效"。"欤""效"字形相似，恐《郑堂读书记》有误。

③ 周中孚：《郑堂读书记》卷一五《新唐书纠谬》提要，上海书店出版社2009年版，第283页。

④ 参见王鸣盛：《十七史商榷》卷六九"《新唐书纠谬》"条，上海书店出版社2005年版，第597页。

而误纠者，亦有因一字笔误，过于辞费者，顾其论之正者，则固未可没也”[1]，抄自卢文弨《抱经堂文集》卷九《新唐书纠谬跋》。《郑堂读书记》关于《魏书》的提要中最有思想性的一段文字：“余谓魏收手笔虽不高，亦未见出诸史下，而被谤独甚，乃其后改修者甚多，而总不能废收之书，千载而下，他家尽亡，而收书特存，虽有残阙，不掩全美，岂非其精神命脉，自能贯注于千古者欤？”[2] 显系抄撮王鸣盛之说而稍加变化。[3] 此外，《郑堂读书记》中关于《汉纪》《资治通鉴》的提要也都抄录了《十七史商榷》，不再枚举。

较难发现的是，周中孚抄录多人论述，又作了删削例证、移形换位、交错拼接等技术处理。《郑堂读书记》中《新唐书》提要的主体内容[4]，就杂采赵翼《陔余丛考》和王鸣盛《十七史商榷》中的七条札记而成。其中，“夫《旧书》主于详明，《新书》主于简括，即如二十一帝纪，《旧书》几三十万字，《新书》仅九万字，此其大较也。虽本纪体贵简严，无取冗沓，然亦有过求简净而失之太略之病”，出自《陔余丛考》[5]；接下来的“甚至诏令尽削不载，则不及《旧书》尚存其略”，是从王鸣盛所说《新

① 周中孚：《郑堂读书记》卷一五《新唐书纠谬》提要，上海书店出版社 2009 年版，第 283 页。

② 周中孚：《郑堂读书记》卷一五《魏书》提要，上海书店出版社 2009 年版，第 276 页。

③ 参见王鸣盛：《十七史商榷》卷六五“魏收《魏书》”条，上海书店出版社 2005 年版，第 540 页。

④ 周中孚：《郑堂读书记》卷一五《新唐书》提要，上海书店出版社 2009 年版，第 282-283 页。

⑤ 参见赵翼：《陔余丛考》卷一〇“新旧唐书本纪繁简互有得失”条，河北人民出版社 1990 年版，第 176、178 页。

唐书》本纪“尤不满人意者，尽削诏令不登……《旧书》所载虽少，然尚存其略”[①] 化用而来。“《旧书》无《兵志》《选举志》，此一一增之，较为详备，《旧书》有志无表，是书增《宰相》《方镇》《宗室世系表》，亦更周密”，出自《陔余丛考》卷十“《新唐书》改订之善”条。“列传又力矫《旧书》之弊，宁简毋冗，宁僻毋俗，于《旧书》各传，无一篇不改窜易换，大约字多而文省，语短而意长，过《旧书》远甚。特其过求简净，有时或不免晦涩”[②]，以及批评《新唐书》“又有全代古人作文，以四六改散行，一似翻译，从前修史者所未有之例也。未免私智自用，且诬古人矣，至其造语用字，尤多新奇，亦未免立异为高”，则采自《陔余丛考》卷十一“《新唐书》文笔”条；批评《新唐书》合传之失的“著其人之美于本传，别见其疵于他传，固不失隐扬之意。其有数人共一善事，而分隶数人，使各得专其功，若不数传参观，则竟似一人独为之事而与他人无涉者，此虽善善欲长，而非信史也。廷珍《纠谬》已摘数条，可以略见一端矣”，出自《陔余丛考》卷十一“《新唐书》多周旋”条。“大抵《新书》最佳者志、表，列传次之，本纪最下；《旧书》则纪、志、传美恶适相等。今平心而论，二书不分优劣，互有短长，慎勿守一家而偏护之也”，则采自《十七史商榷》[③]，不过删

---

① 王鸣盛：《十七史商榷》卷七〇“新纪太简”条，上海书店出版社 2005 年版，第 598 页。

② 《续修四库全书》影印吴兴刘氏嘉业堂刊本、商务印书馆 1959 年版和上海书店出版社 2009 年版的《郑堂读书记》皆作“字多而文省”，然语意不通。核《陔余丛考》卷一一“《新唐书》文笔”条，当作“事多而文省”。

③ 参见王鸣盛：《十七史商榷》卷六九“二书不分优劣”条，上海书店出版社 2005 年版，第 596 页。

去了“瑕瑜不掩”四字，增加了一句“慎勿守一家而偏护之也”。提要末尾所附“按胡身之《通鉴注》自序有云：‘《唐书》之窦苹、董冲注，吾无取焉。’盖此书出宋人手，便觉空疏，诚如胡说，不及何超《晋书》注，其窦苹注则亡矣”，抄自《十七史商榷》卷六十九“窦苹董冲《新唐书》注”条。

这样的情况并不鲜见。《郑堂读书记》关于《廿二史札记》的提要[①]，言“云崧以稗乘脞说，间与正史歧互者，本史官弃而不采，今或据以驳正史，恐为有识所讥”，抄录了钱大昕为《廿二史札记》所撰写的序。接下来，“因作此编，多就正史纪传表志中参互勘校，其有抵牾处自见，至古今风会之递变，政事之屡更，有关于治乱兴衰之故者，亦随所见附著之”，又是依据了赵翼的《廿二史札记·小引》，略作删减而成。至于本条提要中最有价值的话：“其持论不蹈袭前人，亦不有心立异，于诸史审订曲直，不掩其失，而亦乐道其长，视郑渔仲、胡致堂专以诟骂炫世者，心地且远过之。其不援杂书以驳史文之讹，亦属特识。颜师古以后，未有能见及此者矣。”这是袭用了钱大昕的《廿二史札记序》。

行文至此，《郑堂读书记》史部提要的全部史源虽未解决，但管中窥豹，可见一斑。作这些史源的追寻，是要弄清楚周中孚怎样撰成史部提要的，尤其是他的知识来源、史文剪裁之法，避免张冠李戴，并非有意斥责周中孚抄袭。古人的抄书与今天的抄

① 周中孚：《郑堂读书记》卷三五《二十二史札记》提要，上海书店出版社2009年版，第544页。

袭之间不能画上等号。这里面触及中国古代史家对于历史撰述的一个重要观念——“史笔点窜涂改，全贵陶铸群言”[①]，周中孚做的正是“陶铸群言”的工作。至于“因袭”和“抄袭”之辨，还是章学诚说得好：“夫古人著书，即彼陈编，就我创制，所以成专门之业也。……史书因袭相沿，无妨并见；如史迁本《春秋》《国策》诸书，《汉书》本史迁所记，及刘歆所著者，当时两书并存，不以因袭为嫌。专门之业，别具心裁，不嫌貌似也。……专门之精，与剽窃之陋，其相判也，盖在几希之间，则别择之不可不慎者也。”[②] 的确如此，中国史学史上，《汉书》中秦汉之际至武帝之前的史事多抄《史记》；《汉纪》由删节《汉书》而成；《通鉴纪事本末》又以《资治通鉴》为史源。章学诚言说的对象虽不包括周中孚，但所言之理却适用于《郑堂读书记》。周中孚何尝不是“即彼陈编，就我创制”，成就了一门“专门之业”。秉承章学诚“专门之精，与剽窃之陋，其相判也，盖在几希之间”的告诫，审慎地作“别择”之论当是必要的。

平心而论，周中孚品评古今史书，荟萃百家之言，所据之书，大多常见，而剪裁、取舍都有自己的标准。他将读史心得和他人论述融会贯通，浑然一体，终究体现了自己在史学上的主张，非茫无见识之人。周中孚取他人之说代己立言，表明他接受、认可这些说法。而且，从《郑堂读书记》稿本上的修改痕

① 章学诚：《章学诚遗书》补遗《跋湖北通志检存稿》，文物出版社1985年版，第611页。
② 章学诚：《文史通义》卷四《释通》，叶瑛《文史通义校注》本，中华书局1985年版，第374-375页。

迹来看，周中孚生前也已自觉地删削了“抄撮序跋之成文”[①]。综上，周中孚采择诸史，撰成提要，与“剽窃之陋”不可混为一谈。

二、资政与考证：周中孚史评的标尺

《郑堂读书记》评骘古今史书，内容较为广博，然评判的标准大体不离“资官方”与“备掌故”[②]，即看重史书的资政意义，关注史书的考证水准及其史料价值。至于史书的文字表述、断限等问题，虽也论及，却不是他论史的重点。

周中孚将“于治道有关”的史书称之为“有用之学”[③]和“有用之书”[④]。何谓“用”？主要是指考古鉴今、彰善瘅恶。他推崇顾炎武的《天下郡国利病书》，认为此书“有助于经济”[⑤]，这里的“经济”是经邦济世之意。“有用之书”即便不是名作，周中孚也予以特别关注。《武功县志》“著官师以善恶之迹，则又辞兼史法，意寓劝惩，诚为特绝之作”[⑥]。吕本中的《官箴》“所载皆当官之法，凡三十三则，篇帙无多，而语皆明切，虽曰

① 谢辉：《剑桥大学图书馆藏稿本〈郑堂读书记〉述论》，《文献》2017年第2期。

② 周中孚：《郑堂读书记补逸》卷一二《广西通志》提要，上海书店出版社2009年版，第1446页。

③ 周中孚：《郑堂读书记》卷二九《文献通考》提要，上海书店出版社2009年版，第463页。

④ 周中孚：《郑堂读书记》卷一九《革除遗事节本》提要，上海书店出版社2009年版，第355页。

⑤ 周中孚：《郑堂读书记补逸》卷一一《郡国利病书》提要，上海书店出版社2009年版，第1434页。

⑥ 周中孚：《郑堂读书记补逸》卷一三《武功县志》提要，上海书店出版社2009年版，第1464-1465页。

《官箴》，而实非扬雄《百官箴》但作四言、无裨实用可比。此其所以为吏治之津梁，而官方之龟鉴也”[①]。蓝鼎元的《平台纪略》“总以垂戒为主，使守土之官，兢兢业业，顾畏民喦，奸顽之辈，革面革心，共兴仁让。此有关世道之文，非仅见其史才之大概者也”[②]。李东阳的《新旧唐书杂论》“垂戒人主，至为深切”[③]。这些评论是从为官之道和垂戒君王的实用性上肯定史书价值。

周中孚评论史部地理类，表彰其中有功于国计民生之书，比如河渠一门，《治河图略》便是这样一部书：“考论古今来河流变迁之故与浚治之术，而知其有无不可为之理，亦当时拯溺之一助也。”[④] 而《吴中水利全书》“指陈详切，有用之言”[⑤]。周中孚评金友理撰《太湖备考》，吸取吴曾的序言[⑥]，略加删改，称：“其于太湖穷源竟委，于水口及诸山验通塞，计远近，别要害，兵防则备录奏议，田赋则详核地亩。至于古迹附会、淫祠滥祀及一切荒诞之说则尽削不录，视彼贸贸然作志，惟详古刹名园之兴

---

① 周中孚：《郑堂读书记》卷二八《官箴》提要，上海书店出版社2009年版，第457页。

② 周中孚：《郑堂读书记》卷一七《平台纪略》提要，上海书店出版社2009年版，第320页。

③ 周中孚：《郑堂读书记》卷三五《新旧唐书杂论》提要，上海书店出版社2009年版，第537页。

④ 周中孚：《郑堂读书记补逸》卷一四《治河图略》提要，上海书店出版社2009年版，第1499页。

⑤ 周中孚：《郑堂读书记补逸》卷一四《吴中水利全书》提要，上海书店出版社2009年版，第1501页。

⑥ 吴曾：《太湖备考》序，《四库全书存目丛书》史部第二二五册，齐鲁书社1996年版，第1-3页。

废，博收嘲风弄月之篇章者，相去远矣。”[①] 周中孚反复申述的，其实只有一个意思，即“有用”才是史书的价值所在。

对于名教的推崇，也是周中孚以史资政思想的一个重要表现。辑录贞女、节妇的《崇川节孝录》“有功名教”，仅凭这一点，便“足以传矣”。[②] 周中孚评价龚立本撰《烟艇永怀》，引用陆符的序又有所调整[③]，称“此书成于逆珰罗织之后，于钩党死事诸君叙致益为要核，足备史采，关系名教之书，非若他人旁行杂著，聊资一时隽永已也”[④]。反之，如果一部史书“有乖于名教”，则会被质疑“于治道何裨焉”。[⑤] 周中孚继承了中国古代史学砥砺风俗的传统，并将之运用到史书评价上，凸显出史学批评与政治风教之间的紧密联系。

政治考量之外，周中孚又将眼光聚焦于考证，着意于品评对象的考证精粗及其对后人考证有无价值，体现出他在考据上的浓厚兴趣。金人孔元措的《孔氏祖庭广记》“所载碑刻三卷，备录全文，尤有裨于考证，是足以垂仙源之文献而无憾矣”[⑥]。《建康实录》在体例上虽有不足，但“以其唐人之旧帙，尚足以资考

---

① 周中孚：《郑堂读书记补逸》卷一四《太湖备考》提要，上海书店出版社 2009 年版，第 1507 页。

② 周中孚：《郑堂读书记》卷二三《崇川节孝录》提要，上海书店出版社 2009 年版，第 409 页。

③ 陆符：《烟艇永怀》序，《丛书集成初编》第三四一〇册，中华书局 1991 年版，第 5–7 页。

④ 周中孚《郑堂读书记补逸》卷一〇《烟艇永怀》提要，上海书店出版社 2009 年版，第 1412 页。

⑤ 周中孚：《郑堂读书记》卷二五《史纂左编》提要，上海书店出版社 2009 年版，第 430 页。

⑥ 周中孚：《郑堂读书记》卷二二《孔氏祖庭广记》提要，上海书店出版社 2009 年版，第 371 页。

证”，所以“不得不存备一种也”。[①] 金石类著述因有助于考史，受到周中孚的高度关注。王象之的《舆地碑记目》“多自为考证耳。而其考证精确者，足以证群书之讹误”[②]。陶宗仪的《古刻丛钞》虽仅一卷，且为“钞撮之书”，但“实有资于考证”。[③] 相反，郭宗昌的《金石史》“不甚有裨于考证，虽标目曰史，恐去《宣和书谱》无几耳”[④]。此类评论可谓俯拾皆是，这正说明周中孚对考证的重视。

由于这种浓厚的考证情结，周中孚在史学批评上还表现出一种博闻倾向，凡征引繁富之书，多受好评。《洛阳伽蓝记》因“搜采繁富”，故“足以资考证而广异闻”。[⑤]《洛阳伽蓝记》是名作，周中孚这样评价倒也不足为奇。但像《粤闽巡视纪略》等书，并不为多数人所看重，周中孚也大力表彰，称：“大而山川之经纬，细而村井之胪列，如了指掌，如数家珍，以及考据典章，发皇忠义，阐幽显微，搜轶补亡，在此书为余事，而要皆可不朽于后世者也。”[⑥] 此外，《万柳溪边旧话》中“奇闻轶事，皆足补史传志乘之缺漏，则此书之裨益见闻匪浅矣”[⑦]。高士奇的

① 周中孚：《郑堂读书记》卷一八《建康实录》提要，上海书店出版社2009年版，第324页。

② 周中孚：《郑堂读书记》卷三三《舆地碑记目》提要，上海书店出版社2009年版，第504页。

③ 周中孚：《郑堂读书记》卷三三《古刻丛钞》提要，上海书店出版社2009年版，第508页。

④ 周中孚：《郑堂读书记》卷三三《金石史》提要，上海书店出版社2009年版，第511页。

⑤ 周中孚：《郑堂读书记补逸》卷一七《洛阳伽蓝记》提要，上海书店出版社2009年版，第1540页。

⑥ 周中孚：《郑堂读书记》卷二四《粤闽巡视纪略》提要，上海书店出版社2009年版，第423页。

⑦ 周中孚：《郑堂读书记》卷二三《万柳溪边旧话》提要，上海书店出版社2009年版，第397页。

《松亭行记》“博采旁罗，纤维具举，足备昭代之掌故，而资文人之谈咏”[①]。这类评论都流露出对“奇闻轶事”和“掌故”的偏好。

为了突出考证性，周中孚有意忽略史书的其他价值，抄撮史源时甚至置史家宗旨于不顾。他对梁廷枏《南汉书》的评论就是突出的例子。周中孚所撰《南汉书》提要主要是抄录梁廷枏的自序。但他在抄录时却有所取舍，不惜与梁廷枏的原意发生偏离。且看梁廷枏的原话是：

> 欲从久远残缺之余捃拾网罗，挂漏诚不能保。自兹以往，当以续得更为补编，使其事实燎然，共知兴霸之由与败亡之故，著千古炯戒，不独资考证、广异闻已也。[②]

梁廷枏自知难免挂漏，但《南汉书》“不独资考证、广异闻”，而是要强调“知兴霸之由与败亡之故”。结果周中孚偏偏夸赞《南汉书》“捃拾网罗，绝少挂漏，足以资考证而广异闻”[③]，至于梁氏探究的兴衰之故，却只字不提。

如前所述，周中孚是由龚丽正推荐帮助李筠嘉撰写藏书志的。龚丽正是段玉裁的女婿，“独得汉学之传”[④]。周中孚的好友

① 周中孚：《郑堂读书记》卷二四《松亭行记》提要，上海书店出版社2009年版，第423页。
② 梁廷枏：《南汉书》，广东人民出版社1981年版，第5页。
③ 周中孚：《郑堂读书记》卷二六《南汉书》提要，上海书店出版社2009年版，第446页。
④ 支伟成：《清代朴学大师列传》，岳麓书社1986年版，第304页。

冯登府“深得汉儒家法，兼通金石文字”[1]。人以类聚，周中孚的为学宗旨由此可见。周中孚生活的时代，考据学仍居重要地位。他在史学批评上的考据旨趣，是时代风尚和个人宗旨合而为一的集中表现。

然而，过犹不及。周中孚一味强调考证，视考证为史学之精义，在思想上走向了极端。关于评史和考史的轻重缓急，他有过一段重要的话：“盖评史者，宋人尚议论，近时贵考证，固后来者居上，而自刘知幾《史通》以来，自有此两家，不能偏废者矣。”[2] 周中孚说评史与考史“不能偏废”，但并不意味着二者可以等量齐观，所谓“后来者居上”，还是在强调考史比评史更重要。这种史学观念，不仅遮蔽了周中孚对史书价值的全面认识，甚至出现了偏颇。他对以评史见长的史书点评往往不得要领，便暴露出这种弊端。周中孚评《史通》时除了引用钱大昕《十驾斋养新录》关于《史通》的评价外，只从文风上说了一句：“是书专学《文心雕龙》体格，自《史官》《正史》二篇外，悉行以骈偶，尤不能畅所欲言，是亦其一短也。”[3] 他不仅未能对《史通》发表有价值的见解，而且说《史通》“专学《文心雕龙》体格”，“不能畅所欲言”，也不符合事实。陆深的《南巡日录》和《北还录》因“案日纪载，兼起居注、游记而一之，并论及

① 支伟成：《清代朴学大师列传》，岳麓书社1986年版，第185页。

② 周中孚：《郑堂读书记补逸》卷一九《唐史论断》提要，上海书店出版社2009年版，第1585页。

③ 周中孚：《郑堂读书记》卷三五《史通》提要，上海书店出版社2009年版，第530页。

史事，考及金石刻，录及内阁诸老历官年月”，故“有裨于考证”①。同样是陆深的著作，《史通会要》却被讥笑为“误用其心思矣。……马足尚不能数，何足与言《史通》哉?”② 可见，周中孚不是对陆深有偏见，而是对史评不以为然。明人凌稚隆辑《史记评林》，搜罗百家，“林然若列瑰宝于肆而探之也”③，通过汇辑历代有关《史记》的繁富批评，展示了史学理论的发展，功不可没。周中孚却以为“其书之可取者，转在于正文及注”，至于“其评之当与否，可以存而不论矣”④，轻描淡写地抹去了“评林”之“评”。这说明，史评类著作在周中孚心目中微不足道。而与此紧密关联的是，周中孚在评价前朝与本朝史学时的汉学倾向。

三、斥明与崇清:《郑堂读书记》的汉学倾向

周中孚虽也肯定过一些明代学人，间或批评清人著述，但总体倾向则是褒奖清朝史学而贬低明代史家，不时地流露出对明代史学的不屑。周中孚的斥明与崇清，并不是皇朝易代在史学批评上的折射这么简单，而是清代中期汉宋之争在史学批评上的一次回响。

① 周中孚:《郑堂读书记》卷一九《南巡日录·北还录》提要，上海书店出版社 2009 年版，第 355 页。

② 周中孚:《郑堂读书记》卷三五《史通会要》提要，上海书店出版社 2009 年版，第 531 页。

③ 王世贞:《史记评林》叙，《四库未收书辑刊》第一辑第十一册，北京出版社 2000 年版，第 3 页。

④ 周中孚:《郑堂读书记补逸》卷一九《史记评林》提要，上海书店出版社 2009 年版，第 1587 页。

关于清代中期汉学家眼中的宋学，与周中孚同时代的江藩（1761—1830）有过专门讨论："濂、洛、关、闽之学，不究礼乐之源，独标性命之旨，义疏诸书，束置高阁，视如糟粕，弃等弁髦。盖率履则有余，考镜则不足也。元明之际，以制义取士，古学几绝，而有明三百年，四方秀艾困于帖括，以讲章为经学，以类书为博闻。长夜悠悠，视天梦梦，可悲也夫！"总之，"经术一坏于东、西晋之清谈，再坏于南、北宋之道学，元明以来，此道益晦"[①]。至于汉宋之争，江藩以为"近今汉学昌明，遍于寰宇，有一知半解者，无不痛诋宋学"[②]。江藩所说，不免门户之见[③]，引起方东树作《汉学商兑》反驳之。

《国朝汉学师承记》初刻于嘉庆二十三年（1818）；《汉学商兑》初刻于道光六年（1826）。[④] 周中孚恰在这一时间段内撰写《郑堂读书记》。汉学与宋学的激烈对抗，不可能不触及周中孚的思想之弦。尽管嘉道年间汉宋之争的白热化，预示着由"汉盛宋衰"转而宋学"复兴"，并走向汉宋调和。[⑤] 但《郑堂读书记》中汉宋调和的声音非常微弱，对垒倒是异常突出。周中孚对北宋史学还较为认可，如谓《九国志》"出北宋人手，宜其有此高洁矣"[⑥]。至南宋，口吻一变，或戏称"南宋人有此刻核新

① 江藩：《国朝汉学师承记》，中华书局 1983 年版，第 4、6 页。

② 江藩：《国朝宋学渊源记》，载《国朝汉学师承记》附录，中华书局 1983 年版，第 154 页。

③ 参见李帆：《清代理学史》中卷，广东教育出版社 2007 年版，第 362-379 页。

④ 参见朱维铮：《中国经学史十讲》，复旦大学出版社 2002 年版，第 154-155 页。

⑤ 史革新：《从"汉宋鼎峙"到"汉宋合流"——兼论晚清汉宋学关系》，《社会科学辑刊》2007 年第 5 期。

⑥ 周中孚：《郑堂读书记》卷二六《九国志》提要，上海书店出版社 2009 年版，第 439 页。

奇之谈”[①]，或直言“南宋道学方炽，无人能读古书”[②]。除“兼有汉学崖略”[③] 的王应麟等数人外，那些不合乎汉学轨辙的史家，多遭挞伐。郑樵即是一例：

> 自负专在二十略，然大半剿袭用杜氏《通典》，不以为耻，且纪传及谱亦尽旧文，则樵之自为书也几希，仅仅出樵之胸中者，《氏族》《六书》《七音》诸略，他人无此穿凿挂漏也。两宋三百余年，未有如樵之大言欺人者。世徒震于“三通”之名，方将奔走郑樵之不暇，何能测其浅深。其实樵之于杜、马两家，如猪之于龙，何堪鼎立，故用其序文句法论之，所谓即以其人之道还治其人之身也。[④]

郑樵批评班固及其追随者，“固之自为书也几希。往往出固之胸中者，《古今人表》耳，他人无此谬也。……固之事业如此，后来史家奔走班固之不暇，何能测其浅深。迁之于固，如龙之于猪”[⑤]。周中孚以其人之道还治其人之身，借郑樵之语反戈一击。郑樵图一时口快，留下了历史的遗憾。千载之下，周中孚沾沾自喜，以为击中郑樵要害，殊不知自己并不比郑樵高明，相反，

---

① 周中孚：《郑堂读书记》卷三五《通鉴答问》提要，上海书店出版社 2009 年版，第 535 页。

② 周中孚：《郑堂读书记》卷三二《汉艺文志考证》提要，上海书店出版社 2009 年版，第 482 页。

③ 周中孚：《郑堂读书记》卷二二《深宁先生年谱》提要，上海书店出版社 2009 年版，第 387 页。

④ 周中孚：《郑堂读书记》卷一八《通志》提要，上海书店出版社 2009 年版，第 326 页。

⑤ 郑樵：《通志总序》，中华书局 1987 年版，第 1 页。

在史学批评的偏执上，他们并无二样。

对宋学笼罩下的明代史学，周中孚毫无好感。明人王圻留下两部关于谥法的著作，一是《续文献通考·谥法考》十九卷，二是《谥法通考》十八卷。王圻编纂《谥法通考》的初衷是“《续文献通考》尝益‘谥法’一目，以补马贵与之缺，例仍旧贯，未及皇朝。今据实录所书、野史所记，辑附其后，别为一种，庶不至远希上古，近遗昭代”。王圻对此书的遗憾也不讳言，认为“前朝暨皇明嘉隆以前，俱经史传而纬志乘，即有所遗，十无一二，惟万历纪元以来，第据仕籍所睹记，尚多缺漏，端有望于博雅君子”[①]。万历二十四年（1596），为《谥法通考》作序的赵可怀说：“王元翰氏辑《谥法通考》，上自君后臣庶，以下及妇寺外夷……归田后，日杜门著述，辑有《续文献通考》凡若干卷，就其中抽‘谥法’一种另梓。”[②] 可见，王圻在《续文献通考·谥法考》的基础上，有所增补，成《谥法通考》。周中孚对此书的评论极为刻薄：

> 《续文献通考》载有《谥法考》十九卷，上自君后臣庶，下及妇寺外国，于历代暨明嘉隆以前，备载无遗，惟万历纪元以来，第据仕籍所睹记，尚多缺漏，后复抽出是考，另编为书，目曰《谥法通考》，并别创凡例，冠诸卷端，以

---

① 王圻：《谥法通考》卷首《凡例》，《续修四库全书》第八二六册，上海古籍出版社2002年版，第502、503页。

② 赵可怀：《谥法通考》序，《续修四库全书》第八二六册，上海古籍出版社2002年版，第501-502页。

掩饰人之耳目。明人之居心如此，无怪近代诸家痛加丑诋也。然前有万历丙申应天巡抚赵可怀序，明言其辑有《续文献通考》凡若干卷，就其中抽“谥法”一种另梓云云，本不为其所欺，莫谓明无人也。惟是赵序所云，于本书则甚确当，而于凡例则大相剌谬，正可去之以灭其迹，乃反表而出之于前者，盖此书每卷俱列“赵可怀校正”一行，以增重其书，乌可不载其序，故并其出身官阶俱具列之，以耸人之观看云。[①]

上述评论有四点需要商榷。第一，周中孚关于《续文献通考·谥法考》和《谥法通考》的介绍系抄录赵可怀的序文和王圻的《谥法通考·凡例》，但文字的连缀不够严谨，容易产生歧义。据周中孚所言，则“上自君后臣庶，下及妇寺外国，于历代暨明嘉隆以前，备载无遗，惟万历纪元以来，第据仕籍所睹记，尚多缺漏”是针对《续文献通考·谥法考》而言，实则这是王圻、赵可怀关于《谥法通考》的说明。第二，对王圻的坦率视而不见，有意歪曲事实，诋毁王圻。书首冠以《凡例》，乃是通行的做法，周中孚却以为是掩人耳目。王圻已明言从《续文献通考·谥法考》到《谥法通考》的编纂过程，“掩饰人之耳目”从何说起？第三，从个案批评，武断地指向“明人之居心如此”云云，言过其实。第四，对于赵可怀的序言，周中孚说

① 周中孚：《郑堂读书记》卷二九《谥法通考》提要，上海书店出版社2009年版，第467页。

“可去之以灭其迹”，认为王圻之所以保留赵序，是要借重赵可怀的官阶，“以耸人之观看”。这只是臆测，倒显得周中孚的心胸不够磊落。

王圻不是这种偏见的唯一受害者。周中孚引用李绂（字巨来）关于王世贞《弇山堂别集》的批评，写道：

> 李巨来《穆堂初稿》有书此集诸表后云：“《同姓诸侯表》，既不分世与年，徒列诸王国目于前，而逐一纪其事于后，谓之传可也，何谓之表？《高帝功臣表》，其谬亦然。《永乐以后功臣》，既称年表，仍用前法，功臣袭封薨除，各叙其年，不相联属，顾名思义，谓之年表，可乎？弇州自以为上追《史》《汉》，下薄唐宋，其所为如此。是《史记》《汉书》未尝涉目，否则心粗气浮，虽泛览而茫无所解，徒以门阀爵位，奔走一时，无识小人耳，岂足与论文事哉。”巨来之言如此，而竟无说以解免之，故取以为定论焉。①

李绂贬王世贞是“心粗气浮”的“无识小人”，有失公允。而周中孚竟然全盘接受这样的说法，取为定论。如果不是限于学识，则只能说是出于偏见。

王世贞和王圻是明代著名史学家，都遭到周中孚的讽刺，遑论他人。陈继儒（号眉公）“不著明所出之书，盖明季人习气，

① 周中孚：《郑堂读书记》卷一九《弇山堂别集》提要，上海书店出版社2009年版，第356–357页。

眉公为尤甚，故其可笑至此”[①]。如前所述，周中孚撰史部提要，也有“不著明所出之书”的情况，这却成了他指责他人的理由。邓元锡的《函史》“看似煌煌一大著述，而案之实同儿戏”[②]；王文禄的《龙兴慈记》“尤属妇人见识”[③]；柯维骐的《宋史新编》“囿于明人习气”[④]；谢陛的《季汉书》“有意翻新出奇……与儿童之见何异”[⑤]。薛应旂“于记事纂言之学尚隔几层”，却“于自序、凡例极其夸张，明人之著作皆然”。《宋元资治通鉴》“直可覆瓿视之矣”[⑥]。至于薛应旂的《甲子会纪》也是“屋下架屋之书，此其所以为明人欤?”[⑦] 用词粗鄙，语含挖苦，指向的又不只是薛应旂，而是有明一代的史学。无须再举更多的事例，以上引述已足以说明周中孚对明代史学的基本态度。

周中孚过度强化了汉学和宋学的对立，并以汉学家的优越感对宋学作居高临下地斥责。对于这种论调，龚自珍当时即有反思：“宋人何尝不谈名物训诂?不足概服宋儒之心。”[⑧] 同理，明人何尝不考据，明代史学何至于如此不堪，周中孚的批评不足以服明儒之心。综上，周中孚动辄以恶习、习气一类贬义字眼否定明代史家，或由一人之评价而殃及整个明代史学，在心态上失去

---

① 周中孚：《郑堂读书记补逸》卷一〇《邵康节外纪》提要，上海书店出版社 2009 年版，第 1404 页。

② 周中孚：《郑堂读书记》卷一八《函史》提要，上海书店出版社 2009 年版，第 331 页。

③ 周中孚：《郑堂读书记》卷一九《龙兴慈记》提要，上海书店出版社 2009 年版，第 356 页。

④ 周中孚：《郑堂读书记》卷一八《宋史新编》提要，上海书店出版社 2009 年版，第 330 页。

⑤ 周中孚：《郑堂读书记》卷一八《季汉书》提要，上海书店出版社 2009 年版，第 331-332 页。

⑥ 周中孚：《郑堂读书记》卷一六《宋元资治通鉴》提要，上海书店出版社 2009 年版，第 309-310 页。

⑦ 周中孚：《郑堂读书记》卷一六《甲子会纪》提要，上海书店出版社 2009 年版，第 310 页。

⑧ 龚自珍：《龚自珍全集》第五辑《与江子屏笺》，上海人民出版社 1975 年版，第 347 页。

了公正的原则，在见识上未能达到龚自珍的高度。这就不能不说是他学术评论的缺憾了。

与此相对应的，是周中孚对清朝史学的自负。官修的《明史》“虽一代之史，而实集诸史之长而撰定者，学者读廿三史毕，而进之以是史，并可以折衷诸史之是非，则是史实全史之准绳也”[①]。《明史》虽为上乘之作，但毕竟晚出，且不免瑕疵，何至于为历代正史之准绳！如果说这是慑于清朝官修正史的权威的话，那么对于清朝私家撰述却也不惮其烦地夸耀，则只能说是一种价值取向上的有意倾斜。惠栋的《后汉书补注》“贯串图纬，精心考核，真若拨云雾而见青天也”[②]。陈景云的《纲目订误》“较从前各家，真愈推愈密，无以复加”[③]。连《关帝文献会要》也成了“绝无仅有之书”[④]。清人的撰述，即便有瑕疵，周中孚也表示理解。钱曾（字遵王）《读书敏求记》“大抵详于空言而略于实际，间有考证，亦颇乖舛”。不过周中孚点到为止，转而强调“自晁、陈书目以来，此调不弹久矣”，而且不忘把明人拿来作反衬，“明《文渊阁书目》，并其撰人、卷数而遗之，如遵王之分缀解题，评骘是非，较之晁、陈两家，已扩而大之矣，又可求全责备乎哉？”[⑤] 说得倒是圆融，实际上仍暗含对清朝学术

① 周中孚：《郑堂读书记》卷一五《明史》提要，上海书店出版社2009年版，第292页。

② 周中孚：《郑堂读书记》卷一五《后汉书补注》提要，上海书店出版社2009年版，第268页。

③ 周中孚：《郑堂读书记》卷一六《纲目订误》提要，上海书店出版社2009年版，第306页。

④ 周中孚：《郑堂读书记》卷二二《关帝文献会要》提要，上海书店出版社2009年版，第386页。

⑤ 周中孚：《郑堂读书记》卷三二《读书敏求记》提要，上海书店出版社2009年版，第491页。

的偏袒。钱曾的另一部《也是园藏书目》，“惟循其名而不核其实，自诩其书咸手点勘，殊难相信”，缺陷非常明显，但周中孚还是设法找到此书的优点：“然以释、道之书及杂剧诸种皆屏诸四部之外，尚有区别，此其一得之可取也。”[①] 总之，宋学系统中的史书乏善可陈，而代表汉学正宗的清人撰述多超迈前代，虽片言可取亦极力表彰。这是周中孚在《郑堂读书记》中制造的一个学术陷阱，是今人阅读和使用时应当予以特别留心的。要之，周中孚虽不失为清代史学批评史上一位重要的人物，但在批评修养和理论建树方面尚不及他的前辈章学诚。

① 周中孚：《郑堂读书记》卷三二《也是园藏书目》提要，上海书店出版社 2009 年版，第 491-492 页。

第五章　章学诚在史学批评上的理论建树

在中国古代史学批评史上，章学诚无疑是成就最突出的一位批评家。他上承刘知幾，又汲取浙东史学的滋养，在众人醉心考订之时，以品评文史为一生的学术追求，其气概不可谓不高。章学诚用三十余年的光阴，“上探班、刘，溯源官礼，下该《雕龙》《史通》，甄别名实，品藻流别，为《文史通义》一书”[①]，旨在“为著作之林较雠得失”[②]。是书以“文”“史”并列，实则以论史学为主，对中国古代史学发展的历程及其核心问题作出了深刻反思，在史学批评原则、范畴的提出与阐释上“别识心裁”，成就了一家之言。

① 章学诚：《章学诚遗书》卷二九《与严冬友侍读》，文物出版社1985年版，第333页。
② 章学诚：《章学诚遗书》卷九《与陈鉴亭论学》，文物出版社1985年版，第86页。

第一节　“知人论世”的批评原则

一、为《三国志》《魏书》申辩

章学诚从事史学批评与其秉性密不可分。据章氏自述，他在二十岁以后才渐窥史学堂奥，此前“性绝骙滞，读书日不过三二百言，犹不能久识，学为文字，虚字多不当理。廿一二岁，骎骎向长，纵览群书，于经训未见领会，而史部之书，乍接于目，便似夙所攻习然者，其中利病得失，随口能举，举而辄当”①。可见，章学诚治史之初，便侧重讨论史学的“利病得失”。他“观书常自具识力，知所去取，意所不惬，辄批抹涂改”②。这里所说的“意所不惬，辄批抹涂改”便是一种史学批评行为。章学诚有评论历代正史的计划：“二十一家义例不纯，体要多舛，故欲遍察其中得失利病，约为科律，作书数篇，讨论笔削大旨。”③ 又说“不论前史之是非得失，何由见其折中考定之所从”④，显示出他在史学批评上的高度自觉。王宗炎⑤总结实斋学术特点，是“尤长攻难驳诘之文，班、范而下，皆遭指摘。自

---

① 章学诚：《章学诚遗书》卷九《家书六》，文物出版社 1985 年版，第 93 页。

② 章华绂：《文史通义跋一》，载《章学诚遗书》附录，文物出版社 1985 年版，第 622 页。

③ 章学诚：《章学诚遗书》卷二二《与族孙汝楠论学书》，文物出版社 1985 年版，第 224 页。

④ 章学诚：《章学诚遗书》卷二七《前志传》，文物出版社 1985 年版，第 294 页。

⑤ 王宗炎（1755—1826），字以除，号谷塍，晚号晚闻居士，浙江萧山人，乾隆四十五年（1780）进士，精于文史、书学，著有《晚闻居士遗集》九卷。章学诚晚年将书稿托付给王宗炎。

谓卑论仲任，俯视子玄，未免过诩。平心而论，夹漈之伯仲也”[①]。章学诚长于驳诘自是实情，但王宗炎将章学诚视为与郑樵在伯仲之间，却并不高明。仅就史学批评原则的把握而言，章学诚坚持知人论世，已远胜于郑樵。章学诚关于《三国志》正统观的评价是知人论世地进行史学批评的典范。

陈寿在蜀国官至散骑黄门侍郎。263 年，蜀汉政权被曹魏所灭。陈寿入晋后，任佐著作郎、著作郎等职。280 年，晋灭吴，天下由三国鼎立进入西晋一统的局面。从这时起，陈寿整理三国史事，约十年后，撰成《三国志》，被誉为“善叙事，有良史之才”[②]。但是，《三国志》长期饱受非议，焦点之一就是其正统观。《三国志》在体例上为曹魏政权的君主立本纪，而蜀汉的刘备和吴国的孙权仅立传，在年号、叙事等方面也体现出以魏为正统的观念。先是，东晋史家习凿齿作《汉晋春秋》，以蜀为正统，开批判陈寿正统观之先河。北宋时期，《资治通鉴》记述三国史事，转而以曹魏为正统。至南宋时，朱熹又讽刺司马光：“温公谓魏为正统。使当三国时，使去仕魏矣。”[③]

史学批评史上出现截然相反的两种声音，并不奇怪。问题在于，评论者是从何种立场出发，是从陈寿的时代与身份理解《三国志》的正统观，还是以批评家所处的时代度古人之心呢？这里面就涉及史学批评的原则问题了。

---

① 《两浙輶轩录补遗》引王宗炎语，载《章学诚遗书》附录，文物出版社 1985 年版，第 621 页。

② 房玄龄等：《晋书》卷八二《陈寿传》，中华书局 1974 年版，第 2137 页。

③ 黎靖德编：《朱子语类》卷一三四《历代一》，中华书局 1986 年版，第 3207 页。

嘉庆元年（1796），章学诚撰文对《三国志》正统观问题发表了如下评论：

> 昔者陈寿《三国志》，纪魏而传吴、蜀，习凿齿为《汉晋春秋》，正其统矣。司马《通鉴》仍陈氏之说，朱子《纲目》又起而正之。“是非之心，人皆有之。”不应陈氏误于先，而司马再误于其后，而习氏与朱子之识力，偏居于优也。而古今之讥《国志》与《通鉴》者，殆于肆口而骂詈，则不知起古人于九原，肯吾心服否邪？陈氏生于西晋，司马生于北宋，苟黜曹魏之禅让，将置君父于何地？而习与朱子，则固江东南渡之人也，惟恐中原之争天统也。（原注：此说前人已言）诸贤易地则皆然，未必识逊今之学究也。[1]

章学诚指出，西晋的皇权承自曹魏，北宋的皇权袭于后周，皇权的更替方式类似。如果贬黜曹魏，那么又将西晋和北宋政权的合法性置于何地呢？这是生活在西晋的陈寿和北宋的司马光无法回避的问题。习凿齿和朱熹分别身处东晋和南宋，是“江东南渡之人”，对据有中原的对峙政权怀有敌意，也自然对历史上偏安一隅的蜀汉情有独钟。所以，章学诚认为陈寿、习凿齿、司马光和朱熹在蜀汉、曹魏孰为正统上的差异，并不是学识高低造成的，而是由他们所处的不同时代与社会身份导致的。所谓

① 章学诚：《文史通义·文德》，叶瑛《文史通义校注》本，中华书局1985年版，第278页。

“易地则皆然”，足以解后世偏执者之疑惑。

清人对《三国志》的正统观作这般评论，并非始于章学诚，前引论述中，章学诚已经明言“此说前人已言”。与章学诚同时代的学人中也不乏这样的认识，如四库馆臣就有非常精彩的解释，称陈寿“以魏为正统，至习凿齿作《汉晋春秋》，始立异议。自朱子以来，无不是凿齿而非寿。然以理而论，寿之谬万万无辞。以势而论，则凿齿帝汉顺而易，寿欲帝汉逆而难。盖凿齿时晋已南渡，其事有类乎蜀，为偏安者争正统，此孚于当代之论者也。寿则身为晋武之臣，而晋武承魏之统，伪魏是伪晋矣，其能行于当代哉？此犹宋太祖篡立近于魏，而北汉、南唐迹近于蜀，故北宋诸儒皆有所避而不伪魏。高宗以后偏安江左近于蜀，而中原魏地全入于金，故南宋诸儒乃纷纷起而帝蜀。此皆当论其世，未可以一格绳也”①。这条评论并不是站在道义或情感好恶的立场上粗暴地评论《三国志》以魏为正统的是非，而是将陈寿、习凿齿诸人置于他们各自身处的政治格局中，权衡时势与其所持正统观的关系，既深知其人亦洞悉世事，实为不刊之论。这番话中的“以势而论”“论其世”，即是关于知人论世原则的生动表述。

《三国志》之外，《魏书》的正统观也引起过争议。魏收撰《魏书》以东魏为正统，而魏澹的《魏书》又以西魏为正统。这是为什么呢？章学诚解释道：“魏收北齐人，不能不称东魏，为

① 永瑢等：《四库全书总目》卷四五《三国志》提要，中华书局1965年版，第403页。

高氏争国统也。澹则入周，自不容不宗西魏矣。古人著书，当为设身处地。”[①] 话虽简短，但知人论世，有力地说明了魏收与魏澹正统观差异的缘由。

这两个批评案例都比较具体，甚至算不上是章学诚的独见。章学诚的贡献在于，他把这些具体的案例加以理论升华，对“知人”与“论世”之细微处作出了深刻的辨析。

二、“临文必敬”与“论古必恕”

《文史通义》中有一篇《文德》，从题目上看似乎与史学关系不大，实则恰恰相反。“文德”之“文”乃是指古文辞，“古文辞而不由史出，是饮食不本于稼穑也”。所以，《文德》篇与史学关联紧密。章学诚正是在这篇文章中集中阐述了他对知人论世的思考。他说：

> 不知古人之世，不可妄论古人文辞也。知其世矣，不知古人之身处，亦不可以遽论其文也。身之所处，固有荣辱隐显、屈伸忧乐之不齐，而言之有所为而言者，虽有子不知夫子之所谓，况生千古以后乎？圣门之论恕也，“己所不欲，勿施于人”，其道大矣。今则第为文人，论古必先设身，以是为文德之恕而已尔。

① 章学诚：《章学诚遗书》外编卷一《信摭》，文物出版社 1985 年版，第 373 页。

“知人”是具体而微的考察，是为了更好地了解所评论的对象；“论世”是宏观与贯通的把握，以深入了解前人生活的时代。不“论世”谈不上真正“知人”，不“知人”也不可能深刻“论世”。唯有既“知人”又“论世”，方能知其言，又知其所以言，即“言之有所为而言者”。章学诚的这番话，回答了评论家与被评论者之间如何平等对话的问题。如果不秉持知人论世的原则，那么即便是评论同时代的人和事也难免流于表面或失之偏颇，更何况批评家常常与评论的对象之间隔着千百年呢！遵循知人论世的原则，才可能作出与前人精神相通、心灵沟通的批评。这样的批评才是有效的，否则，只能是隔靴搔痒，甚至南辕北辙。

围绕知人论世，章学诚进而论“敬”和“恕”二字，这是批评家应当特别注意的修养问题。

> 凡为古文辞者，必敬以恕。临文必敬，非修德之谓也。论古必恕，非宽容之谓也。敬非修德之谓者，气摄而不纵，纵必不能中节也。恕非宽容之谓者，能为古人设身而处地也。嗟乎！知德者鲜，知临文之不可无敬恕，则知文德矣。①

何谓“敬”和“恕”？“敬”不是一般的品德修养，而是敛气以合乎礼法，即“中节”；“恕”也不是无原则的宽容，而是

① 以上引文见章学诚：《文史通义·文德》，叶瑛《文史通义校注》本，中华书局1985年版，第278-279页。

对古人作设身处地的评论。山口久和认为恕“就是要求读者具备对古人的共感能力或感情移入的资质”[①]。所言虽不无道理，但把“恕”理解得狭隘了。在章学诚看来，知人论世最核心的理念是“临文主敬”：“主敬则心平，而气有所摄，自能变化从容以合度也。……主敬者，随时检摄于心气之间，而谨防其一往不收之流弊也。”[②] 叶瑛解释“临文必敬”说“临文不能检束心气，则所发必有过情陵节之弊”[③]，大抵得章氏要领。

章学诚关于“知人论世”的论述还散见于他处，可与《文德》篇相互参照，如“君子论世知人，则于终始出处之间，推微知著，由显测潜，人之生平，思过半矣”[④]。“推微知著，由显测潜”，这是一种高妙的技艺。“学者能读前人之书，不能设身处境，而论前人之得失，则其说未易得当也。”[⑤] 也就是说，后人读前人之书看似容易，但若不能对前人之立言作设身处地的考察，动辄论其得失，难免失当。这都是在大量的史学批评实践中形成的可贵认识。合而观之，庶几可得章学诚知人论世思想之梗概。

章学诚的好友邵晋涵也主张知人论世：“古人所遭不同，立言之旨亦异。因事原心，推寻所由来，申绎其不尽之致……如或

---

① 山口久和：《章学诚的知识论——以考证学批判为中心》，王标译本，上海古籍出版社2006年版，第298页。

② 章学诚：《文史通义·文德》，叶瑛《文史通义校注》本，中华书局1985年版，第279页。

③ 叶瑛：《文史通义校注》卷三《文德》注，中华书局1985年版，第282页。

④ 章学诚：《章学诚遗书》卷一六《为毕制府撰光山县重修明少保陈公祠堂碑》，文物出版社1985年版，第143页。

⑤ 章学诚：《章学诚遗书》卷二一《刘忠介公年谱叙》，文物出版社1985年版，第207页。

遇之，如亲接之，如先我而言之，意志之感通，于是乎在。故必能论世知人，而后能以意逆志，而后有得于兴观群怨之旨。”①邵晋涵强调要站在古人的立场上，与之感同身受，方能与古人产生思想上的共鸣，进而揣摩古人之意与志。这对于理解章学诚的“知人论世”思想也是一个补充。

要之，批评家需对评论的对象抱持一种理解与敬畏，与对方处于同一境遇中，体会前人之喜怒哀乐，荣辱显晦，进退得失，小到对评论对象的人生经历、身世家族、仕途沉浮、生死存亡了然于心；大到对其所处的时代状况、社会思潮、朝代兴衰均有相当准确之判断，才不至于使评论流于表面，或强古人以就我。唯有知其人，又知其世，才能作出令人信服的学术评判，不断推进史学批评的深度。

第二节　“史德”“史意”范畴的提出

一、“史德”的内涵与价值

乾隆五十六年（1791），已过知天命之年的章学诚撰成《史德》。他对这篇文章非常满意：“近撰《史德》诸篇，所见较前有进，与《原道》《原学》诸篇，足相表里。”但章学诚又深感知音难觅，对史余村说：“足下观之可耳，勿示于人也。夫子

---

① 邵晋涵：《南江文钞》卷六《全浙诗话序》，《续修四库全书》第一四六三册，上海古籍出版社 2002 年版，第 447 页。

曰：‘知德者鲜’。”[①] 然而自从人们开始关注实斋史学，“史德”就一直受到称赞。“知德者”并不鲜见，这又是出乎章学诚预料的。

在史学批评范畴体系中，“史德”属于基本范畴。[②] 尽管史学批评史上关于史家素养的讨论总会或多或少地触及史家心术问题，但“史德”作为一个范畴出现却经历了相当漫长的过程。为了清晰呈现“史德”范畴演进的脉络，仍有必要简单回顾源远流长的史家心术论。

《左传》记载了两件春秋时期史官用生命捍卫史职的事情。一是宣公二年（前607）晋国赵穿杀死晋灵公，史官董狐不畏强权，写下“赵盾弑其君”[③]，并义正词严地与赵盾争辩。董狐因此得到孔子“古之良史也”的赞誉。这是关于史官优秀品质的较早记述与评价。约六十年后，齐国也发生了太史对抗权臣崔杼的事情。[④] 齐太史没有董狐幸运，为了如实直书献出了生命，但他却和董狐一样维护了史官的尊严与权威。魏晋南北朝时期，刘勰在批评史家歪曲叙事与有意作伪的现象时，提出“素心”[⑤] 的概念，将古代史学批评家关于史家品德的认识作了第一次升华。盛唐时期，刘知幾解释“史识”：“好是正直，善恶必书，使骄

---

① 章学诚：《章学诚遗书》卷九《与史余村简》，文物出版社1985年版，第82页。

② 罗炳良把史学批评范畴分为特定时代的史学批评范畴、一般范畴和基本范畴三大类。［参见罗炳良：《中国古代史学批评与史学批评范畴》，《郑州大学学报》（哲学社会科学版）2009年第1期］

③ 《左传·宣公二年》，杨柏峻《春秋左传注》本，中华书局1990年版，第662-663页。

④ 《左传·襄公二十五年》，杨柏峻《春秋左传注》本，中华书局1990年版，第1099页。

⑤ 刘勰：《文心雕龙·史传》，周振甫《文心雕龙注释》本，人民文学出版社1981年版，第172页。

主贼臣，所以知惧。”[①] 这里提到的“正直”已经是品德层面的问题了。宋以前的史学家多使用“正直”“良直”等词语来形容史家的操守，说明他们看重的是史家的秉性、人格、作史态度，已经形成了对于史家品质的一种规劝。元代史家揭傒斯强调选拔史官要“先论心术，心术者修史之本也。心术不正，其他虽长，不可用”[②]。明代史学家胡应麟又提出“公心”说[③]，成为“史德”范畴形成过程中的重要一环。

清代中期，蓝鼎元以“心术醇正”为修史人选的必要条件。[④] 四库馆臣于史学批评中有“心术之公私”[⑤] 的说法。浦起龙也以“公心”论史学，称：“以书善书恶植史体，以劝善惩恶宏史才。若善不足以劝，恶不足以惩，则其用无所施。”但他深知此理虽浅，“谈何容易。非矢质鬼神之公心，而炳俟百世之明识，其孰能与于斯”[⑥]，“鬼神之公心”强调的仍是史家之良知。

早期史学家关于史家操守、品行的评论，为“史德”的孕育奠定了思想基础；元明时期盛行的“心术”说为“史德”范畴的诞生准备了直接条件；清代中期关于史家心术的共识则为“史德”营造了呼之欲出的学术氛围。

章学诚首次正式将史学理论史上关于史家职守、品质、道德

---

① 刘昫等：《旧唐书》卷一〇二《刘子玄传》，中华书局 1975 年版，第 3173 页。

② 欧阳玄：《圭斋文集》卷一〇《元翰林侍讲学士中奉大夫知制诰同修国史同知经筵事豫章揭公墓志铭》，《四部丛刊初编》本。

③ 胡应麟：《少室山房笔丛》卷一三《史书佔毕一》，中华书局 1958 年版，第 167 页。

④ 蓝鼎元：《鹿洲初集》卷一《上陈大中丞请修〈明史纲目〉书》，《清代诗文集汇编》第二四七册，上海古籍出版社 2010 年版，第 25 页。

⑤ 永瑢等：《四库全书总目》卷四七《资治通鉴》提要，中华书局 1965 年版，第 421 页。

⑥ 浦起龙：《史通通释》卷八《人物》按语，上海古籍出版社 1978 年版，第 240 页。

的长期讨论凝练为一个范畴，并给它取了一个响亮的名字“史德”。章学诚系统论述“史德”的内涵，形塑了人们对这个范畴的认识。

第一，“史德”的基本内涵与理论内核。“史才三长”之中，“史识”最难得，章学诚则认为“能具史识者，必知史德”。这就将渐趋固定的“史才三长”论在外延上作了合乎逻辑的延伸。那么，“德者何？谓著书者之心术也”。这并不是说章学诚退回到揭傒斯那里，而是把元明时期的“心术”论提升至“史德”层面了。章学诚指出，如果人们知晓某位史家品行不端，那么他的著作危害还不是最严重的。值得警惕的是，史家有“君子之心，而所养未底于粹”。“君子之心”已经是很高的心术修养了，元明史家所追求的“心术”公正大概不出这个范围，但章学诚的“史德”却高于一般的“心术”。因为有“君子之心”即是有道德的人，但“君子之心”未必能“粹”，所以有“君子之心”不等于有“史德”。章学诚所讲的“史德”不仅是一般意义上的人格修为、伦理道德，更是在史学活动中处理“天人关系”的自觉程度和能力。“盖欲为良史者，当慎辨于天人之际，尽其天而不益以人也。尽其天而不益以人，虽未能至，苟允知之，亦足以称著述者之心术矣。而文史之儒，竞言才、学、识，而不知辨心术以议史德，乌乎可哉？”[①] 章学诚的“史德”论中较抽象的表述是“慎辨于天人之际，尽其天而不益以人”。这也是“史

---

① 以上引文见章学诚：《文史通义·史德》，叶瑛《文史通义校注》本，中华书局 1985 年版，第 219、220 页。

德”论的核心。那么，章学诚所讲的“天”和“人”又作何解释呢？“人者何？聪明才力，分于形气之私者也。天者何？中正平直，本于自然之公者也。”[①] 也就是说，“本于自然之公”而不逞“形气之私”，即是“史德”。章学诚没有拘泥于曲直、正邪，而是上升到了天人关系的高度来认识史家修养，至此，“史德”范畴被章学诚赋予了历史哲学的色彩。

第二，史学的三要素——事、文、义与“史德”的二元——天、人是对立统一的关系。心术问题似乎并不复杂，只要有公正之心、不为“形气之私”所控制不就可以了吗？然而事实并没有这么简单。史学活动中天人相参，单凭主观愿望根本做不到“尽其天而不益以人”。这又作何理解呢？史学的基础是记事，而记事的载体是文字，史学最终要表达义，所以史学是事、文、义的统一。但在历史撰述中，史家会不自觉地受所记载史事的影响。用章学诚的话来说：“事不能无得失是非，一有得失是非，则出入予夺相奋摩矣。奋摩不已，而气积焉。事不能无盛衰消息，一有盛衰消息，则往复凭吊生流连矣。流连不已，而情深焉。”这样有“情”有“气”的历史叙事固然打动读者，但“其中有天有人，不可不辨也。气得阳刚，而情合阴柔，人丽阴阳之间，不能离焉者也。气合于理，天也；气能违理以自用，人也。情本于性，天也；情能汩性以自恣，人也。史之义出于天，而史之文，不能不借人力以成之。人有阴阳之患，而史文即忤于大道

① 章学诚：《文史通义·说林》，叶瑛《文史通义校注》本，中华书局1985年版，第347页。

之公，其所感召者微也”。章学诚认为史家以史文记载史事是天、人交织的过程，其中的纠缠十分微妙，而“史德”却是要“尽其天而不益以人”的。所以，“史德”的醇与驳关键在于能否处理好这一矛盾关系。

第三，如何涵养“史德”。既然天人相杂是因为气与情的失调，那么涵养“史德”也自然要从气、情入手。“文非气不立，而气贵于平。人之气，燕居莫不平也。因事生感，而气失则宕，气失则激，气失则骄，毗于阳矣。文非情不深，而情贵于正。人之情，虚置无不正也。因事生感，而情失则流，情失则溺，情失则偏，毗于阴矣。阴阳伏沴之患，乘于血气而入于心知，其中默运潜移，似公而实逞于私，似天而实蔽于人，发为文辞，至于害义而违道，其人犹不自知也。故曰心术不可不慎也。”“因事生感”导致史家之气、情悄然变化，确实是历史研究中常见的现象。章学诚对气、情失衡之于天与人、公与私的影响有深刻认识。他提出“气平”和“情正”是修炼“史德”的重要法门，在古代史学批评史上有重要的理论价值。

第四，“史德”与“名教”的关系。章学诚论“史德”，可谓汪洋自肆，纵横捭阖。然而他的“史德”观并非毫无羁绊。“《骚》与《史》，皆深于《诗》者也。言婉多风，皆不背于名教，而梏于文者不辨也。故曰必通六艺比兴之旨，而后可以讲春王正月之书。”章学诚又说：“名教中之罪人，天理所诛，又何著述之可传乎?"[1] 由此可知，章学诚的“史德”终究未能摆脱传统名教的束缚。自东晋史家袁宏提出“史传之兴，所以通古今而笃名教”[2]，并以“名教”评论左丘明、司马迁、班固、荀悦开始，中经刘知幾以“名教”论直书，至章学诚以“名教”论“史德”，“名教”观念深刻地影响了古代史学批评的理论建构与学术实践。

凭借章学诚出色的阐释，“史德”正式进入史学批评范畴之列。它是关于史家修养认识最富有思辨性的一次升华。在“史德”论中，我们可以看到刘勰、刘知幾、揭傒斯、胡应麟等人的影子，但章学诚不但没有被掩盖在前贤的理论光环之中，反而脱颖而出。在“史德”之前，史家批评论的主要内容基本没有超出才、学、识的范围。“直书”“心术”也未能获得与才、学、识等范畴相同的地位。“史德”的提出使才、学、识、德构成了一个相对完整的史家批评理论体系，其影响直至于今。

从“书法不隐”算起，到“直书”“心术”的流播，再到“史德”的提出，堪称一段漫长的历程。“史德”不仅强化了史家在史学活动中的主体意识，也成为撰述信史、抵制曲笔的有力武器。伴随着“史德”范畴的演进，史学批评也不断地走向深入。

---

① 以上引文见章学诚:《文史通义·史德》，叶瑛《文史通义校注》本，中华书局1985年版，第220-222页。

② 袁宏:《后汉纪》原序，周天游《后汉纪校注》本，天津古籍出版社1987年版，第2页。

二、“史意”的地位与意义

章学诚的两部名作《文史通义》和《校雠通义》都以“义”为名，足以反映章学诚对义（意）的高度重视。[①] 这既是章学诚学术撰述的鲜明标帜，也是重视考订的时代中的一个“异端”，但从史学理论的发展来看，又显得弥足珍贵。当然，章学诚史学之可贵并非因为“物以稀为贵”，而是他揭示了史学之所以为史学的核心——义（意）。义（意）是指史家在史学活动中所表达的关于历史、社会、史学诸方面的思想认识、情感好恶、价值判断与学术宗旨，在史学思想中属于最高层次，是历史撰述的灵魂。作为一个史学批评范畴，“史意”反映了史家对于历史研究的哲理思考。它意味着史学不仅是记事的，更是要表意的，甚至须在记事之外专门言意。

“史意”范畴的产生与完善也非一蹴而就。班彪评价司马迁时，论及太史公作史之意：“进项羽、陈涉而黜淮南、衡山，细意委曲。”[②] “细意委曲”道出了《史记》的一个特点。所谓“细意”，指需用心揣摩的史家深意。范晔的《狱中与诸甥侄书》

① 章学诚没有明确区分“史意”与“史义”这两个概念，有时甚至将“义”与“意”合用。如“孟子所谓其文则史，孔子以谓义则窃取，明乎史官法度不可易，而义意为圣人所独裁”。（《文史通义·和州志前志列传序例上》，叶瑛《文史通义校注》本，中华书局1985年版，第679页）但二者也有细微区别。“史义是指史家寄寓的撰述意图和宗旨，其中包含史家的别识心裁，史家根据儒家名教观念对历史的评判原则和彰善瘅恶的劝诫功能。应该说，在强调史家的撰述宗旨、别识心裁和史学的经世致用方面，‘史义’‘史意’是通用的。”但“‘史意’是历史认识主体对历史本体和史学自身的心理反映，它比‘史义’的内容更丰富，不仅包含文本上的‘史义’，还包含撰述者关于历史和史学的体会、情感和价值取向”。（周文玖：《章学诚的史学变革思想》，《史学月刊》2010年第11期）

② 范晔：《后汉书》卷四〇上《班彪列传上》，中华书局1965年版，第1327页。

中也多处论意，如“情志所托，故当以意为主，以文传意。以意为主，则其旨必见；以文传意，则其词不流”，“吾杂传论，皆有精意深旨”，“纪、传例为举其大略耳，诸细意甚多”。[①] 这些评论反映出中国古代史学家对于“意”的不懈追求。但班彪、范晔还没有提出“史意”这个术语。

“史”与“意”连用，较早的记载见于《魏书》。北魏时期，高祐和李彪在给孝文帝的奏文中这样写道：“《尚书》者记言之体，《春秋》者录事之辞。寻览前志，斯皆言动之实录也。夏殷以前，其文弗具，自周以降，典章备举。史官之体，文质不同；立书之旨，随时有异。至若左氏，属词比事，两致并书，可谓存史意，而非全史体。逮司马迁、班固，皆博识大才，论叙今古，曲有条章，虽周达未兼，斯实前史之可言者也。”[②] 高祐和李彪认为《左传》记言与记事兼备，称得上是“存史意”的。这里的“史意”是和“史体”相对应的一个概念。

在“史意”范畴的形成过程中，元代史学家揭傒斯有承上启下之功。揭傒斯批评时人修史之弊，是“徒知求作史法，不知求作史意”[③]。揭傒斯的“作史法”和“作史意”，与“史法”“史意”含义基本相同，表述上则多了一个“作”字。难能可贵的是，揭傒斯也是将二者对应起来并在一句话中呈现的。这可以

---

① 沈约：《宋书》卷六九《范晔传》，中华书局1974年版，第1830、1831页。

② 魏收：《魏书》卷五七《高祐传》，中华书局1974年版，第1260页。

③ 欧阳玄：《圭斋文集》卷一〇《元翰林侍讲学士中奉大夫知制诰同修国史同知经筵事豫章揭公墓志铭》，《四部丛刊初编》本。

看作是清代以前，在学理上与章学诚的“刘言史法，吾言史意”①最接近的思想与表述了。至清代，“史意”有了更为丰富的内涵，章学诚最终奠定了它作为史学批评基本范畴的地位。

第一，章学诚在清代史学家中最注重阐发“史意”，认识也最深刻。与章学诚同时代的史家牛运震评议过马、班为史之意，他对《汉书》的批评之一，便是《汉书》改《史记》有损司马迁之意，如“《史记·吕后本纪》载吕氏阴谋擅王诸吕，劫危刘氏，本末曲折详悉。《汉书》大段削去，只为如常编年纪事，虽亦纪体，殊失史家诛刺之旨”②。邵晋涵也主张阐发“史家言外之意”③。这说明清人着意于研究史家之意，但牛、邵所论或比较具体，或点到为止，而章学诚说得最有意蕴：“古人专门之学，必有法外传心，笔削之功所不及，则口授其徒，而相与传习其业。”④所谓“法外传心”“口授其徒”就包含史家之意。比如《史记》的“《屈贾》《孟荀》《老庄申韩》之标目，《同姓侯王》《异姓侯王》之分表，初无发明，而仅存题目，褒贬之意，默寓其中，乃立言之大者也”⑤。章学诚既评论史家的具体之意，如司马迁、班固命名纪传之意：“司马迁意在绍法《春秋》；顾左氏、公、穀专家，各为之传；而迁则一人之书，更著书、表、列

① 章学诚：《章学诚遗书》卷九《家书二》，文物出版社1985年版，第92页。

② 牛运震：《读史纠谬》，齐鲁书社1989年版，第82页。

③ 邵晋涵：《南江文钞》卷一二《南齐书提要》，《续修四库全书》第一四六三册，上海古籍出版社2002年版，第577页。

④ 章学诚：《文史通义·史注》，叶瑛《文史通义校注》本，中华书局1985年版，第237页。

⑤ 章学诚：《文史通义·言公上》，叶瑛《文史通义校注》本，中华书局1985年版，第171-172页。

传以为之纬，故加纪以本，而明其纪之为经耳。班固不达其意，遂并十志而题为本志。然则表、传之不加本称者，特以表称年表，传称列传，与本纪俱以二字定名，惟志止是单名，故强配其数，而不知其有害于经纪纬传之义也”[①]，也关注史家的玄妙之思：“详略去取，惟意所命，不必著为一定之例焉。”[②] 批评家如不重视揣摩史家深意、言外之意，便会缺乏思想深度。

第二，“史意”是章学诚史学批评理论体系的核心概念。章学诚多次援引《孟子》关于事、文、义的论述，且最看重义（意），所谓“立言之士，以意为宗”[③]。为此，章学诚用了很多笔墨来阐述义（意）是史学的灵魂这一主张。“史所贵者义也，而所具者事也，所凭者文也。”[④] “载笔之士，有志《春秋》之业，固将惟义之求，其事与文，所以借为存义之资也。” “作史贵知其意，非同于掌故，仅求事文之末也。”[⑤] 史学批评也“贵求作者之意指，而不可拘于形貌也”[⑥]，即体认思想比注意表象更重要。事、文、义在章学诚心目中的主次地位已经非常清楚了。他又借人的身体为喻：“事者其骨，文者其肤，义者其精神也。断之以义，而书始成家。书必成家，而后有典有法，可诵可识，乃能传世而行远。”[⑦] 缺少了义（意）的史书，犹如丢失了魂魄之

---

① 章学诚：《文史通义·永清县志皇言纪序例》，叶瑛《文史通义校注》本，中华书局1985年版，第703–704页。

② 章学诚：《文史通义·书教上》，叶瑛《文史通义校注》本，中华书局1985年版，第31页。

③ 章学诚：《文史通义·辨似》，叶瑛《文史通义校注》本，中华书局1985年版，第340页。

④ 章学诚：《文史通义·史德》，叶瑛《文史通义校注》本，中华书局1985年版，第219页。

⑤ 章学诚：《文史通义·言公上》，叶瑛《文史通义校注》本，中华书局1985年版，第171、172页。

⑥ 章学诚：《文史通义·诗教下》，叶瑛《文史通义校注》本，中华书局1985年版，第79页。

⑦ 章学诚：《章学诚遗书》卷一四《方志立三书议》，文物出版社1985年版，第123页。

人，唯有别具“史意”的史书才能传之久远。

史学发展到清代，衍化出多个分支，但章学诚认为只有讲究史意才是真正的史学。他说：“世士以博稽言史，则史考也；以文笔言史，则史选也；以故实言史，则史纂也；以议论言史，则史评也；以体裁言史，则史例也。唐宋至今，积学之士，不过史纂、史考、史例；能文之士，不过史选、史评。古人所为史学，则未之闻矣。”[①] 为什么积学、能文之士所为的史考、史纂、史选都不能算是史学呢？归根结底是因为它们缺少义（意）。

第三，章学诚关于“史意”的思想源于《春秋》，又超越了《春秋》。章学诚深受孔子《春秋》重义的影响。“名家撰述，意之所在，必有别裁，或详人之所略，或弃人之所取，初无一成之法。要读之者美爱传久，而恍然见义于事文间，斯乃有关于名教也。”[②] 他阐发《春秋》之旨，称：“后人不暇搜其义蕴，遂使独断之学，与比类之书，接踵于世，而《春秋》之旨微矣。”[③] 王宗炎称：“《春秋》为先生学术所从出。”[④] 此言不虚，但《春秋》要义在褒贬，章氏关于义（意）的表述则更丰富，非褒贬可以涵盖的了。最终，章学诚的“史意”论从《春秋》的微言大义走向了独断之学：

① 章学诚：《章学诚遗书》补遗《上朱大司马论文》，文物出版社1985年版，第612页。

② 章学诚：《章学诚遗书》卷一五《亳州志掌故例议下》，文物出版社1985年版，第137页。

③ 章学诚：《文史通义·永清县志阙访列传序例》，叶瑛《文史通义校注》本，中华书局1985年版，第776页。

④ 王宗炎：《晚闻居士遗集》卷五《复章实斋书》，《清代诗文集汇编》第四四〇册，上海古籍出版社2010年版，第682页。

史之大原，本乎《春秋》。《春秋》之义，昭乎笔削。笔削之义，不仅事具始末，文成规矩已也。以夫子“义则窃取”之旨观之，固将纲纪天下，推明大道。所以通古今之变，而成一家之言者，必有详人之所略，异人之所同，重人之所轻，而忽人之所谨，绳墨之所不可得而拘，类例之所不可得而泥，而后微茫杪忽之际，有以独断于一心。[①]

章学诚的“史意”论有个专属表达：“微茫杪忽之际，有以独断于一心。”这是章学诚“史意”思想的精髓。章学诚关于郑樵的辩护是古代史学批评史上的经典事例。《答客问》《申郑》《释通》等篇极力表彰郑樵的史学，细察之，章学诚不是要袒护郑樵，而是旨在张扬“史意”。《文史通义·申郑》写道：

郑樵生千载而后，慨然有见于古人著述之源，而知作者之旨，不徒以词采为文，考据为学也。于是遂欲匡正史迁，益以博雅，贬损班固，讥其因袭，而独取三千年来，遗文故册，运以别识心裁，盖承通史家风，而自为经纬，成一家言者也。学者少见多怪，不究其发凡起例，绝识旷论，所以斟酌群言，为史学要删；而徒摘其援据之疏略，裁剪之未定者，纷纷攻击，势若不共戴天。古人复起，奚足当吹剑之一吷乎？……原未尝与小学专家，特为一书者，絜长较短；亦

① 章学诚：《文史通义·答客问上》，叶瑛《文史通义校注》本，中华书局1985年版，第470页。

未尝欲后之人，守其成说，不稍变通。夫郑氏所振在鸿纲，而末学吹求，则在小节。[①]

这段文字中虽没有出现“义”或“意”这样的字眼，但它的核心议题恰是“史意”。宋以后直至乾嘉考据派多指责郑樵的疏漏，如王鸣盛所言《通志》“于‘三通’为最下”[②]。章学诚却偏偏要作这篇翻案文章，批评“今人大抵全尚名数。……夹漈体大而材疏，今人于其材疏则诟詈之，其体大之处，全不解也”[③]。对郑樵截然两途的评论折射出章学诚对“史意”的推崇以及考据派对“史意”的偏见。考据之于史学固然重要，但考据只能涵括“事、文、义”中的“事”，至于其中的“义”却无暇顾及，或者说不愿去多作考虑。之所以说“史意”论提升了古代史学批评的境界，是因为这意味着批评家除了关注史书叙事层面，还要高度关注包括历史解释在内的思想观念，这是从具体的个案评论走向理论构建的必经之途。

章学诚以事、文、义分别对应考据家、词章家、史学家，把偏于文辞和考据者称作“溺文辞而泥考据者”，说：“事即后世考据家之所尚也，文即后世词章家之所重也，然夫子所取，不在彼而在此。则史家著述之道，岂可不求义意所归乎?”历史撰述必须求义（意）之所归，否则几无高深的“著述之道”可言。

① 章学诚：《文史通义·申郑》，叶瑛《文史通义校注》本，中华书局1985年版，第463-464页。

② 王鸣盛：《蛾术编》卷一三《通典通志通考》，商务印书馆1958年版，第212页。

③ 章学诚：《章学诚遗书》外编卷一《信摭》，文物出版社1985年版，第373页。

当然，章学诚也有一些偏激的言论，如“迁、固而后，史家既无别识心裁，所求者徒在其事其文。惟郑樵稍有志乎求义，而缀学之徒，嚣然起而争之。然则充其所论，即一切科举之文词，胥吏之簿籍，其明白无疵，确实有据，转觉贤于迁、固远矣”[①]。一方面贬低了马、班之后的历代史学家，另一方面又无限放大了郑樵的史学光环。东汉至于清朝，有志于义（意）的史学家又何止郑樵一人呢！章学诚这样说似乎有借他人酒杯浇心中块垒之意。对此，刘咸炘的分析不无道理：“名为《申郑》者，以矫正当时之讥郑者耳，实不但为郑言也。”[②] 所谓“不但为郑言”，乃是自抒胸臆。章学诚倡言“史意”，实有对抗乾嘉考据风潮之意。

第三节　“撰述”“记注”界定史学新格局

一、史书门类划分的新理论

在章学诚的史学批评话语中，有一对范畴尤其难以言说。用章学诚自己的话来讲，是“书不尽言，言不尽意，神而明之，存于其人，可意会而不可言传”[③]。这对范畴就是“撰述”和“记注”。如同刘知幾以“六家”“二体”建构其史学批评的总

① 以上引文见章学诚：《文史通义·申郑》，叶瑛《文史通义校注》本，中华书局1985年版，第464页。

② 刘咸炘：《文史通义识语》卷上，载《推十书》（增补全本）甲辑第三册，上海科学技术文献出版社2009年版，第1088-1089页。

③ 章学诚：《章学诚遗书》卷一《礼教》，文物出版社1985年版，第7页。

体框架一样，章学诚举“撰述”与“记注”定“史学之两大宗门”[①]，奠定了他史学批评的基本价值取向。

乾隆五十七年（1792），章学诚撰成《文史通义·书教》三篇。与撰写《史德》篇时一样自得与自信，《书教》完稿后，章学诚情不自禁地给好友邵晋涵写信，吐露心声：“近撰《书教》之篇，所见较前似有进境。”[②] 这里所说“进境”，应当包括章学诚在《书教》篇中提出的一对新范畴“撰述”与“记注”。刘咸炘称章学诚的“撰述”与“记注”，“其言精粟，近古以来，未尝有也”，但“旨太微眇，宜乎世多不解而诧之”。[③] “世多不解”虽然未必，但“其言精粟”却合乎事实。

（一）“撰述”与“记注”思想溯源

实斋史学理论多从“六经”中悟得，“撰述”与“记注”也不例外。《文史通义·书教下》篇说：

> 《易》曰：“蓍之德圆而神，卦之德方以智。”间尝窃取其义，以概古今之载籍，撰述欲其圆而神，记注欲其方以智也。夫“智以藏往，神以知来”，记注欲往事之不忘，撰述欲来者之兴起，故记注藏往似智，而撰述知来拟神也。藏往欲其赅备无遗，故体有一定，而其德为方；知来欲其决择去

① 章学诚：《章学诚遗书》卷九《与邵二云论修宋史书》，文物出版社1985年版，第81页。
② 章学诚：《章学诚遗书》卷九《与邵二云论修宋史书》，文物出版社1985年版，第81页。
③ 刘咸炘：《史学述林》卷二《记注论》，载《推十书》（增补全本）丙辑第二册，上海科学技术文献出版社2009年版，第421页。

取，故例不拘常，而其德为圆。[①]

“蓍之德圆而神，卦之德方以智”和“智以藏往，神以知来”二语，均出自《周易·系辞上》。章学诚巧妙地借用了“圆神”“方智”这对古老的语词，又引申其义，以表达自己在划分古今史籍门类上的妙思。

对于如此重要的思想，论说自然不限于一处。《原道下》中有“《易》曰：‘神以知来，智以藏往。’知来，阳也。藏往，阴也。一阴一阳，道也。文章之用，或以述事，或以明理。事溯已往，阴也。理阐方来，阳也”[②]。在《礼教》一文中，章学诚也说过类似的话：“《易》曰：知以藏往，神以知来。夫名物制度，繁文缛节，考订精详，记诵博洽，此藏往之学也。好学敏求，心知其意，神明变化，开发前蕴，此知来之学也。”[③] 以上是章氏关于“撰述”与“记注”比较集中的三处论述，灵感都源于《周易》。

“撰述”与“记注”的理论源头是“六经”，素材则是马、班以下诸史，取径是贯通体悟古今史学流变。章学诚倡导“六经皆史”，《文史通义》首列《易教》《书教》《诗教》诸篇，可见其对这几部经书的重视。《书教》篇反复称引《周礼》《周易》《尚书》《春秋》《诗经》等，强调要“究六艺之深”。按照

---

① 章学诚：《文史通义·书教下》，叶瑛《文史通义校注》本，中华书局1985年版，第49页。本节未注明出处的史料均出自《文史通义·书教下》，不再一一赘列。

② 章学诚：《文史通义·原道下》，叶瑛《文史通义校注》本，中华书局1985年版，第139页。

③ 章学诚：《章学诚遗书》卷一《礼教》，文物出版社1985年版，第7页。

章学诚的说法，“撰述”是“知来拟神”，与《尚书》的“疏通知远”颇为相通，而《史记》“近于圆而神”，司马迁可谓得《尚书》之遗意。《汉书》“则近于方以智”，班固得《周礼》之良法。章学诚从经书中揣摩变易思想和“因事命篇”之法，以区别古今史书，这是他提出“撰述”和“记注”的思想渊源。

在追溯“撰述”与“记注”的思想源头时，还有一个问题需要澄清，那就是它们与刘知幾有无直接关联。这是因为刘知幾说过一段有关“为史之道”的话，被视为实斋思想之先导：

> 为史之道，其流有二。何者？书事记言，出自当时之简；勒成删定，归于后来之笔。然则当时草创者，资乎博闻实录，若董狐、南史是也；后来经始者，贵乎俊识通才，若班固、陈寿是也。必论其事业，前后不同。然相须而成，其归一揆。[①]

主张章学诚的“记注”“撰述”说乃是承继刘知幾的“当时之简”“后来之笔”而来，是民国史学界的主流看法。1925年，何炳松撰文称刘知幾之说“与章实斋撰述、记注之说相同”[②]。随后，吕思勉在《史通评》中也这样指认：

> “草创者资乎博闻实录”，谓搜辑史材，以备作史之用

① 刘知幾：《史通·史官建置》，浦起龙《史通通释》本，上海古籍出版社1978年版，第325页。
② 何炳松：《〈史通〉评论》，《民铎杂志》第六卷第一号，1925年1月1日。

者也；“经始者贵乎俊识通才”，谓据史材以作史者也；此二语包蕴甚富，一部《文史通义》，殆皆发挥此义，今后亦无以易之。①

结合吕思勉在《文史通义评》中所说的一段话：“章氏乃分保存史材、编辑史材与作史为两事：保存、编辑史材者，章氏之所谓记注，所谓比次之事；作史则章氏所谓撰述，所谓独断之学也。”② 可知吕思勉认为章学诚的“撰述”与“记注”理论乃是对于刘知幾的发挥。校注《文史通义》的叶瑛也认为“所谓‘当时之简’，属于记注之史料。所谓‘后来之笔’，属于撰述之史著。二者流别不同，事实相须。实斋盖本此言之，特为详尽耳”③。金毓黻同样主张：“记注、撰述之分，初申其旨于刘知幾。”④ 张舜徽则在从刘知幾到章学诚这一谱系中增补了郑樵：

知幾所谓当时之简，即吾人今日所谓历史资料也。故必资乎博闻实录。所谓后来之笔，即吾人今日所谓成家著述也。故必贵乎俊识通才。其后郑樵《寄方礼部书》有曰：“有文有字，学者不辨文字；有史有书，学者不辨史书。自司马以来，凡作史者，皆是书，不是史。”郑氏所谓“书”，

---

① 吕思勉：《史通评》，商务印书馆 1934 年版，第 65 页。

② 吕思勉：《文史通义评》序，载《史学与史籍七种》，上海古籍出版社 2009 年版，第 232 页。

③ 叶瑛：《文史通义校注》卷一《书教上》注，中华书局 1985 年版，第 33 页。

④ 金毓黻：《中国史学史》，河北教育出版社 2000 年版，第 329 页。

则历史资料也。所谓“史”，则成家著述也。郑氏汲汲纂修《通志》，以上绍司马遗规，则固以著述自任矣。至章学诚，乃益发挥“记注”与“撰述”二者不同之趣。记注，犹夫史料也。撰述，犹夫著作也。[1]

吕思勉认为刘知幾的“当时之简”、郑樵的“书”和章学诚的“记注”一脉相承，而章学诚的“撰述”思想亦自刘知幾的“后来之笔”和郑樵的“史”发展而来。与吕思勉观点相同的还有王荫铎[2]。诸家的看法何其相似乃尔！章学诚的“撰述”与“记注”理论源自刘知幾，几成定论。

不过，在上述异口同声之外还有另一种声音。刘咸炘就认为刘、章所论“似相同而实异。盖所谓勒成删定者，又有专家独断与集众整齐故事之分。章君所谓及时撰集以待后人之论定者，如《东观汉记》之流，未始非勒成删定，而实不过为比次之业而已。此固假撰述而非真撰述也”[3]。意思是说，刘知幾的“勒成删定”并不能等同于章学诚的“撰述”，这是因为“勒成删定”中也包括独断之学和整齐之学，而撰述只能是独断之学。

前引诸人对刘知幾和章学诚均有精到的研究。持刘、章思想一脉说者，旨在强调从刘知幾到章学诚形成的关于史料与史书二

① 张舜徽：《史通平议》，载《史学三书平议》，中华书局1983年版，第105页。

② 参见王荫铎：《论修史工作中之“记注”与“撰述”》，《读书通讯》第一六三期，1948年8月25日。

③ 刘咸炘：《史学述林》卷二《记注论》，载《推十书》（增补全本）丙辑第二册，上海科学技术文献出版社2009年版，第421页。

分认识的连续性，但却抹杀了刘、章理论上一些有意义的差别。其一，刘知幾所谓“当时之简”的代表人物是先秦的董狐和南史氏，他们据事直书，博闻强记；至于“后来之笔”的代表人物班固和陈寿，有才有识。而在章学诚的“撰述”与“记注”理论中，董狐和南史氏不在考察之列；班固和陈寿在章学诚看来，也难称“撰述”。其二，刘知幾所说的“当时”和“后来”有明确的时间顺序，强调的是直书精神以及“史才三长”。章学诚并不在意时间次序，“记注”和“撰述”也不从直书、曲笔角度立论，而是由史书所反映的变通精神和“藏往”“知来”区别的。其三，刘、章立论之根基不同，刘知幾讲的是“为史之道”，即作史方法，章学诚讨论的是由史书特点来划分载籍类别。

关于郑樵与章学诚思想的异同问题，犹有可言者。郑樵的“书”“史”之分，出自《寄方礼部书》，有特定之语境：

> 有史有书，学者不辨史、书。史者，官籍也。书者，儒生之所作也。自司马迁以来，凡作史者，皆是书，不是史。又诸史家各成一代之书，而无通体。樵欲自今天子中兴上达秦汉之前，著为一书，曰《通史》，寻纪法制。呜呼！三馆四库之中不可谓无书也。然欲有法制，可为历代有国家者之纪纲规模，实未见其作。此非有朝廷之命，樵不敢私撰也。[1]

① 郑樵：《郑樵文集》卷二《寄方礼部书》，吴怀祺校补本，书目文献出版社 1992 年版，第 33 页。

可见，郑樵是在阐述自己撰写贯通之史的计划时提出“书”“史”概念的，而他划分“书”“史”的标准则是官修和私撰，即官修谓之“史”，私撰谓之“书”。这样看来，“书”“史”与“撰述”“记注”的确不宜相提并论。

民国诸家之说，把“当时之简”对应“记注”，又将“后来之笔”与“撰述”对等，并且解释说“当时之简”与“记注”即历史资料，“后来之笔”和“撰述”即著作。但事实上，“撰述”与“记注”的含义远比今人所说史料与史书的内涵丰富得多。这是民国时期“新史学”观念作用下对旧史学的一次误读。

在章学诚之前，人们使用过“撰述”“记注”这样的术语，但意蕴都与实斋不同。比如唐太宗《修晋书诏》中评论十八家晋史时就这样说：“十有八家，虽存记注，而才非良史，事亏实录。”[①] 顾炎武也说过“国史未成，记注不存，为海内臣子所痛心”[②]。这里所说的“记注”是指一般的历史记录而言，与章学诚所论旨趣有别。明代焦竑的目录学著作《国史经籍志》卷一中有“记注时政”一类史书。根据此目所著录史书来看，焦竑所用“记注”也与章学诚不同。略早于章学诚的浦起龙，在评论《辽史》时说：“辽居塞外，记注荒陋。”[③] 这里所说的“记注”乃是记载之意，也并非史学范畴。浦、章所说，名同而实

① 宋敏求编：《唐大诏令集》卷八一《修晋书诏》，商务印书馆1959年版，第467页。

② 顾炎武：《亭林余集·三朝纪事阙文序》，载《顾亭林诗文集》，中华书局1983年版，第156页。

③ 浦起龙：《酿蜜集》卷二《二十一史得失》，《无锡文库》第四辑，凤凰出版社2011年版，第401页。

不同。至于“撰述”一词，在史学上十分常见，例不胜举。可以明确的是，他人所说“撰述”基本上是编纂、修史、撰写的同义词，并无章学诚笔下的“撰述”这般特殊含义。

在章学诚之前，确有一位学者触及“撰述”与“记注”的理论边缘，他就是明末的谈允厚。崇祯十二年（1639），谈允厚在为《资治通鉴补》所作的序中写道：

> 尝上下作述之林，而一为论列。纂辑之事与著作不同，编年之书与纪传有异。著作者，出一人独得之见，以自成一家之言，则规裁易定；纂辑者集百家杂出之文，以网罗百代之事，则笔削难施。……然则著书固莫难于纂辑，纂辑尤莫难于编年也。[①]

谈允厚区分“纂辑”与“著作”，并指出“著作”是那些阐发独见、成一家之言的史书；“纂辑”囊括百家，网罗百代。谈允厚的话得失兼有，“著作”要成一家之言，是有见地的。遗憾的是，谈允厚使用的术语是“纂辑”和“著作”，且未作系统阐述，甚至在“著作”与“纂辑”孰重孰轻、孰难孰易上出现了严重的偏颇。另外，谈允厚是将“著作”“纂辑”和纪传、编年杂糅在一起的。章学诚没有提及谈允厚，很难判定章学诚是否读到了谈序。从史学思想演进的角度来看，谈允厚在前，章学诚

---

① 谈允厚：《资治通鉴补》后序，《续修四库全书》第三三六册，上海古籍出版社2002年版，第512页。

在后，据此或可以说谈允厚是“撰述”与“记注”理论的先驱，但这并不影响章学诚在这对范畴上拥有发明权。正如吕思勉所说：“前人于此理，虽不能谓其未尝见及；而其言之断不如章氏之明备。”[①]

（二）“撰述”与“记注”的内涵与关联

按照章学诚的论述，“撰述”与“记注”的特点分别为“圆而神”和“方以智”。前者的使命是知来，即探索历史的进程，预知历史的前程，是思想性的。“撰述”要“抉择去取”，对史事、人物有所判断和筛选，不求完备而有所采择，故体例上不拘一格。后者的任务是藏往，即储存、记录历史，是知识性的。“记注”要“赅备无遗”，体例严整，然缺乏变通。明乎此，也就不难理解，章学诚为什么说“神以知来，学者之才识是也。知以藏往，学者之记诵是也”[②]。二者各有其用，又是不可偏废的：“圆神方智，自有载籍以还，二者不偏废也。”

“撰述”与“记注”不可偏废究竟是何意呢？“著述之体与类次之法，分部而行，固亦相资为用者也。”[③] 正如章学诚在《答客问下》中所说，“比次之繁，不妨作者之略”，“比次之私，有待作者之公”。[④]“撰述”要在“记注”的繁简、公私问题上斟酌去取。章学诚写给黄大俞讨论方志的书信说得较明白：

---

① 吕思勉：《文史通义评》序，载《史学与史籍七种》，上海古籍出版社 2009 年版，第 232 页。

② 章学诚：《章学诚遗书》卷六《杂说》，文物出版社 1985 年版，第 54 页。

③ 章学诚：《章学诚遗书》外编卷九《永清县志·礼书》小序，文物出版社 1985 年版，第 481 页。

④ 章学诚：《文史通义·答客问下》，叶瑛《文史通义校注》本，中华书局 1985 年版，第 483 页。

古人一事，必具数家之学。著述与比类两家，其大要也。班氏撰《汉书》，为一家著述矣，刘歆、贾护之《汉记》，其比类也。司马撰《通鉴》，为一家著述矣。二刘、范氏之《长编》，其比类也。两家本自相因而不相妨害。拙刻《书教》篇中所谓圆神方智，亦此意也。但为比类之业者，必知著述之意，而所次比之材，可使著述者出，得所凭借，有以恣其纵横变化，又必知己之比类与著述者，各有渊源，而不可以比类之密，而笑著述之或有所疏，比类之整齐，而笑著述之有所畸轻畸重，则善矣。盖著述譬之韩信用兵，而比类譬之萧何转饷，二者固缺一而不可，而其人之才，固易地不可为良者也。[①]

依章氏之意，“著述”与“比类”即“撰述”和“记注”。举例来说，《资治通鉴》是“撰述”，那么《资治通鉴长编》便是“记注”。章学诚又打了一个比方，说“汉初三杰”中，韩信用兵乃是“撰述”，萧何转运粮饷则是“记注”。在这里，章学诚还阐述了一个重要的思想，即不可以“记注”严密、整齐的标准来评论甚至讥笑“撰述”的疏漏或偏颇。“记注”“撰述”宜各尽其才，是“相因而不相妨害”的关系。“撰述”与“记注”在史学事业中担负不同使命，缺一不可，这是有道理的。章学诚有时也将“记注”称作“纂类”。这封信又写道：“纂类

① 章学诚：《章学诚遗书》卷九《报黄大俞先生》，文物出版社1985年版，第77页。

之书，正著述之所取资，岂可有所疵议？而鄙心有不能惬者，则方志纂类诸家多是不知著述之意。”纂类乃是“著述之资，而自以为极天下之能事，是以虽纂类而仍无可借，宜长者之致疑于近时风尚也”①。这些话分明含有对繁琐考据的不满。

那么，“撰述”与“记注”可以平分秋色吗？答案是否定的。章学诚总结“记注”有七个方面的问题：“村书俗学，既无良材”；“好易字句，漓其本质”；“汇收故籍，不著所出何书”；“私作聪明，自定去取”；“后人考核，征信无从”；“听其孤行，渐致湮没”；“拘牵类例，取足成书，不于法律之外，多方购备”。② 章学诚并非泛泛而谈。在他心中，“守先待后之故事，与笔削独断之专家，其功用足以相资，而流别不能相混，则断如也”③。“撰述”还是要高于“记注”的。

《礼教》篇接着从治学的角度论述道：“溯源流也，明类例也，综名数也，考同异也，搜遗逸也，此皆学者应有之事，不可废也。”但这些都是藏往之学，如果能够究其所以然，从上述诸方面“折中后世之制度，断以今之所宜，则经济人伦，皆从此出”，就上升到了知来之学。倘若只以溯源流、考同异等为治学的归宿，“而不求古人之大体，以自广其心，此宋人所讥为玩物丧志，不得谓宋人之苛也”。一个学者很难在藏往和知来方面兼备，则“求其资之近而力能勉者斯可矣”④。

---

① 章学诚：《章学诚遗书》卷九《报黄大俞先生》，文物出版社1985年版，第77页。
② 章学诚：《文史通义·答客问下》，叶瑛《文史通义校注》本，中华书局1985年版，第483页。
③ 章学诚：《文史通义·答客问上》，叶瑛《文史通义校注》本，中华书局1985年版，第471页。
④ 章学诚：《章学诚遗书》卷一《礼教》，文物出版社1985年版，第7页。

此外，章学诚还提出过“著作之史”“纂辑之史”诸概念，对于理解“撰述”与“记注”也有启发，兹择要摘录于下：

> 史家又有著作之史与纂辑之史，途径不一。著作之史，宋人以还，绝不多见；而纂辑之史，则以博雅为事，以一字必有按据为归，错综排比，整炼而有剪裁，斯为美也。①
>
> 比次之书，则掌故令史之孔目，簿书记注之成格，其原虽本柱下之所藏，其用止于备稽检而供采择，初无他奇也。然而独断之学，非是不为取裁；考索之功，非是不为按据。如旨酒之不离乎糟粕，嘉禾之不离乎粪土，是以职官故事案牍图牒之书，不可轻议也。②
>
> （王应麟）诸书，谓之纂辑可也，谓之著述，则不可也，谓之学者求知之功力可也，谓之成家之学术，则未可也。③
>
> （《绎史》）本属纂类，不为著作。④

章学诚强调“著作之史”和“纂辑之史”途径不一，方法不同。“撰述”是匠心独运、蕴含史意和神明变化的历史著作。因此，他认为宋代学者王应麟的《玉海》只能称作纂辑，仅是

① 章学诚：《章学诚遗书》卷一四《报广济黄大尹论修志书》，文物出版社 1985 年版，第 127 页。

② 章学诚：《文史通义·答客问中》，叶瑛《文史通义校注》本，中华书局 1985 年版，第 477 页。

③ 章学诚：《文史通义·博约中》，叶瑛《文史通义校注》本，中华书局 1985 年版，第 161 页。

④ 章学诚：《章学诚遗书》卷一五《亳州志人物表例议上》，文物出版社 1985 年版，第 135 页。

求知的功力，还不能称为著述，也不是自成一家的学术。在古代史学史上堪称“撰述”者只有《史记》《通志》《通鉴纪事本末》数种而已。而“比次之道，大约有三”：一是“及时撰集，以待后人之论定者”；二是“有志著述，先猎群书，以为薪槱者”；三是“陶冶专家，勒成鸿业者”。[①] 用今天的眼光来看，“记注”包括三类，史料汇编、考史和史学半成品。古代史学史上的起居注、实录、国史、史料考订、历史笔记等均属于这一范畴。它们在中国古代历史文献中占据了绝大的比重。

“撰述”“记注”与章学诚史学理论的诸多方面均有密切联系，如“六经皆史”“通史家风”“史以明道”“独断之学”等。“撰述”的核心是别识心裁，专家独断，不拘成例，有通达之识，成一家之言。“既为著作，自命专家，则列传去取，必有别识心裁，成其家言，而不能尽类以收，同于排纂，亦其势也。”[②] 它张扬的是创新、变通、开风气而不循风气。“记注”的核心是包罗万有，体例严明，重在守成。

二、在史学批评上的解释力

章学诚关于《左传》《史记》《汉书》的评论，初步显示了“撰述”与“记注”在批评史上的解释力。他说：“就形貌而言，迁书远异左氏，而班史近同迁书，盖左氏体直，自为编年之祖，

---

① 章学诚：《文史通义·答客问下》，叶瑛《文史通义校注》本，中华书局 1985 年版，第 482 页。

② 章学诚：《章学诚遗书》卷一五《亳州志人物表例议上》，文物出版社 1985 年版，第 135 页。

而马、班曲备，皆为纪传之祖也。推精微而言，则迁书之去左氏也近，而班史之去迁书也远；盖迁书体圆用神，多得《尚书》之遗；班氏体方用智，多得官礼之意也。”“形貌而言”是从史书体裁来说的，而“精微而言”则是从内在精神来讲的。着眼于神而不拘泥于形，所得之认识自能超越寻常之判断。这是章学诚在史学批评上运用“撰述”与“记注”而作的第一个示范。

《汉书》在“撰述”与“记注”的批评体系中，是比较特殊的一部史书。章氏的说法也有不甚统一之处，总的认识是《汉书》近乎“记注”又不失“撰述”之意。《汉书》之后的史家“失班史之意，而以纪表志传，同于科举之程式，官府之簿书，则于记注、撰述，两无所似，而古人著书之宗旨，不可复言矣。史不成家，而事文皆晦，而犹拘守成法，以谓其书固祖马而宗班也，而史学之失传也久矣”。章学诚批判这类史书既无宗旨，又落入成法窠臼，却还宣称继承马、班之传统。这是章学诚以“撰述”与“记注”批评史籍的第二个示范。

章学诚又批判以“记注”的眼光评价“撰述”的做法。“撰述之书，不可律以记注一成之法。”① 例如《史记·伯夷列传》不专为伯夷作传，《货殖列传》兼书各地物产，《龟策列传》言卜筮，不失因事命篇之意。“名姓标题，往往不拘义例，仅取名篇，譬如《关雎》《鹿鸣》，所指乃在嘉宾淑女，而或且讥其位置不伦，或又摘其重复失检，不知古人著书之旨，而转以后世拘

① 章学诚：《章学诚遗书》卷九《与邵二云论修宋史书》，文物出版社1985年版，第81页。

守之成法，反訾古人之变通，亦知迁书体圆而用神，犹有《尚书》之遗者乎！”后世之成法自不宜评判“古人之变通”，若强为“反訾”，有失古人之旨，实为史学批评之大戒。这是章学诚在史学批评上运用“撰述”与“记注”而作的第三个示范。

章学诚还以“撰述”与“记注”观察清代中期的史学风尚。在他看来，其时史学崇尚考据，以为考据已尽史家之能事，其实，考据功夫不过是“记注”之一种。“今之学者，以谓天下之道，在乎较量名数之异同，辨别音训之当否，如斯而已矣；是何异观坐井之天，测坳堂之水，而遂欲穷六合之运度，量四海之波涛，以谓可尽哉？”[①] 这是章学诚在史学批评上运用“撰述”与“记注”而作的第四个示范。

以上四个示例从比较具体的层面表明，运用“撰述”“记注”理论能够在观察史书、评论史学上言人所未言。不仅如此，“撰述”和“记注”的解释力，还在于它从宏观上探讨了古代史学兴衰之轨迹及其原因。他说：

> 三代以上之为史，与三代以下之为史，其同异之故可知也。三代以上，记注有成法，而撰述无定名；三代以下，撰述有定名，而记注无成法。夫记注无成法，则取材也难；撰述有定名，则成书也易。成书易，则文胜质矣。取材难，则伪乱真矣。伪乱真而文胜质，史学不亡而亡矣。良史之才，

---

① 章学诚：《文史通义·答客问下》，叶瑛《文史通义校注》本，中华书局1985年版，第482页。

间世一出，补偏救弊，惫且不支。非后人学识不如前人，《周官》之法亡，而《尚书》之教绝，其势不得不然也。[①]

“记注”必有成法，“撰述”无须定名。这是因为，倘若“记注”无成法，则史家无从取材，以伪乱真，史学无从求真。倘若“撰述”有定名，趋于一定之例，则易于成书，有违“独断之学”。三代以下史家因失“《周官》之法”和“《尚书》之教”，以致两无所得，这便是章学诚得出“史学不亡而亡”结论的理由。

“撰述”与“记注”的划分有大刀阔斧之势。在史学批评史上，章学诚借此讨论了史学变革问题，阐发了他关于历史编纂的设想，表达了他要力挽狂澜、解除史学桎梏的宏愿。行文至此，有必要再回到“撰述”与“记注”的理论起点上重新审视一番。《周易·系辞上》在“蓍之德圆而神，卦之德方以智”和“神以知来，智以藏往”二句之后写道：“阖户谓之坤，辟户谓之乾，一阖一辟谓之变，往来不穷谓之通，见乃谓之象，形乃谓之器，制而用之谓之法，利用出入，民咸用之谓之神。”[②] 要而言之，《周易》此处乃是关于“变”“通”“法”“神”的哲学。章学诚论“撰述”“记注”时虽没有援引这几句话，但他显然吸纳了其中的思想。“撰述”“记注”最终落脚点即是史学的变通问题：“纪传行之千有余年，学者相承，殆如夏葛冬裘，渴饮饥食，无

① 章学诚：《文史通义·书教上》，叶瑛《文史通义校注》本，中华书局1985年版，第30页。
② 《周易·系辞上》，《十三经注疏》本，上海古籍出版社1997年影印本，第82页。

更易矣。然无别识心裁，可以传世行远之具，而斤斤如守科举之程式，不敢稍变；如治胥吏之簿书，繁不可删。以云方智，则冗复疏舛，难为典据；以云圆神，则芜滥浩瀚，不可诵识。盖族史但知求全于纪表志传之成规，而书为体例所拘，但欲方圆求备，不知纪传原本《春秋》，《春秋》原合《尚书》之初意也。《易》曰：'穷则变，变则通，通则久。'纪传实为三代以后之良法，而演习既久，先王之大经大法，转为末世拘守之纪传所蒙，曷可不思所以变通之道欤?"这是批判后世史家只知师古却不求变通，在圆神、方智上再无多少作为了。类似的评论还有："迁书所创纪传之法，本自圆神，后世袭用纪传成法，不知变通，而史才、史识、史学转为史例拘牵，愈袭愈舛，以致圆不可神，方不可智。如宋、元二史之溃败决裂，不可挽救，实为史学之河淮洪泽，逆河入海之会。于此而不为回狂障隳之功，则滔滔者何所底止?"[①]"回狂障隳"之说，震人心魄。章学诚肯定纪传体是良法，但此法沿用既久，陈陈相因，后来的正史形式上虽无别于《史记》，但二者在气脉上已然断绝。造成这种局面的主要原因，就是后世史家不明"撰述"之意，缺乏创新和变革的精神。章学诚用两千年来纪传体史书体裁的演变史向乾嘉史学界提出忠告：史学已到了不变则亡的危险境地。

章学诚高度评价《通鉴纪事本末》，正是出于探索史学变通之道的学术诉求。《通鉴纪事本末》"因事命篇，不为常格；非

① 章学诚：《章学诚遗书》卷九《与邵二云论修宋史书》，文物出版社1985年版，第81页。

深知古今大体，天下经纶，不能网罗隐括，无遗无滥。文省于纪传，事豁于编年，决断去取，体圆用神，斯真《尚书》之遗也。……即其成法，沉思冥索，加以神明变化，则古史之原，隐然可见。书有作者甚浅，而观者甚深，此类是也。故曰：神奇化臭腐，而臭腐复化为神奇，本一理耳”。在他看来，《通鉴纪事本末》是继《史记》《通志》之后的又一部“撰述”。袁枢的成功就在于他恢复了“因事命篇”，得“决断去取，体圆用神”的良法美意，实现了神奇与臭腐之间的转换。

随后，章学诚开出了一剂药方，“师《尚书》之意，而以迁《史》义例，通左氏之裁制焉，所以救纪传之极弊，非好为更张也”。效法《尚书》，以《史记》的义例，吸纳《左传》的编年之法，再配以表、图，即以本纪、列传、表、图构成的新体裁来解决史书编纂的因循之弊，造就真正的“撰述”。“至于创立新裁，疏别条目，较古今之述作，定一书之规模，别具《圆通》之篇，此不具言。”章学诚意犹未尽，要另撰一篇《圆通》阐发自己创立新体裁的详细想法。大要是“仍纪传之体，而参本末之法，增图谱之例，而删书志之名”[①]。遗憾的是，这篇《圆通》并没有流传下来，抑或是未竟之作。由此而论，章学诚是通过“撰述”与“记注”来阐发他关于史学发展法则的认识，所言甚大，所论亦深。故邵晋涵评价《书教》“于六艺为支子，于史学

① 章学诚：《章学诚遗书》卷九《与邵二云论修宋史书》，文物出版社1985年版，第81页。

为大宗；于前史为中流砥柱，于后学为蚕丛开山”[①]，洵非虚言。

“撰述”与“记注”这对范畴具有长久的生命力，自清代中期被正式提出，经历清末民国时期中国传统史学被域外新学术、新理论猛烈冲击，仍被中国史家沿用和阐发。刘咸炘就善于运用它们进行学术评论，如“赵宋史学，窳废难论。撰述非才，记注亦纷”[②]。蒙文通评论李焘的《续资治通鉴长编》时，也称它“为宋代记注之良书”[③]。另一位史学史名家金毓黻亦继续着“撰述”与“记注”的话题：“记注、撰述之分，变动不居者也，前日视为撰述者，正为今日之记注，后日视为记注者，亦即今日之撰述，《左传》《国语》，可谓撰述矣，而太史公据为史料以修《史记》，是即以记注视之。今之撰新通史者，亦尝据‘二十五史’为史料，故论者谓吾国旧史，悉当以史料视之，是亦不以为撰述矣。”[④] 金毓黻从传统史书编纂的实情出发，又结合清末民初以来史学发展的动向，将章学诚提出的理论问题向前推进了一步。时至今日，“撰述”与“记注”仍被运用于讨论历史编纂学和史料学等基本问题，和才、学、识、德一样成为中国古代史学话语体系中具有深远影响的范畴。

---

① 章学诚：《文史通义·书教下》篇末附邵晋涵语，叶瑛《文史通义校注》本，中华书局1985年版，第53页。

② 刘咸炘：《推十文》卷一《蜀学论》，载《推十书》（增补全本）戊辑第二册，上海科学技术文献出版社2009年版，第494页。

③ 蒙文通：《治学杂语》，载蒙默编：《蒙文通全集》第六册，巴蜀书社2015年版，第43页。

④ 金毓黻：《中国史学史》，河北教育出版社2000年版，第334页。

第四节　“通史”精神的勃发

一、刘知幾提出的话题

司马迁著《史记》“通古今之变”，是为通史编纂之滥觞。西汉中后期至东汉前期，诸家续《史记》，因仍的也是通史编纂的路数。至班固修《汉书》，以西汉一朝为起讫，断代修史遂为后代正史所遵循。中国史学史上由此形成会通与断代双峰对峙的局面。章学诚治史尚通，《申郑》篇中有“通史家风”一语，足见其旨趣。章学诚又撰《释通》，言说通史利弊，继承会通的史学传统，回应学术史上的断代主张，历史感和时代感兼具。若追本溯源，这个话题还要从刘知幾说起。

刘知幾年少时已不满足于成为《春秋》研究专家，当“父兄欲令博观义疏，精此一经”时，他辞以“获麟已后，未见其事，乞且观余部，以广异闻”。又“欲知古今沿革，历数相承，于是触类而观，不假师训。自汉中兴已降，迄乎皇家实录，年十有七，而窥览略周”[①]。照理说，他当是一位推崇通史的史学家，有意思的是，他对《史记》代表的通史并无好感：

> 《史记》疆宇辽阔，年月遐长，而分以纪传，散以书表。每论家国一政，而胡、越相悬；叙君臣一时，而参、商是隔。

① 刘知幾：《史通·自叙》，浦起龙《史通通释》本，上海古籍出版社1978年版，第288页。

此其为体之失者也。兼其所载，多聚旧记，时采杂言，故使览之者事罕异闻，而语饶重出。此撰录之烦者也。况《通史》以降，芜累尤深，遂使学者宁习本书，而怠窥新录。且撰次无几，而残缺遽多，可谓劳而无功，述者所宜深诫也。①

刘知幾显然不满意司马迁的通史写法。在这百余字中，刘知幾指出了通史的三个缺憾，即“为体之失”“撰录之烦”“劳而无功”，依次是通史的体制之失、叙事繁冗和事倍功半。尽管刘知幾在《史通》的其他地方也肯定过《史记》，但“其基本格调是纠谬规过，锋芒所向，直指司马迁”②。

那么，以《汉书》为代表的断代史又怎样呢？刘知幾完全是一种表扬的口吻：“如《汉书》者，究西都之首末，穷刘氏之废兴，包举一代，撰成一书。言皆精练，事甚该密，故学者寻讨，易为其功。自尔迄今，无改斯道。”③ 这恰与对《史记》的三重批评逐一对应。刘知幾对于断代和会通的上述看法，不能说没有一点道理，但二者的优劣却并非全如刘知幾所言的通史乏善可陈，断代史堪为史学楷模。这种重视断代、轻视会通的倾向自然引来了非议。

宋代的郑樵对东汉以后断代盛行、通史式微表示极大的不满，甚至愤慨。在《通志总序》中，郑樵再三强调“会通之

① 刘知幾：《史通·六家》，浦起龙《史通通释》本，上海古籍出版社1978年版，第19页。

② 林时民：《中国传统史学的批评主义——刘知幾与章学诚》，台湾学生书局2003年版，第36-37页。

③ 刘知幾：《史通·六家》，浦起龙《史通通释》本，上海古籍出版社1978年版，第22页。

义”，说“《史记》擅制作之规模。不幸班固非其人，遂失会通之旨。司马氏之门户自此衰矣”，以致“周秦不相因，古今成间隔”。虽唐宋相隔，但郑樵所言显系与刘知幾针锋相对。令郑樵不解的是，不管是范晔等作史家，还是刘知幾等批评家，都推崇断代。“奈何诸史弃迁而用固，刘知幾之徒尊班而抑马。”虽然郑樵还不能解释断代之史何以兴盛，但他对断代为史之弊却有较为深刻的认识：

> 自班固以断代为史，无复相因之义。虽有仲尼之圣，亦莫知其损益。会通之道，自此失矣。语其同也，则纪而复纪，一帝而有数纪；传而复传，一人而有数传。天文者，千古不易之象，而世世作《天文志》；《洪范》五行者，一家之书，而世世序《五行传》。如此之类，岂胜繁文？语其异也，则前王不列于后王，后事不接于前事；郡县各为区域，而昧迁革之源；礼乐自为更张，遂成殊俗之政。如此之类，岂胜断绠？①

郑樵认为通史之可贵，在于它可以反映历史发展的连续性，使读者得知历史的损益、变化。而断代作史既重复繁琐，又割断了历史发展的内在联系。

唐代通史撰述复兴，② 至宋又出现了《通志》《资治通鉴》

---

① 郑樵：《通志总序》，中华书局 1987 年版，第 1 页。
② 瞿林东：《唐代史学论稿》（增订本），载《瞿林东文集》第 7 卷，北京师范大学出版社 2017 年版，第 118-138 页。

等以“通”为名的大部头通史。这些通史为生活在宋元之际的马端临思考通史优劣提供了丰富的文献和思想养料。马端临基本接受郑樵的说法，“自班孟坚而后，断代为史，无会通因仍之道，读者病之”。但马端临的“会通”又是有限度的，因为“理乱兴衰不相因者也”，只有“典章经制实相因者也”。[①] 所以，马端临撰写以制度为专题的《文献通考》，而不是一部包罗万有、牢笼天地的通史。

从刘知幾到郑樵、马端临，通史与断代史孰优孰劣已成为一个绕不开的话题。降至清代，朝廷照例修纂了一部《明史》，而通史的良法美意却少人问津。毕竟“非学问足以该通，文章足以熔铸，则难以成书”[②]。面对上述种种争鸣，章学诚自觉地反思了通史要义。

二、“通史”的定义与要义

梁武帝时，编纂了一部《通史》，上起三皇，下迄梁代，这大概是史书名“通”的开端。通史出现虽早，却罕有为之界定者，直到章学诚才作出如下定义：

> 所谓通史者，不问纪载短长，学问疏密，要有卓然独见，迥出前人，灼见前代成书，己意难以因袭，故舍置前史，独溯古初，以自成家。与节钞、类比、隐括诸书，相差

① 马端临：《文献通考》自序，中华书局1986年版，第3页。

② 永瑢等：《四库全书总目》卷五〇《通志》提要，中华书局1965年版，第448页。

虽似毫厘，而相去不啻千里。[①]

通史之所以为通史，不仅在于记述上贯通数代，跨越千载，更重要的是，它需要作者“有卓然独见”，自成一家。章学诚推崇《通志》，就是看到该书“卓识名理，独见别裁，古人不能任其先声，后代不能出其规模；虽事实无殊旧录，而辨名正物，诸子之意，寓于史裁，终为不朽之业矣”。章学诚还提醒人们注意，有一类史书名目标“通”，实则不通。如宋人魏了翁以赵宋一代之掌故，编为《国朝通典》。“既曰国朝，画代为断，何通之有？是亦循名而不思其义者也。”[②]

章学诚将通史分为四类。“总古今之学术，而纪传一规乎史迁，郑樵《通志》作焉。统前史之书志，而撰述取法乎官《礼》，杜佑《通典》作焉。合纪传之互文，而编次总括乎荀、袁，司马光《资治通鉴》作焉。汇公私之述作，而铨录略仿乎孔、萧，裴潾《太和通选》作焉。此四子者，或存正史之规，或正编年之的，或以典故为纪纲，或以词章存文献，史部之通，于斯为极盛也。”这四类通史可以概括为纪传体通史、典志体通史、编年体通史和文征体通史。像高峻《高氏小史》、马端临《文献通考》以及《纲鉴合纂》等，不过史钞、括类和摘比之属，是不能称为通史的。至于谯周《古史考》、苏辙《古史》、

① 章学诚：《章学诚遗书》佚篇《史考摘录》，文物出版社 1985 年版，第 653–654 页。
② 章学诚：《文史通义·释通》，叶瑛《文史通义校注》本，中华书局 1985 年版，第 376、377 页。

马骕《绎史》，“皆采摭经传之书，与通史异”[①]。清人李锴作《尚史》，洪亮吉“考其义例，实通史也”[②]。但章学诚论通史时，却并不在意《尚史》。这是因为《尚史》以马骕《绎史》“为稿本，而离析其文，为之翦裁连络，改为纪传之体。……体例准诸《史记》，而排纂之法，则仿《路史》而小变之”[③]。马骕《绎史》尚且不能入通史行列，《尚史》又等而下之了。可见，章学诚的通史观，与洪亮吉也不同。

章氏论通史，是将它与史学家法、别识心裁结合在一起言说的。有些史书卷帙宏大，亦贯通数代，如被刘知幾归为通史的《科录》，却因“无著作深意”[④]，被章学诚划入史纂行列，算不得通史。可见，通史在章学诚的心目中分量之重、地位之尊。

章学诚的“六便”“二长”之说把通史编纂理论讲得十分透彻。“通史之修，其便有六：一曰免重复，二曰均类例，三曰便铨配，四曰平是非，五曰去抵牾，六曰详邻事。其长有二：一曰具翦裁，二曰立家法。”所谓“六便”和“二长”，是通史的八个优点，《释通》篇中有详尽的说明。大旨是说，朝代鼎革之际的史事、人物，既是前朝之末端，又是新朝之肇始。通史可以避免断代史中的重复现象。诸史类例不尽相同，而通史作者自出心裁，勒成一书，不至于类例参差不齐。断代为史以一朝之始终为

---

① 章学诚：《文史通义·释通》，叶瑛《文史通义校注》本，中华书局1985年版，第373、374页。

② 洪亮吉：《卷施阁文甲集补遗·李铁君尚史后序》，载《洪亮吉集》第一册，中华书局2001年版，第254页。

③ 永瑢等：《四库全书总目》卷五〇《尚史》提要，中华书局1965年版，第453页。

④ 章学诚：《章学诚遗书》佚篇《史考摘录》，文物出版社1985年版，第653页。

起止，但历史的发展、人物间的关系，并不会如同朝代更换那样截然分明。通史所涉时间跨度长，不拘泥于一时，能在长时段内编次人物。时代愈近，则评判愈难。历史的是非曲直往往要经过一个时段后才有公论。通史“事隔数代，而衡鉴至公，庶几笔削平允，而折衷定矣”。两部断代史于朝代交错处的记载，最易出入，而通史则可以减少这种抵牾。通史较之断代史，还便于记载邻国之事，因为“四裔外国，势不能与一代同其终始；而正朔纪传，断代为编，则是中朝典故居全，而藩国载纪乃参半也”①。至于“具翦裁”，指通史作者可以对断代诸史补缺略，删浮词，以一家绳尺而剪裁诸史。通史不是断代史的拼接，通史贵具别裁，这就是章学诚所说的“立家法”。

因为强调“家法”，所以章学诚认为官修难成真正的通史。“通史仿于史迁，自是一家著作，溯源《春秋》，其间多有法外之意，可意会而不可言传。若在官修之书，不可行矣。”梁武帝时撰写的《通史》之所以散佚，就是因为“集众官修，知其必不能用专门著述之意也”②。

三、“通史”与“集史”之辨

与“通史”易混淆者，为集史③。刘知幾就将《南史》和

① 以上引文见章学诚：《文史通义·释通》，叶瑛《文史通义校注》本，中华书局 1985 年版，第 375、376 页。

② 章学诚：《章学诚遗书》佚篇《史考摘录》，文物出版社 1985 年版，第 653 页。

③ “集史”一词见于《新唐书·艺文志》，收录梁武帝《通史》、李延寿《南史》《北史》、高峻《高氏小史》、刘权《洞史》和姚康复的《统史》共六部。张舜徽认为“此‘集史’之目所由昉。而《旧唐书·经籍志》概目之为‘都史’。曰都，曰集，皆总会之意也”。(《史通平议》，载《史学三书平议》，中华书局 1983 年版，第 16 页)

《北史》纳入“《史记》之流”[①]。章学诚则以为《南史》《北史》虽贯通数朝，却是“汇辑沈、萧、姚、李等八家之书，整齐纪传，使不杂乱，其例自有断限，当入集史，不可入通史”[②]。刘、章认识上的分歧，归根到底是因为章学诚和刘知幾的“通史”标准不同。

依照章学诚的说法，“集史”和“通史”形虽相似，神却有天壤之别。借用刘知幾的话来说，是“貌同而心异”[③]。对此，章学诚有详细的说明：

> 通史各出义例，变通亘古以来，合为一家纪载。后世如郑樵《通志》之类，足以当之。集史虽合数朝，并非各溯太古，自为家学者可比。欧氏《五代史记》与薛氏《旧史》是其同类，与通史判若天渊者也。盖通史各溯古初，必须判别家学，自为义例，方不嫌于并列。否则，诚不免于复沓之嫌矣。集史原有界画，李延寿行之于前，薛、欧行之于后，各为起讫，无所重复，虽一家凡例，两书可通用也。[④]

集史虽不似断代史那样限于某一皇朝，然“原有界画”，在义例上不可与“判别家学”的通史同日而语。《南史》《北史》与《新五代史》《旧五代史》都属于集史，它们在义例上是可以

---

① 刘知幾：《史通·六家》，浦起龙《史通通释》本，上海古籍出版社1978年版，第19页。
② 章学诚：《章学诚遗书》佚篇《史考摘录》，文物出版社1985年版，第653页。
③ 刘知幾：《史通·摸拟》，浦起龙《史通通释》本，上海古籍出版社1978年版，第224页。
④ 章学诚：《章学诚遗书》外编卷三《丙辰札记》，文物出版社1985年版，第391页。

通用的，但通史之间义例不能通用，而是“自为家学”。章学诚在《史考摘录》中又解释说：

集史之书，体与通史相仿，而实有淄渑之分。通史远自古初，及乎作者之世，别出心裁，成其家学，前人纵有撰述，不复取以为资……集史则代有所限，合数代而称为一书，以继前人述作，为一家言，事与断代之史，约略相似。而断代又各自为书，体例不一，集史则就其所有诸体而画一之，使不至于参差足矣。事取因人，义求整齐，与通史之别出心裁，无所资借，断代之各自为书者，又各不同也。[①]

通史须“别出心裁”，集史则“义求整齐”。至此，章学诚对通史和集史的区别，如其所言，已如“淄渑之分”。他不完全着眼于外在形式，更关注内在精神，把会通与断代的探讨引向史学发展的深层。古代史学批评史上这一聚讼不已的讨论至今仍能引起研究者关注，总体取向则是赞同章学诚的看法：“自秦汉以下，一统之局多，而分裂之形少。若南北朝，若五代，异姓改号，为时甚暂。或一人而历仕数朝，或一制而沿行数世。修史者不容依其分裂之局，各自为篇；势必合成一书，以见首尾。故其体虽联属数朝，而其例实无殊于断代。不合侪诸通史之班，固明甚。”[②]

---

① 章学诚：《章学诚遗书》佚篇《史考摘录》，文物出版社1985年版，第654页。
② 张舜徽：《史通平议》，载《史学三书平议》，中华书局1983年版，第16页。

章学诚偏好通史。但他没有一味赞美通史，而是指出了通史编纂存在的三个弊病：一是堆砌旧史，芜杂难读，以致读者宁愿去读断代史，也不愿读新修的通史；二是因袭旧史品目，去取失当；三是标题不宜，朝代不明，尤其是类传部分，“几何不至于读其书不知其世耶？”① 章学诚关于通史的指摘，虽不必中，然亦不远。总的来看，“章学诚主张写通史，比郑樵讲的公允，又不像郑樵那样偏激”②。

曲高则和寡。“实斋才识绝伦，大声不入里耳，故不为时流宗尚。”③ 好在章学诚并非随波逐流之人：“鄙人所业幸在寂寞之途，殆于陶朱公之所谓人弃我取。”④ “孤行其意，虽使同侪争之而不疑，举世非之而不顾。”⑤ 章学诚论知人论世、史德与史意、撰述与记注、通史家风，都是中国古代史学批评史上的重要命题。在考据居于主流的乾嘉史学界，章学诚这位被边缘化的史学家，逆流而上，提升了史学批评的思想境界，为清代史学增添了一抹理论的光彩。

---

① 章学诚：《文史通义·释通》，叶瑛《文史通义校注》本，中华书局1985年版，第377页。

② 姜胜利整理：《杨翼骧中国史学史讲义》，天津古籍出版社2006年版，第113页。

③ 梁启超：《中国近三百年学术史》，载《饮冰室合集》第10册，中华书局1989年版，第271页。

④ 章学诚：《章学诚遗书》佚篇《与孙渊如观察论学十规》，文物出版社1985年版，第640页。

⑤ 章学诚：《文史通义·答客问中》，叶瑛《文史通义校注》本，中华书局1985年版，第477页。

第六章 “畏史”与“尊史”

嘉道时期，是清朝由盛而衰的转折年代。一方面，它还散发着康乾盛世的余热，时人仍多以为身处盛世之中，沉睡在天朝上国的迷梦里；另一方面，日渐尖锐的国内矛盾和来自异域的挑战纷至沓来，清朝衰微之征兆已现。光绪年间，郑观应倡“盛世危言”，“识微于未著，见机于将蒙，不惮大声疾呼”。[①] 郑观应高谈阔论，主要是就时务而言的。若以时代与史学的互动而论，道光年间已有时代先觉者发出“衰世”之“警言”，这就是汤鹏的“畏史”说和龚自珍的“尊史”论。

第一节 “畏史”发微

一、汤鹏与《浮邱子》

汤鹏（1801—1844），字海秋，自号浮邱子，湖南益阳人，

① 郑藻如：《〈盛世危言〉郑序》，载夏东元编：《郑观应集》上册，上海人民出版社1982年版，第228页。

道光三年（1823）进士。“年始三十余，意气蹈厉，谓天下事无不可为者。”① 友人熊少牧称他“于时政得失、海内人才之贤否进退，私居恒为之忧喜”②。汤鹏为人有“骨鲠之风”，与龚自珍、魏源、张际亮并称，“四人者，皆慷慨激厉，其志业才气欲凌轹一时矣”。嘉道时期“委靡文饰”的世风，“得诸子者大声振之”③。姚莹曾就治理台湾的方略致信汤鹏，可见姚莹、龚自珍、魏源和汤鹏实为同道中人，他们对道光年间每况愈下、弊病丛生的政治有着较之常人更为敏锐的观察，关切时务，表现出经邦济世的志向。④ 尤其是龚自珍与汤鹏，二人在史学批评上有着十分相似的认识。

汤鹏与龚自珍之间惺惺相惜。汤鹏少以诗名，有《海秋诗集》传世。龚自珍用一个“完”字评价汤鹏的诗。此言虽小，所喻却大。“何以谓之完也？海秋心迹尽在是，所欲言者在是，所不欲言而卒不能不言在是，所不欲言而竟不言，于所不言求其言亦在是。要不肯挦扯他人之言以为己言，任举一篇，无论识与不识，曰：此汤益阳之诗。”⑤ 龚自珍长于作诗、品诗，以诗言志，他对汤鹏诗作的品题，若用于自评亦十分贴切。与汤鹏作别

---

① 梅曾亮：《户部郎中汤君墓志铭》，载钱仲联主编：《广清碑传集》卷一一，苏州大学出版社 1999 年版，第 772 页。

② 熊少牧：《浮邱子》序，岳麓书社 1987 年版，第 1 页。

③ 姚莹：《汤海秋传》，载缪荃孙纂录：《续碑传集》卷二〇，《清代传记丛刊》第 116 册，明文书局 1985 年版，第 109 页。

④ 支伟成的《清代朴学大师列传》将汤鹏列于清代“治事学家”之列，同列者有顾炎武、黄宗羲、刘献廷、唐甄、包世臣、魏源、冯桂芬等人。

⑤ 龚自珍：《龚自珍全集》第三辑《书汤海秋诗集后》，上海人民出版社 1975 年版，第 241 页。

时，龚自珍以诗相赠，称赞汤鹏风骨："觥觥益阳风骨奇，壮年自定千首诗。勇于自信故英绝，胜彼优孟俯仰为。"[①] 而汤鹏也有《答龚膳部越鸟篇》回应龚自珍。汤鹏以"越鸟"喻龚自珍，又以"楚鸟"自喻，"自名凤凰"，表达了不愿随波逐流的理想。他同情、理解龚自珍的处境，称："越鸟啾啾，出亦以踉蹡，入亦以踉蹡。"汤鹏在宦海中受到排挤和倾轧，所谓"名高患作，中道回翔，既惩既创"，但他仍坚持自己的信念。当他四顾惊慌、抱道茫然时，呼唤的"同志子"，即是龚自珍。"瞻彼越鸟，九苞六像，匪众鸟之行，愿无与众鸟龃龉榛梗，式导以渐，式自治以庄，式定且详。匪惟君子之祥，乃亦时之昌。"[②] 汤鹏和龚自珍之间的交情由此可见一斑。

汤鹏生前以诗文为人所称道，但他自己看重的却是另外一部书《浮邱子》。汤鹏"每遇人辄曰：'能过我一阅《浮邱子》乎？'"[③] 是书十二卷九十一篇，谈古说今，以史论政，是一部政论集，"其指务在剖析天人王霸，发抒体用本末，原于经训，证于史策，切于家国、天下，施于无穷。其心务在琢磨主术臣道，护持国势民风"[④]。书中寄寓了汤鹏一生的思想与理想，所论不与流俗同，故而寻常读者"不能终篇，益愕眙对君"。这

① 龚自珍：《龚自珍全集》第十辑《己亥杂诗》，上海人民出版社 1975 年版，第 511 页。
② 汤鹏：《海秋诗集》卷一五《答龚膳部越鸟篇》，《清代诗文集汇编》第六〇七册，上海古籍出版社 2010 年版，第 389 页。
③ 梅曾亮：《户部郎中汤君墓志铭》，载钱仲联编：《广清碑传集》卷一一，苏州大学出版社 1999 年版，第 772 页。
④ 汤鹏：《浮邱子》卷一二《树文》，岳麓书社 1987 年版，第 403 页。

时，汤鹏便“鼓掌掀髯大喜”[①]。可见，汤鹏是得意且自负的。

《浮邱子》每篇以“浮邱子曰”发其端，诸篇各有明确的主题，如“始”与“终”、“均”与“私”、“通”与“变”等。书中篇章多以“训”“原”命名，即推究和解释的意思。至于全书编次，也有自己的逻辑。比如第一篇为《则古》，是因为“事莫详于古先，制莫陋于晚近，习莫积于媠谩，心莫敬于学问；我则首之以《则古》上、中、下”[②]。最后一篇为《树文》，汤鹏的考虑是“人必有志也，然后不已于气；必有气也，然后不已于言；必有言也，然后不绝于人；必有人也，然后不绝于代，我则以《树文》终焉”[③]。《浮邱子》讨论的问题牵连广泛，多以批判为论述的手法，又有一以贯之的宗旨，即君子治国之道。

二、史何以畏与史权的张扬

在《浮邱子》这部政论集中，偏偏有一篇史学批评专文《训史》。此文开篇就说了一段史学“绕口令”：“记言动之谓史。书善败之谓史。俾今人善败毋自私而暴白于千龄万代焉之谓史。俾千龄万代睹今人善败如不及、如探汤焉之谓史。俾一其善者百善将归、一其败者百败将由焉之谓史。俾百其善者一败可恕、百其败者一善可录焉之谓史。俾百其善、一其败者，竟无能扬其百、恕其一；百其败、一其善者，竟无能舍其百、录其一焉之谓

① 邵懿辰：《汤海秋哀辞》，载缪荃孙纂录：《续碑传集》卷二〇，《清代传记丛刊》第116册，明文书局1985年版，第110页。

② 汤鹏：《浮邱子》卷一二《树文》，岳麓书社1987年版，第403页。

③ 汤鹏：《浮邱子》卷一二《树文》，岳麓书社1987年版，第405页。

史。俾无能扬其百、恕其一者，淬厉以悖百善、戒一败；无能舍其百、录其一者，淬厉以塞百败、充一善焉之谓史。”[①] 这段文字虽略显繁琐，但所言却是明晰的。它的意思是，史官（史家）记言行，书善败，在于警醒后人；史官（史家）秉笔，善败皆据事直书，不因百善而掩一败，亦不因百败而略一善；如此作史，则可惩恶劝善，即所谓“悖百善、戒一败”，“塞百败、充一善”。这在古代史学理论史上，诚然不能说有多少新意，但两千多年间史学理论发展的动力，不完全源于思想的更新，有时正需要不同时代的学者不断地重复同一问题，强化同一观念。史学褒贬功能论正是如此。更何况汤鹏如此强调史官（史家）的直书及其悖善戒败，旨在引出“畏史”这个核心论题：

是故以圣人之有惭德而畏史，以贤人之有小过差而畏史，以天子之尊而畏史，以诸侯之强大而畏史，以奸雄之横、无所不摧靡而畏史，以巧敏佞兑之尤、无所不蛊惑桡滑而畏史，以妇寺之稍知礼节而畏史，以细民浅夫之一念激卬而畏史。

即便是圣贤，倘若言行有失，亦有畏史之心。世俗世界中的天子以降至于诸侯、奸雄、佞幸、宦官、平民，亦复如是。汤鹏在《原辅》篇也论及“畏”，说：“大君必有畏”，而“有畏足

① 汤鹏：《浮邱子》卷九《训史》，岳麓书社 1987 年版，第 300 页。本节未注明出处的史料均出自《训史》，不再一一赘列。

以格非”。“畏”的目的在于“格非”。那么，何谓“有畏”？“裹精白而心膂之，秉正直而威仪之，抑骄蹇而绳墨之，洗幽独而药石之，是谓有畏。”“格非”是指“倚杖甚，则毋作疑谋；敬礼甚，则毋即乱德；许与甚，则毋文愆悔；冯依甚，则毋就阿偏”①。综合分析，“畏史”之“畏”不是杀伐所致的恐惧，而是世人对史学油然而生的敬畏之心。

汤鹏由“畏史”进而讨论“史权”问题：“是故权有三大：曰天，曰君，曰史。天之权掌生杀，君之权掌黜陟，史之权掌褒讥。”这一思想当是源于两宋学人。北宋时期，苏辙说：“域中有三权：曰天，曰君，曰史官。圣人以此三权者制天下之是非，而使之更相助。”“史官之权，与天与君之权均。”② 南宋的叶适也说：“以功罪为赏罚者，人主也；以善恶为是非者，史官也。二者未尝不并行，其来久矣。”③ 但汤鹏论“史权”并非照搬苏辙和叶适。因为，在苏辙看来，史权与天权、君权是可以等量齐观的，叶适也认为“史权”与“君权”并行，汤鹏则不以为然：“尔乃应生而杀，史于是乎以褒代生；应杀而生，史于是乎以讥代杀；应陟而黜，史于是乎以褒代陟；应黜而陟，史于是乎以讥代黜。是故天不兼史，史兼天；君不兼史，史兼君。”在天权、君权、史权三者之中，史权最大。天权和君权之威力显而易见，为世人所忌惮。汤鹏对此有切身体会。他于道光年间历任礼部主

---

① 汤鹏：《浮邱子》卷九《原辅》，岳麓书社1987年版，第284页。

② 苏辙：《栾城应诏集》卷一一《史官助赏罚论》，载《苏辙集》第四册，中华书局1990年版，第1346页。

③ 叶适：《习学记言序目》卷九《春秋》，中华书局1977年版，第117页。

事、户部主事、贵州司员外郎，又做过山东道监察御史，后因批评工部尚书、宗室载铨而被罢御史，这些仕宦经历加深了他对天权和君权的认识。但汤鹏却赋予史权超出天权和君权的威力。史官（史家）以褒讥代生杀、黜陟，在权势的时空上覆盖了天权和君权。汤鹏在宦海中浮沉，不为所惑，说出“史兼君”这样的话，不拘于一时，而瞩目于万世，尤其有分量。

前已论及，史之所以可“畏”，是因为史官（史家）所作之史能据事直书，褒贬得当。但史学的发展又令汤鹏忧虑。“尔乃天运降，则史亦降；人心降，则史更降。”史不再可畏。汤鹏把不可畏之史分为十二种：

> 讳真书似，理偏词半，是谓疑史。匿魏夸美，骨脆语柔，是谓佞史。质不成干，文不成采，是谓陋史。俗不入今，典不入古，是谓浮史。亲然后附，贵然后称，是谓势史。金然后通，帛然后允，是谓利史。杂然后备，众然后举，是谓市史。请然后书，览然后存，是谓奴史。迩不井井，远更芒芒，是谓郁史。俊不察察，愚更懵懵，是谓盲史。野老铮铮，朝评则横，是谓骄史。稗编累累，国书则歧，是谓缪史。

上述诸史可以归为三类：第一类包括疑史、佞史、势史、利史、奴史、缪史、骄史七种，指曲笔之史；第二类包括陋史、浮史、市史、郁史，指叙事失当之史；第三类为盲史，指见识拙劣之史。至于它们的害处，汤鹏有扼要说明：“疑史害详，佞史害良，陋史害誉，浮史害据，势史害贤，利史害廉，市史害壹，奴史害直，郁史害伸，盲史害明，骄史害敬，缪史害正。”这些说法一一对应，所指明确。总归是记事失真、褒贬失当，史权失去了基础，史不足畏。

汤鹏呼唤有君子出，“惩此十二史”。倘若不然，“史何以称？史如不称，世何以明？世如不明，政何以存？政如不存，道何以行？”汤鹏的逻辑是，若史不足畏，那么人世不明，政教不存，道也就无法推行了。可见，人世、政教、大道三者都有赖于史，史之意义可谓宏大。行文至此，为何在这部政论集中会专门讨论史学问题，也就不难理解了。

最后，汤鹏说：“史贱，则染翰操纸者之羞也。世贱，则执枢驭宇者之羞也。政贱，则赞皇庀国者之羞也。道贱，则枕经茹古者之羞也。如欲去四贱、涤四羞，则良史氏盍作乎！则良史氏盍作乎！”他急切地期盼良史，针砭史学之病，去除“四羞”“四贱”，史方可畏、可尊。汤鹏的这番言论的确称得上“立论奇警，文势雄健，富于深切蕴义”[1]。

“畏史”说诚然不能扭转嘉道时势，从汤鹏的愿望来说，这是不幸的。但幸运的是，“畏史”说在当时并不寂寞。汤鹏的好友龚自珍提出的“尊史”论，与之有异曲同工、相互声援之妙。

---

① 乔治忠、朱洪斌：《增订中国史学史资料编年》（清代卷），商务印书馆2013年版，第493页。

第二节　“尊史”探幽

一、龚自珍的“良史之忧”

龚自珍（1792—1841），字璱人，号定盦，浙江仁和（今杭州）人，嘉道时期一位开风气的思想家、史学家[①]。龚自珍与魏源相交甚笃，学术史上素有“龚魏”之称[②]。魏源称龚自珍为学“于经通《公羊春秋》，于史长西北舆地。其文以六书、小学为入门，以周、秦诸子、吉金、乐石为崖郭，以朝章、国故、世情、民隐为质干。晚犹好西方之书，自谓造深微云”[③]。魏源的这段话，深得龚自珍学问大要。龚自珍与魏源为学术同道，但二人在史学上的贡献却各有侧重。如果说魏源是以《海国图志》将国人的眼光引向了陌生世界的话，那么龚自珍则是用“良史之忧”去唤醒迟钝的时代神经。

龚自珍生活的时代距离清代考据学的兴盛期很近，他六岁时，毕沅、王鸣盛卒；十三岁时，钱大昕卒；二十三岁时，赵翼、程瑶田卒；二十四岁时，段玉裁卒。诸儒凋零，使他生出“寥落吾徒可奈何！青山青史两蹉跎。乾隆朝士不相识，无故飞

---

① 龚自珍有“但开风气不为师”诗句，见《龚自珍全集》第十辑《己亥杂诗》，上海人民出版社 1975 年版，第 519 页。

② 参见樊克政：《龚自珍年谱考略》，商务印书馆 2004 年版，第 281-283 页。

③ 魏源：《古微堂外集》卷三《定盦文录叙》，载《魏源全集》第十二册，岳麓书社 2004 年版，第 245-246 页。

扬入梦多”[①] 的感慨。但他为学，“风发云逝，有不可一世之概”[②]，宗旨已与乾嘉考据派有了明显不同。龚自珍批评钱大昕“考证琐碎，绝无关系，而文笔亦拙，无动人处”[③]。实则龚自珍不单是对钱大昕不满，而且是不满足于琐碎的考据。

龚自珍的志向是“撢简经术，通古近，定民生”[④]。他治学是为了应对世变，所谓“不研乎经，不知经术之为本源也；不讨乎史，不知史事之为鉴也；不通乎当世之务，不知经、史施于今日之孰缓、孰亟、孰可行、孰不可行也”。他将经史之言比作药方，将“施诸后世之孰缓、孰亟”喻为用药。总之，既“不离乎经、史”，也“不必泥乎经、史”。[⑤]

因为具有强烈的经世意识和深厚的经史修养，龚自珍敏锐地观察到了时代的另一个面相——衰世之象。生活于衰世的人被“督之缚之，以至于戮之。戮之非刀、非锯、非水火；文亦戮之，名亦戮之，声音笑貌亦戮之”。更可怕的是，“戮之权不告于君，不告于大夫，不宣于司市，君大夫亦不任受。其法亦不及要领，徒戮其心，戮其能忧心、能愤心、能思虑心、能作为心、能有廉耻心、能无渣滓心”[⑥]。而“报大仇，医大病，解大难，

---

① 龚自珍：《龚自珍全集》第九辑《寥落》，上海人民出版社1975年版，第453页。
② 段玉裁：《经韵楼集》卷九《怀人馆词序》，上海古籍出版社2008年版，第222页。
③ 龚自珍：《龚自珍全集》第八辑《语录》，上海人民出版社1975年版，第429页。
④ 龚自珍：《龚自珍全集》第一辑《农宗》，上海人民出版社1975年版，第49页。
⑤ 龚自珍：《龚自珍全集》第一辑《对策》，上海人民出版社1975年版，第114、117页。
⑥ 龚自珍：《龚自珍全集》第一辑《乙丙之际箸议第九》，上海人民出版社1975年版，第6-7页。

谋大事，学大道，皆以心之力”[1]。举世而无“能忧心”“廉耻心”，又谈何“谋大事，学大道”，悲莫大于此！为了摆脱被戮之局面，衰世之人“蚤夜号以求治，求治而不得，悖悍者则蚤夜号以求乱”。龚自珍“起视其世，乱亦竟不远矣”。在这由衰世滑向乱世之时，龚自珍大声疾呼：“是故智者受三千年史氏之书，则能以良史之忧忧天下。”[2] 与“良史之忧”并存的，还有“匹妇之忧”“城市之忧”“人主之忧”。良史忧的是天下苍生，而“匹妇之忧，货重于食；城市之忧，食货均；人主之忧，食重于货”[3]。天下和食货相比，孰重孰轻一目了然。在龚自珍的笔下，史学家的经世精神与忧患意识得到了淋漓尽致的诠释。

龚自珍撰写了许多针砭社会、立意高远的文章，《乙丙之际箸议》《乙丙之际塾议》《壬癸之际胎观》《明良论》等系列文章中都隐含着他的“良史之忧”。他写下了“避席畏闻文字狱，著书都为稻粱谋。田横五百人安在，难道归来尽列侯”[4] 这样的警句，也批判其时看重资历的用人制度，“一限以资格，此士大夫所以尽奄然而无有生气者也。当今之弊，亦或出于此，此不可不为变通者也”[5]。这也是他的“良史之忧”。道光九年（1829），龚自珍在《上大学士书》中条陈六事，即“中堂宜到阁看本”；

① 龚自珍：《龚自珍全集》第一辑《壬癸之际胎观第四》，上海人民出版社 1975 年版，第 15–16 页。

② 龚自珍：《龚自珍全集》第一辑《乙丙之际箸议第九》，上海人民出版社 1975 年版，第 7 页。

③ 龚自珍：《龚自珍全集》第一辑《乙丙之际塾议第十六》，上海人民出版社 1975 年版，第 7 页。

④ 龚自珍：《龚自珍全集》第九辑《咏史》，上海人民出版社 1975 年版，第 471 页。

⑤ 龚自珍：《龚自珍全集》第一辑《明良论三》，上海人民出版社 1975 年版，第 34 页。

“军机处为内阁之分支，内阁非军机处之附庸”；“侍读之权，不宜太重”；“汉侍读宜增设一员，使在典籍厅掌印”；“馆差宜复旧”；“体制宜画一”。他之所以如此提议，是因为：

自古及今，法无不改，势无不积，事例无不变迁，风气无不移易……有是非，则必有感慨激奋，感慨激奋而居上位，有其力，则所是者依，所非者去。感慨激奋而居下位，无其力，则探吾之是非，而昌昌大言之。如此，法改胡所弊？势积胡所重？风气移易胡所惩？事例变迁胡所惧？[①]

龚自珍在众人皆醉我独醒的环境里，以“良史之忧”体察朝政得失，遂有上述言论，发人深省。他又规劝朝廷，教化风俗，砥砺士风：

士皆知有耻，则国家永无耻矣；士不知耻，为国之大耻。历览近代之士，自其敷奏之日，始进之年，而耻已存者寡矣！官益久，则气愈偷；望愈崇，则谄愈固；地益近，则媚亦益工。至身为三公，为六卿，非不崇高也，而其于古者大臣巍然岸然师傅自处之风，匪但目未睹，耳未闻，梦寐亦未之及。臣节之盛，扫地尽矣。非由他，由于无以作朝廷之气故也。何以作之气？曰：以教之耻为先。[②]

---

① 龚自珍：《龚自珍全集》第五辑《上大学士书》，上海人民出版社 1975 年版，第 319 页。
② 龚自珍：《龚自珍全集》第一辑《明良论二》，上海人民出版社 1975 年版，第 31 页。

清朝立国两百年，世风、学风丕变。龚自珍身处近代前夜，已意识到边疆的新危机，认识到鸦片的危害。在鸦片战争爆发几个月后，龚自珍沉痛地写道："今之中国，以九重天子之尊，三令五申，公卿以下，舌敝唇焦，于今数年，欲使民不吸鸦片烟而民弗许，此奴仆踞家长，子孙棰祖父之世宙也。即使英吉利不侵不叛，望风纳款，中国尚且可耻而可忧。"① 面对内忧与外患，龚自珍的"良史之忧"无可排解。他在史学中沉吟、摸索，提出了著名的"尊史"论。

二、"尊史"的提出及其意蕴

嘉庆十八年（1813），段玉裁借万斯同的话"勿读无益之书，勿作无用之文"，勉励龚自珍"努力为名儒，为名臣，勿愿为名士。何谓有用之书？经史是也"。② 龚自珍遵循外祖父的教诲，"尊史""古史钩沉"系列文章便是他所作的"有用之文"。道光十八年（1838），何绍基请龚自珍手书文稿以为纪念时，龚自珍选择了七篇文章，便包括《尊史》《尊史三》二文③。"尊史"二字最能体现他的史学情思。④ 龚自珍的"尊史"论意蕴丰

---

① 龚自珍：《龚自珍全集》第五辑《与人笺八》，上海人民出版社 1975 年版，第 341 页。

② 段玉裁：《经韵楼集》卷九《与外孙龚自珍札》，上海古籍出版社 2008 年版，第 222 页。

③ 参见樊克政：《龚自珍年谱考略》，商务印书馆 2004 年版，第 425-426 页。

④ 在龚自珍之前，清代史家中王夫之使用过"尊史"一词："有尊史者存，而史乃立。《春秋》以史为天子之事，盖重之也至矣。"（《春秋家说》卷中，载《船山全书》第五册，岳麓书社 2011 年版，第 211 页）细究之，王夫之所说"尊史"之语境和所指与龚自珍均不同。《春秋家说》在清代有三个版本，一为船山五世孙的手抄本，另外两种为道光二十二年（1842）湘潭王氏守遗经书屋《船山遗书》本和同治四年（1865）金陵节署《船山遗书》本（参见杨坚：《春秋家说编校后记》，载《船山全书》第五册，岳麓书社 2011 年版，第 378 页）。据此，龚自珍应当并不知晓王夫之的"尊史"说。

富，是需要细致辨析的。

第一，“尊史”包括史之自尊与“人主不敢骄”两层意思。这一思想在《古史钩沉论四》一文中有集中体现。《古史钩沉论四》又名《宾宾》。“宾”是指“异姓之圣智魁杰寿耇也”，是“史也，献也，逸民也”，一言以蔽之，曰：“异姓之闻人，则史材也。”龚自珍钩稽三代史事，指出同姓贵族多掌握政治特权，而史者则“燕私之游不从，宫库之藏不问，世及之恩不预”。但人主却十分看重史：“王者于是芳香其情以下之，玲珑其诰令以求之，虚位以位之。”何以如此？龚自珍分析道：“宾也者，生乎本朝，仕乎本朝，上天有不专为其本朝而生是人者在也。是故人主不敢骄。”所谓“人主不敢骄”，即人主尊史。那么史者又当如何应对呢？“史之材，识其大掌故，主其记载，不吝其情，上不欺其所委贽，下不鄙夷其贵游，不自卑所闻，不自易所守，不自反所学，以荣其国家，以华其祖宗，以教训其王公大人，下亦以崇高其身，真宾之所处矣。”由“尊史”而论，这句话的关键是“上不欺”“下不鄙”“不自卑”“不自易”“不自反”，从而“崇高其身”。这里已经蕴含了史之自尊的思想。如果说此处表达得还比较含蓄的话，那么下面的话就非常直接了：“仆妾色以求容，而俳优狗马行以求禄，小者丧其仪，次者丧其学，大者丧其祖，徒乐厕于仆妾、俳优、狗马之伦，孤根之君子，必无取焉。”[①] 意思是说，史不可自取其辱，自甘沦落与仆妾、俳优、

① 以上引文见龚自珍：《龚自珍全集》第一辑《古史钩沉论四》，上海人民出版社 1975 年版，第 27–29 页。

狗马为伍，若如此求禄，则非君子所为。龚自珍讲的虽是三代故事，但史之自尊的思想与“人主不敢骄”的古训无疑也适用于他所身处的时代。

第二，史须“善入”“善出”，“尊史”旨在明道。《尊史》开篇就说：“史之尊，非其职语言、司谤誉之谓，尊其心也。”意思是说，“尊史”并不是因为史官（史家）职掌文字和褒贬人事，而是尊重史官（史家）之心。为什么呢？因为史官（史家）之心“善入”和“善出”。何谓善入？“天下山川形势，人心风气，土所宜，姓所贵，皆知之；国之祖宗之令，下逮吏胥之所□守，皆知之。其于言礼、言兵、言政、言狱、言掌故、言文体、言人贤否，如其言家事。”这是要求史官（史家）拥有丰富的历史知识、地理知识、政令知识和社会知识，对于礼、乐、兵、刑、掌故、文章之学如数家珍。这让人想到《隋书·经籍志》所说的“夫史官者，必求博闻强识，疏通知远之士，使居其位，百官众职，咸所贰焉。是故前言往行，无不识也；天文地理，无不察也；人事之纪，无不达也”[①]。但仅仅如此，尚且不够。史官（史家）还须善出。所谓善出，是说尽管礼、乐、兵、刑诸事虽非史官（史家）专门负责，但他们论礼、兵、政以及人物臧否，“如优人在堂下，号咷舞歌，哀乐万千，堂上观者，肃然踞坐，眄睐而指点焉”。这是说史官（史家）具有不凡的见识，能够对一幕幕鲜活的历史剧作恰当的评论。龚自珍看重“善入”

① 魏徵等：《隋书》卷三三《经籍志二》史部大序，中华书局 1973 年版，第 992 页。

和“善出”，因为“不善入者，非实录，垣外之耳，乌能治堂中之优也耶？则史之言，必有余寱”。史官（史家）不“善入”，所撰之史便非实录，如同“垣外之耳”听“堂中之优”，有所隔阂，怎能辨析堂中优人的哀乐呢！这样写出来的史书，如同梦呓，将沦为无稽之谈。同样，“不善出者，必无高情至论，优人哀乐万千，手口沸羹，彼岂复能自言其哀乐也耶？则史之言，必有余喘”。史官（史家）对历史缺乏洞见，无法与历史上的人事产生共鸣，这样的史书，也就缺少了感染力。因此，他告诫史官（史家）“毋寱毋喘”。“善入”和“善出”是对史官（史家）知识与见识的双重检验，唯有二者兼备者，才是值得尊重的史官（史家）。但这不是龚自珍“尊史”的终极目的。

“尊之之所归宿如何？曰：乃又有所大出入焉。”这里所说“出入”的意思与前面的“善入”“善出”不同。且看，“何者大出入？曰：出乎史，入乎道，欲知大道，必先为史”[①]。寻求大道必须从研究历史入手。“欲知大道，必先为史”，是龚自珍在史学批评史上的一个庄严宣告，也是他“尊史”的宗旨。

第三，“尊史”论对司马迁“副在京师”作出新解读。司马迁撰《太史公书》后，有“藏之名山，副在京师，俟后世圣人君子”[②] 之说。以往学者多瞩目于“藏之名山”，而龚自珍撰《尊史三》[③]，却专门讨论司马迁为何要“副在京师”。他没有重

① 以上引文见龚自珍：《龚自珍全集》第一辑《尊史》，上海人民出版社 1975 年版，第 80-81 页。

② 司马迁：《史记》卷一三〇《太史公自序》，中华书局 1982 年版，第 3320 页。

③ 《尊史三》又名《太史公书副在京师说》。

复前人的“谤书”说或“发愤”说。相反，龚自珍认为司马迁“副在京师”是为了“恩本朝”。进一步说，为什么把《太史公书》副本放在京师，而非别处呢？龚自珍是这样解释的：“求唐、虞者，必于平阳、蒲阪，求周必于雍、岐，求成周必于河、洛，欲求汉者，亦必于关中，故副在京师。”司马迁的家世和司马迁的师友都与京师密不可分。何况，“京师既上系君父，又必有磐石之宗，知古今之献，羽翼天室，世世无极，以所著书托焉”。这与古人“宠灵史氏，镇抚王室，以增天府之重”的传统一脉相承。龚自珍的核心论点是：

> 后之人必有如京师以观吾书者焉，则太史公之志也。若夫高骞远引，抱道以逝，矢孤往于名山，含薄怼于卿士，身隐矣，焉用文之？介之推之所笑，师礐适河海者之所蹈，淮南宾客，所以向山中而招王孙者也，则太史公之所不为。①

在龚自珍笔下，司马迁这位中国史学的开山人物不再甘于默默无闻，而是要让自己苦心撰述的史书传布京师。这是一位积极入世的史学家关于司马迁“副在京师”说的一家之言。

第四，“尊史”对于文明传承具有关键意义。“史之外无有语言焉；史之外无有文字焉；史之外无人伦品目焉。”在这里，“史”近于今日所说的文明。龚自珍又从孔子所说的“夏礼，吾

---

① 以上引文见龚自珍：《龚自珍全集》第一辑《尊史三》，上海人民出版社1975年版，第82页。

能言之，杞不足征也；殷礼，吾能言之，宋不足征也。文献不足故也”[①]，引申出“灭人之国，必先去其史；隳人之枋，败人之纲纪，必先去其史；绝人之材，湮塞人之教，必先去其史；夷人之祖宗，必先去其史”。这段话容易让人联想到黄宗羲的名言：“国可灭，史不可灭。”[②] 但黄、龚二人言说的语境却是迥异的。黄宗羲是在明亡的沉痛下感慨明代史料的散佚，龚自珍的话则是19世纪前半期中国史家关于史学和国家存亡、文明延续最深刻的认识。龚自珍论周之东迁，“史官大罪四，小罪四，其大功三，小功三”。史官的“八罪”中第一项罪名是“传者不雅驯，而雅驯者不传”；第四大罪是“历敝不改，是以失礼，是失官之大者”。史官的“六功”之一便是“孔子与左丘明乘以如周，获百二十国之书，夫而后《春秋》作也”。可见，史官之功罪主要是从文明传承与否的角度立论的。这就不难理解，为什么龚自珍论史官功罪后，紧接着就说：“功罪之际，存亡之会也，绝续之交也。”龚自珍把史学与文明发展的连续性结合起来，这是他“尊史”思想的一个亮点。龚自珍推崇孔子，说：“天生孔子不后周，不先周也，存亡续绝，俾枢纽也。”自孔子出，“史统替夷，孔统修也”。

孔子殁后，时势一变。龚自珍又有“六失”“七逸”之说。“六失”是指：“夫周，自我史佚、辛甲、史籀、史聃、史伯而

---

① 《论语·八佾》，杨伯峻《论语译注》本，中华书局2009年版，第26页。

② 黄宗羲：《南雷诗文集》碑志类《户部贵州清吏司主事兼经筵日讲官次公董公墓志铭》，载沈善洪主编：《黄宗羲全集》（增订版）第十册，浙江古籍出版社2005年版，第309页。

后，无闻人焉，鲁自史克、史丘明而后，无闻人焉，此失其材也。七十子之徒，不之周而之列国，此失其志也。不以孔子之所凭借者凭借，此失其器也。三尺童子，瞀儒小生，称为儒者流则喜，称为群流则愠，此失其情也。号为治经则道尊，号为学史则道诎，此失其名也。知孔氏之圣，而不知周公、史佚之圣，此失其祖也。”“六失”之中，前三者尤为重要。“失其材”是指“史有其官而亡其人”；“失其志”是批评仲尼弟子不能继孔子之志；“失其器”中的“器”即史学。“七逸”包括：

> 搜三十王之右史，拾不传之名氏，补诗书之隙罅，逸于后之剔钟彝以求之者。以超辰之法，禩不显之年月，定岁名之所在，逸于后之布七历以求之者。为礼家之儒，为小节之师，为考订之大宗，逸于后之弥缝同异以求之者。明象形，说指事，不比形声，不谭孳生，雅本音，明本义，逸于后之据引申假借以求之者。本立政，作周官，述周法，正封建之里数，逸于后之杂真伪以求之者。诵《诗》三百，篇纲于义，义纲于人，人纲于纪年，明著竹帛，逸于后之据断章升谏以求之者。呜呼！周道不可得而见矣，阶孔子之道求周道，得其宪章文、武者何事、梦周公者何心、吾从周者何学，逸于后之谭性命以求之者。

“七逸”的前六个方面是说孔子胜过后世史家的地方，最后一条，则是龚自珍的心声，他要效法孔子，知孔子“宪章文武”

之事，得孔子“梦见周公”之心，法孔子“郁郁乎文哉，吾从周”之学。[①] 龚自珍不空谈心性，而是从史入手，这与他“欲知大道，必先为史”的思想是一致的。

最后，龚自珍坦陈夙愿：“辞七逸而不居，负六失而不恤，自珍于大道不敢承，抑万一幸而生其世，则愿为其人欤！愿为其人欤!”[②] 龚自珍自谦“于大道不敢承”，实际上他正是要明大道，“为其人”的。龚自珍论史之自尊，史何以尊，尊史之目的与意义，有着宏阔辽远的史学传统，又瞩目于现实，是一个了不起的史学创见。

龚自珍自称“一箫一剑平生意，负尽狂名十五年”[③]。魏源也规劝龚自珍，“须痛自惩创，不然，结习非一日可改，酒狂非醒后所及悔也”[④]。曾国藩亦称汤鹏“狂名一鼓，万口嚣嚣”[⑤]。怎样理解这个“狂”字呢？当然不是狂妄自大这么肤浅与鲁莽，而是才气过人、纵横天下的秉性。“尊史”与“畏史”又岂是循规蹈矩之人所能提出来的！汤、龚在史学思想上高度一致，甚至可以说“畏史”即是“尊史”的另一种表达。

“畏史”与“尊史”，是嘉道时期汤鹏与龚自珍两位“狂士”关于史学的高简之论。当人们轻轻拂去历史的风尘，它们

---

① 《礼记·中庸》：“仲尼祖述尧舜，宪章文武。”《论语·述而》：“甚矣吾衰也！久矣吾不复梦见周公!”《论语·八佾》：“周监于二代，郁郁乎文哉！吾从周。”

② 以上引文未注明出处者，均见龚自珍：《龚自珍全集》第一辑《古史钩沉论二》，上海人民出版社 1975 年版，第 21-25 页。按：此文亦题《尊史二》或《尊史》。

③ 龚自珍：《龚自珍全集》第九辑《漫感》，上海人民出版社 1975 年版，第 467 页。

④ 魏源：《致龚定庵信》，载《魏源全集》第十二册，岳麓书社 2004 年版，第 750 页。

⑤ 曾国藩：《曾国藩文集》卷一《祭汤海秋文》，载《曾国藩诗文集》，上海古籍出版社 2005 年版，第 148 页。

便在浩渺的清代史学理论文献中自然地放射出光芒。汤鹏与龚自珍最终都谈到了“道”的问题，清晰地表现出史学批评与政治、大道之间的联动关系。这也足以说明，古代史学从来没有自外于政治，甚至是士大夫参与政治、影响政治的重要方式。

结　语

清代是一个既出现史学批评大师，又涌现了史学批评家群体的时代，这在整部中国古代史学批评史上都是那么的引人瞩目。章学诚无疑是中国古代史学批评遗产最优秀的传承人和发扬者，他把古代史学理论提升到了前所未有的高度。章学诚之外，围绕官修《明史》形成了以黄宗羲、朱彝尊、万斯同、施闰章、潘耒、汪由敦等为代表的批评家群体；在对历代正史的考辨中，出现了以牛运震、钱大昕、王鸣盛、赵翼为代表的批评家群体；在《四库全书总目》的编纂中，形成了以纪昀、邵晋涵、翁方纲和姚鼐为代表的批评家群体；还有因相同的学术兴趣而形成的批评家群体，如都致力于《史通》研究的黄叔琳、浦起龙、王鸣盛、纪昀、钱大昕等人。上述批评家群体之间是有交集的，比如纪昀是《四库全书总目》的总纂官，又是《史通》批评群体中的重要成员；钱大昕是考据型批评家的典范，也对《史通》作过研究。在这些群体内部，相互辩难、彼此影响，营造了浓厚的史学批评氛围，推动着史学理论的发展。就这样，清代史学批评家在沉潜中一步一步走向古代史学理论的高峰。

清初史学家对作史抱有极大热情，黄宗羲即言："余观当世，不论何人，皆好言作史。"① 尽管作史者三长不一，但叙事存史，均别有寄托。史学家普遍关心的一个问题是明亡清兴背景下何以保存历史记忆与近距离地反思历史。这就必然引起对明代史学的评论。

果不其然，清初史学批评的一大主题，即是反思明代史学。顾炎武批评过明代史家因门户之见导致记事失实，称："门户之人，其立言之指，各有所借，章奏之文，互有是非。……褊心之辈，谬加笔削，于此之党，则存其是者，去其非者，于彼之党，则存其非者，去其是者。于是言者之情隐，而单辞得以胜之。且如《要典》一书，其言未必尽非，而其意别有所为，继此之为书者犹是也。此国论之所以未平，而百世之下难乎其信史也。"② 顺治十七年（1660），《启祯野乘》的作者邹漪批评明清之际"野史杂出，衮钺丹黄，家自为政，贪同寿米、固金，滥等沉（当作'沈'——引者）编、收史，美言巧饰，秽舌飞污，妄夸入地上天之能，不识人非鬼责之祸"③。钱谦益为《启祯野乘》作序，也大谈明代国史、家史和野史之伪：

---

① 黄宗羲：《南雷诗文集》碑志类《谈孺木墓表》，载沈善洪主编：《黄宗羲全集》（增订版）第十册，浙江古籍出版社2005年版，第269页。

② 顾炎武：《日知录》卷一八"《三朝要典》"条，黄汝成《日知录集释》本，上海古籍出版社2006年版，第1036页。

③ 邹漪：《启祯野乘一集》卷首《凡例》，《四库禁毁书丛刊》史部第四〇册，北京出版社2000年版，第320页。

今则何如也？自丝纶之簿，左右史之记，起居召对之籍，化为煨烬，学士大夫各以己意为记注，凭几之言可以增损，造膝之语可以窜易，死君亡父，瞒天谰人，而国史伪。自史馆之实录，太常之谥议，琬琰、献征之记载，委诸草莽，世臣子弟各以私家为掌故，执简之辞不必登汗青，裂麻之奏不必闻朝著，飞头借面，欺生诬死，而家史伪。自贞元之朝士，天宝之父老，桑海之遗民，一一皆沉沦窜伏，委巷道路各以胸臆为信史，于是国故乱于朱紫，俗语流为丹青，循蟪蛄以寻声，俑水母以寄目，党枯仇朽，杂出于市朝，求金索米，公行其剽劫。才华之士，不自贵重，高文大篇，可以数缣邀取，鸿名伟伐，可以一醉博易，而野史伪。①

明代的国史、家史和野史，固然有失真溢美之处，然也各有价值，王世贞论之详矣。但邹漪和钱谦益并不接受王世贞的看法，极言国史、家史和野史之非。稍后，《石匮书》的作者张岱对明代史学的批驳较之钱谦益又有过之而无不及。

张岱嘲讽王世贞“高抬眼，阔开口，饱蘸笔，眼前腕下，实实有‘非我作史，更有谁作’之见横据其胸中，史遂不能果作，而作不复能佳，是皆其‘能为史’之一念有以误之也”。在他看来，不止王世贞，整个明代史学都黯淡无光泽可言：“有明一代，国史失诬，家史失谀，野史失臆，故以二百八十二年总成

① 钱谦益：《牧斋有学集》卷一四《启祯野乘序》，上海古籍出版社1996年版，第686页。

一诬妄之世界。”[1] 国灭史作，使邹漪、钱谦益、张岱等人心中升腾起强烈的史学自觉，但回顾明代史学，面对近三百年的明史和复杂混乱的晚明变革，他们悲愤交加。在这样的情绪中，他们的评论当然不够客观和公允。但在史学批评史上，邹漪、钱谦益和张岱诸人的这般否定论调却并非毫无价值，相反，在揭示影响史家记载真伪的因素，重申史家正直之心和史学戒律方面，仍有积极的思想意义。

康乾时期，一方面时移世易，一方面文字高压，史家之身已属“国朝”，思想上再无“遗民之音”。名家多游心于考订，发出的是“盛世之声”。即便对社会有所不满，也只能是流露，而不敢疾呼。史学家的政治锋芒消隐了。这表现在史坛上，是作史家逐渐隐退，考史家异军突起。

“盛世”之中，朝廷稽古右文，史家寄情学问。学风丕变之际，史学批评也有所转向，并颇有作为。在气势上，贯通古今，从“六经”到顾炎武，都成为评论的对象；在深度上，考史、注史、补史、笔记，重审古今史学得失，细致入微；在高度上，这是一个从批评中产生了理论的时代。

“盛世”中的史学批评家面对着广远辽阔的史学世界，被宏大的史学传统紧紧包围着。《史通》研究、《四库全书总目》的编撰、历代正史考辨，补史、续史，都重在理解传统、继承传统。例外者是章学诚。《文史通义》虽也追溯古老的史学传统，

---

① 张岱：《琅嬛文集》卷一《石匮书自序》，浙江古籍出版社2013年版，第3页。

但它更倾向于推陈出新，变革史学传统。

嘉道年间，域外优势经济和军事力量的挑衅与冲击，以及与古代中国针锋相对的政治文化观念的输入，都给清皇朝带来了巨大的压力与挑战。史学家心目中早已没有了“故国”，但又不得不面对“外国”。天变道亦变。史学批评上的主题与焦点，不再是考订正史得失，抑或辨析史书体例优劣、叙事艺术，甚至不是直书、曲笔，而是呈现出新的动向——以史论政。龚自珍、汤鹏、姚莹等人都有参政、论政的激情，他们以史学为利器，在知识界、思想界冲锋陷阵，在“万马齐喑”的沉闷中引吭高歌。这不仅在康乾时期是不可想象的，也与清初史学批评的政治诉求截然不同。史学家肩负起挽救衰世的使命，从此，史学与救亡紧密关联，不可分割。此风浩荡，直到清季梁启超提出“史学革命”，掀起新的史学高潮。但若要追本溯源，则晚清史学理论的诸多变化，在嘉道年间的史学批评中已初见端倪。

纵观清代史学批评史，自先秦以来历代相沿而形成的一整套史学信条和理论，被继承、发展甚至超越。在史家心术方面，提出“史德”和“护惜古人之苦心”；在著述风格上，区分“撰述”与“记注”；在史家文辞方面，确立“辞主乎达”的原则；在史论技艺方面，表彰“于序事中寓论断”；在叙事审美方面，有对“情景如生”的艺术评鉴，还有关于“笔法”与“笔情”的辩证认识；“良史之忧”“尊史”“畏史”则把古代史学功能认知推向了一个新高度。至清代，中国古代史学理论体系愈加完善，批判性和革新性均得到进一步彰显。如果说清朝是一个史学理论迸发的时代，那么史学批评就是这个理论推演的启动键。

史学批评始终与清代史学发展紧密联系，一路结伴前行。大凡修史之前，总要作一番细致的史学批评，包括史料的搜集与考辨，义例的讨论，褒贬的权衡等。修纂过程中，也会根据实际情况，展开讨论，作相应调整。而史书一旦刊刻行世，又要接受读者的检验和评价。官修史书固是如此，私人撰述也不例外。潘耒说："作史犹治狱也。治狱者一毫不得其情，则失入失出，而天下有冤民。作史者一事不核其实，则溢美溢恶，而万世无信史。……以司马子长为《史记》，而刘知幾辈时摘其讹。以欧阳永叔为《唐书》，而吴缜历纠其谬，则讨论之功或未尽也。"[①] 作史中的史学批评不就如同治狱中的审讯吗？不论是作史、考史还是补史，都不能漠视批评家的评判。正是有了史学批评的全程参与和监督，才能最大限度地保障直书，抵制曲笔，产生信史。

有清一代，上自帝王下至一般士大夫，都扮演着史学批评家的角色。乾隆皇帝对历代正史、"三通"等重要史籍多有评骘。他评杜佑《通典》"简而有要，核而不文。观其分门起例，由食货以迄边防，先养而后教，先礼而后刑，设官以治民，安内以驭外，本末次第，具有条理，亦恢恢乎经国之良模矣"[②]。这是一位政治家的史学眼光。章学诚评论《通典》"谈言有中，存其名

① 潘耒：《遂初堂文集》卷六《国史考异序》，《清代诗文集汇编》第一七〇册，上海古籍出版社2010年版，第305页。

② 清高宗：《御制文初集》卷一一《重刻通典序》，《清代诗文集汇编》第三三〇册，上海古籍出版社2010年版，第106页。

理。此则著书之独断，编次之通裁”[①]，又说它“叙典章制度，不异诸史之文，而礼文疑似，或事变参差，博士经生，折中详议，或取裁而径行，或中格而未用，入于正文，则繁复难胜，削而去之，则事理未备；杜氏并为采辑其文，附著礼门之后，凡二十余卷，可谓穷天地之际，而通古今之变者矣”[②]。这是一位史学家的见识。他们的身份不同，学术视角也有差异，但合而观之，就较为全面地呈现了《通典》的价值。正是在政治家、史学家以及其他学人的合力下，清代史学批评呈现出多种视角、不同面相。它们经纬交织，构成了一副绚烂的历史画面。

1644年至1840年近两百年的史学批评，在中国史学批评史上的地位在于，对于中国古代史学批评史而言，它是终结，是集大成者；而对于中国近现代史学来说，它是嬗变，是破茧成蝶。章学诚在晚清民国史学史上的传播与接受有力地证明了古代史学与近现代史学之间血脉相通，意蕴相连。龚自珍的“尊史”论、汤鹏的“畏史”说，已经为史学的近代化作了必要的思想准备。在“通古今之变”的中国史学传统里，古今史学间的对话与交融，还将继续下去，史学批评也将随之进行下去，并在接下来的史学变革中扮演着至关重要的角色。

---

① 章学诚：《章学诚遗书》外编卷一三《永清文征一·奏议叙录》，文物出版社1985年版，第526页。

② 章学诚：《文史通义·书教中》，叶瑛《文史通义校注》本，中华书局1985年版，第40页。

主要参考文献

一、马克思主义经典著作

中共中央马克思恩格斯列宁斯大林著作编译局：《马克思恩格斯文集》，北京：人民出版社 2009 年版。

中共中央马克思恩格斯列宁斯大林著作编译局：《列宁文集》，北京：人民出版社 2009 年版。

毛泽东：《毛泽东选集》，北京：人民出版社 1991 年版。

二、历史文献

刘　勰：《文心雕龙》，周振甫《文心雕龙注释》本，北京：人民文学出版社 1981 年版。

刘知幾：《史通》，浦起龙《史通通释》本，上海：上海古籍出版社 1978 年版。

钱谦益：《牧斋有学集》，上海：上海古籍出版社 1996 年版。

顾炎武：《日知录》，黄汝成《日知录集释》本，上海：上海古籍出版社 2006 年版。

顾炎武：《顾亭林诗文集》，北京：中华书局 1983 年版。

戴名世：《戴名世集》，王树民编校本，北京：中华书局 1986 年版。

浦起龙：《酿蜜集》，《无锡文库》第四辑，南京：凤凰出版社 2011 年版。

牛运震：《读史纠谬》，济南：齐鲁书社 1989 年版。

牛运震：《史记评注》，崔凡芝《空山堂史记评注校释：附史记纠谬》本，北京：中华书局 2012 年版。

王鸣盛：《十七史商榷》，上海：上海书店出版社 2005 年版。

纪　昀：《史通削繁》，上海：扫叶山房书局 1926 年版。

永瑢等：《四库全书总目》，北京：中华书局 1965 年版。

赵　翼：《廿二史札记》，王树民《廿二史札记校证》本，北京：中华书局 1984 年版。

钱大昕：《廿二史考异》，上海：上海古籍出版社 2004 年版。

姚　鼐：《惜抱轩书录》，光绪己卯年徐宗亮刊本。

翁方纲等：《四库提要分纂稿》，上海：上海书店出版社 2006 年版。

章学诚：《文史通义》，叶瑛《文史通义校注》本，北京：中华书局 1985 年版。

章学诚：《章学诚遗书》，北京：文物出版社 1985 年版。

崔　述：《崔东壁遗书》，顾颉刚编订本，上海：上海古籍出版社 1983 年版。

邵晋涵：《南江文钞》，《续修四库全书》第一四六三册，上海：上海古籍出版社 2002 年版。

阮　元：《研经室集》，北京：中华书局 1993 年版。

周中孚：《郑堂读书记》，上海：上海书店出版社 2009 年版。

龚自珍：《龚自珍全集》，上海：上海人民出版社 1975 年版。

汤　鹏：《浮邱子》，长沙：岳麓书社 1987 年版。

《清代诗文集汇编》编纂委员会：《清代诗文集汇编》，上海：上海古籍出版社 2010 年版。

三、近人及今人专书

刘　节：《中国史学史稿》，郑州：中州书画社 1982 年版。

梁启超：《饮冰室合集》，北京：中华书局 1989 年版。

白寿彝：《白寿彝史学论集》，北京：北京师范大学出版社 1994 年版。

乔治忠：《清朝官方史学研究》，台北：文津出版社 1994 年版。

钱　穆：《中国近三百年学术史》，北京：商务印书馆 1997 年版。

金毓黻：《中国史学史》，石家庄：河北教育出版社 2000 年版。

罗炳良：《18世纪中国史学的理论成就》，北京：北京师范大学出版社2000年版。

张三夕：《通往历史的个人道路——中国学术思想史散论》，北京：社会科学文献出版社2001年版。

林时民：《中国传统史学的批评主义——刘知幾与章学诚》，台北：台湾学生书局2003年版。

白寿彝主编：《中国史学史》，上海：上海人民出版社2006年版。

王记录：《清代史馆与清代政治》，北京：人民出版社2009年版。

周文玖：《因革之辨：关于历史本体、史学、史家的探讨》，北京：北京师范大学出版社2010年版。

白　云：《中国古代史学批评史论纲》，北京：人民出版社2010年版。

汪高鑫：《中国史学思想通论·经史关系论卷》，福州：福建人民出版社2011年版。

乔治忠、朱洪斌编著：《增订中国史学史资料编年》（清代卷），北京：商务印书馆2013年版。

朱维铮：《朱维铮史学史论集》，上海：复旦大学出版社2015年版。

瞿林东：《瞿林东文集》，北京：北京师范大学出版社2017年版。

索　引

E

F

G

H

J

X

Y

Z

后　记

2015年12月，“中国古代史学批评史”，作为教育部普通高等学校人文社会科学重点研究基地——北京师范大学史学理论与史学史研究中心的重大研究项目被批准立项，至今已经过去4年多时间。我们以集体合作之力，撰成7卷本《中国古代史学批评史》。本书付梓之前，我作为主编，心潮澎湃，趁此机会写几句话，以抒情怀，以告白读者。

参加本书撰写的作者，都是史学理论及史学史专业毕业的博士，他们跟我读博的时间不同，现又分别在10个单位工作，但大家有一个共同点，即对专业的热爱与执着。这是我们这个撰述集体能用4年多时间完成这个项目的重要原因之一。作为他们过去的导师和本书的主编，我首先要感谢他们，没有他们的支持和合作，我个人是无力完成这一系统著作的。以年齿为序，他们是：吴凤霞、胡祥琴、廉敏、陶晓姗、刘开军、阎静、毛春伟、李凯、王姝、朱露川。我们的学术宗旨是：遵循白寿彝先生的学术思想，深入研究中国史学遗产，在此基础上结合学术发展的进程和学科建设的需要，发掘、梳理、阐说史学遗产中关于史学批评的言论、思想和撰述，作初步系统的研究，为推动史学理论和史学史的进一步发展，作出我们的努力。

我们还有一个共同的感受：每当对史学有进一步的认识时，就感到史学批评的存在；每当对史学史有较全面的认识时，就更加感到史学批评的存在。换言之，每当历史发展推动史学发展之时，史学批评总是作为一种内在因素与之配合，形成双层的互动。这种认识，常使研究者感到史学自身的魅力。同时，本书提出的史学批评史上的一些问题及诸多概念、观念等，又吸引着研究者进一步探索中国古代史学话语体系及其特点这一学术高地。

从我个人来说，涉足史学批评问题，始于20世纪80年代中期在《光明日报》发表的一篇题为《谈史学评论》的短文，其主旨是：史学评论既是史学与社会联系的桥梁，又是史学发展的内在动因，所以史学界要重视史学评论的开展。此后，1987年，《安徽史学》在该刊第四期组织"史学评论笔谈"，我应邀撰写了《史学评论和史学工作者的自觉意识》一则小文，旨在希望有更多的史学工作者参与史学评论这一学术领域。而把我进一步推向史学批评研究的，则是《文史知识》编辑部。1991至1992年，我在《文史知识》上发表专栏连载文章"中国古代史学批评纵横"，受到海内外同行的关注和鼓励。1994年，连载文章结集为《中国古代史学批评纵横》一书在中华书局出版。有的朋友称，这是为中国史学史研究开辟了一个新的研究领域。2008年，我在《东岳论丛》杂志上发表题为《谈中国古代的史论与史评》的文章，意在说明在中国古代史学上，史论和史评常有混淆之处，直至《四库全书总目》也是如此；但同时，却也有些学人已经注意到二者的区别。我认为，认识史论与史评的区别，对于深入的研究是很重要的。

我之所以作这样的回顾，只是为了说明自己曾在过去的30多年中，对于史学批评有一个不断摸索的过程。值得欣慰的是，与这个过程相伴的是，我于1994至2012年，多次与我所指导的博士生在史学批评范围内商定博士学位论文的选题，他们皆通过研究获得博士学位。在某种意义上看，这也是我同博士生们共同研究的机会，是教学相长的一种形式。

回首过往，1964年，我从北京师范大学历史系毕业并于当年考取该系研究生，师从白寿彝先生攻读中国史学史专业。辗转30年后，我对史学批评略有所悟，并指导博士生做这方面的研究。又25年后，我和我的学生们共同撰写了这部《中国古代史学批评史》著作。从我个人的学术人生来看，在中国史学史的研究道路上又向前迈进了一步。从我的弟子们来说，他们年富力强、善于思考、勇于进取，正处在中华民族走向伟大复兴的新时代，他们的学术人生，一定更富有活力和创新精神，一定更有意义。

本书作者作为一个撰述群体，衷心感谢国家有关主管部门把本书列为“十三五”国家重点出版物，并得到国家出版基金资助；感谢教育部社科司把本课题列为教育部人文社会科学重点研究基地重大项目。同时，感谢湖南人民出版社自始至终的积极支持和热情配合；感谢北京师范大学史学理论与史学史研究中心在学术上和工作上给予的许多帮助。责任编辑黎晓慧女士、贺娅女士为本书的出版以及与作者的沟通方面，认真负责，积极热情，我向她们致以真诚的谢意！

衷心期待史学界同仁和读者朋友对本书的批评、指正。

瞿林东

谨记于2019年9月

新中国成立70周年前夕

图书在版编目（CIP）数据

中国古代史学批评的集大成：清时期 / 刘开军著．—长沙：湖南人民出版社，2020.7（中国古代史学批评史 / 瞿林东主编；第七卷）

ISBN 978-7-5561-2441-1

I. ①中… II. ①刘… III. ①史学史—研究—中国—清代 IV. ① K092.49

中国版本图书馆 CIP 数据核字（2020）第 036446 号

ZHONGGUO GUDAI SHIXUE PIPING DE JIDACHENG（QING SHIQI）

中国古代史学批评的集大成（清时期）

主　　编　瞿林东
著　　者　刘开军
责任编辑　黎晓慧　贺　娅
装帧设计　杨发凯
责任印制　肖　晖
责任校对　丁　雯

发行出版　湖南人民出版社［http://www.hnppp.com］
地　　址　长沙市营盘东路3号
邮　　编　410005
经　　销　湖南省新华书店

印　　刷　长沙超峰印刷有限公司
版　　次　2020年7月第1版
　　　　　2020年7月第1次印刷
开　　本　710 mm × 1000 mm　1/16
印　　张　27.5
插　　页　1
字　　数　285千字
书　　号　ISBN 978-7-5561-2441-1
定　　价　139.00元

营销电话：0731-82681529　（如发现印装质量问题请与出版社调换）